Collection **marabout service**

Nicole MASSON

Panorama de la littérature française

Sommaire

Introduction

Notre époque nous sollicite de toutes parts. Nous sommes mieux informés qu'autrefois et les jeunes générations savent beaucoup de choses qu'ignoraient leurs ancêtres plus ou moins lointains.

Mais ces facilités que nous apportent le livre de poche et les autres médias ont parfois un inconvénient. Le lien n'est plus établi entre les différents éléments d'un savoir éclaté.

C'est pourquoi il est nécessaire de procéder de temps à autre à des regroupements, de resituer les événements dans leur cadre chronologique, de présenter une vision d'ensemble, bref de proposer une synthèse.

Ce livre correspond à cet objectif. Nous présentons «toute» la littérature française, du Moyen Age à nos jours, en quelques centaines de pages, ce qui tient évidemment de la gageure. Mais cela permet de ne pas perdre le fil, de bien voir comment les mouvements littéraires s'interpénètrent, s'imbriquent ou se contredisent.

Il est bon de prendre son temps pour visiter un village et même de s'y arrêter pour y vivre. Mais, de temps à autre, aussi, il n'est pas mauvais de monter sur le clocher ou de grimper sur la montagne pour avoir une vue d'ensemble de la contrée et percevoir les grandes lignes du paysage. Comme l'indique suffisamment son titre, notre livre est un panorama.

Le Moyen Age

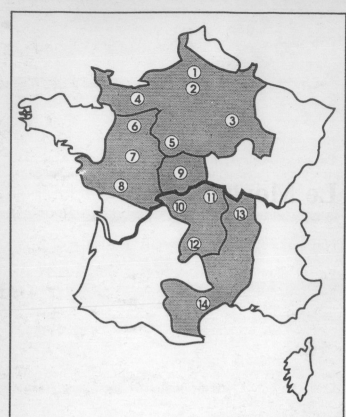

1. Picardie - 2. Ile-de-France - 3. Champagne -
4. Normandie - 5. Orléanais - 6. Maine - 7. Anjou -
8. Poitou - 9. Berry - 10. Marche - 11. Bourbonnais -
12. Auvergne - 13. Lyonnais - 14. Languedoc

▬▬▬ Limite entre la langue d'oïl au Nord et
langue d'oc au Sud

▨ La France en 1328

☐ Provinces encore hors de France en 1328

Introduction

Pour les historiens, le Moyen Age commence à la chute de l'Empire Romain d'Occident en 476. Cependant, l'histoire de la littérature française n'exige pas de remonter si haut.

Naissance de la littérature française

En effet, jusqu'au IXe siècle, le **latin** est la seule langue «littéraire» en France; c'est la langue des hommes d'Eglise, des hommes cultivés, des «clercs». De son côté, le peuple parle un autre latin, qu'on appelle «vulgaire» (du mot latin *vulgus* = peuple) : un latin très déformé, perméable aux influences étrangères, germaniques ou arabes notamment. Cette langue va peu à peu émerger et accéder enfin au statut de langue écrite. C'est elle qui va devenir progressivement le **«roman»**, puis le français. Avec elle, commence l'histoire de la «littérature française».

Il faut cependant savoir que le latin restera en France une langue vivante durant encore de nombreux siècles. Jusqu'au XVIIIe siècle où les gens cultivés continueront d'émailler leur conversation et leur correspondance de citations latines et liront les classiques latins avec la même aisance que s'il s'agissait d'auteurs français.

Un peu d'histoire...

Avec le recul des siècles, le Moyen Age apparaît souvent aux hommes d'aujourd'hui comme un seul bloc, directement assimilé à une période d'obscurantisme.

Cette image doit être très largement révisée. Le terme général est trompeur : il n'y a pas *un* Moyen Age, mais *des* «Moyens Ages», qu'il faut distinguer chronologiquement.

La monarchie carolingienne (VIIIe et IXe siècles), puis les premiers rois capétiens (X^e et XIe siècles) préparent la **période florissante** qui s'installe à partir du XIIe siècle.

En effet, le XIIe et le XIIIe siècle voient en France une période de développement considérable dans bien des domaines : formation d'un véritable Etat avec pour capitale **Paris,** essor économique de la **France du Nord,** prestige national et notamment littéraire qui sert de modèle à tout l'Occident. L'**art gothique** se développe et gagne presque toute l'Europe. La société trouve un équilibre stable entre clergé (ceux qui prient), noblesse (ceux qui combattent) et roturiers (ceux qui travaillent) : ces **trois ordres** ne seront abolis qu'à la Révolution.

Le XIVe et le XVe siècle correspondent à une **période de crise.** Des calamités se succèdent : grande peste noire, Guerre de Cent Ans. Des émeutes se multiplient, dans les villes comme dans les campagnes. Un grand trouble agite l'économie. Des crises religieuses ébranlent et divisent la chrétienté, comme le Grand Schisme (1378-1417) pendant lequel deux papes sont en concurrence, l'un à Rome, l'autre en Avignon. Enfin, une crise dynastique chez les Capétiens et divers événements aboutissent, à la fin du règne de Charles VI (qui est fou), à la mainmise de l'Angleterre sur la France. Le tableau de cette période reste cependant à nuancer, puisque dans le même temps elle connaît des **progrès certains :** développement du grand commerce maritime, essor des villes et naissance de l'imprimerie (1436).

Des faits marquants

Sans entrer dans le détail des faits, nous devons, pour comprendre la littérature de cette époque, mettre l'accent sur trois éléments historiques essentiels : le système féodal, les croisades et la Guerre de Cent Ans.

Favorisé par un pouvoir royal faible, le **système féodal** s'est mis en place petit à petit à partir du IXe siècle. Les seigneurs se sont organisés entre eux, en créant des liens personnels très codifiés. D'un côté, le *vassal* qui doit obéissance et service (notamment militaire); de l'autre, le *suzerain,* plus puissant, qui accorde sa protection. Des serments lient les deux hommes. En échange des services rendus, le suzerain donne une terre appelée « fief » à son vassal. A partir du Xe siècle, le fief se transmet par héritage de père en fils. Posséder un fief est le plus souvent l'apanage des chevaliers. La chevalerie, qui forme une élite guerrière, s'organise avec des règles strictes et un véritable rituel. Les chevaliers reconnaissent des valeurs communes qui constituent, à l'époque, une sorte de code de l'honneur.

Ce sont justement les **croisades** qui donnent à la chevalerie une entreprise à la mesure de ses ambitions. A partir de 1050 environ, l'Eglise condamne la guerre entre chrétiens mais entretient l'idée d'une guerre juste que les chevaliers doivent mener contre les non-chrétiens, les « Infidèles », c'est-à-dire les musulmans. C'est ainsi que les pèlerinages à Jérusalem qui n'ont jamais cessé depuis le IVe siècle prennent, à la fin du XIe siècle, un tour plus guerrier : il faut arracher la Terre Sainte des mains des Infidèles et la défendre. Le chevalier, le « croisé » devient une sorte de moine-soldat. Louis IX, autrement dit saint Louis, mène deux croisades au XIIIe siècle. Les motivations réelles sont parfois plus complexes suivant les époques. Les objectifs économiques, notamment en 1204 avec le pillage de Byzance, n'en sont pas toujours absents. Le contexte héroïque de ces expéditions et l'exotisme qui les accompagne ont des répercussions sur la littérature et l'art de ce temps.

Dernier événement important, la **Guerre de Cent Ans** qui oppose la France et l'Angleterre de 1337 à 1435. Après les premières victoires anglaises, le traité de Brétigny (1360) ramène la paix, mais laisse tout le

Sud-Ouest de la France, ainsi que Calais, au roi d'Angleterre. La France connaît alors à plusieurs reprises des moments dramatiques. Mais, finalement, grâce aux interventions héroïques de Du Guesclin, puis de Jeanne d'Arc, la France parvient à réconquérir ses provinces du Sud-Ouest. Le traité d'Arras en 1435 met fin au conflit. Mais plus d'un siècle de désordres et de troubles graves n'ont pas manqué d'affecter les esprits du temps.

Culture et littérature

Avant le XIe siècle, la «littérature française» n'existe pratiquement pas. Des récits, des contes, des chansons circulent sans doute et forment une tradition orale, mais ces textes n'ont pas droit au statut de «littérature» et sont globalement méprisés par les clercs.

Au XIe siècle, des **changements importants** se produisent. Le savoir n'appartient plus seulement aux clercs et aux moines : les **universités** qui se développent diffusent largement une culture savante à travers l'Europe. L'aristocratie et la bourgeoisie des villes veulent aussi une littérature qui reflète leurs aspirations. Les cours royales et princières accueillent et entretiennent volontiers les poètes et écrivains. Les protecteurs des arts se multiplient (cour des ducs de Bourgogne, cour de Provence, de Blois, de Moulins, d'Avignon...). C'est sous la pression du public et avec les encouragements des **mécènes** que se créeront l'épopée, le roman de chevalerie, les fabliaux ou les farces. Toutes les conditions sont progressivement réunies pour que s'élabore une véritable **culture profane.**

On pourrait croire que tout reste à inventer. Cependant on constate que la littérature du Moyen Age a recours à des **modèles,** latins notamment. Parmi les poètes, **Virgile** et **Ovide** sont des maîtres. La tradition en langue latine des vies de saints («vitae»), des annales ou chroniques, inspire les auteurs «français». Les textes français sont souvent d'abord des traductions ou adaptations de textes latins. Pour la matière, les auteurs puisent parfois dans de **vieux fonds folkloriques,** comme le fait Chrétien de Troyes pour le monde celtique. Les événements du temps sont riches et encouragent la veine épique (combats, croisades, exploits guerriers).

Les grands genres

Il est certain que les genres littéraires cherchent encore leurs règles. De grands modèles se distinguent peu à peu : pour l'épopée, la **chanson de geste** reprend à la *Chanson de Roland* sa forme et ses motifs principaux ; la **poésie lyrique,** partie des troubadours du Midi, gagne les trouvères du Nord ; de Villehardouin à Commynes, le **récit historique** apprend à se structurer ; le **roman,** d'abord imité des Grecs, s'inspire des récits du folklore et découvre avec Chrétien de Troyes les ressorts du « romanesque » ; le **théâtre** enfin, abandonnant le caractère liturgique de ses origines, exploite toutes les veines dramatiques, du tragique de la Passion au franc comique de la farce.

La littérature du Moyen Age est riche et variée. Ses grands thèmes : l'amour, la mort, l'accomplissement de soi, nous intéressent toujours au XXe siècle. La langue de cette époque, difficile à comprendre aujourd'hui, constitue un obstacle pour le lecteur non spécialiste. Mais cette difficulté est maintenant levée grâce aux excellentes traductions en français moderne que les universitaires mettent à la disposition du public dans des éditions de poche.

La littérature médiévale est en effet à l'honneur aujourd'hui. Des collections destinées au « grand public », comme *Bouquins* chez Robert Laffont, ou *Lettres gothiques* au Livre de Poche, accordent une place importante aux textes du Moyen Age : c'est le résultat d'une sorte de mode récente, dont le plus brillant exemple est le succès du livre d'Umberto Eco — et du film que Jean-Jacques Annaud en a tiré — *Le Nom de la rose.*

Du latin au français

Deux dates

813
Au Concile de Tours, les évêques recommandent aux clercs de ne plus prêcher en latin, mais en langue romane pour mieux se faire comprendre de leurs fidèles.

842
Les *Serments de Strasbourg,* premier texte en langue romane rustique, serments solennels prononcés par les soldats de Charles le Chauve.

Evolution du français

langue romane
↓
très ancien français (XIe siècle)
↓
ancien français (XIIe-XIIIe siècles)
↓
moyen français (XIVe-XVe siècles)

Très ancien français

Le « français » est encore très proche du latin, avec des déclinaisons (forme des mots variant avec leur fonction dans la phrase). La place des mots est assez lâche, les phrases sont plutôt brèves.

La langue française est encore une langue « vulgaire » (parlée par le peuple); la langue des clercs est le latin. Un clerc n'emploie le français que pour parler au peuple. Les documents écrits, œuvres des clercs, ne peuvent nous renseigner sur l'état de la langue parlée.

Ancien français

On assiste à des simplifications dans la grammaire. L'ordre des mots « sujet - verbe - complément » devient le plus fréquent.

Au XIVe siècle se crée un français littéraire; le français est encore un dialecte, mais son prestige est grand : c'est la langue du roi et la langue de Paris. Tout texte à cette époque est destiné à être lu à haute voix ou à être chanté.

Moyen français
(qu'on appelle aussi français « fluent »)

Les déclinaisons tendent à disparaître; l'usage de l'article se développe; la phrase devient plus complexe (influence des historiens et chroniqueurs).

Les œuvres littéraires se multiplient, mais le latin reste cependant la langue savante et internationale de la communication. A travers les farces, les « mystères » (pièces de théâtre) et certaines ballades de Villon, on peut parfois entrevoir ce que devaient être la langue populaire et l'argot.

La langue au Moyen Age

Plurilinguisme

latin	dialectes régionaux		
	langues d'oc	langues d'oïl	anglo-normand
	limousin auvergnat gascon béarnais languedocien provençal etc.	francien wallon picard normand bourguignon lorrain etc.	
	patois locaux		

« Oc » et « oïl » veulent dire « oui » dans leurs langues respectives.

3 langues dominent :
– le **latin,** langue de la Vulgate (traduction de la Bible utilisée par l'Eglise), de la religion et des clercs;
– la **langue d'oc,** support d'un brillant essor littéraire et culturel aux XIIe et XIIIe siècles, langue du Midi;
– la **langue d'oïl,** langue de la monarchie et de la cour, centres du pouvoir et du prestige culturels, langue du Nord.

Dialectes et patois

● **Langues d'oïl / Langues d'oc**

C'est vers la fin du XIe siècle que ces deux groupes de dialectes se sont nettement séparés; ils correspondent à deux espaces culturels différents, culture du Nord, culture du Sud.

● **Dialectes**

Ce sont des langues écrites, des langues littéraires.
Exemples :

— **Langues d'oïl** * le francien (prestige particulier, dès la fin du XIe siècle, de Paris, ville universitaire et royale)
\qquad\qquad\qquad * le wallon, le picard, le normand, le bourguignon, le lorrain...

— **L'anglo-normand,** parlé à la cour d'Angleterre, est plutôt une langue à part.

— **Langues d'oc** * le limousin, l'auvergnat, le gascon, le béarnais, le languedocien, le provençal.

⇒ Liaison entre ces différentes « langues » : les « vagants » (clercs ou ménestrels) qui circulent dans une région plus ou moins étendue, en récitant et chantant leur répertoire, et doivent s'adapter à leurs auditoires.

● **Patois**

Au Moyen Age, les patois sont exclusivement parlés; ils ont une prononciation propre, un vocabulaire particulier, leur usage est parfois réduit à un seul village.

Au XVIe siècle seulement apparaissent dans certaines régions des *Noëls* en patois (textes populaires de poésie ou de théâtre, composés pour les fêtes de Noël).

Evolution générale

Unification progressive des langues d'oïl, absorbées par le francien, → le « français ».

Les langues d'oc ont connu un déclin progressif mais ont donné le provençal et l'occitan.

Le latin reste la langue des études et de la philosophie. N'oublions pas que la production littéraire en latin reste très vivante en France durant encore plusieurs siècles.

Premiers textes
de la «littérature française»

Peu de textes en langue «française», antérieurs au
XIIᵉ siècle, nous sont parvenus. Il circulait sans doute
déjà des contes, des vies de saints, des chansons, mais
les textes en sont perdus.

La Séquence de sainte Eulalie   vers 880

Prose de «séquence», c'est-à-dire construite sur une
mélodie d'alléluia, en dialecte picard.
29 vers : distiques (groupes de deux vers) assonancés +
1 vers isolé.
Sur le modèle d'une «séquence latine».
Eloge et récit du martyre de sainte Eulalie de Merida
sous la persécution de Maximilien, empereur romain
du début du IVᵉ siècle.

Vie de saint Léger   vers 900-940

Strophes d'hymne de 6 vers d'octosyllabes, assonancés
2 à 2, destinées à être chantées.
240 vers.
Martyre de saint Léger, évêque d'Autun au VIIᵉ siècle.

Sermon sur Jonas   vers 940

Notes prises en latin par un prédicateur, mais entrecou-
pées de formulations en ancien français.
Manuscrit originaire de Valenciennes.
Fragment de 37 lignes, bilingue.

Vie de saint Alexis   vers 1040

125 strophes de 5 décasyllabes assonancés, destinées à
être chantées.
Légende de saint Alexis, ermite errant, qui revient
chez son père (« le pauvre sous l'escalier ») et n'est pas
reconnu. Voir gros plan page suivante.

> Des vers assonancés sont des vers qui se terminent sur le
> même son de voyelle (exemple : belle et rêve).

MOYEN AGE

GROS PLAN SUR...

La Vie de saint Alexis

Anonyme   **Date : environ 1040**

Genre   Hagiographie (vie de saint), poème religieux.

Composition Connue par 5 manuscrits, la *Vie de saint Alexis* a
                fait l'objet de 3 remaniements aux XIIe et XIIIe
                siècles. L'auteur était sans doute un clerc, un
                homme d'Eglise lettré, originaire des confins de
                la Normandie et de l'Ile-de-France.

Thème   Alexis, fils d'un riche Romain, décide le soir de
                ses noces de quitter sa femme et sa famille. Il
                part en Orient où il vit en ermite mendiant. Plus
                de quinze ans s'écoulent et Alexis revient à
                Rome. On ne le reconnaît pas; il est logé sous
                l'escalier de ses parents et maltraité par les do-
                mestiques. Au moment de mourir, il écrit sa vie
                sur un parchemin que seul le Pape parvient à
                arracher de ses doigts. Alexis devient alors un
                objet de culte.
                Renoncement à la chevalerie et au mariage.
                Thème du pauvre de Dieu, motif du «pauvre
                sous l'escalier».

Forme   125 strophes de 5 décasyllabes assonancés, desti-
                nées à être chantées.

Modèles   La légende de saint Alexis, d'origine syrienne, a
                été diffusée par des «*Vitae*» en latin, en prose
                ou versifiées.

Extrait

L'ermite saint Alexis, revenant d'Orient, est recueilli par son père qui ne le reconnaît pas.

> Ist de la nef e vait edrant à Rome :
> Vait par les rues dont ja bien fut cointes,
> Altre puis altre, mais son pedre i encontret,
> Ensemble o lui grant masse de ses omes;
> Sil reconut, par son dreit nom le nomet :
> « Eufemiiens, bels sire, riches om,
> Quer me heberge por Dieu en ta maison :
> Soz ton degret me fai un grabatum
> Empor ton fil dont tu as tel dolour.
> Toz sui enfers, sim pais por soue amour. »

Traduction

(Tirée de *Français médiéval* de Jean Batany, collection Etudes, © Bordas, 1972)

Il descend du navire et se rend sans tarder à Rome. Il s'en va par les rues qu'il avait bien connues jadis; il va de l'une à l'autre; mais voilà qu'il y rencontre son père, accompagné de toute une troupe de vassaux; Alexis le reconnut, et il l'interpelle par son nom exact : « Euphémien, cher seigneur, puissant homme, héberge-moi donc, au nom de Dieu, dans ta maison; sous ton escalier aménage-moi un *grabatum*, en souvenir de ton fils pour lequel tu éprouves une telle douleur. Je suis bien malade, nourris-moi donc par amour pour lui. »

Tableau synoptique des genres littéraires au Moyen Age

Epopée
Chansons de geste

Poésie
Lais de Marie de France
Trouvères et troubadours
*Le Roman de Renart**
Fabliaux
Rutebeuf
*Le Roman de la Rose**
Charles d'Orléans
Villon

Romans - Contes
Romans bretons
Aucassin et Nicolette
Cent nouvelles nouvelles

Comédie
Le Jeu de la feuillée
Le Jeu de Robin et Marion
La Farce de Maître Pathelin
Soties

Drame
Miracles
Mystères

Histoire
Villehardouin
Joinville
Froissart
Commynes

* Parfois classé dans les romans. D'une façon générale, la répartition par genre n'est pas toujours évidente.

Moyen Age

Les chansons de geste

Quelques définitions

Epopée : récit poétique d'aventures héroïques.

Geste : nom féminin (du latin *gesta*, ce qui a été fait), hauts faits, exploits; récit de ces exploits.

Chanson de geste : récit de hauts faits, sujet glorieux et guerrier, centré sur un personnage qui lui donne unité et cohérence.

Jongleur : poète ambulant du Moyen Age qui psalmodie des vers en s'accompagnant d'un instrument; les jongleurs allaient de château en château pour réciter les chansons de geste.

A partir de la fin du XIe siècle, on assiste à une vaste floraison épique. Les chansons de geste sont pour la plupart écrites en **langue d'oïl**; c'est une tradition du Nord.

Nous connaissons environ 150 chansons, mais beaucoup ont été perdues. La plupart sont pour nous des poèmes **anonymes.**

Les chansons de geste évoquent en général l'époque carolingienne (VIIIe-Xe siècles), mais ont été écrites aux XIe, XIIe et XIIIe siècles. Comment le souvenir des événements s'est-il transmis ?

L'affrontement des hypothèses

De nombreux érudits depuis le XIXe siècle se sont penchés sur la question de l'**origine des chansons de geste.** Voici les thèses qui se sont succédé.

1. Des cantilènes sont nées spontanément au moment des événements et se sont **transmises oralement.**

2. Les chansons sont nées dans les sanctuaires jalonnant les routes des **pèlerinages** et sont le fruit de la rencontre de moines tenant des chroniques locales et de jongleurs sillonnant les routes.

3. Dès l'époque carolingienne, des chansons existaient. Nous n'en avons que de très rares fragments. Les chansons que nous connaissons sont l'aboutissement d'une **tradition.**

4. Une tradition existait, mais les chansons que nous connaissons, et notamment la *Chanson de Roland*, correspondent à une rupture, une **création originale.**

Le contexte historique et féodal

Les auteurs des chansons de geste ne racontent pas les événements qui leur sont contemporains, mais le présent influence leur vision du passé.

Deux éléments sont très importants :
1. les **croisades;**
2. l'essor et l'affermissement de la **royauté capétienne,** en conflit avec les grands féodaux au XIIe siècle.

Conséquences :
– Charlemagne et les héros des chansons sont proposés comme modèles aux chevaliers des croisades; défendre la chrétienté, c'est mener une **guerre juste;**
– les chansons de geste illustrent la complémentarité nécessaire entre le **roi** et les **chevaliers** et insistent sur les responsabilités du roi;

– les chansons de geste insistent sur la nécessaire **autorité du roi** qui doit mettre au pas les grands vassaux trop indépendants;
– les chansons de geste exaltent la **force guerrière** et magnifient la caste des chevaliers.

Un genre littéraire

Le style épique

Une chanson de geste est à la fois un **chant** et un **récit** : elle est destinée à être chantée en public par un jongleur s'accompagnant à la vielle. Chaque chanson a sa mélodie propre, mais nous n'en avons conservé aucune.

Le style épique est très codifié; on retrouve des constantes.

– C'est un style formulaire

Les jongleurs qui récitent de mémoire ont besoin de formules toutes prêtes qui reviennent avec peu de variations. C'est ce qu'on appelle un style formulaire.

Les mêmes **motifs** reviennent sans changement dans les différentes chansons : l'armement, le combat, la prière, la déploration funèbre, etc.

Les **procédés rhétoriques** se répètent, les expressions reviennent plusieurs fois. Il y est fait un grand usage de l'hyperbole (exagération).

Le jongleur peut ainsi improviser en partie sur un canevas, et créer une certaine connivence avec son public.

– Le récit est très structuré

Une chanson est composée de **laisses**, c'est-à-dire d'unités musicales dont tous les vers finissent sur la même voyelle tonique (comme «âtre» et «âme», par exemple) et qui forment un sens complet. Le vers le plus fréquent est le décasyllabe.

Figures et thèmes épiques

– Charlemagne
La figure centrale de bien des chansons est celle de
l'empereur Charlemagne. Il est vénérable; il siège dans
un verger toujours vert, au milieu de ses chevaliers et
de ses guerriers, dans un ordonnancement parfait.

– La lutte entre le Bien et le Mal
Le thème central des chansons est la lutte perpétuelle
entre le Bien et le Mal, le Bien étant représenté par les
chevaliers chrétiens, le Mal par les païens ou les Sarrasins.

On trouve aussi le thème de la rébellion contre l'autorité du roi (Ganelon dans *Roland*, Isembart dans
Gormont et Isembart), rébellion condamnée et punie.

Les trois grands cycles

Les chansons de geste s'organisent très tôt en cycles de chansons ayant le même personnage principal. Dès le Moyen Age, se distinguent trois grands cycles.

Geste du roi
environ 10 chansons
personnage principal : Charlemagne
raconte sa naissance, ses « enfances », ses expéditions successives

Geste de Garin de Monglane
environ 25 chansons
personnage principal : Guillaume d'Orange
propose une biographie légendaire à peu près complète du lignage de Guillaume

Geste de Doon de Mayence
environ 10 chansons
personnages principaux : les barons rebelles
expose le thème de la rébellion contre le suzerain qui entraîne châtiment ou repentir

Histoire et légende

Les chansons de geste s'inspirent de faits historiques déjà anciens. Les événements sont largement transformés, magnifiés et grossis pour devenir sujet épique et véritable légende.

Un exemple : La Chanson de Roland

– L'histoire
En 778, Charlemagne, âgé de 32 ans, lance une expédition en Espagne. Appelé par deux chefs arabes en révolte contre l'émir de Cordoue, il met le siège devant Saragosse. Après deux mois d'échec, les armées de Charlemagne se retirent et regagnent la Belgique. Dans une bataille d'arrière-garde en Pays basque, Roland, duc de la Marche de Bretagne, trouve la mort.

– La légende
Charlemagne, deux fois centenaire, rentre dans sa patrie après sept ans de conquêtes en Espagne. Roland est son neveu. Seule la trahison peut expliquer la défaite de Roncevaux.

⇒ La légende transforme un échec politique et militaire de Charlemagne en un épisode glorieux, comparable aux croisades.

Evolution du genre

1. La majorité des chansons ont été composées entre la fin du XIe siècle et le XIIIe siècle. Aux XIVe et XVe siècles, leur nombre décroît et on procède à des remaniements et des mises en prose de chansons antérieures.

2. L'inspiration épique est contaminée par d'autres **influences.**

3. L'influence du **roman**, notamment, se fait sentir :
– importance grandissante de l'**amour**, qui cependant tient une place un peu marginale;
– introduction du **merveilleux féerique** (et non plus seulement chrétien, avec la présence d'enchanteurs, de nains, d'objets magiques, etc.);
– **structure plus lâche** dans les gestes tardives : la narration est plus coulée, les laisses de plus en plus amples.

Moyen Age

GROS PLAN SUR...

La Chanson de Roland

Anonyme   **Date : environ 1170**

Genre   Epopée, chanson de geste.

Composition En 1837, un jeune érudit français, Francisque Michel, édite un manuscrit dont il a pris copie dans une bibliothèque d'Oxford : les Français découvrent ainsi *La Chanson de Roland*. Une édition officielle aux frais de l'Etat paraît en 1850. Elle devient une épopée nationale et inspire Hugo pour sa *Légende des siècles* (1859). On ne sait rien de l'auteur, peut-être nommé Turoldus.

Thème   Centré sur la bataille de Roncevaux.
1. La trahison : Ganelon complote avec un roi sarrasin pour obtenir la perte de Roland, neveu de Charlemagne. Il fait nommer Roland au commandement de l'arrière-garde.
2. La mort : Roland et l'arrière-garde sont attaqués dans un défilé à Roncevaux. Roland, par orgueil, attend trop longtemps avant d'appeler des renforts en sonnant du cor. C'est un massacre.
3. La justice : Charlemagne défait les Sarrasins. Charlemagne rentre dans ses terres. Aude, la fiancée de Roland, meurt de chagrin en apprenant la nouvelle. Charlemagne juge Ganelon et le condamne au supplice.

Forme   4 002 vers de dix syllabes assonancés, organisés en laisses de longueur variable.

« Païen unt tort e chrestiens unt dreit. » (vers 1015)
(Les païens ont tort et les chrétiens ont raison.)

Extrait

La mort de Roland (v. 2261-2271)

> Co sent Rodlanz que la mort l'entreprent,
> Devers la teste sour lo cuer li descent.
> Dessoz un pin en est alez corant,
> Sour l'erbe vert si s'est colchiez adenz,
> Dessoz lui met s'espede e l'olifant;
> Tornat sa teste vers Espaigne la grant :
> Por ço l'at fait qued il vuelt veirement
> Que Charles diet e trestote sa gent,
> Li gentilz coms, qu'il est morz conquerant.
> Claimet sa colpe e menut e sovent,
> Por ses pechiez Dieu porofrit lo guant.

Traduction

(Tirée de *Extraits de la Chanson de Roland* de G. Paris, Paris, 1903)

Roland sent que la mort l'entreprend et lui descend de la tête au cœur; il court sous un pin et là se couche sur l'herbe verte, la face contre terre; il place sous lui son épée et l'olifant, et tourne sa tête vers la grande Espagne; il le fait ainsi parce qu'il veut que Charlemagne et tous ses hommes disent que le noble comte est mort en conquérant. Il bat sa coulpe à de nombreuses reprises, et pour ses péchés il offre son gant à Dieu.

Moyen Age

Monde épique, monde courtois

Le Moyen Age peut être ramené à deux grandes tendances qui se succèdent dans le temps et qui expriment bien comment les hommes de cette époque donnent un sens à leur vie. Les chansons de geste («matière de France») et les romans de chevalerie («matière de Bretagne») traduisent en littérature ces deux conceptions.

	Epique (XIe-XIIe s.)	Courtois (XIIe-XIIIe s.)
Sujet	«matière de France»	«matière de Bretagne»
Caractères	simplification grandeur surhumaine merveilleux chrétien	complication grandeur des vertus guerrières, des épreuves subies merveilleux féérique
Idéal	service épique : prouesse - joie du danger, ambition - honneur féodal - sens de la patrie - foi en Dieu - dévouement et esprit de sacrifice	service d'amour : soumission à la Dame - vertu, admiration réciproque - initiation - amour idéal - la Dame est une déesse - politesse, urbanité
Récompense	vie noble le paradis après la mort	attention de la Dame
Influence	idéal de grandeur et de sacrifice dans toute l'Europe	idéal d'amour courtois et de bienséance dans toute l'Europe

Moyen Age

Les romans d'aventure et d'amour

Quelques définitions

Roman : mot médiéval issu du latin (*romanice :* adverbe = à la romaine), qualifiant à l'origine ce qui est contraire aux usages et à la langue des Francs. Puis 3 sens :
1. la langue vulgaire issue du latin qui donnera le français ;
2. toute composition en langue vulgaire (cf. le *Roman de Renart*) ;
3. un genre littéraire dont les règles ont été fixées aux XVIIe et XVIIIe siècles.

Mettre en roman (à partir de 1150) signifie écrire dans la langue romane en adaptant le plus souvent des modèles latins.

Les romans du Moyen Age n'ont rien à voir avec les romans dont nous avons l'habitude aujourd'hui. Ils sont souvent en vers, entrecoupés de dissertations et de digressions.

Romans antiques	Romans idylliques	Romans bretons
XIIe-XIIIe siècles récits fantaisistes invraisemblances sur fond pseudo antique	XIIe-XIIIe siècles histoires d'amour	XIIe siècle récits merveilleux inspirés par les légendes du pays de Galles, les légendes celtiques
1150 *Roman de Thèbes* 1170 *Roman d'Enéas* 1260 *Roman de Troie* *Roman d'Alexandre*	XIIe s. *Flore et Blanchefleur* XIIIe s. *Aucassin et Nicolette*	- romans mystiques *Perceval, Lancelot* - romans d'aventure Table Ronde, Chrétien de Troyes - romans d'amour *Tristan et Iseult*

Moyen Age

Les romans de Chrétien de Troyes

On ne sait presque rien de la vie de Chrétien de Troyes. Il fut le protégé de la comtesse Marie de Champagne, puis de Philippe d'Alsace. Il écrivit entre 1165 et 1190. S'inspirant des «contes bretons», colportés par les jongleurs, il les met en «roman» (c'est-à-dire en langue romane) et leur donne une portée plus grande : comment concilier le code de conduite courtois, qui souvent prône l'adultère, et les principes moraux de la religion chrétienne?

Erec et Enide   vers 1165

Chevalier de la Table Ronde, Erec a obtenu la main d'Enide grâce à ses exploits. Mais depuis son mariage, la cour du roi Arthur le prend pour un lâche. Alors, accompagné de son épouse qui doit garder le silence en toutes circonstances, il reprend la route pour accomplir d'autres prouesses. Finalement, dans l'épisode de la «joie de la cour», Erec découvre qu'un chevalier est victime d'un charme et l'en délivre.

Cligès   vers 1176

Fénice est la femme de l'empereur de Constantinople qui a usurpé le trône de son neveu Cligès. Or, Fénice, bien qu'amoureuse de Cligès, ne veut pas succomber à l'adultère. Elle utilise les philtres d'une magicienne pour se dérober à son mari et se faire passer pour morte. A la mort de l'empereur, les amants peuvent enfin s'unir.

Lancelot ou *le Chevalier à la charrette*
vers 1179

Sur un sujet fourni par Marie de Champagne, ce roman met en scène le chevalier Lancelot du Lac. Il est l'amant de la reine Guenièvre, épouse du roi Arthur. Retenue captive d'un chevalier de l'Autre-Monde, elle est délivrée par les prouesses de Lancelot, qui accepte même à un moment, chose infamante pour un chevalier, de voyager dans une charrette. Chrétien de Troyes n'a pas fini ce roman qui a été achevé par un continuateur.

Yvain ou *le Chevalier au lion*   vers 1180

Yvain est un jeune chevalier de la Table Ronde. Il apprend l'existence d'une fontaine magique dans la forêt de Brocéliande et s'y rend. Après nombre de péripéties, il parvient à épouser Laudine, la Dame de la Fontaine. Mais bientôt la chevalerie reprend ses droits. Il obtient de Laudine l'autorisation de partir un an comme chevalier errant. Mais il laisse passer le délai et elle le chasse. Fou de douleur, il tombe malade, est soigné par un ermite et entreprend de reconquérir sa place aussi bien à la cour d'Arthur que dans le cœur de sa dame en accumulant les exploits. Il sauve de la mort un lion qui désormais l'accompagne, et finalement Yvain l'emporte sur toutes les épreuves.

Perceval le Gallois ou *le Conte du Graal*

vers 1181

Ce roman, que Chrétien de Troyes laisse inachevé (par sa mort?), sera amplifié par des continuateurs qui donneront au Graal (sorte de coupe mystérieuse) tout un arrière-plan religieux, reliant la quête du Graal à la recherche de la perfection mystique.

Perceval a été élevé à l'écart par sa mère, au fond d'une forêt. Elle a perdu son mari et deux fils dans les tournois et ne veut pas qu'il devienne chevalier. Mais des chevaliers passent à proximité et Perceval les suit. Ses aventures finissent par le mener au château du Roi-Pêcheur qui détient le Graal et ne le remettra qu'à un chevalier parfait au cœur pur. Parallèlement, on suit les aventures de Gauvain qui est retenu prisonnier au château des reines, dans l'Autre-Monde.

Moyen Age

GROS PLAN SUR...

Le Roman de Renart

Une vingtaine d'auteurs
Date : de 1174 à 1250

Genre   Poésie satirique ou groupement de fabliaux. Parfois classé d'une manière discutable dans les romans.

Composition Groupement de 26 poèmes indépendants, appelés «branches», écrits par des clercs. Un premier cycle a été composé entre 1174 et 1205, notamment par Pierre de Saint-Cloud; un second entre 1205 et 1250. La satire est plus vive dans le second. Des suites postérieures furent composées, notamment par Rutebeuf (*Renart le bestourné*, = le déguisé).

Thème   C'est une épopée dans le monde animal qui parodie les chansons de geste. Le thème principal est la lutte de Renart le «goupil» contre Isengrin le loup. Les premières branches cherchent surtout à faire rire, en transposant les mœurs du temps dans le monde animal, en racontant les «bons tours» du goupil, et en parodiant l'épopée. Dans les branches plus tardives, Renart devient un personnage plus noir qui incarne le mal. L'enseignement moral tient une plus grande place. La critique est plus violente.

Forme   Octosyllabes rimant deux à deux.

Modèles   *Ysengrinus* du moine Nivard, poème en latin du XII[e] siècle; fables; folklore universel.

« Veritez est torné a fable,
nulle parole n'est estable. » (branche VII[b])

(La vérité et le mensonge se confondent;
aucune parole n'est bien sûre.)

Les principaux héros

Renart, le goupil (goupil, issu du latin *vulpecula,* était le nom commun en usage pour désigner le renard; le succès du roman a fait disparaître ce mot au XVe siècle au profit de « renard » pour désigner l'animal).
Isengrin, le loup.
Noble, le lion, roi des animaux.
Brun, l'ours.
Tibert, le chat.
Chantecler, le coq.

Les principaux épisodes

Le Procès de Renart (branches I et V^a) : Renart est accusé par les autres animaux devant le lion, roi des animaux, pour tous les crimes qu'il a commis.

Renart, le trompeur trompé (branche II) : Renart aux prises avec plus faibles que lui est la victime de ses propres tours.

Renart et les anguilles (branche III) : Renart vole des anguilles et envoie Isengrin à la pêche au bord d'un étang gelé. Isengrin perd sa queue dans cette aventure.

Le Pèlerinage de Renart (branche VIII) : Renart, pour faire pénitence, doit se rendre à Rome en pèlerinage; mais en route, avec ses compagnons, il fait le siège d'une tanière et s'en empare en abandonnant son pieux projet.

Le Mariage de Noble (branche XXIII) : Renart est envoyé en ambassade pour ramener la fiancée de Noble, le lion; les noces sont célébrées dans la fête et toutes sortes d'animaux fantastiques aux ordres de Renart le vengent de ses ennemis par des tours diaboliques.

Moyen Age

Troubadours et trouvères

Les troubadours

— Origine du mot
Le terme vient du mot occitan « *trobar* » qui signifie activité poétique, lui-même issu du latin médiéval « *tropare* » qui veut dire composer des « tropes », des pièces chantées en latin et qui ornent le chant liturgique.

— Poètes et musiciens
Les troubadours sont des poètes musiciens qui parlent la langue d'oc et qui ont été les premiers fondateurs en France d'une poésie lyrique dans une langue autre que le latin.

On connaît le nom d'environ 350 d'entre eux, pour une production de plus de 2 500 pièces ou chansons (« *canso* » en occitan).

— La « fin'amor » ou « l'« amor cortés »
Le principal thème que développe cette poésie est celui de l'amour courtois (amour est un mot féminin au Moyen Age), c'est-à-dire l'amour porté à son plus haut degré de perfection.

La **courtoisie** a un sens très fort et implique une maîtrise parfaite de son comportement, de son langage, accompagnée de générosité et d'ouverture d'esprit. Cet idéal s'exprime à travers les « canso » où le poète, à la première personne, s'adresse à sa dame.

— Une poésie formelle

La « canso » est un exercice formel : il faut un agencement des strophes très savant qui vienne prouver la **virtuosité** du troubadour. Le thème est toujours le même ; c'est par les variations de forme que la tradition se renouvelle.

Les trouvères

— Les héritiers des troubadours

La croisade des Albigeois (dirigée contre les hérétiques Cathares au début du XIIIe siècle) ruina les cours du Midi et dispersa les troubadours. Ils touchèrent l'Espagne, le Portugal et l'Italie du Nord. Mais leur influence s'était déjà fait sentir sur la littérature de langue d'oïl.

En effet, les croisades avaient rassemblé hommes du Nord et hommes du Midi. Par ailleurs, Aliénor d'Aquitaine épousa le roi de France Louis VII, puis le futur roi d'Angleterre Henri II. Elle introduisit alors, ainsi que ses filles un peu plus tard, les troubadours dans les cours du Nord : Paris, Angers, Londres, Troyes et Blois.

Les poètes de langue d'oïl, au contact de la poésie courtoise du Midi, rencontrèrent une nouvelle source d'inspiration et devinrent les trouvères.

— Formes et thèmes

La technique du lyrisme d'oïl est, dans l'ensemble, plus simple, le *ton plus personnel*. Le même thème de l'amour courtois domine, mais chaque poète y ajoute des accents particuliers : hantise de la mort pour certains, figures mythologiques pour d'autres, ou encore ton badin pour évoquer des « amourettes » chez d'autres encore.

— Des poètes de cour

La poésie courtoise reste une poésie aristocratique, patronnée par des mécènes de haute naissance. Les princes eux-mêmes ne dédaignent pas de s'y exercer.

Thibaut IV, comte de Champagne et de Brie (1201-1253), roi de Navarre, est un des plus célèbres trouvères.

Cette veine courtoise prit fin avec le XIIe siècle. On retint surtout la virtuosité des formes en oubliant peu à peu le lyrisme. La préciosité du XVIIe siècle saura se souvenir de cet idéal amoureux.

Extrait d'une chanson du troubadour Bernard de Ventadour

Mis en français moderne par France Igly (*Troubadours et trouvères,* © Seghers, 1960).

> Quand je vois l'alouette mouvoir
> De joie ses ailes au soleil,
> Que s'oublie et se laisse choir
> Par la douceur qu'au cœur lui va,
> Las! si grand envie me vient
> De tous ceux dont je vois la joie,
> Et c'est merveilles qu'à l'instant
> Le cœur de désir ne me fonde.
>
> Hélas! tant en croyais savoir
> En amour, et si peu sais.
> Car j'aime sans y rien pouvoir
> Celle dont jamais rien n'aurai.
> Elle a tout mon cœur, et m'a tout,
> Et moi-même, et le monde entier,
> Et ces vols ne m'ont rien laissé
> Que désir et cœur assoiffé.
>
> Or ne sais plus me gouverner
> Et ne puis plus m'appartenir
> Car ne me laisse en ses yeux voir
> En ce miroir qui tant me plaît.
> Miroir, pour être miré en toi,
> Suis mort à force de soupirs,
> Et perdu comme perdu s'est
> Le beau Narcisse en la fontaine.

Extrait d'une chanson du trouvère Gace Brûlé

Mis en français moderne par Jacqueline Cerquigni
(© Livre de Poche, 1987).

Douce dame, octroyez-moi, pour Dieu,
Un doux regard de vous en la semaine;
Alors j'attendrai, fort de cette assurance,
La joie d'Amour, si ma fortune le veut ainsi.
Souvenez-vous que c'est cruauté et vilenie
Pour le suzerain d'occire son homme lige.
Douce dame, gardez-vous d'orgueil,
Ne trahissez pas vos vertus et votre beauté.

J'ai tant mis à l'épreuve d'Amour mon cœur
Que jamais sans lui je n'aurai de joie certaine.
Je me suis si bien soumis à sa volonté
Qu'aucune épreuve ne réfrène mon désir;
Plus je me trouve pensif et égaré,
Plus je me réconforte en pensant à ses qualités.
Et vous, seigneurs, qui priez et aimez,
Faites-en autant si vous voulez connaître la joie.

Moyen Age

GROS PLAN SUR...

Le Roman de la Rose

Guillaume de Lorris

Date : 1225-1230

Genre	Poème allégorique.
Composition	Guillaume de Lorris est un clerc qui vécut à Orléans vers 1220-1230; il mourut jeune et n'eut pas le temps d'achever son œuvre, ce que fit Jean de Meung.
Thème	Le narrateur (l'Amant) fait un rêve. Il est dans un verger. Sur le mur, sont peints les portraits des ennemis d'Amour : Envie, Avarice, Vieillesse. L'Amant entre dans le jardin, où dansent divers personnages : Déduit (le Plaisir), Beauté, Courtoisie et Amour. L'Amant, initié par Courtoisie, tombe en extase devant la Rose. L'Amant se met au service d'Amour. Il veut cueillir la Rose. Il parvient à lui prendre un baiser. Mais Danger le chasse et l'Amant se désespère. L'allégorie évoque l'amour courtois. La Rose, c'est la jeune fille aimée qu'entourent Vices et Vertus personnifiés.
Forme	4 000 vers environ.

> « *Ce est li Romanz de lu Rose*
> *Ou l'art d'amors est tote enclose.* » (vers 37-38)

> (*C'est le Roman de la Rose*
> *Où tout l'art d'aimer est enclos.*)

Extrait

Mis en français moderne par André Lanly
(© H. Champion, 1983)
   L'Amant décrit les personnages qui prennent part à la danse dans le jardin, et notamment Beauté.

Le Dieu d'Amour avait pris bonne place :
il s'était mis près
d'une très grande dame;
cette dame avait nom Beauté.
En elle il y avait toutes les bonnes qualités :
ce n'était pas une brune au teint sombre,
mais elle brillait comme la lune
devant qui les autres étoiles
semblent de petites chandelles.
Elle avait la chair tendre comme la rosée,
elle était candide comme une épousée,
blanche comme une fleur de lys
et avait le visage doux et lisse;
elle était mince et bien droite,
n'était ni fardée ni maquillée
car elle n'avait pas besoin
de parures et d'artifices.
Elle avait des cheveux blonds et longs
qui venaient battre ses talons,
le nez bien fait, ainsi que les yeux et la bouche.
En un mot, elle était jeune et blonde,
charmante, aimable, courtoise et gracieuse,
grasse, mince, belle et bien faite.
Une grande douceur pénètre mon cœur,
par Dieu je vous l'assure, quand il me souvient
de l'aspect de chacun de ses membres,
car il n'y avait pas d'aussi belle femme au monde.

Moyen Age

GROS PLAN SUR...

Le Roman de la Rose

Jean de Meung   Date : 1268-1282

Genre   Poème allégorique.

Composition Jean Chopinel ou Clopinel, dit Jean de Meung, est un clerc originaire de l'Orléanais qui décide de poursuivre et d'amplifier le *Roman* de Guillaume de Lorris. Il nous reste environ 300 manuscrits de ces deux textes, ce qui prouve leur immense succès dès le Moyen Age.

Thème   C'est la suite de l'œuvre de Guillaume de Lorris. L'Amant prend conseil auprès de Raison, mais n'est pas convaincu. Amour rassemble ses partisans et les harangue : Largesse, Franchise, Pitié, et même Faux-Semblant, fils d'Hypocrisie. S'ensuit un combat : les troupes qui soutiennent l'Amant sont en difficulté. Pendant ce temps Nature se confesse et prodigue un véritable cours sur la somme des connaissances. Nature et Vénus prêtent appui à l'Amant qui parvient à cueillir la Rose. Le poète alors s'éveille.
Jean de Meung reprend et critique Guillaume de Lorris : il ne croit plus au code courtois. Son œuvre est un poème scientifique et philosophique, c'est une somme didactique. Elle prône le culte de la Nature.

Forme   18 000 vers environ.

« Car quand Guillaume cessera
Jehan le continuera. »

Extrait

Mis en français moderne par André Lanly
(© H. Champion, 1983).

Jean de Meung donne sa propre définition de la vraie noblesse.

Quiconque aspire à la noblesse
doit se garder d'orgueil et de paresse,
se consacrer aux armes ou à l'étude
et s'abstenir de toute bassesse.
Qu'il ait le cœur humble, courtois, généreux,
en tout lieu, envers tous les gens
sauf, sans plus, envers ses ennemis,
quand nul accord ne peut se faire.
Qu'il honore les dames et les demoiselles
(mais qu'il ne se fie pas trop à elles,
car mal pourrait lui en advenir);
nul, en effet, n'a de trop bonnes manières.
Un tel homme mérite d'avoir louanges et haute estime
sans être blâmé ni repris
et doit recevoir le nom
de noble, les autres non.
Un chevalier hardi aux armes,
preux en actes, courtois en paroles
ainsi que fut messire Gauvain,
qui n'eut rien d'un homme sans valeur,
et le valeureux comte Robert d'Artois
qui, dès lors qu'il sortit du berceau,
hanta tous les jours de sa vie
Largesse, Honneur, Chevalerie,
sans que lui plût jamais Oisiveté,
et devint homme avant le temps,
un tel chevalier, preux et vaillant,
généreux, courtois et ardent au combat
doit être partout bienvenu,
aimé, loué et estimé.

Moyen Age

Rutebeuf

prénom : **?**
né en : **1230?**
mort en : **1285?**

Famille   Le poète Rutebeuf est sans doute d'une origine assez humble; nous ne connaissons que son surnom. Peut-être d'origine champenoise, il vit à Paris et fréquente l'Université.

Etudes   **?**

Une vie mal connue   Il dépend de mécènes plus ou moins généreux et travaille souvent sur commande. Il prend cependant parti dans des polémiques de son temps. Ainsi, dans la querelle universitaire qui oppose vers 1250 les frères Prêcheurs et les maîtres qui ne sont pas moines, il défend l'Université contre l'intrusion des moines mendiants qui ont finalement gain de cause.

Œuvres

L'œuvre de Rutebeuf est d'une grande diversité :
— inspiration **religieuse** : *Vie de sainte Helysabel* (= Elisabeth), *Miracle de Théophile* (théâtre), *Complainte des IX joies de Notre-Dame*,
— inspiration **satirique** : *Discorde de l'Université et des Jacobins*,
— inspiration **politique** : *Nouvelle complainte d'Outremer* (appel à une nouvelle croisade),
— inspiration **personnelle** : *La Pauvreté Rutebeuf*, *La Griesche d'hiver* («griesche» = jeu de dés, malchance), *La Complainte Rutebeuf*.

Il reste encore proche de nous par son goût de la satire et l'expression poignante de sentiments personnels.

Extrait

Le poème le plus connu de Rutebeuf est sans doute *La Complainte Rutebeuf* que Léo Ferré a adaptée avec d'autres poèmes de Rutebeuf et mise en musique en 1956.

Voici un extrait du texte du Moyen Age et sa traduction (tirée des *Poésies de Rutebeuf,* traduites par Jean Dufournet, © Champion, 1978).

> Que sont mi ami devenu
> Que j'avoie si pres tenu
>   Et tant amé?
> Je cuit qu'il sont trop cler semé;
> Ils ne furent pas bien femé,
>   Si sont failli.
> Itel ami m'ont mal bailli,
> C'onques, tant com Diex m'assailli
>   En maint costé,
> N'en vi un seul en mon osté.
> Je cuit li vens les a osté,
>   L'amour est morte;
> Ce sont ami que vens enporte,
> Et il ventoit devant ma porte
>   Ses enporta,
> C'onques nus ne m'en conforta
> Ne du sien riens ne m'aporta.

> Que sont devenus mes amis
> qui m'étaient si intimes
>   et si chers?
> Je crois qu'ils sont bien rares :
> Faute de les avoir entretenus,
>   je les ai perdus.
> Ces amis m'ont maltraité
> car jamais, tant que Dieu m'a assailli
>   de tous côtés,
> je n'en vis un seul chez moi.
> Je crois que le vent les a dispersés,
>   l'amitié est morte :
> ce sont amis que vent emporte,
> et il ventait devant ma porte;
>   aussi furent-ils emportés
> si bien que jamais personne ne me consola
> ni ne m'apporta un peu de son bien.

Moyen Age

L'histoire au Moyen Age

Evolution du XIe siècle au XVe siècle

En langue latine, l'histoire s'est développée depuis l'époque carolingienne sous la forme, notamment, de **biographies de souverains.** Mais, en langue française, l'histoire, avant le XIIIe siècle, est un genre plutôt poétique, proche de l'épopée ou de la vie de saint.

A partir du XIIIe siècle, deux genres vont dominer, la **chronique,** récit d'événements contemporains et les **mémoires,** témoignage direct. Les croisades vont marquer les œuvres de Villehardouin et de Joinville, la guerre de Cent Ans celle de Froissart, et le développement du duché de Bourgogne, celle de Commynes. Commynes a, le premier, une conception moderne de l'histoire, marquée par un véritable sens critique et une sorte de **« philosophie de l'histoire ».**

Villehardouin

Sa vie

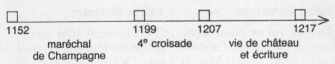

1152	1199	1207	1217
maréchal de Champagne	4e croisade	vie de château et écriture	

Son œuvre

La Conquête de Constantinople : 116 chapitres en dialecte champenois.

3 parties : le départ de la croisade; les deux sièges de Constantinople et l'élection de son empereur; la retraite d'Andrinople.

Valeur historique	**Valeur littéraire**
Acteur de la 4e croisade, il écrit un plaidoyer pour expliquer comment cette expédition religieuse s'est transformée en conquête de Constantinople. Il est donc partial et assez discret sur son propre rôle diplomatique.	Méthode, clarté et simplicité dans le récit. Orateur, il utilise souvent un style oral en s'attachant à mettre en valeur l'enchaînement des faits.

Joinville

Sa vie

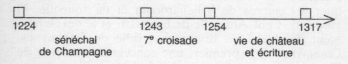

1224	1243	1254	1317
sénéchal de Champagne	7e croisade	vie de château et écriture	

Son œuvre

L'Histoire de saint Louis : 119 chapitres.

2 parties : les vertus de saint Louis; les chevaleries de saint Louis et notamment la 7e croisade à laquelle Joinville a participé.

Valeur historique	**Valeur littéraire**
Ami du roi et homme de cour, Joinville fait l'apologie de saint Louis. Mais il écrit (vers 1305) plus de trente ans après la mort du roi et la vérité historique est sujette à caution.	C'est un récit sans méthode, mais élégant et courtois. Des dialogues vifs, du pittoresque, la personnalité même du conteur est très présente.

Froissart

Sa vie

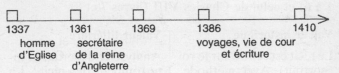

1337	1361	1369	1386	1410
homme d'Eglise	secrétaire de la reine d'Angleterre		voyages, vie de cour et écriture	

Son œuvre

Chroniques : 4 livres qui relatent la Guerre de Cent Ans entre la France et l'Angleterre (1325-1400).

Il insère dans les livres 2, 3 et 4 les récits de ses propres voyages.

C'est aussi un poète courtois *(Le Paradis d'Amour; La Prison amoureuse; Méliador).*

Valeur historique

Comme un correspondant de guerre ou un reporter, il privilégie les témoignages directs. Il insiste sur les facteurs psychologiques. Malgré ses efforts pour être impartial, l'influence de ses propres protecteurs se fait sentir.

Valeur littéraire

C'est un récit coloré, vivant, mais sans véritable méthode. Les digressions sont assez nombreuses, privilégiant les exploits et les prouesses.

Commynes

Sa vie

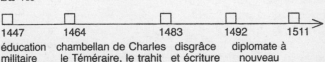

1447	1464	1483	1492	1511
éducation militaire	chambellan de Charles le Téméraire, le trahit et sert Louis XI	disgrâce et écriture	diplomate à nouveau	

Son œuvre

Mémoires : 8 livres.

Chronique de deux règnes : celui de Louis XI (livres 1 à 6) et celui de Charles VIII (livres 7 et 8).

Valeur historique	Valeur littéraire
Le récit est centré sur le roi (portrait). Avec méthode, Commynes recherche les causes, notamment psychologiques. Sa philosophie de l'histoire est marquée par la Providence. Le livre devient un manuel de politique (annonce Machiavel).	Analyse et dissertation interrompent le récit. La qualité du style est inégal, sans vrai pittoresque, d'un ton plutôt sobre.

Moyen Age

Villon

prénom : **François**
né en : **1431**
mort en : **1470 ?**

Famille	Orphelin, il est adopté par Guillaume de Villon, chanoine.
Etudes	1443-1449 : inscrit à la faculté des arts de Paris, reçu au baccalauréat, licencié et maître-ès-arts.
Une vie agitée	1455 : il blesse mortellement un prêtre dans une rixe et part sans doute pour l'Anjou pour échapper à la justice.
	1456 : il obtient la grâce du roi pour ce meurtre; mais il participe avec deux complices au vol de 500 écus d'or au collège de Navarre.
	1458 : séjour supposé à Blois à la cour de Charles d'Orléans.
	1460 : en prison à Orléans.
	1461 : en prison à Meung-sur-Loire.
	1462 : prisonnier au Châtelet pour vol.
	1463 : il participe à une rixe; il est condamné à mort (« pendu et estranglé »).
	Un arrêt du Parlement annule le jugement, mais le bannit de Paris pour dix ans.
	On perd sa trace.

Œuvres

1456   Le *Lais*, qu'on appelle aussi le *Petit testament*.
1461   Le *Testament* (ou *Grand testament*); peut-être la même année le *Débat du cœur et du corps* et la *Ballade de la Fortune*.

1463   Le *Quatrain* et la *Ballade des Pendus*.
        La *Requête au Parlement* et la *Ballade de l'appel*.
1489   Première édition imprimée des *Œuvres* de François
        Villon, chez Pierre Levet.
1533   Edition des *Œuvres* de Villon par Marot.

L'un des premiers «poètes maudits», Villon nous touche par l'expression pathétique, et parfois humoristique des sentiments élémentaires.

Les deux poèmes les plus connus de Villon :

Ballade des Dames du temps jadis, extraite du *Testament*, chantée par Brassens

> Dites-moi où, n'en quel pays
> Est Flora, la belle Romaine,
> Archipiadès, ni Thaïs,
> Qui fut sa cousine germaine,
> [...]
> Mais où sont les neiges d'antan ?

L'*Epitaphe Villon* (la *Ballade des Pendus*)

> Frères humains qui après nous vivez,
> N'ayez les cœurs contre nous endurcis,
> Car si pitié de nous pauvres avez,
> Dieu en aura plus tôt de vous merci.
> [...]
> Mais priez Dieu que tous nous veuille absoudre !

Moyen Age

Le théâtre
au Moyen Age

L'origine du théâtre en France est religieuse. Le spectacle fait d'abord partie des cérémonies et se déroule
dans l'église. Puis les représentations ont lieu devant
l'église, sur le parvis.

Le théâtre religieux

– Le drame liturgique
Les grandes fêtes chrétiennes sont mises en scène :
Pâques (Xe siècle), Noël (XIe siècle). Puis d'autres
scènes sont aussi jouées : la Résurrection de Lazare, la
Conversion de saint Paul (XIIe siècle). La langue utili-
sée reste le latin.

– Le drame religieux
La langue employée devient le roman. La représentation se fait à l'extérieur de l'église (*Jeu d'Adam et Eve*,
fin XIIe siècle).

– Les miracles (XIIIe-XIVe siècles)
Les vies de saints fournissent d'autres sujets (*Jeu de
saint Nicolas, Miracle de Théophile*).

– Les mystères (XVe siècle)
Le drame de la Passion en est le principal sujet (*Passion
d'Arnoul Gréban*). Des «Confréries de la Passion» se
spécialisent dans la représentation des mystères.

MIRACLES ET MYSTÈRES		
	Miracles	**Mystères**
date	genre le plus fécond au XIVe siècle	chefs-d'œuvre au XVe siècle
auteurs	auteurs cultivés et dévots, puisant dans la littérature narrative religieuse et profane	les « confréries », associations à statut officiel, préparant des représentations de la vie du Christ
base	situation humaine, familière, où surgit le merveilleux	inspiration toute sacrée : les Ecritures Saintes
thème préféré	intervention de la Vierge dans une situation désespérée	en plus des traditionnelles nativité et résurrection, la Passion du Christ
ton	naïveté, familiarité	gigantisme
représentation	goût pour le spectacle : décor assez riche, action, comique des scènes réalistes, mais dimensions restreintes	plusieurs centaines d'acteurs, véritable fête, décors simultanés complexes, plusieurs journées de représentation
exemples	**1260** *Miracle de Théophile* de Rutebeuf **XIVe s.** *Miracles de Notre-Dame par personnages* (recueil manuscrit de 40 miracles)	**1450** *Mystère de la Passion* de Arnoul Gréban, 35 000 vers, 200 personnages **1489** *Mystère de la Passion* repris par Jean Michel, 65 000 vers, 10 jours de représentation **1548** condamnation des mystères par le Parlement de Paris (source de désordre)

Le théâtre comique

– Les origines
La comédie latine était toujours lue dans les écoles. Le théâtre religieux ouvre la voie des représentations.

– Adam de La Halle
Originaire d'Arras (vers 1235), il écrit des divertissements (*Jeu de la Feuillée, Jeu de Marion et Robin*). Satire, amour courtois, musique en sont les principaux traits.

– Les sociétés joyeuses
Des confréries spécialisées dans les représentations comiques se créent : la Basoche, les Enfants sans souci, les Sots.

– Moralité, sotie et farce
Le même esprit anime le théâtre comique du Moyen Age : tableau réaliste de la société, satire et rire.

– La farce
La farce annonce déjà la comédie de mœurs et celle de caractères (*Farces du Cuvier, du Meunier, de Maître Pathelin*).

THÉÂTRE COMIQUE DU MOYEN ÂGE	
SOTTIE ou **SOTIE**	Scène bouffonne interprétée par des « sots » (= fous), souvent satirique.
MONOLOGUE	Scène à un seul personnage qui se ridiculise lui-même par son discours et qui révèle ainsi ses défauts
MORALITE	Pièce qui n'est pas toujours comique et qui met en avant les grandes questions morales ou politiques.
FARCE	Pièce sans intention satirique ou didactique, purement comique, destinée à un large public, qui est marquée par un réalisme cynique, par la verve et la fantaisie. C'est le genre le plus durable.

Moyen Age

GROS PLAN SUR...

La Farce
de Maître Pathelin

Guillaume Alecis?

Date : entre 1456 et 1469

Genre	Farce.
Composition	On ne sait pas avec certitude qui a écrit cette farce. Vraisemblablement Guillaume Alecis, un clerc normand très érudit.
Thème	Maître Pathelin est un avocat sans scrupules. Le marchand Guillaume Joceaulme lui vend très cher une pièce de drap. Pathelin l'invite à venir chez lui pour manger une oie et toucher en même temps son dû. Le jour dit, Pathelin est au lit, moribond, et prétend qu'il n'est jamais allé chez le marchand. Sa femme Guillemette éconduit le créancier. Peu de temps après, un procès oppose, pour un vol de moutons, Joceaulme et un berger nommé L'Agnelet. C'est Pathelin, en pleine santé, qui défend le berger. Le marchand, éberlué, mélange affaire de drap et vol de moutons. Le juge s'y perd. L'Agnelet, sur les conseils de Pathelin, ne fait que bêler et feint d'être idiot. Il est acquitté. Mais lorsque Pathelin réclame ses honoraires, le berger lui répond par le même bêlement.
	Le thème principal est celui du trompeur trompé. La scène la plus célèbre est celle du procès, proche du burlesque.
Forme	Octosyllabes rimant par deux.
	« Revenons à nos moutons. » (réflexion du juge passée en proverbe)

Extrait

Mis en français moderne par Jean Dufournet
(© Garnier Flammarion 1986).

Une fois le procès gagné, Pathelin vient réclamer au berger ses honoraires.

Le Berger : Bée!
Pathelin :   Approche, viens.
               Ton affaire est-elle bien réglée?
Le Berger : Bée!
Pathelin :   La partie adverse s'est retirée :
               ne dis plus «bée!», ce n'est pas la peine.
               L'ai-je bien entortillé?
               T'ai-je conseillé comme il faut?
Le Berger : Bée!
Pathelin :   Hé! diable, on ne t'entendra pas!
               Parle hardiment, n'aie pas peur.
Le Berger : Bée!
Pathelin :   Il est temps que je m'en aille.
               Paie-moi.
Le Berger :   Bée!
Pathelin :   A dire vrai,
               tu as très bien joué ton rôle,
               tu as fait bonne figure.
               Ce qui lui a donné le change,
               c'est que tu t'es retenu de rire.
Le Berger : Bée!
Pathelin :   Quoi «bée!»? Il ne faut plus le dire.
               Paie-moi bien et gentiment.
               [Le manège se poursuit]
Le Berger : Bée!
Pathelin :   Par saint Jean, tu as raison :
               les oisons mènent paître les oies.
               Je me prenais pour le maître de tous
               les trompeurs d'ici et d'ailleurs,
               des vagabonds et des donneurs
               de bonnes paroles à payer
               au jour du Jugement dernier,
               et un berger des champs me surpasse!
               Par saint Jacques, si je trouvais
               un sergent, je te ferais prendre!

Bibliographie

1. Le Moyen Age : généralités

1.1. Histoire

A. Chédeville, *La France au Moyen Age,* Que sais-je? PUF.

R. Delort, *La Vie au Moyen Age,* Points, Seuil.

G. Duby, *Hommes et structures du Moyen Age,* Champs, Flammarion.

J. Favier, *La Guerre de Cent Ans,* Marabout Université.

P. Labal, *Le Siècle de saint Louis,* Que sais-je? PUF.

R. Pernoud, *Les Hommes de la croisade,* Marabout Université.

Les romans de Jeanne Bourin très bien documentés (*La Chambre des Dames, La Dame de beauté, Le Jeu de la tentation, Très sage Héloïse*) parus dans le Livre de Poche.

1.2. Littérature

E. Baumgartner, tome 1 de l'*Histoire de la littérature française,* Univers des Lettres, Bordas.

D. Boutet et A. Strubel, *La Littérature française du Moyen Age,* Que sais-je? PUF.

Jeux et sapience du Moyen Age, La Pléiade, Gallimard.

Poètes et romanciers du Moyen Age, La Pléiade, Gallimard.

2. La langue

J. Batany, *Français médiéval,* textes choisis, Etudes Bordas.

3. Les chansons de geste

La Chanson de Roland, Bibliothèque Bordas, collection 10/18, ou Folio.

4. Les romans

Chrétien de Troyes, *Romans de la Table Ronde*, Folio.
Chrétien de Troyes, *Perceval*, Folio ou Stock +.
Lancelot, roman du XIIIᵉ siècle, texte chosi par A. Micha, 10/18.
Le Roman de la Rose, Folio.
A. Strubel, *Le Roman de la Rose*, Etudes littéraires, PUF.
Le Cœur mangé, récits érotiques et courtois, Stock +.
Fabliaux et contes, Stock +.
Contes pour rire, fabliaux des XIIIᵉ et XIVᵉ siècles, 10/18.
Le Roman de Renart, Stock +, 10/18, ou Garnier Flammarion.

5. La poésie

5.1. Généralités
Anthologie des troubadours, 10/18.
Bestiaires du Moyen Age, Stock +.
Chansons des XVᵉ et XVIᵉ siècles, 10/18.
Poètes du Moyen Age : chants de guerre, d'amour et de mort, 10/18.
Poèmes de la mort de Turold à Villon, 10/18.
H.I. Marrou, *Les Troubadours*, Points Seuil.

5.2. Rutebeuf
Rutebeuf, *Poèmes de l'infortune et autres poèmes*, Poésie Gallimard.

5.3. Villon
J. Favier, *François Villon* Marabout Université.
On trouve ses œuvres dans les collections suivantes : Biblio-

thèque Lattès, Livre de poche, Poésie Gallimard, Garnier Flammarion.

6. L'histoire

Historiens et chroniqueurs du Moyen Age, La Pléiade.
Villehardouin, *La Conquête de Constantinople,* Garnier Flammarion.
Commynes, *Mémoires,* Folio.

7. Le théâtre

Rutebeuf, *Le Miracle de Théophile,* Garnier Flammarion.
La Farce de Maître Pierre Pathelin, Garnier Flammarion.

Le XVIᵉ siècle

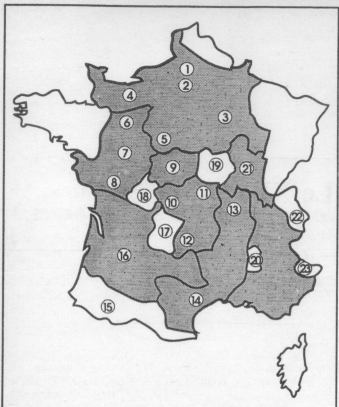

1. Picardie - 2. Ile-de-France - 3. Champagne -
4. Normandie - 5. Orléanais - 6. Maine - 7. Anjou -
8. Poitou - 9. Berry - 10. Marche - 11. Bourbonnais -
12. Auvergne - 13. Lyonnais - 14. Languedoc -
15. Gascogne - 16. Guyenne - 17. Limousin -
18. Angoumois - 19. Nivernais - 20. Avignon -
21. Bourgogne - 22. Savoie - 23. Comté de Nice

La France en 1494

Provinces encore hors de France en 1494

Introduction

Actuellement, pour évoquer les arts et les lettres du
XVIᵉ siècle en France, on appelle cette période **« la
Renaissance »**. Ce terme est une appellation moderne.
Au XVIᵉ siècle, on parle plutôt de « restitution » ou de
« restauration » des lettres. A la fin du XVIIᵉ siècle,
l'expression « renaissance des lettres » apparaît, mais ce
n'est que vers 1830 qu'on parle dans l'absolu de la
« Renaissance ».

De quelle « renaissance » s'agit-il ? Ce n'est pas celle
de la littérature puisqu'elle n'a jamais disparu, c'est
celle des **lettres classiques.** En effet, au XVIᵉ siècle,
l'Antiquité grecque, quelque peu délaissée jusque-là,
est remise à l'honneur et autant appréciée que l'Antiquité latine. Les **études hébraïques** connaissent elles
aussi un grand essor. Au Moyen Age, quelques auteurs
anciens étaient connus, à travers notamment des
commentaires d'érudits. Au XVIᵉ siècle, l'ensemble de
la littérature antique intéresse les lettrés; on se passionne pour la civilisation antique en général.

Les érudits **critiquent la tradition médiévale :** ils veulent revenir aux versions rigoureuses des textes en oubliant les masses de commentaires qui les entourent.
Les artistes, eux aussi, se détournent de l'art médiéval,
national, pour imiter les modèles grecs, latins et italiens. Pour l'épopée, par exemple, le modèle n'est plus
la *Chanson de Roland,* mais l'*Enéide* de Virgile.

Le contexte politique et social a beaucoup évolué. Le XVIe siècle voit se constituer la **monarchie absolue.** Les assemblées provinciales jouent un rôle très effacé. Le pouvoir est concentré. Au Conseil des Affaires qui entoure le roi, composé de peu de membres, tout se décide. Une **administration** centralisée se met en place dans les provinces (baillis, sénéchaux, gouverneurs). Le nombre des fonctionnaires s'accroît considérablement. C'est au roi qu'il faut acheter les emplois (« vénalité des charges »).

On passe ainsi de la société féodale du Moyen Age à une **société aristocratique.** La cour se développe. A partir de François Ier, elle comprend plusieurs milliers de personnes, en voyage dans toute la France, en particulier dans les châteaux de la Loire. Les **femmes** ont un rôle social très important à jouer dans cet univers clos. La vie sociale est très brillante : fêtes, jeux, protection des arts... La **vie de cour** permet au roi de surveiller la noblesse et d'obtenir plus facilement sa soumission.

L'autorité du roi s'exerce aussi sur le **clergé.** En effet, le Concordat signé en 1516 entre le roi de France et le pape attribue au roi la nomination des évêques et des abbés, qui est seulement confirmée ensuite par le Pape.

L'**essor économique** de cette période profite à la **bourgeoisie.** Elle peut ainsi acheter des titres de noblesse ou des charges de magistrats. C'est ainsi que se crée une nouvelle noblesse qu'on appelle **« noblesse de robe »,** pour la distinguer de la « noblesse d'épée » ou « de sang » des anciens féodaux.

L'équilibre de l'Europe est remis en cause par la découverte de l'**Amérique.** Son exploitation économique bouleverse les données de l'économie. Les **métaux précieux,** issus des pillages et des mines, affluent sur le Vieux Continent. La richesse mise en circulation est considérable. La vie devient très chère. L'Etat mène un grand train (luxe de la cour, guerres, nombreux fonctionnaires...). L'endettement public s'accroît. Une crise financière est inévitable. Elle se produira vers 1560.

Le **commerce,** en plein développement, donne une place particulière aux grandes foires, à l'axe Italie/Allemagne et permet l'essor de **Lyon.** Dans cette grande ville, deux secteurs se développent très vite : la soie et la banque. Même si Paris reste le premier centre culturel de France, Lyon et quelques autres villes universitaires sont animées d'une vie sociale et intellectuelle particulièrement riche.

Plusieurs phases composent le XVIe siècle.

Autour de 1500, les premiers développements de l'**imprimerie** révolutionnent le contexte intellectuel et permettent à l'érudition de se diffuser.

Autour de 1530, c'est l'influence du roi **François Ier** qui est primordiale. Surnommé « le père des lettres », il protège les artistes et met l'Italie à la mode. Cette période, celle de **Rabelais** et de **Marot,** correspond à un certain enthousiasme. Les humanistes ont soif de savoir. Ils espèrent transformer l'Eglise de l'intérieur par l'évangélisme qui veut revenir au texte authentique des Evangiles.

Autour de 1550, la génération de **la Pléiade** trouve sa pleine maturité. Venant renouveler la poésie française et la défendre, **Ronsard** et ses amis marquent une étape importante dans l'histoire de la littérature.

Enfin, **autour de 1560-80,** les **guerres civiles** et guerres de religion sévissent en France. La haine fanatique, la guerre mêlée au luxe font naître une littérature sombre et violente, mêlant réalisme et préciosité, comme les poèmes d'Agrippa **d'Aubigné.** Dans le même temps, **Montaigne,** dans sa retraite, rédige ses *Essais,* premier grand texte philosophique en langue française.

On peut considérer deux dates charnières entre lesquelles a véritablement lieu la « renaissance des lettres » : 1535 et 1560.

En 1535, effondrement de l'espoir des évangélistes, parution des premiers livres de Marot, de Rabelais et de Calvin.

En 1560, fin des guerres étrangères et début des guerres de religion. Calvin et Du Bellay meurent. Ronsard devient poète officiel et accepte une sorte de rôle politique.

Après d'immenses espoirs humanistes, le XVIe siècle s'achève dans un bain de sang. Ce siècle reste marqué par le déchaînement des passions politiques et religieuses. La littérature du XVIe siècle est très proche des inquiétudes de l'époque. Elle est **moderne** dans le reflet qu'elle donne de la vie en ces temps tourmentés. Que l'écrivain choisisse de s'engager dans la lutte, ou qu'il préfère s'évader dans l'exercice de son art, il nous touche aujourd'hui encore par ses réactions très humaines.

Du Moyen Age
à la Renaissance

Il n'y a pas de véritable rupture entre le Moyen Age et la Renaissance. Le maître-mot de la Renaissance, l'**humanisme,** est déjà présent chez certains clercs du Moyen Age. Une crise affecte à la fin du XVe siècle la civilisation française : la Renaissance est la réponse à cette crise.

Une crise

— La foi en difficulté
La religion apparaît à beaucoup comme un ensemble de rites figés. Elle devient l'affaire de théologiens qui multiplient les querelles.

— L'Université en déclin
L'Université a perdu de son prestige. La matière principalement enseignée est la rhétorique. Les étudiants ne sont pas mis au contact des grands textes de l'Antiquité.

— La littérature en crise
Les mystères sont devenus des entreprises de spectacle à but commercial. Les jeux rhétoriques ont desséché l'inspiration poétique. La littérature dépérit faute de renouvellement.
⇒ Les intellectuels cherchent de nouvelles voies.

L'influence italienne

— Les conditions historiques
Les rois de France (Charles VIII, Louis XII et François Iᵉʳ) revendiquent des droits sur Naples et Milan. Ils organisent plusieurs **expéditions militaires** en Italie. C'est ainsi que les Français vont découvrir la Renaissance italienne.

— Une société raffinée
Les cours italiennes sont particulièrement raffinées (cour des Médicis, cours des ducs d'Urbin et de Ferrare). Les rois de France vont adopter la mode italienne à leur retour en France : fêtes, vie luxueuse, spectacles.

— Un art florissant
L'art italien impressionne les Français. En matière de littérature, la découverte de Dante, de Pétrarque ou de Machiavel frappe les esprits.

— L'Antiquité à l'honneur
Les Italiens sont restés fidèles aux chefs-d'œuvre latins. Ils ont aussi appris à mieux connaître la civilisation grecque par la fréquentation de savants byzantins. Les Français ont tout à apprendre et se jettent avec curiosité sur les grands textes de l'Antiquité gréco-romaine.

L'influence de la Réforme

— Erasme
Erasme (1467-1536), un Hollandais, a vécu de nombreuses années en France. Cet humaniste est un fervent admirateur des auteurs antiques et cultive leur héritage. Il insiste par ailleurs sur la nécessité d'étudier la Bible comme source de sagesse.

— Le renouveau de la foi
Plutôt que de se perdre en querelles théologiques stériles, Erasme propose de revenir à une foi plus sponta-

née, en faisant passer au second plan les rites et le formalisme et en insistant sur l'amour de Dieu et la lecture des Ecritures. Il ne rejette pas pour autant l'autorité de Rome comme le fait Luther.

La Renaissance marque une profonde **rupture** avec le Moyen Age. Cependant, bien des valeurs de cette ère nouvelle étaient **déjà en gestation** chez certains clercs médiévaux. L'appétit de savoir, le goût encyclopédique, la défense de la langue française, le renouveau de la foi sont autant de thèmes déjà esquissés à la fin de l'époque précédente.

La première Renaissance

Le XVIe siècle ouvre ce qu'on appelle l'**époque moderne.** La coupure avec le Moyen Age, même si subsistent des continuités, est flagrante. Le monde connu s'est considérablement accru avec les grandes découvertes; l'invention de l'imprimerie vulgarise les connaissances et diffuse plus largement le savoir; les contacts renforcés avec l'Italie transforment la littérature.

Rappelons que la fin du XVe siècle et le début du XVIe siècle sont marqués par les **grands voyages d'exploration :** Christophe **Colomb** (1492) en Amérique, Vasco de **Gama** (1498) aux Indes, **Magellan** (1519-22) et son premier tour du monde. Les **Conquistadores** les suivent de près, créant d'immenses empires coloniaux pour les grandes puissances occidentales, notamment Espagne et Portugal.

Il est certain que la représentation du monde s'en trouve bouleversée. L'homme médiéval vivait dans un monde limité et connu. L'homme de la Renaissance découvre des civilisations inconnues aux usages étonnants, il doit repenser complètement ses propres convictions. Un afflux considérable de connaissances nouvelles et de richesses vient remettre en cause tous les équilibres médiévaux. Il faut dès lors reconstruire de nouveaux systèmes de pensée.

L'imprimerie va satisfaire cet appétit de connaissance. L'invention des caractères d'imprimerie mobiles permet de diffuser rapidement en plusieurs exemplaires des ouvrages que les copistes mettaient des mois à retranscrire.

Les premiers livres sont imprimés en Allemagne vers 1450. Mais l'invention gagne très vite l'Italie (Venise) et la France. A Strasbourg, à Paris, à Lyon, des ateliers s'ouvrent. En 1500, les imprimeurs sont établis dans une quarantaine de villes françaises et près de 800 livres ont déjà paru.

Que sont ces livres? Des ouvrages de piété, des ouvrages scolaires, mais aussi l'édition de chefs-d'œuvre du patrimoine comme le *Roman de la Rose,* ou encore des récits de voyage. Très vite, la production s'est diversifiée. Chaque ville a sa spécialité.

Les conditions sont alors réunies pour permettre un renouvellement de la littérature. La dernière impulsion est donnée par l'**exemple italien**.

Depuis le XIIIe siècle, l'Italie a déjà connu sa «Renaissance». Les grands princes, comme le Pape et les Médicis, ont largement favorisé les arts. Le mécénat a permis aussi bien l'éclosion de talents dans la peinture ou la sculpture que la création de grandes bibliothèques, comme la Bibliothèque Vaticane créée par le Pape vers 1450.

Ce sont paradoxalement les guerres d'Italie de 1494 à 1516 qui vont révéler à la France la richesse de la civilisation italienne. Les rois de France sont émerveillés par l'éclat des lettres et des arts, par le luxe des cours italiennes et leur extrême raffinement. Le modèle italien dès lors s'impose, notamment à François Ier. La ville de Lyon joue un grand rôle dans l'introduction de l'italianisme en France. Les voyages en Italie sont très fréquents : les étudiants fréquentent volontiers les universités de Pavie, Bologne ou Pise. Durant tout le siècle, les écrivains français feront des séjours au-delà des Alpes (Marot, Rabelais, Du Bellay, Montaigne).

La première Renaissance française, autour de 1500, est surtout marquée par les **humanistes érudits** comme Guillaume Budé. Peu de grands écrivains. La poésie de cette époque, poésie de cour, est encore dans la lignée des **Rhétoriqueurs** du Moyen Age : ornements savants, symbolisme imité du *Roman de la Rose*, exercices de virtuosité. On peut noter les noms de deux auteurs plus intéressants : **Octovien de Saint-Gelais** (1468-1502) qui traduit Ovide et Virgile et **Jean Lemaire** (1473-1515) qui exerce ses talents en vers comme en prose et remet en honneur l'alexandrin.

Théâtre et roman, à cette époque, n'évoluent pas. Les formes médiévales sont simplement reprises : moralités, farces, romans de chevalerie remaniés.

XVIe

L'humanisme

L'installation des premiers ateliers d'imprimerie détermine la progression du courant humaniste. Cette invention suscite une prodigieuse circulation du savoir.

L'humanisme érudit

— Les manuscrits antiques

La **chute de Constantinople,** tombée aux mains des Turcs en 1453, provoque un afflux des Grecs érudits de cette ville en Italie. Ils ont dans leurs bagages de nombreux manuscrits. Chez eux, la tradition d'étude des auteurs anciens est solidement établie. L'Occident les découvre.

— Les Universités

Les érudits voyagent beaucoup d'une ville universitaire à une autre (Paris, Padoue, Rome, Florence). Ces érudits veulent revenir aux textes antiques les plus sûrs possibles. En effet, dans l'université médiévale, l'enseignement des lettres se réduisait à celui de la rhétorique. Les discussions creuses de la scolastique ne satisfaisaient pas l'appétit de savoir. Le contact direct avec les textes d'Homère ou de Cicéron n'existait pas.

— Les ouvrages d'érudition

Plusieurs travaux savants paraissent alors. **Marsile Ficin** (1433-1499) fait paraître la première traduction complète de Platon en latin pour rendre sa philosophie plus accessible aux lettrés. **Claude de Seyssel** fait de même pour Xénophon et Thucydide. Le plus connu de ces érudits est **Guillaume Budé** (1468-1540) qui traduit Plutarque en latin et se consacre à l'étude de la langue grecque. Ses études extrêmement rigoureuses sur la langue ne lui font pas perdre de vue la philosophie des Anciens qu'il remet également à l'honneur, en insistant sur sa valeur humaine.

La foi en l'homme

A partir de ces travaux d'érudition, toute une vogue se développe pour les recueils d'anecdotes antiques qui diffusent une image positive de la culture et de la civilisation antiques. Ces recueils de leçons et d'adages, des dits et de faits mémorables viennent nourrir le sentiment que l'**homme possède des capacités extraordinaires,** qu'il est à lui seul une sorte de résumé du monde et qu'il peut le dominer. Les grandes découvertes ont aussi exalté l'esprit aventurier et dominateur de l'homme. Le **néo-platonisme** (remise à l'honneur de la philosophie de Platon) se développe dans ces conditions. Son aspiration au beau idéal, et sa conception très intellectuelle de l'amour sont largement diffusées.

L'humanisme et la religion

— Les études bibliques
La volonté de revenir aux textes authentiques chez les humanistes s'applique également aux textes bibliques. D'où le renouveau des études hébraïques.

— Le conflit
Ce souci, qui devait à l'origine renforcer la théologie, aboutit finalement à refuser les commentaires infidèles de la tradition scolastique et à se trouver en conflit avec les autorités de la faculté de théologie **(la Sorbonne).**
Jacques Lefèvre d'Etaples (1450-1536) retraduit la Bible et constate que certains dogmes ne figurent pas

dans les textes évangéliques. Son succès est rapide. Autour de lui se crée le courant appelé « **évangélisme** » qui consiste à revenir au texte des évangiles contre les commentaires (les gloses) du Moyen Age. Marguerite de Navarre protège ce courant.

— La répression

Mais la Sorbonne considère que ce mouvement se rapproche des thèses de Luther de 1517, elle condamne la Bible française de Lefèvre au feu, procède à quelques supplices d'évangélistes et contraint Lefèvre à s'exiler.

L'humanisme et la politique

— François Iᵉʳ

François Iᵉʳ soutient ce mouvement intellectuel. En 1530, il fonde le **Collège royal** (aujourd'hui Collège de France), hors du contrôle de la Sorbonne, où sont créées des chaires de latin, de grec et d'hébreu, puis de mathématiques, de philosophie et de langues orientales. Le roi encourage la publication des traductions, notamment les travaux de **Jacques Amyot** (1513-1593) sur Plutarque qui deviendront le livre de chevet de tous les humanistes de la fin du siècle. François Iᵉʳ enrichit sa **bibliothèque** en instituant le dépôt obligatoire de tout volume imprimé en France (dépôt légal), et l'ouvre aux érudits.

— L'Affaire des Placards

Cependant, après l'Affaire des Placards (1534), quand un **violent pamphlet** contre la messe et la cour du Pape est placardé dans plusieurs villes de France, le roi pense qu'on est allé trop loin. Il réprime les luthériens, à l'origine sans doute de l'événement, et tente de suspendre le droit d'imprimer.

— La division

L'humanisme voulait réformer les études et la religion de l'intérieur. Le schisme protestant se dessine. Les humanistes vont se diviser. Certains comme **Théodore de Bèze** vont devenir protestants, d'autres vont réintégrer l'Eglise traditionnelle; beaucoup, déçus, vont se tenir à l'écart du débat, tout en gardant leurs convictions. Les guerres de Religion de la fin du siècle ruineront leurs derniers espoirs.

L'humanisme marque profondément l'évolution des lettres en France. L'imitation des Anciens n'aurait pu se faire sans les travaux des humanistes érudits. L'échec politique et religieux que connaît le mouvement ne doit pas faire sous-estimer son influence. Il marque l'éveil de plusieurs générations aux beautés de la littérature antique, une nouvelle foi dans les capacités de l'homme à prendre en charge son destin et à exprimer avec force ses sentiments et convictions.

XVIᵉ
Le pétrarquisme

Pétrarque

François Pétrarque (1304-1374) était un penseur italien, très savant. Son œuvre en latin avait été connue dans toute l'Europe. Mais c'est pour son recueil de **poèmes en italien** (langue « vulgaire ») qu'il fut admiré et imité. Ce recueil, intitulé le *Canzoniere,* inspiré par Laure, dame d'Avignon, était composé de 366 poèmes dont 317 sonnets. Dès le XVᵉ siècle, il fut imité en Italie. Au XVIᵉ siècle, son influence gagna toute l'Europe.

Edité 30 fois du XIVᵉ au XVᵉ siècle, 140 fois au XVIᵉ siècle, le *Canzoniere* chante un amour insatisfait. Le recours est constant à la métaphore, la comparaison, l'antithèse. L'expression des sentiments est à la fois raffinée, véhémente et mélancolique.

Le pétrarquisme en France

Marot traduit Pétrarque. Mellin de Saint-Gelais est un des premiers poètes français à imiter son style; il le met à la mode. Dans les années 1520-1540, en France, comme en Angleterre et en Espagne, le pétrarquisme triomphe. L'**école lyonnaise** adopte en grande partie sa conception de l'amour. La **Pléiade** ne s'en écarte guère.

L'amour pétrarquiste

L'amour pétrarquiste est une sorte d'**amour courtois.** Le poète est soumis à sa dame. Elle est belle, hautaine. Le poète ne la mérite pas, il sait qu'il ne peut rien attendre, mais il espère tout de même. Ce **mélange d'espoir et de désespoir,** de bonheur et de douleur donne son ton mélancolique à cette poésie amoureuse.

Souvent l'**inspiration platonicienne** vient se joindre au pétrarquisme pour donner de la femme une image idéale, inaccessible, quelque peu désincarnée («amour platonique»). Mais chez Pétrarque, même sans accomplissement possible, le désir physique reste un thème important.

La génération de François Ier

Le règne de **François Ier,** malgré les guerres qui ne cessent pas, est marqué par une floraison extraordinaire dans les lettres et les arts.

La personnalité même du roi en est, pour une bonne part, responsable. François Ier est un esprit mondain et curieux qui stimule les intellectuels de son temps et encourage les artistes. Avec sa sœur, **Marguerite de Navarre,** il protège les humanistes. Un peu partout en France, autour d'**éminents mécènes,** se créent des cercles lettrés : l'humanisme triomphe alors.

La génération des hommes nés autour de 1500 est particulièrement **optimiste.** Elle croit que les valeurs humanistes l'ont définitivement emporté et que l'Eglise va elle-même entreprendre sa réforme sous la pression de l'évangélisme. C'est pourquoi, malgré les guerres, malgré les réactions hostiles de la Sorbonne, cette génération cultive le rire et la gaieté. Marot et Rabelais connaissent les brimades, voire les persécutions, mais leur confiance dans l'avenir balaie les difficultés.

Jusqu'en 1534, ils savent qu'ils peuvent compter sur l'appui de François Ier qui a toujours cherché à limiter les prétentions et l'autorité de la Sorbonne. Mais un grave événement va transformer l'attitude royale. Dans la nuit du 17 au 18 octobre 1534, un violent pamphlet contre la messe et contre Rome est placardé à Paris et à Amboise où réside alors le roi. C'est l'**Affaire des Placards.** La rupture avec les premiers protestants luthériens est consommée : ils sont poursuivis et vingt d'entre eux sont brûlés. Quant aux évangélistes qu'on soupçonne de sympathie à leur égard, ils sont réduits à la fuite ou au silence. La transformation de l'Eglise par l'évangélisme n'a pas eu lieu.

C'est sous le règne de François Ier et avec Marot que la poésie en **langue française** prend son essor. Certes les poètes français qui écrivent en latin au XVIe siècle sont très nombreux (plus de 700), mais la langue française, qui est devenue en 1539 **langue officielle** des actes et documents de justice, est défendue par les plus grands poètes et écrivains de cette époque : **Marot** et **Rabelais.** Même **Calvin,** qui manie parfaitement le latin, publie également en français ses œuvres théologiques (*Institution de la religion chrétienne*) et polémiques (pamphlets).

Dans la **poésie lyonnaise,** triomphent pétrarquisme et platonisme. L'**Italie** est à la mode : les châteaux de la Loire transforment leurs tours médiévales en tourelles élégantes; les palais remplacent les forteresses. La cour accueille les artistes italiens : Léonard de **Vinci** est bien entendu le plus célèbre d'entre eux.

La date de **1535** manque une **rupture :** l'évangélisme a échoué, alors que paraissent les premières grandes œuvres de Marot, Rabelais et Calvin. Enthousiasme, puis désillusion marquent successivement cette génération.

XVIe

Marot

prénom : **Clément**
né en : **1496**
mort en : **1544**

Famille	Il naît à Cahors. Son père est le poète Jean Marot, apprécié de la Cour pour avoir chanté les campagnes du roi.
Etudes	Sans doute succinctes. Son père le place dès 18 ans comme page du seigneur de Villeroy.
Les premiers pas à la Cour	1506 : il suit son père à la cour d'Anne de Bretagne et de Louis XII. 1518 : après s'être fait apprécier du roi grâce à son *Temple de Cupido,* il devient secrétaire de Marguerite de Navarre, femme de lettres, sœur du roi.
Le grand poète reconnu...	1518-1526 : poète de Cour, il subit l'influence précieuse de la Renaissance italienne et se prend de sympathie pour les thèses de la Réforme. 1526 : il est emprisonné au Châtelet pour avoir mangé du lard pendant le Carême. 1527 : il scelle par un baiser symbolique son alliance avec Anne d'Alençon, inspiratrice de ses poésies amoureuses.
...et inlassablement poursuivi	1532 : bien qu'au sommet de sa gloire, il est à nouveau emprisonné pour avoir « fait gras en Carême », puis relâché sur intervention de ses protecteurs à la Cour. 1534 : après l'Affaire des Placards, les persécutions s'intensifient. Dans la liste des suspects d'hérésie, condamnés au bannissement et à la mort, Marot est en bonne place... Il s'exile en Italie, à Ferrare puis à Venise. 1537 : retour en France et à la Cour.

Le dernier   1541 : condamné et poursuivi pour sa traduction
exil   des *Psaumes* de David, il doit fuir à Genève,
                  puis en Savoie, puis dans le Piémont.
                  1544 : il meurt à Turin.

Epitaphe gravée sur sa tombe par Jamet :
« *Ci-gît celui, que peu de terre couvre,*
Qui toute France enrichit de son œuvre. »

Œuvres

1514 *Le Temple de Cupido.*
1519 *Petite épître au Roi.*
1526 *L'Enfer* (écrit en prison, raconte son arrivée au Châte-
      let).
      Edition du *Roman de la Rose.*
1527 *Epître au Roi pour le délivrer de prison.*
1532 *Epître au Roi pour avoir été dérobé.*
      Adolescence Clémentine (recueil de toutes ses œuvres).
1534 Suite de l'*Adolescence Clémentine.*
1536 Diverses épîtres composées en exil.
1541 Publication des *Psaumes.*

Extrait

Cette épigramme courtoise s'adresse sans doute à Anne
d'Alençon. L'antithèse du feu et de la neige est un thème
classique de la poésie pétrarquiste.

Anne par jeu me jeta de la neige
Que je croyais froide certainement
Mais c'était feu, l'expérience en ai-je,
Car embrasé je fus soudainement.
Puisque le feu loge secrètement
Dedans la neige, où trouverai-je place
Pour n'ardre *[brûler]* point ? Anne, ta seule grâce
Eteindre peut le feu que je sens bien,
Non point par eau, par neige ni par glace
Mais par sentir un feu pareil au mien.

Le marotisme

Epître, épigramme, élégie, sonnet : autant de formes poétiques nouvelles, inspirées de Pétrarque et des auteurs antiques, que Marot introduit et impose en France à travers la multitude de ses œuvres. Avant même la Pléiade, il apparaît comme la transition entre la poésie médiévale (rondeaux, ballades) et la poésie « moderne ». Son style aisé, badin, naturel, ses vers limpides et spirituels influenceront très fortement la poésie mondaine jusqu'au XVIIIe siècle.

XVIe

Rabelais

prénom : **François**
né en : **vers 1494**
mort en : **1553**

Famille	Fils d'un avocat à la Cour de Chinon.
Etudes	On ne sait presque rien de ses études de jeunesse. Peut-être son père lui fait-il donner une éducation de clerc ? En tout cas, à environ 36 ans, il étudie la médecine.
Le moine humaniste	1520 : il est moine franciscain à Fontenay-le-Comte, en Vendée. Il apprend le grec, étudie les textes anciens et la philosophie antique, correspond avec Guillaume Budé. Autant de tâches humanistes fort mal vues par la Sorbonne. On lui confisque ses livres, il change d'ordre et passe chez les bénédictins. 1528 : il abandonne peu à peu la vie monastique et va étudier, très certainement la médecine, à Paris.
Débuts en médecine et en littérature	1530 : il s'inscrit à la Faculté de Médecine de Montpellier et devient bachelier en médecine. 1532 : il exerce à l'hôpital de Lyon, où il se fait une grande réputation. Il publie ses deux premiers livres.
Sous la protection des Du Bellay	1534 : il suit à Rome, en qualité de médecin, l'évêque Jean Du Bellay, oncle du poète, qui va devenir son fidèle protecteur. 1537 : docteur à Montpellier, à Narbonne et à Lyon pendant trois ans. 1540 : nouveau séjour en Italie avec le frère de Jean Du Bellay, Guillaume.

Le retour 1543 : il est nommé maître des Requêtes du Roi
de l'écrivain et dispose d'un grand crédit auprès de la Cour.
1546 : condamnation du *Tiers Livre* et nouvelle
disgrâce : il part se réfugier à Metz et en Italie,
où il rejoint Jean Du Bellay.
1552 : en récompense de ses services auprès des
Du Bellay, il obtient la cure de Meudon.
1553 : il meurt à Paris.

Œuvres

1532 *Pantagruel* (ou *Les Horribles et Epouvantables Faits et Prouesses du très renommé Pantagruel*).

1534 *Gargantua.*

1542 *Gargantua* et *Pantagruel*, édition définitive.

1546 *Le Tiers Livre*, c'est-à-dire le « troisième livre », qui fait suite aux deux précédents.

1548 Le *Quart Livre*, c'est-à-dire le « quatrième livre » (onze premiers chapitres).

1552 Le *Quart Livre*, édition intégrale.

Après sa mort :

1562 *L'Ile sonnante.*

1564 *Le Cinquième Livre.*
(On discute encore de l'authenticité partielle de ces deux livres.)

Grâces et disgrâces

La vie et l'œuvre de François Rabelais sont marquées par d'incessants démêlés avec les autorités religieuses de l'époque.

Dès 1525, alors qu'il est moine à Fontenay-le-Comte, le supérieur du couvent disloque le groupe humaniste, animé par le moine helléniste Pierre Amy, dont il fait partie. Il doit à la protection d'un évêque, Geoffroy d'Estissac, de pouvoir passer chez les bénédictins, réputés plus tolérants... Cette relative liberté ne lui suffit pas encore : il abandonne bientôt la vie monastique.

En 1532, il prend la précaution de faire paraître *Pantagruel* sous le pseudonyme de «Maître Alcofrybas». Bien lui en prend, car le livre est aussitôt condamné par la Faculté de Théologie de la Sorbonne, alors souveraine sur les problèmes religieux. Aucune autre de ses œuvres n'échappera à la règle : *Gargantua* sera condamné dès sa publication, comme le *Tiers Livre* (écrit près de onze ans plus tard), comme le *Quart Livre* !

Heureusement, face à l'intransigeance de la Sorbonne, Rabelais bénéficie de la protection de la très influente famille des Du Bellay. Il sait aussi, quand il le faut, disparaître en Italie ou se faire oublier en se consacrant à ses seules activités de docteur en médecine. Comme le conseille Rabelais lui-même, il faut savoir briser l'os pour accéder à la «substantifique moelle».

Sous le gros comique de cette œuvre apparaissent quelques idées fondamentales de l'humanisme. Ainsi, Rabelais préconise une éducation à la fois intellectuelle (l'esprit), morale (l'âme) et physique (le corps). Rien de ce qui est humain ne doit être négligé.

XVIe

GROS PLAN SUR...

Pantagruel

François Rabelais   **Date : 1532**

Genre   Récit burlesque et satirique, en prose.

Composition Chronologiquement, c'est la première œuvre
écrite par Rabelais. Or Pantagruel est le fils de
Gargantua. En fait, dans l'ordre du récit, le livre
est le second épisode, juste après *Gargantua*.

Structure   *Pantagruel* se décompose en 24 chapitres, qu'on
peut regrouper en 5 grandes parties :
— **L'enfance de Pantagruel** (1-4) : affabulations
plaisantes et légendes sur l'enfance des géants,
appétit démesuré de l'énorme bébé.
— **Les études de Pantagruel** (5-9) : de Bordeaux
à Orléans, puis enfin à Paris, tournée satirique
des universités.
— **Pantagruel et le Droit** (10-13) : réquisitoire
contre les juristes du Moyen Age et plaidoyer
pour la jurisprudence latine.
— **Panurge** (14-22) : habile chenapan rencontré
par Pantagruel, qui passe au premier plan du
récit et raconte ses mille « bons tours ».
— **Pantagruel à la guerre** (23-24) : il part défendre son pays d'Utopie et accomplit toutes sortes
d'exploits merveilleux.

Thème   On l'aura remarqué, la composition du livre ne
se soucie d'aucune cohérence globale du récit. Il
s'agit pour Rabelais, à travers une multitude
d'épisodes significatifs, de mettre en valeur
l'idéal humaniste (l'homme est un « Géant », lettre de Gargantua à son fils) et de ridiculiser par
la satire professeurs, juristes et théologiens. Un
propos que l'on qualifierait aujourd'hui de

«subversif», et qui trouve son expression idéale à travers l'imaginaire merveilleux et burlesque de Rabelais.

Forme   Un vocabulaire surabondant, une invention verbale extraordinaire. Rabelais ne se contente pas d'emprunter des termes à tous les corps de métier, de multiplier les énumérations, les adjectifs et les synonymes : il forge lui-même ses propres mots et les déforme au fil de sa fantaisie et de nombreux calembours.

Extrait

Pantagruel naît au royaume d'Utopie, pays des géants. Sa mère, Badebec, meurt à sa naissance, et son père Gargantua hésite entre le rire et les larmes...

Pleurerai-je? Oui, car pourquoi? Ma tant bonne femme est morte, qui était la plus ceci, la plus cela, qui fût au monde. Jamais je ne la verrai, jamais je n'en recouvrerai une telle : ce m'est une perte inestimable! O mon Dieu, que t'avais-je fait pour ainsi me punir? Que n'envoyas-tu la mort à moi avant elle? Car vivre sans elle ne m'est que languir. Ha, Badebec, ma mignonne, m'amie, mon petit con (toutefois elle en avait bien trois arpents et mille semailles), ma tendrette, ma braguette, ma savate, ma pantoufle, jamais je ne la verrai! Ha, pauvre Pantagruel, tu as perdu ta bonne mère, ta douce nourrice, ta dame très aimée! Ha, fausse mort, comme tu m'es malveillante, comme tu m'es outrageuse, de m'ôter celle à laquelle immortalité appartenait de droit!

(texte modernisé.)

XVIe

GROS PLAN SUR...

Gargantua

François Rabelais   Date : 1534

Genre	Récit burlesque et satirique, en prose.
Composition	*Pantagruel* a été condamné par la Sorbonne. Rabelais entend répondre à cette censure par une œuvre plus virulente encore, qu'il publie à Lyon, où il est alors médecin à l'Hôtel-Dieu.
Structure	Gargantua est le père de Pantagruel que les lecteurs de Rabelais connaissent déjà.

57 chapitres, ainsi articulés :

— **L'enfance de Gargantua** (1-13) : naissance du géant, festin, habitudes et exigences de l'énorme bébé.

— **L'éducation de Gargantua** (14-24) : après avoir subi l'enseignement grotesque de deux docteurs « sorbonicquards », Gargantua rencontre Ponocratès, excellent maître inspiré par l'humanisme et l'esprit de la Renaissance.

— **La guerre Picrocholine** (25-51) : Grandgousier, le père de Gargantua, est attaqué par le seigneur Picrochole. Il fait venir son fils pour le défendre. La victoire est au bout de terribles combats, dans lesquels se distingue le moine Jean des Entommeurcs.

— **L'abbaye de Thélème** (52-57) : pour récompenser Jean, Gargantua lui fait construire la fameuse abbaye de Thélème, où règnent la bonne entente, la culture et la liberté.

Thème	Comme dans *Pantagruel*, il s'agit de ridiculiser les docteurs du Moyen Age et d'exalter l'homme et l'idéal humaniste. Mais Rabelais exprime cette fois sa thèse avec une plus grande clarté :

contraste très net entre l'imposture des docteurs de la Sorbonne et l'enseignement concret de Ponocratès, fait de l'étude des Anciens et de la simple observation des hommes et de la nature; victoire sur Picrochole, obtenue par le bon droit et l'intelligence; évocation de l'univers idéal de l'abbaye de Thélème, dont la devise bien connue est : «Fais ce que voudras.»

Extrait

Gargantua a édicté les règles de vie de l'abbaye de Thélème. La liberté qu'il prône s'oppose assurément aux contraintes que Rabelais a vécues durant son existence monacale! Pour le géant humaniste, la liberté procure à la fois force et santé, débarrasse l'esprit de ses vices, et permet aux hommes, tous en parfaite harmonie, de s'ouvrir à la culture et à la joie.

Toute leur vie était employée non par lois, statuts ou règles, mais selon leur vouloir et franc arbitre. Ils se levaient du lit quand bon leur semblait, buvaient, mangeaient, travaillaient, dormaient quand le désir leur venait. Nul ne les éveillait, nul ne les forçait ni à boire, ni à manger, ni à faire chose autre quelconque. Ainsi l'avait établi Gargantua. En leur règle n'était que cette clause, «fais ce que voudras», parce que des gens libres, bien nés, bien instruits, conversant en compagnie honnête, ont par nature un instinct, un aiguillon qui les pousse aux faits vertueux et les éloigne du vice, qu'ils nommaient honneur. Ces mêmes hommes, quand ils sont par vile soumission et contrainte écrasés et asservis, oublient le noble penchant par lequel ils tendaient naturellement à la vertu pour s'occuper d'enfreindre ce joug de servitude, car nous entreprenons toujours choses défendues et convoitons ce qui nous est refusé. Par cette liberté, ils entrèrent en louable émulation de faire tout ce qu'ils voyaient plaire à un seul. Si quelqu'un ou quelqu'une disait «buvons», tous buvaient. Si disait «jouons», tous jouaient.

(texte modernisé.)

XVIe
L'école lyonnaise

Lyon à la Renaissance

Pendant toute la première moitié du XVIe siècle, Lyon occupa une **position sociale et culturelle privilégiée**. En effet, située aux frontières de la France, du Dauphiné et de la Savoie, cette ville bénéficiait de deux grands fleuves navigables. Dès le XVe siècle, le développement des foires rendit la **ville prospère**. Un esprit nouveau se créa à Lyon : commerçants et artistes étrangers, notamment italiens, vinrent s'y installer. Les femmes jouaient un rôle social et intellectuel de premier plan. L'**influence italienne** toucha d'abord cette ville, avant même Paris. Le développement de l'**imprimerie lyonnaise** permit la floraison d'une vie culturelle de très haut niveau.

L'école lyonnaise et ses modèles

Au milieu du XVIe siècle, vivent à Lyon trois poètes qui célèbrent l'amour dans leurs vers. Maurice Scève fait figure de chef de file. Pernette du Guillet est son élève. Louise Labé, dont la poésie reste très personnelle, rejoint leurs dispositions d'esprit. Ce sont ces poètes qu'on appelle « l'école lyonnaise ».

— Le platonisme
Les idées de Platon sur le beau reviennent à l'honneur au XVIe siècle. L'aspiration vers un idéal divin marque la poésie lyonnaise.

— Le pétrarquisme
L'influence du poète italien Pétrarque, qui avait fait publier son *Canzoniere* en 1370, s'exerce sur leur conception du sentiment amoureux, contrarié, raffiné, sensible.

— Les troubadours
On retrouve dans l'école lyonnaise le goût des emblèmes, des symboles et des devises, goût hérité de la poésie courtoise médiévale.

— Dante
Le poète italien Dante (mort en 1321) crée le «dolce stil novo» (la douceur d'un style nouveau). Il sera un modèle pour la *Délie* de Maurice Scève.

— L'érotique latine
De Catulle à Tibulle, les auteurs érotiques latins ont influencé la poésie amoureuse lyonnaise (imagination, détails de style).

Maurice Scève

Sa vie

Né à Lyon vers 1500, d'une famille de la grande bourgeoisie, Maurice Scève connaissait le latin, le grec, l'espagnol et l'italien. De 1522 à 1530, il fait sans doute retraite dans un monastère. En 1534, il revient à Lyon, fréquente des humanistes et traduit un roman courtois espagnol. Dès 1536, il commence à être célèbre. Il fait alors la connaissance de Pernette, bientôt mariée au sieur Du Guillet. Il compose pour elle un recueil de vers, **Délie** (paru en 1544). Il reste ensuite à l'écart des appels de La Pléiade. De 1550 à 1555, il fréquente le salon de Louise Labé. Il meurt vers 1562.

Délie

Délie est la grande œuvre de Maurice Scève. C'est un recueil de 449 dizains (strophes de 10 vers), illustrés par 50 emblèmes (dessins symboliques). Il y chante son amour auprès d'une maîtresse inaccessible, idéalisée sous le nom de Délie. Cette femme est l'objet d'une dévotion absolue. Sous l'influence du platonisme, il rêve d'une union des âmes. Refoulant son désir, Scève cherche par cet amour l'accès à la vertu.

Extrait de *Délie*

> Libre vivais en l'Avril de mon âge,
> De cure exempt sous celle adolescence
> Où l'œil, encor non expert de dommage,
> Se vit surpris de la douce présence
> Qui par sa haute et divine excellence
> M'étonna l'âme et le sens tellement
> Que de ses yeux l'archer tout bellement
> Ma liberté lui a toute asservie;
> Et dès ce jour continuellement
> En sa beauté gît ma mort et ma vie.

Sixième dizain.

« Cure » au deuxième vers a le sens de « souci », « chagrin ».

Pernette Du Guillet

Sa vie

Née aux environs de 1520, Pernette Du Guillet reçoit une très bonne éducation. Elle joue du luth, elle parle l'italien et l'espagnol, lit le latin et un peu le grec. En 1536, elle rencontre Maurice Scève et devient son élève. Il développe chez elle sa soif de connaissance et son désir de spiritualité. Elle lui voue une grande admiration. Elle se marie en 1538 avec le sieur Du Guillet. Elle meurt très jeune pendant une épidémie de peste en 1545.

Les Rymes

Le mari de Pernette fit paraître quelques mois après sa mort un recueil de vers intitulé *Rymes de gentille et vertueuse dame Pernette Du Guillet lyonnaise*. On y trouve des épigrammes, des chansons, des épîtres et des élégies. C'est un véritable dialogue amoureux et platonique avec Maurice Scève qu'on peut deviner à travers *Délie* et les *Rymes*. Le discours amoureux de Pernette fait alterner légèreté et gravité, sans abandonner l'idéal mystique qui l'anime.

Extrait des *Rymes*

> Esprit céleste, et des Dieux transformé
> En corps mortel transmis en ce bas monde,
> A Apollon peux être conformé
> Pour la vertu, dont es la source et l'onde.
> Ton éloquence, avecque ta faconde,
> Et haut savoir, auquel tu es appris,
> Démontre assez le bien en toi compris :
> Car en douceur ta plume tant fluante
> A mérité d'emporter gloire et prix,
> Voyant ta veine en haut style affluante.

Epigramme IV.

Louise Labé

Sa vie

Née vers 1523, Louise Labé est la fille d'un cordier assez aisé. Elle reçoit une éducation variée : elle apprend l'italien, l'espagnol, le latin et un peu de grec, elle pratique la musique, mais elle est aussi une habile cavalière et sait manier la lance. Vers 1540, elle est mariée à un autre cordier, d'où son surnom de la Belle Cordière. Souhaitant se consacrer à la poésie elle crée chez elle une sorte de salon littéraire. Maurice Scève et Péletier du Mans le fréquentent. En 1553-54, Olivier de Magny, poète et diplomate, séjourne à Lyon. Elle en tombe amoureuse et compose à son départ des élégies et des sonnets. Après la mort de son mari, et en raison des troubles religieux des années 1560-64, Louise Labé reste assez seule. Elle meurt en 1566.

Son œuvre

Elle a écrit des *Elégies,* des *Sonnets*, et un *Débat de Folie et d'Amour* en prose.

Son œuvre est marquée par une grande sensualité. Louise Labé ne craint pas de transgresser les limites que la décence impose aux femmes à cette époque. L'expression de l'amour est chez elle libre et passionnée. Sa poésie échappe à la préciosité en refusant l'opposition entre le désir et le platonisme.

Extrait des *Sonnets*

Tant que mes yeux pourront larmes épandre,
A l'heur[e] passée avec toi regretter :
Et qu'aux sanglots et soupirs résister
Pourra ma voix, et un peu faire entendre :

Tant que ma main pourra les cordes tendre
Du mignard luth, pour tes grâces chanter :
Tant que l'esprit se voudra contenter
De ne vouloir rien fors que toi comprendre :

Je ne souhaite encore point mourir.
Mais quand mes yeux je sentirai tarir,
Ma voix cassée, et ma main impuissante,

En mon esprit en ce mortel séjour
Ne pouvant plus montrer signe d'amante :
Prierai la mort noircir mon plus clair jour.

La Renaissance épanouie

Entre 1540 et 1560, la littérature du XVIe siècle connaît son plein **épanouissement**. La Pléiade notamment, nourrie d'humanisme, remet à l'honneur l'Antiquité, crée une poésie originale, et renouvelle le théâtre.

Pourtant, les **conflits religieux** s'intensifient. Le roi Henri II réprime durement les tenants de la Réforme. En 1545, les Vaudois, membres de la secte fondée à Lyon par P. Valdo au XIIIe siècle, partiellement ralliés au calvinisme au XVIe siècle, sont massacrés. De nombreuses condamnations à mort sont prononcées pour hérésie; la délation est encouragée. Cependant la Réforme progresse dans toute la France. Le **Concile de Trente** (1545-47, 1551, 1562-63) marque la rupture entre les deux Églises. Les guerres de Religion ne pourront être évitées.

L'**humanisme** reste un **refuge** pour les intellectuels de l'époque. L'imprimerie poursuit son développement, à Lyon comme à Paris. La langue française commence à être employée, au lieu du latin, dans les écoles. Les **collèges humanistes** se multiplient et connaissent du succès, comme le collège de Coqueret que dirige **Jean Dorat**. Les cercles lettrés où se rencontrent poètes et savants, sous le patronage de grands seigneurs, restent vivaces.

Une sorte de divorce se fait jour entre la littérature et les événements. La génération de la Pléiade dans son ensemble refuse de céder aux inquiétudes politiques et religieuses de l'époque. Seul Ronsard, vers 1560, s'engagera pour un temps du côté du roi et des catholiques.

La littérature semble une sorte de **retraite poétique ou philosophique** pour oublier les troubles contemporains.

La coupure de 1560 est décisive : Henri II meurt en 1559; avec lui se terminent les guerres étrangères et commencent les guerres de Religion. Une crise financière grave perturbe l'économie. La gravité des événements oblige les écrivains à s'engager : ils ne peuvent plus fuir la réalité.

XVIᵉ
La Pléiade

« *Sommes-nous moindres que les Grecs et les Latins?* »
Du Bellay, *Défense...*

Origine du nom

La constellation de la Pléiade, composée de sept **étoiles,** avait donné son nom dans l'Antiquité à un groupe de sept poètes grecs d'Alexandrie (Egypte). Le terme ne s'est imposé qu'avec Sainte-Beuve au XIXᵉ siècle pour désigner le groupe de poètes dont Ronsard était le chef de file. Ronsard lui-même, à plusieurs reprises, a dressé la liste des «Sept meilleurs» qui est fluctuante. L'expression «la Pléiade» apparaît sous sa plume en 1556.

Naissance du mouvement

L'activité de la Pléiade se situe surtout entre 1550 et 1560. Ronsard, Du Bellay et Baïf ont fréquenté le **collège humaniste** de Coqueret, dirigé par Jean Dorat. Ce collège ouvert aux adultes (ils ont environ 25 ans) mettait à l'honneur la pratique des grands textes anciens. Ces jeunes gens fondèrent alors en 1549 «**la Brigade**» avec quelques autres (Jodelle, Belleau, Grévin...). Le groupe est appelé «la Pléiade» par Ronsard en 1556.

Manifeste

En 1549, **Du Bellay** publie un **pamphlet** intitulé *La Défense et illustration de la langue française*. Le texte est insolent. Il s'en prend à Thomas Sébillet qui avait fait paraître un *Art poétique* en 1548, où il prônait l'imitation de Marot.

Le livre de Du Bellay suscite de vives réactions. La Brigade annonce à grand bruit la naissance d'une nouvelle poésie et multiplie les publications : l'*Olive* de Du Bellay la même année et les *Odes* de Ronsard l'année suivante. La préface des *Odes* réaffirme les ambitions du groupe.

Doctrine

1. Il faut écrire en **français** et non en latin (l'idée n'est pas tout à fait neuve).
2. Pour faire de la langue française l'égale du latin, il faut **imiter les Anciens** (idée féconde → classicisme à long terme).
3. La Pléiade se fait une très haute idée du **rôle du poète,** sacré et aristocratique, marqué par l'inspiration.
4. Il faut **enrichir la langue** littéraire en puisant dans les langages techniques (marine, chasse…), en réhabilitant certains mots de l'ancien français ou en inventant des mots nouveaux.
5. Il faut emprunter aux Anciens leurs genres poétiques, recourir comme eux aux figures de la **mythologie.**

Thèmes

1. **Le rôle du poète :** il dispense gloire et immortalité.
2. **L'amour :** imitation de Pétrarque; épicurisme (il faut profiter de la vie) inspiré du poète latin Horace.
3. **La mort :** vision angoissante où la religion a peu de part.

4. **La nature** : exaltation de la campagne, tableaux champêtres, foi en la Nature.
5. **La cour** : vision satirique et critique.

Formes

1. Reprise de **formes « marotiques »** (épigrammes, épîtres, satires...).
2. Genres poétiques nouveaux, inspirés de l'Antiquité (**ode,** hymne, discours, épopée à l'antique) ou de l'Italie (**sonnet**).
3. Sens du rythme et de la musicalité ; variété des strophes ; goût pour l'**alexandrin** (vers de 12 syllabes).
4. Imitation des **tragédies** antiques → théâtre assez statique, très poétique.
5. Création de la **comédie humaniste,** en vers ou en prose.

Les hommes

Le chef de file : **Ronsard.**
Le théoricien : **Du Bellay.**
Le maître : **Jean Dorat** (1508-88), leur professeur à tous, fait apprendre le grec avant le latin. Il est précepteur des princes sous Henri II.
Jean-Antoine Baïf (1532-73) fonde l'Académie de poésie et de musique.
Pontus de Tyard (1521-1605) est un ami de Maurice Scève, rallié ensuite à la Pléiade. Il est évêque de Châlons et auteur d'études astronomiques.
Etienne Jodelle (1532-73), seul Parisien du groupe, s'est consacré surtout au théâtre.
Rémy Belleau (1528-77), auteur de *La Bergerie,* d'un pamphlet et d'une comédie.
Jacques Peletier du Mans (1517-82), voyageur, homme de science. Il traduit l'*Art poétique* d'Horace en 1545. La préface qu'il y ajoute préfigure *La Défense et illustration...* Il figurait dans le premier groupe attesté par

Ronsard (1533), mais non dans la liste établie par Claude Binet, biographe de Ronsard, et qui correspond aux sept auteurs déjà cités.

L'opposition

1. Des petits groupes de poètes qui continuent à imiter Marot.
2. Des poètes chrétiens, catholiques ou protestants, qui reprochent à la Pléiade un certain paganisme (foi en la Nature...) et un esprit mondain.

Mais la Pléiade fait école; le goût nouveau se répand dans toute la France, surtout pour les poésies amoureuses. Le genre évolue vers un certain maniérisme.

Les œuvres

1549	*La Défense et illustration de la langue française*, Du Bellay.
1549-51	*Les Erreurs amoureuses*, Pontus de Tyard.
1550	*L'Olive*, Du Bellay.
1551	*Les Odes*, Ronsard.
1552	*Les Amours*, Ronsard.
	Amours de Méline, Baïf.
1553	*Cléopâtre captive* (tragédie), Jodelle.
	Eugène (comédie), Jodelle.
1555-56	*Hymnes*, Ronsard.
1558	*Les Regrets*, Du Bellay.
1563-66	*La Bergerie*, Belleau.
1572	*La Franciade* (épopée), Ronsard.
1576	*Amour des pierres précieuses*, Belleau.
1578	*Sonnets pour Hélène*, Ronsard.

Extrait du poème de Rémy Belleau intitulé « Avril »

Ce poème est le plus connu de Rémy Belleau. Il illustre parfaitement le goût de la Pléiade pour les évocations champêtres.

Avril, l'honneur et des bois
    Et des mois,
Avril, la douce espérance
Des fruits, qui sous le coton
    Du bouton,
Nourrissent leur jeune enfance;

Avril, l'honneur des prés verts,
    Jaunes, pers,
Qui, d'une humeur bigarrée,
Emaillent de mille fleurs
    De couleurs
Leur parure diaprée;

Avril, l'honneur des soupirs
    Des zéphirs,
Qui, sous le vent de leur aile,
Dressent encor, ès forêts,
    Des doux rets
Pour ravir Flore la belle;

Avril, c'est ta douce main
    Qui, du sein
De la nature, desserre
Une moisson de senteurs
    Et de fleurs,
Embaumant l'air et la terre.

Avril, l'honneur verdissant,
    Florissant
Sur les tresses blondelettes,
De ma dame, et de son sein
    Toujours plein
De mille et mille fleurettes;

Avril, la grâce et le ris
    De Cypris,
Le flair et la douce haleine;
Avril, le parfum des dieux
    Qui des cieux
Sentent l'odeur de la plaine.

                [...]

XVIᵉ

Ronsard

prénom : **Pierre (de)**
né en : **1524**
mort en : **1585**

Famille	Il naît près de Vendôme, dans la vallée de la Loire (comme Rabelais et Du Bellay), dans une famille de petite noblesse.
Etudes	1535 : il sert comme page le premier fils du roi, puis le roi lui-même, Charles d'Orléans. Vers 1537 : voyage en Ecosse, puis en Allemagne. 1542 : à la suite d'une longue maladie, il est atteint d'une forte surdité, renonce à ses ambitions, devient ecclésiastique, et entre étudier pendant sept ans la littérature grecque et latine au collège humaniste de Coqueret, avec Du Bellay et Baïf, formant avec eux la « Brigade » qui deviendra la Pléiade.
Le grand poète	1550 : après la publication de ses *Odes,* il devient le poète le plus en vue de son temps. 1558 : il devient le poète officiel de la cour, et le restera pendant tout le règne de Charles IX. Il cherche une plus haute inspiration à travers des œuvres plus amples.
L'épopée et le discours politique	1562 : au début des guerres de Religion, Ronsard prend parti contre les protestants (les *Discours*). Il souhaite défendre le roi et les catholiques. 1565 : il obtient un prieuré et publie des poésies légères. 1572 : un mois après le massacre de la Saint-Barthélemy, Ronsard fait publier *La Franciade,* grand poème épique autour duquel le pays doit, selon lui, retrouver son unité.

La retraite	1574 : après la mort de Charles IX, Ronsard
du poète	perd peu à peu sa situation à la cour, car
	Henri III lui préfère le poète Desportes. Ma-
	lade, il se retire dans ses prieurés.
	1585 : il meurt dans son prieuré de Saint-Cosme.

Œuvres

1550	*Odes*
1552	*Les Amours* (« Amours de Cassandre »).
1555-64	*Hymnes.*
1556	*Continuation* et *Nouvelle continuation des Amours* (« Amours de Marie »).
1560	Première édition de ses *Œuvres.*
1562	*Discours sur les misères de ce temps.*
1563	*Réponse aux injures et calomnies de je ne sais quels prédicants et ministreaux de Genève.*
1565	*Elégies, Mascarades et Bergeries.*
1572	*La Franciade.*
1578	*Sonnets pour Hélène.*
1586	*Derniers vers.*

Variété de l'œuvre de Ronsard

L'art de Ronsard s'est exercé dans des domaines variés. C'est un poète complet.

— Poète érudit

Ronsard, en bon humaniste, pratique l'imitation des Anciens et des Italiens. Il imite le poète grec Pindare dans les *Odes*, il s'inspire de Pétrarque dans les *Amours*. Il reprend à son compte l'épicurisme d'Horace, qui incite à profiter de la vie.

— Poète de cour

Il compose des pièces de circonstances pour plaire à la cour. A l'occasion des fêtes royales, il compose des vers qui seront réunis dans le recueil *Elégies, Mascarades et Bergeries.*

— Poète politique

Le début des guerres de Religion pousse Ronsard à prendre parti du côté du roi et des catholiques. Délaissant la poésie légère, il compose des *Discours,* une *Remontrance au peuple de France.* Ces poèmes lui attirent des réponses virulentes de la part des protestants. Il poursuit la polémique avec sa *Réponse aux injures.*

— Poète épique

A la demande de Charles IX, il compose une épopée, la *Franciade,* qui doit magnifier les ancêtres du roi et rassembler le peuple français. Il imite Homère et Virgile de façon assez servile, en notant avec un secrétaire des expressions de ces auteurs antiques à reprendre pour son propre poème. Mais il n'écrit que 4 chants sur les 24 prévus. Cette épopée est un échec.

Extrait des *Amours*

Ce poème est sans doute le plus connu de toute l'œuvre de Ronsard. Il reprend le thème cher au poète latin Horace qui conseillait de « cueillir le jour » (« carpe diem »), c'est-à-dire de profiter de la vie.

A Cassandre

Mignonne, allons voir si la rose
Qui ce matin avait déclose
Sa robe de pourpre au soleil,
A point perdu, cette vêprée,
Les plis de sa robe pourprée
Et son teint au vôtre pareil.

Las! voyez comme en peu d'espace,
Mignonne, elle a dessus la place,
Las! las! ses beautés laissé choir;
O vraiment marâtre nature,
Puisqu'une telle fleur ne dure
Que du matin jusques au soir!

Donc, si vous me croyez, mignonne,
Tandis que votre âge fleuronne,
En sa plus verte nouveauté,
Cueillez, cueillez votre jeunesse :
Comme à cette fleur, la vieillesse
Fera ternir votre beauté.

« Vêprée » au quatrième vers a pour sens « soir ». A rapprocher des vêpres, office religieux célébré le soir.

Extrait d'une *Elégie*

Ronsard évoque ici la Nature, pour la défendre contre les entreprises des hommes. Il a recours aux images mythologiques de l'Antiquité, Nymphes, Satyres, Pans, pour évoquer les forces vivantes qui animent la forêt. On peut dire de ce poème qu'il est « écologiste » avant l'heure.

Contre les bûcherons de la forêt de Gâtine

Ecoute, bûcheron, arrête un peu le bras !
Ce ne sont pas des bois que tu jettes à bas :
Ne vois-tu pas le sang, lequel dégoutte à force
Des Nymphes qui vivaient dessous la dure écorce ?
Sacrilège meurtrier, si on pend un voleur
Pour piller un butin de bien peu de valeur,
Combien de feux, de fers, de morts et de détresses
Mérites-tu, méchant, pour tuer des Déesses ?

Forêt, haute maison des oiseaux bocagers,
Plus le cerf solitaire et les chevreuils légers
Ne paîtront sous ton ombre, et ta verte crinière
Plus du soleil d'été ne rompra la lumière,
Plus l'amoureux pasteur sur un tronc adossé,
Enflant son flageolet à quatre trous percé,
Son mâtin à ses pieds, à son flanc sa houlette,
Ne dira plus l'ardeur de sa belle Janette.
Tout deviendra muet ; Echo sera sans voix ;
Tu deviendras campagne et, en lieu de tes bois,
Dont l'ombrage incertain lentement se remue,
Tu sentiras le soc, le coutre et la charrue ;
Tu perdras ton silence, et haletants d'effroi
Ni Satyres ni Pans ne viendront plus chez toi.

« A force » au troisième vers signifie « avec force ».
« Mâtin » au quinzième vers désigne un gros chien.

XVIe

Du Bellay

prénom : **Joachim**
né en : **1522**
mort en : **1560**

Famille

Il est originaire de l'Anjou, issu d'une famille très illustre; trois oncles célèbres, dont le cardinal Jean Du Bellay, diplomate, ayant Rabelais pour médecin. Il garde un souvenir amer de son enfance, assez négligée.

Etudes

Il fait son droit à Poitiers. Il rencontre Ronsard en 1547 et fréquente avec lui le collège de Coqueret dirigé par un professeur de grec et de latin célèbre : Jean Dorat. Il fait ainsi partie de la « Brigade », première ébauche de la Pléiade.

La découverte de la poésie nouvelle

1549 : enthousiasmé par le groupe qui se forme autour de Ronsard, il devient le théoricien du mouvement.

1553-57 : il accompagne à Rome, comme secrétaire, son oncle Jean Du Bellay, cardinal et diplomate, croyant ainsi commencer une brillante carrière. Mais son travail lui déplaît. Il est déçu dans ses ambitions et s'ennuie profondément.

1558 : il rentre en France. Il se brouille avec son oncle après la parution des *Regrets*, recueil dans lequel il critiquait vivement la cour italienne. A la cour de France, il n'a pas que des amis et connaît donc des difficultés.

De santé fragile, atteint de surdité depuis son jeune âge, il meurt à 37 ans.

Œuvres

1549　*Défense et illustration de la langue française :* manifeste de la Pléiade.

1550　*L'Olive :* recueil de poésies imitées de Pétrarque.
　　　Vers lyriques.

1551　*Le Tombeau de Marguerite de Valois.*

1552　Traduction du 4e livre de l'*Enéide* de Virgile.
　　　Inventions.

1553　Recueil de *Poésies.*

1558　*Les Regrets.*
　　　Divers jeux rustiques : recueil rapporté de Rome; on y trouve l'*Hymne de la surdité.*
　　　Antiquités de Rome : recueil rapporté de Rome; méditation sur le spectacle des ruines antiques.
　　　Poemata.

1559　*Le Poète courtisan :* amertume après le retour à la cour de France.

1568　Première édition de ses *Œuvres complètes* après sa mort.

XVIᵉ

GROS PLAN SUR...
Les Regrets
Joachim Du Bellay   Date : 1558

Genre	Poésie, lyrique et/ou satirique.
Composition	Recueil écrit pendant son séjour à Rome comme secrétaire de son oncle Jean Du Bellay, un diplomate.
Thèmes	Du Bellay écrit à travers ce recueil une sorte de journal intime. Il se plaint de ce qu'il ressent comme un exil. Il regrette son Anjou natal. En même temps, il attaque les vices de la société romaine de son temps, notamment les courtisans. Son travail, qui lui pèse et l'empêche de se consacrer à la littérature, est aussi l'objet de ses plaintes amères.
Formes	Recueil de 191 sonnets.
Modèles	Ovide, *Les Tristes* (poète latin, thème de l'exil), Horace, *Satires* (poète latin, critique violente des mœurs).

« Je me plains à mes vers, si j'ai quelque regret
Je me ris avec eux, je leur dis mon secret
Comme étant de mon cœur les plus sûrs secrétaires. »

(extrait du sonnet n° 1)

Principaux sonnets du recueil :

« *Las, où est maintenant ce mépris de Fortune...* »
(sonnet n° 6) : douleur de voir l'inspiration poétique
fuir devant les soucis extérieurs.

« *France, mère des arts, des armes et des lois...* »
(sonnet n° 9) : douleur de l'exilé qui chante la France,
sa patrie, dont il se croit abandonné.

« *Heureux qui comme Ulysse a fait un beau voyage...* »
(sonnet n° 31) : nostalgie de l'exilé qui aspire au retour
en France.

« *J'aime la liberté et languis en service...* »
(sonnet n° 39) : désespoir devant la situation qui est la
sienne à Rome et qui ne correspond en rien à ses goûts
et ses désirs.

« *Marcher d'un grave pas et d'un grave sourcil...* »
(sonnet n° 86) : portrait-charge, violent et satirique, des
courtisans romains.

« *Comme un qui veut curer quelque cloaque im-
monde...* »
(sonnet n° 109) : attaque violente contre la corruption
de la cour du Pape.

« *Vous dites, courtisans, les poètes sont fous...* »
(sonnet n° 149) : opposition entre les courtisans et les
poètes, que la postérité jugera.

« *Seigneur, je ne saurais regarder d'un bon œil
Ces vieux singes de cour...* »
(sonnet n° 150) : attaque violente contre l'hypocrisie
des vieux courtisans.

Le déchirement

A partir de 1560, date de la conjuration d'Amboise menée par les Huguenots, et durant toute la fin du XVIe siècle, la France est déchirée par les **guerres de Religion.** La littérature ne peut plus se tenir à l'écart des événements. Elle devient combat.

Les conflits religieux se sont aggravés. En effet, l'autorité même du roi est remise en cause. **Trois princes s'opposent** et prétendent au trône : Henri III, roi légitime ; Henri de Guise, à la tête des ultra-catholiques réunis dans la Ligue ; et Henri de Navarre, futur Henri IV, chef du parti protestant.

Les événements sont dès lors très confus. Combats, intrigues, assassinats se succèdent. En 1572 a lieu le massacre de la **Saint-Barthélemy.** Le duc de Guise, devenu très populaire, est assassiné en 1588. Paris est plusieurs fois assiégé par des hommes au service d'Henri III. Celui-ci est lui aussi assassiné par un moine en 1589. Henri de Navarre va encore mettre cinq ans avant d'être reconnu roi de France, après avoir renoncé au protestantisme. Les guerres civiles et religieuses cessent officiellement avec l'**Edit de Nantes** (1598) qui rétablit égalité entre catholiques et protestants. Mais des opérations militaires se poursuivent encore durant plus de vingt ans.

Comment l'humanisme aurait-il pu résister à un tel déferlement de violence ? Seul **Montaigne** avec ses *Essais* (1580-1595), en méditant sur les excès des fanatiques, donne une leçon de sagesse.

Les autres écrivains de cette fin de siècle sont des militants, parfois même des combattants. **Agrippa d'Aubigné** pour les protestants, **Blaise de Monluc** pour les catholiques, sont autant des guerriers que des écrivains. Monluc, dans ses *Commentaires,* raconte ses campagnes dans un style inégal. D'Aubigné, dans son grand poème épique des *Tragiques,* fait preuve d'un réel sens de l'image et de la poésie. Mais ce texte reste empreint d'une grande **violence proche du fanatisme.**

Les modérés sont rares, Jean Bodin, François de La Noue, Guillaume Du Vair. Mais leurs œuvres restent secondaires. Au contraire, les **pamphlets** anonymes, les libelles, toute une littérature militante se multiplie. L'imprimerie devient une arme de combat et son art décline.

Le règne d'Henri IV, qui ramènera la paix intérieure, redonnera sa liberté à la littérature. La vie mondaine qui reprendra de plus belle dans les salons et à la cour favorisera le retour à une littérature brillante, celle du baroque d'abord, puis du classicisme.

XVIᵉ
Le théâtre tragique

Théâtre et humanisme

Un renouveau

L'humanisme n'a pas seulement influencé le renouveau
de la poésie. Il a contribué à transformer en profondeur le théâtre français. Pendant toute la Renaissance
subsistent les formes médiévales de théâtre, et notamment la farce. Mais se mettent en place les règles de
genres nouveaux comme la tragédie, la pastorale ou la
tragi-comédie.

Les modèles

Du Bellay en 1549 affirme dans la *Défense et illustration de la langue française* qu'il faut imiter le théâtre
des Grecs et des Latins. Il paraît au XVIᵉ siècle beaucoup de traductions des **œuvres antiques.** Certains érudits composent des tragédies en latin. Mais quelques
précurseurs créent des œuvres originales, écrites en
français.

Les premiers essais et la doctrine

Jodelle

Jodelle est l'un des membres de la **Pléiade.** En 1552, il
fait représenter devant la cour la première tragédie en
français, intitulée *Cléopâtre captive.* Toute la Pléiade
salua cette pièce comme un événement, malgré des
longueurs et des faiblesses dans l'action.

Une doctrine tragique

En 1561, **Scaliger,** un Italien installé en France, fait paraître une *Poétique* écrite en latin. S'appuyant sur le philosophe grec Aristote et sur le dramaturge latin Sénèque, il définit les règles de la tragédie. Il demande une action unique restreinte à un temps assez court. Jean de La Taille réclame dix ans plus tard l'unité de lieu. Vauquelin de La Fresnaye, en 1574, met en forme l'ensemble de la doctrine dans son *Art poétique*.

Ainsi les principales règles qui vont régir le théâtre classique du XVIIᵉ siècle ont été élaborées à la Renaissance.

Les tragédies de Robert Garnier

Robert Garnier

Né vers 1544, avocat, Robert Garnier consacre son temps libre à la littérature, ce qui ne l'empêche pas d'accomplir une brillante carrière de magistrat, jusqu'au Conseil du roi. Très catholique, il soutient l'autorité royale et réprouve la guerre civile. Il meurt en 1590.

Son œuvre

1567 *Hymne de la monarchie,* poème.
1569 *Porcie,* tragédie romaine à la gloire de la monarchie et condamnant les troubles civils.
1573 *Hippolyte,* tragédie imitée de la *Phèdre* de Sénèque.
1574 *Cornélie,* tragédie romaine.
1578 *Marc-Antoine,* tragédie romaine.
1579 *La Troade,* tragédie.
1580 *Antigone,* tragédie.
1582 *Bradamante,* première tragi-comédie française.
1583 *Les Juives,* tragédie inspirée de la Bible.

Les Juives

Cette pièce est considérée comme le **chef-d'œuvre** de Robert Garnier. Inspirée de la Bible, elle raconte la rébellion du roi de Juda, Sédécie, contre son suzerain, Nabuchodonosor, roi de Babylone. Ce dernier affecte d'être clément, mais exerce très vite une vengeance terrible : il fait égorger les enfants de Sédécie devant leur père et lui fait crever les yeux. Mais, comme le révèle à la fin un prophète, Dieu punira Babylone qui sera plus tard détruite.

Dans les tragédies de Garnier, les personnages parlent plus qu'ils n'agissent, ce qui rend l'action un peu statique. La fatalité, l'horreur et la mort sont très présentes dans son œuvre. L'éloquence de son théâtre suscite des images d'une grande puissance, proches du baroque.

XVIe

d'Aubigné

prénom : **Agrippa**
né en : **1552**
mort en : **1630**

Famille	Son père est chancelier du roi de Navarre et juge ordinaire. Ses parents s'étaient convertis au protestantisme peu après leur mariage. Sa mère meurt en le mettant au monde.
Etudes	Son père le confie à des précepteurs sévères. D'Aubigné apprend le latin, le grec et l'hébreu en plus du français. Il suit les leçons de Béroalde, un savant professeur d'hébreu; puis, à partir de 1566, étudie à Genève, avec Théodore de Bèze, la philosophie et les mathématiques, mais il a soif d'action militaire et s'engage très tôt dans la lutte.
Une vie de soldat et de mystique	Son père participe à une conjuration de protestants qui échoue en 1560. Ses compagnons sont décapités et il fait jurer au jeune d'Aubigné de les venger. Très tôt, il connaît la prison à cause de ses convictions religieuses et échappe à la mort en s'évadant.
A partir de 1567, d'Aubigné passe son temps à combattre dans les troupes protestantes. Il tombe amoureux de Diane Salviati, pour laquelle il compose des vers. Il devient l'écuyer d'Henri de Navarre (futur Henri IV). En 1576, il l'aide à s'échapper de Paris, où il était retenu à la Cour.
En 1577, d'Aubigné est sérieusement blessé. Il conçoit à ce moment, dans une sorte de vision, les grands traits des *Tragiques*. D'Aubigné épouse Suzanne de Lezay en 1580.

En 1593, quand Henri IV se convertit au catholicisme, d'Aubigné se retire sur ses terres où il médite sur la religion. Après la mort de sa femme, il se consacre à ses enfants.

Après l'assassinat d'Henri IV, il prend encore part à tous les soulèvements contre Marie de Médicis. Il doit s'enfuir à Genève en 1620. Il fait fonction de conseiller militaire à Genève, puis à Berne. Il se remarie en 1623. Il meurt en 1630.

> « *Méprise un titre vain, des honneurs superflus;*
> *Retire-toi dans toi; parais moins et sois plus.* »
> *Les Tragiques.*

Œuvres

Le Printemps, odes, sonnets, chansons, à la manière de la Pléiade, recueillis par l'auteur jusqu'en 1576; le recueil contient l'*Hécatombe à Diane* dédiée à Diane Salviati; il ne sera publié qu'en 1874.

1588 *Méditations sur les psaumes.*

Vers 1595 *La Création,* poème religieux de 4 000 vers inspiré de la Genèse.

1610 *La Confession catholique du sieur de Sancy,* pamphlet en prose, imprimé en 1660 seulement.

1616 *Les Tragiques* (début de la rédaction en 1577).

De 1618 à 1626 *Histoire universelle.*

De 1617 à 1629 *Les Aventures du baron de Faeneste,* satire de la cour, dialogue entre un catholique et un protestant.

1621 *Traité des guerres civiles.*

Vers 1625 *Sa vie à ses enfants,* en prose.

1630 *L'Hiver de M. d'Aubigné,* poésie.

XVIᵉ

GROS PLAN SUR...

Les Tragiques

Agrippa d'Aubigné   Date : 1616

Genre   Œuvre en vers de caractère épique et satirique, proche du pamphlet.

Composition En 1577, d'Aubigné est grièvement blessé à la bataille de Casteljaloux. Dans un demi-délire, il voit les grands tableaux des *Tragiques* et décide d'en dicter une partie au juge du lieu. Il ne fera publier le poème qu'en 1616, sous le pseudonyme de L.B.D.D. (Le Bouc du Désert, c'est-à-dire le bouc-émissaire).

Thème   Le poème est divisé en 7 livres :
1. **Misères :** tableau des calamités et des guerres civiles qui ravagent le pays.
2. **Princes :** ce sont eux les responsables; d'Aubigné en brosse des portraits impitoyables.
3. **La Chambre dorée** (= chambre de justice) : la justice est corrompue.
4. **Les Feux :** évocation du supplice des protestants et des persécutions qu'ils subissent.
5. **Les Fers :** récit des guerres civiles et des exploits des protestants.
6. **Vengeances :** tableau des châtiments que Dieu inflige aux persécuteurs sur cette terre.
7. **Jugement :** tableau des châtiments qui les attendent après leur mort; évocation de la fin du monde et du jugement dernier.

Ce pamphlet contre les catholiques est extrêmement violent. La foi s'exprime avec lyrisme; le tableau des horreurs de la guerre civile et des bûchers est d'un réalisme effrayant. Son style tourmenté et exubérant sert bien l'inspiration épique.

Forme   Plus de 9 000 alexandrins, disposés en 7 livres.

Extrait

Au début du livre 1, d'Aubigné présente les deux religions, la catholique et la protestante, comme deux enfants qui se déchirent sous les yeux de leur mère, la France. Il les compare à Esaü et Jacob, deux frères de la Bible.

Je veux peindre la France une mère affligée,
Qui est entre ses bras de deux enfants chargée.
Le plus fort, orgueilleux, empoigne les deux bouts
Des tétins nourriciers; puis, à force de coups
D'ongles, de poings, de pieds, il brise le partage
Dont nature donnait à son besson l'usage :
Ce voleur acharné, cet Esaü malheureux,
Fait dégât du doux lait qui doit nourrir les deux,
Si que, pour arracher à son frère la vie,
Il méprise la sienne et n'en a plus d'envie;
Lors son Jacob, pressé d'avoir jeûné meshui,
Ayant dompté longtemps en son cœur son ennui,
A la fin se défend, et sa juste colère
Rend à l'autre un combat dont le champ est la mère.
Ni les soupirs ardents, les pitoyables cris,
Ni les pleurs réchauffés, ne calment leurs esprits;
Mais leur rage les guide et leur poison les trouble,
Si bien que leur courroux par leurs coups se redouble.
Leur conflit se rallume et fait si furieux
Que d'un gauche malheur ils se crèvent les yeux.
Cette femme éplorée, en sa douleur plus forte,
Succombe à la douleur, mi-vivante, mi-morte;
Elle voit les mutins tous déchirés, sanglants,
Qui, ainsi que du cœur, des mains se vont cherchants,
Quand, pressant à son sein d'une amour maternelle
Celui qui a le droit et la juste querelle,
Elle veut le sauver, l'autre, qui n'est pas las,
Viole en poursuivant l'asile de ses bras.
Adonc se perd le lait, le suc de sa poitrine;
Puis, aux derniers abois de sa proche ruine,
Elle dit : « Vous avez, félons, ensanglanté
Le sein qui vous nourrit et qui vous a porté;
Or, vivez de venin, sanglante géniture,
Je n'ai plus que du sang pour votre nourriture ! »

« Besson » au sixième vers signifie « jumeau ».
« Si que » au neuvième vers a le sens de « si bien que ».
« Meshui » au onzième vers signifie « aujourd'hui ».
« Adonc » au vingt-neuvième vers a le sens de « ainsi ».

XVIe

Montaigne

Michel Eyquem de Montaigne, dit
né en : **1533**
mort en : **1592**

Famille
Un de ses ancêtres, portugais d'origine, était un gros négociant en vins et en poissons salés. Il s'était installé à Bordeaux et s'était enrichi. Son père avait fait les guerres d'Italie. Sa famille s'est anoblie en achetant une charge de magistrat (noblesse de robe).

Etudes
Son père se préoccupe de son éducation. Montaigne connaît une enfance en pleine liberté. Puis il apprend le latin avant le français. Il fait ses études au collège de Guyenne à Bordeaux, et son droit, sans doute à Toulouse.

La magistrature
1554-1571 : il est conseiller à la cour des aides de Périgueux, puis au parlement de Bordeaux.
Il devient l'ami d'Etienne de La Boétie, magistrat lui aussi, dont la mort prématurée (1563) le bouleverse.
En 1565, il épouse Françoise de La Chassaigne, fille d'un magistrat bordelais.

La retraite
1568 : à la mort de son père, il se retire dans son château. Il mène la vie d'un gentilhomme campagnard et se consacre à la lecture et à l'écriture.
1580 : il fait un voyage pour raison de santé et par curiosité intellectuelle (Paris, Plombières, la Suisse, l'Allemagne, l'Italie).

La mairie
1581-1585 : il est maire de Bordeaux.

La dernière retraite
1586-1588 : il se retire à nouveau dans son château.

1588 : il vient à Paris pour faire paraître une seconde édition des *Essais*. Le voyage est périlleux et mouvementé.

1588-1592 : il relit et retouche encore son œuvre et meurt en 1592 dans son château.

Œuvres

1569 Traduction de la *Théologie naturelle* de Raymond Sebond.

1571 Il fait publier les *Œuvres* de La Boétie.

1580 Première édition des *Essais*.

1588 Deuxième édition des *Essais*.

1595 Troisième édition posthume des *Essais* avec des additions, édition préparée par Mlle de Gournay, sa « fille d'alliance » (presque fille adoptive).

1774 Première édition du *Journal de voyage*.

Portrait de Montaigne par lui-même

On trouve ce portrait dans les Essais, *au Livre II, chapitre 17.*

D'adresse et de disposition, je n'en ai point eu; et pourtant, suis fils d'un père très dispos et d'une allégresse qui lui dura jusques à son extrême vieillesse. Il ne se trouva guère homme de sa condition qui s'égalât à lui en tout exercice de corps : comme je n'en ai trouvé guère aucun qui me surmontât, sauf au courir (en quoi j'étais des médiocres). De la musique, ni pour la voix que j'y ai très inepte, ni pour les instruments, on ne m'y a jamais su rien apprendre. A la danse, à la paume *[ancêtre du tennis]*, à la lutte, je n'y ai pu acquérir qu'une bien fort légère et vulgaire suffisance; à nager, à escrimer, à voltiger et à sauter, nulle du tout. Les mains, je les ai si gourdes que je ne sais pas écrire seulement pour moi : de façon que, ce que j'ai barbouillé, j'aime mieux le refaire que de me donner la peine de démêler; et ne lis guère mieux. Je me sens peser aux écoutants *[je sens que j'ennuie mon auditoire]*. Autrement, bon clerc. Je ne sais pas clore à droit *[fermer habilement]* une lettre, ni ne sus jamais tailler plume, ni trancher à table, qui vaille *[de façon convenable]*, ni équiper un cheval de son harnais, ni porter à poing un oiseau et le lâcher *[pour la chasse]*, ni parler aux chiens, aux oiseaux, aux chevaux.

XVIᵉ

GROS PLAN SUR...

Les Essais

Montaigne

Dates : 1580, 1588, 1595

Genre	Recueil de réflexions en prose, organisées en chapitres thématiques.
Composition	De 1571 à 1580, Montaigne lit les philosophes de l'Antiquité. Il médite et compose une première version des *Essais*. Il entreprend une première révision à partir de 1585, qui paraît en 1588. Il continue ensuite d'annoter son livre (exemplaire conservé qu'on appelle « exemplaire de Bordeaux »). C'est cette édition commentée qui paraît après sa mort en 1595.
Structure	Le recueil comprend 3 livres, divisés en chapitres.

Livre I : 57 chapitres dont :

— De l'oisiveté (ch. 8) : pourquoi il écrit.

— Que philosopher c'est apprendre à mourir (ch. 19) : attitude face à la mort.

— De la coutume (ch. 22) : contradictions chez l'homme.

— De l'institution des enfants (ch. 26) : idées très libérales et humanistes sur l'éducation des enfants.

— De l'amitié (ch. 27).

Livre II : 38 chapitres dont :

— Des livres (ch. 10) : jugement sur ses lectures.

— Apologie de Raymond Sebond (ch. 12) : à travers l'étude de ce théologien espagnol du XVᵉ siècle, Montaigne expose sa propre philosophie.

— De la présomption (ch. 17) : son autoportrait.

Livre III (ajouté pour l'édition de 1588): 13 chapitres dont:
— De l'art de conférer (ch. 8): son goût pour la conversation.
— De la vanité (ch. 9): réflexions sur le travail, les affaires, les voyages.
— De l'expérience (ch. 13): un art de vivre.

Thèmes

1. **Un journal intime:** «C'est moi que je peins.» Montaigne révèle ses goûts, ses émotions. Ses propos sont parfois un peu décousus. Il procède souvent par association d'idées.

2. **Une critique de la vie sociale:** «La plupart de nos vacations sont farcesques.» Il faut soigneusement distinguer l'homme et sa fonction et ne pas se laisser abuser par les apparences.

3. **Une réflexion sur la mort:** «Philosopher, c'est apprendre à mourir.» Après avoir adhéré à l'idéal des stoïciens, qui impose de se préparer à la mort pour ne pas la craindre, Montaigne pense finalement que pour savoir mourir, il faut savoir bien vivre, avec une sagesse souriante.

4. **Une prise de conscience des limites de l'homme:** «Que sais-je?» (devise de Montaigne). Montaigne fait preuve d'un certain scepticisme; il faut douter de ses propres capacités et ériger ce doute en principe.

5. **Le goût du bonheur:** «Pour moi donc, j'aime la vie.» La recherche du bonheur est pour lui le but légitime de chaque homme. C'est ce qui explique ses conceptions libérales de l'éducation, son respect pour les «sauvages» découverts Outre-Atlantique, sa tolérance et sa simplicité, parfois son égoïsme.

6. **Le «bon sauvage»:** Montaigne manifeste une véritable ouverture d'esprit sur les autres civilisations. Il n'hésite pas à critiquer les nations européennes et, finalement, il est un des premiers défenseurs des droits de l'homme.

Montaigne est le seul auteur du XVIe siècle à être toujours resté en faveur à toutes les époques. Sa conception de ce que doit être un «honnête homme» est déjà très proche de l'idéal classique du siècle suivant. Pourtant, sa pensée, mouvante, primesautière, annonce plutôt le baroque. Pascal et Voltaire seront des lecteurs très attentifs des *Essais* qu'ils commenteront à de nombreuses reprises.

Extrait

Montaigne est frappé de la diversité de mœurs que l'on peut constater en lisant des récits sur des peuples étrangers. Il en tire la conclusion que la coutume est maîtresse du monde. Le passage qui suit est extrait du chapitre XXIII du Livre I des Essais. *Le texte a été légèrement modernisé.*

Ici on vit de chair humaine; là c'est office de piété de tuer son père lorsqu'il arrive à un certain âge; ailleurs les pères ordonnent, des enfants encore au ventre de leur mère, ceux qu'ils veulent être nourris et conservés, et ceux qu'ils veulent être abandonnés et tués; ailleurs les vieux maris prêtent leurs femmes à la jeunesse pour s'en servir; et ailleurs elles sont communes sans péché : même, dans certains pays, elles portent pour marque d'honneur autant de belles houpes frangées au bord de leur robe qu'elles ont accointé de mâles. La coutume n'a-t-elle pas encore été à l'origine d'un Etat dirigé uniquement par des femmes? leur a-t-elle pas mis les armes à la main? fait dresser des armées et livrer des batailles? Et ce que toute la philosophie ne peut planter en la tête des plus sages, la coutume ne l'apprend-elle pas de sa seule ordonnance au plus grossier vulgaire? Car nous savons des nations entières où la mort était non seulement méprisée mais festoyée; où les enfants de sept ans souffraient d'être fouettés jusqu'à la mort, sans changer de visage; où la richesse était en tel mépris, que le plus pauvre citoyen de la ville n'eût daigné baisser le bras pour amasser une bourse d'écus.
[...]
Les lois de la conscience que nous disons naître de la nature, naissent de la coutume : chacun ayant en vénération interne les opinions et mœurs approuvées et reçues autour de lui, ne s'en peut déprendre sans remors, ni s'y appliquer sans approbation.

Bibliographie

1. Le XVIᵉ siècle : généralités

1.1. Histoire

J. Garrisson, *1572, La Saint-Barthélemy*, Ed. Complexe (La Mémoire des Siècles).

G. Livet, *Les Guerres de religion : 1559-1598*, Que sais-je ?, PUF.

R. Mandrou, *Introduction à la France moderne. Essai de psychologie historique 1500-1640*, Albin Michel (L'Evolution de l'humanité).

P. Miquel, D. Millet et C. Millet, *La vie privée des hommes au temps des grandes découvertes*, Livre de poche jeunesse.

R. Stauffer, *La Réforme 1517-1564*, Que sais-je ?, PUF.

Pour une approche romancée des événements, Zevaco, *Les Pardaillan*, Livre de poche ou Bouquins Laffont.

1.2. Littérature

J. Delumeau, *La Civilisation de la Renaissance*, Arthaud (Les Grandes civilisations poche).

P. Faure, *La Renaissance*, Que sais-je ?, PUF.

C. Lauvergnat-Gagnière, et J.-N. Pascal, *Le Seizième en 10/18*.

J.-C. Margolin, *L'Humanisme en Europe au temps de la Renaissance*, Que sais-je ? PUF.

2. La langue

M. Huchon, *Le Français de la Renaissance*, Que sais-je ?, PUF.

3. Rabelais

Rabelais, *Gargantua,* Livre de Poche, Folio Gallimard, Marabout ou Garnier Flammarion.
Rabelais, *Pantagruel,* Livre de Poche ou Folio Gallimard.
Rabelais, *Le Tiers Livre,* Folio Gallimard.
Rabelais, *Le Quart Livre,* Garnier Flammarion
M. Bakhtine, *L'Œuvre de François Rabelais et la culture populaire au Moyen Age et sous la Renaissance,* Tel, Gallimard.
M. de Dieguez, *Rabelais,* Ecrivains de toujours, Seuil.

4. La poésie

4.1. Marot
Marot, *Œuvres poétiques,* Garnier Flammarion.
Marot, *L'Adolescence clémentine, L'Enfer, Déportation de Florimond Robert,* Poésie Gallimard.

4.2. L'école lyonnaise
Labé, Du Guillet, *Œuvres,* Poésie Gallimard.
Labé, *Œuvres complètes,* Garnier Flammarion.
Scève, *Délie,* Poésie Gallimard.

4.3. La Pléiade
Ronsard, *Les Amours,* Poésie Gallimard, Bibliothèque Lattès ou Garnier Flammarion.
Ronsard, *Discours - Derniers vers,* Garnier Flammarion.
G. Gadoffre, *Ronsard,* Ecrivains de toujours, Seuil.
Du Bellay, *Les Antiquités de Rome, Les Regrets, La Défense et illustration de la langue française,* Poésie Gallimard.
Y. Bellanger, *La Pléiade,* Que sais-je?, PUF.

4.4. D'Aubigné
Aubigné, *Les Tragiques,* Garnier Flammarion.

5. Montaigne

Montaigne, *Essais*, PUF (Quadrige), 3 vol., Livre de poche, 3 vol., Folio Gallimard, 3 vol., ou Garnier Flammarion, 3 vol.

Montaigne, *Apologie de Raymond Sebond*, Idées Gallimard.

Montaigne, *Journal de voyage*, Folio Gallimard.

C. Boutaudou, *Montaigne*, Livre de Poche essais.

H. Friedrich, *Montaigne*, Tel Gallimard.

F. Jeanson, *Montaigne*, Ecrivains de toujours, Seuil.

B. Mouralis, *Montaigne et le mythe du bon sauvage de l'Antiquité à Rousseau*, Littérature vivante, Pierre Bordas et fils.

J.-Y. Pouilloux, *Montaigne, Que sais-je?*, Découvertes Gallimard.

Le XVIIe siècle

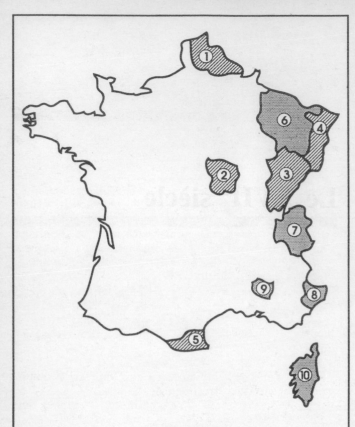

1. Flandre-Artois
2. Nivernais
3. Franche-Comté
4. Alsace
5. Roussillon
6. Lorraine
7. Savoie
8. Comté de Nice
9. Comtat Venaissin et Avignon
10. Corse

Provinces réunies à la France au XVIIᵉ siècle (1610-1715)

Provinces encore hors de France en 1715

Introduction

L'enseignement dans les lycées et les collèges a donné à tous les Français un peu de familiarité avec **« les grands classiques »**, terme pompeux derrière lequel on range pêle-mêle Molière, Corneille, Racine, La Fontaine. Qui ne connaît au moins les premiers vers du *Corbeau et du renard,* ou le thème du *Bourgeois gentilhomme* ? Cette familiarité risque d'avoir lassé bon nombre de jeunes gens qui ne voient plus là une littérature pleine de vie, mais des statues de cire du musée Grévin.

Heureusement, le XVIIe siècle est varié, riche de nuances et n'a pas le caractère figé et dogmatique qu'on lui prête parfois.

Pour tout un chacun, le XVIIe siècle est le « Grand siècle », le siècle du **Roi-Soleil.** Cette impression d'unité et de majesté doit être nuancée.

En effet, Louis XIV ne commence à régner seul qu'en 1661 ; c'est dire que l'ensemble du XVIIe siècle n'est pas soumis à son influence.

Rappelons d'abord quelques jalons historiques qui donnent le cadre politique de l'évolution littéraire à cette époque.

Henri IV a su mettre un terme aux guerres de Religion et rétablir l'autorité royale. Grâce à son surintendant des finances, Sully, il a rétabli une sorte de prospérité. Lorsqu'il est assassiné en 1610, il laisse un pays réorganisé.

Mais Louis XIII a neuf ans et la régente, Marie de Médicis, n'a pas d'expérience politique. La **régence** est alors marquée par le retour des troubles.

Louis XIII commence à régner de droit en 1614, mais il reste sous l'emprise de sa mère jusqu'en 1617. En 1624, **Richelieu** qui a acquis sa confiance, devient ministre. Les troupes protestantes sont défaites, les conspirations de la noblesse déjouées, la monarchie s'organise. L'administration est plus efficace; le roi, par une **politique de mécénat**, contrôle la vie intellectuelle. Dans ce même but, Richelieu crée l'Académie française en 1635. La guerre contre l'Espagne, «Guerre de Trente Ans», marque les années 1635-1648. En 1642, Richelieu meurt, suivi de peu par Louis XIII en 1643.

Le futur Louis XIV a cinq ans. Une nouvelle **régence** commence, celle d'Anne d'Autriche, aidée de son ministre, **Mazarin.** La guerre avec l'Espagne se poursuit. Les difficultés économiques se multiplient.

En 1648 se déclenche un vaste mouvement qu'on appelle **la Fronde** : révolte des parlementaires contre des réformes, notamment fiscales, révolte des Grands qui refusent l'absolutisme royal. La véritable guerre civile qui en découle tourne à partir de 1652 à l'avantage de Mazarin. La haute noblesse se trouve muselée par la monarchie et constate son impuissance. L'économie a été rudement touchée : la misère, la peste, la famine sévissent dans les campagnes françaises.

Le jeune roi garde un souvenir personnel très fort de cette période troublée et durant son règne il veillera à consolider le pouvoir royal. Mazarin meurt en 1661. **Louis XIV** commence alors son règne personnel, sans Premier ministre. Il sait s'entourer cependant de ministres compétents : Colbert aux Finances, Louvois à la Guerre.

La Cour est le centre d'intérêt majeur : le roi garde ainsi un œil sur les nobles et peut étouffer dans l'œuf les rébellions potentielles. Le surintendant des finances, Nicolas Fouquet, protecteur des arts, qui se piquait d'avoir un train de vie supérieur à celui du monarque lui-même, apprend à ses dépens ce que veut dire **monarchie absolue** : il est incarcéré en 1661 et finit ses jours en prison.

Le règne de Louis XIV n'est pas tendre non plus pour les protestants : en 1680 commencent les « dragonnades », conversion forcée des protestants par les militaires (« dragons ») logés chez eux, et la **Révocation de l'Edit de Nantes** en 1685, qui impose à tous le catholicisme, pousse à l'exil près de 300 000 protestants français.

La fin du règne de Louis XIV est marquée par la guerre de succession d'Espagne (1702-1713), par un certain **déclin** et par le retour du monarque à une conception austère de la religion.

Lorsqu'il meurt en 1715, la Cour et l'élite intellectuelle poussent un soupir de soulagement : la vie sociale et la vie littéraire vont pouvoir reprendre leur liberté.

Ce bref panorama des événements historiques du XVIIe siècle suffit à montrer que **l'apogée de la monarchie** absolue ne concerne que les années **1660-1680**. Auparavant, la France connaît une alternance de périodes fastes et de troubles graves. Après, le déclin du vieux roi fait renaître les mécontentements et les rancœurs.

La littérature connaît en France un remarquable développement durant tout le XVIIe siècle.

La **continuité** avec la Renaissance est assurée à bien des égards. Le XVIe siècle lègue au siècle qui le suit son goût pour l'Antiquité et pour l'imitation des chefs-d'œuvre antiques, et surtout une langue française enrichie et pleine de nuances. Les mœurs ne changent pas radicalement, même si les salons mondains et littéraires jouent un rôle plus important dans la vie intellectuelle. Le développement de la vie de cour et le mécénat royal poussent les écrivains à se rencontrer fréquemment. Les cabales, les coteries s'en trouvent ainsi favorisées.

Plusieurs tendances coexistent au XVIIe siècle. Le **courant baroque,** né vers la fin de la Renaissance, inspire surtout les poètes. La **préciosité,** excès de raffinement, marque poésie et roman. Le **classicisme** reste lié au théâtre et à la prose, à l'éloquence, par exemple.

Mais un même auteur peut s'exprimer à travers plusieurs de ces tendances. Molière, avec *Don Juan,* crée une pièce bizarre, proche du baroque. Avec *Le Misan-thrope,* il est parfaitement classique. C'est dire assez combien de précautions il faut prendre pour manier les étiquettes. Toute la richesse de la littérature du XVIIe siècle vient de ses multiples facettes.

Une grande querelle agite le petit monde des lettres à la fin du siècle et l'agitera encore pendant une bonne partie du XVIIIe siècle, il s'agit de ce qu'on a appelé la **Querelle des Anciens et des Modernes.** Elle oppose les tenants de l'imitation des Anciens, qui voient en eux des modèles inattaquables, et les tenants de la moder-nité, qui affirment que leurs contemporains ont autant de valeur que les Anciens et peuvent rivaliser avec eux dans bien des domaines. Querelle historiquement da-tée, mais aussi interrogation plus profonde qui saisit chaque génération : comment écrire encore lorsqu'on croit que tout a déjà été dit et bien dit ? Il reste que les clans sont assez fluctuants. Boileau est un « Ancien »; Perrault, l auteur des *Contes,* est un « Moderne », mais beaucoup refusent les excès de l'un et l'autre parti et se forgent une opinion moyenne.

La fin du XVIIe siècle voit aussi se lever une **généra-tion critique,** prônant la tolérance, refusant les dogma-tismes et les superstitions et voulant appliquer à tout un esprit d'examen particulièrement vif. Bayle et Fonte-nelle font partie de ces gens. Ce sont les **précurseurs des Lumières,** les premiers « philosophes » au sens que le XVIIIe siècle donnera à ce mot. Ils ressentent pro-fondément ce qu'on a appelé la « crise de la conscience européenne », en reprenant le titre d'un ouvrage du critique Paul Hazard, fort justement célèbre. La cou-pure entre le XVIIe et le XVIIIe siècle ne se fait bien entendu pas en 1701. La période 1680-1715 marque une transition importante où s'ébauchent les idées du XVIIIe siècle.

Le foisonnement
du début du siècle

Les années 1598-1661, depuis l'Edit de Nantes qui assure aux protestants la liberté de culte, jusqu'au début du règne personnel de Louis XIV, se présentent comme une période riche et diverse pour la littérature.

La redécouverte des Anciens au siècle précédent continue à influencer les hommes cultivés du XVIIᵉ siècle. Les **stoïciens** sont particulièrement lus et étudiés dans les collèges (Sénèque, Epictète). La période troublée des guerres de Religion explique peut-être cet engouement. L'**épicurisme** est aussi en vogue depuis Montaigne, beaucoup lu au début du XVIIᵉ siècle, et Pierre **Gassendi** s'efforce de concilier épicurisme et christianisme. Ce philosophe (1592-1655) connaîtra une grande influence, notamment sur Molière.

La France reste très perméable aux influences étrangères. L'**Italie** est à la mode. La régente, Marie de Médicis, issue d'une grande famille florentine, puis Mazarin, d'origine italienne, font venir bon nombre de leurs compatriotes en France. Les modèles italiens s'imposent dans bien des genres littéraires : Machiavel pour la réflexion politique, L'Arioste et Le Tasse pour les romans de chevalerie.

Le théâtre **espagnol** fournit également aux dramaturges français des sujets d'inspiration. Le *Don Quichotte* de Cervantès (vers 1610) connaît tout de suite un grand succès.

Les écrivains français de cette période se laissent mal enfermer dans une « école » ou une tendance unique.

L'**indépendance d'esprit** domine. Quelques courants sont bien représentés, en particulier le **« baroque »**, terme assez général qui définit une esthétique où dominent une certaine fantaisie et un goût prononcé pour l'étrangeté. Entre 1650 et 1660, la mode de la **préciosité,** avec tous ses excès, domine la vie de salon.

Plus souterrain, le **courant libertin** pose ses premiers jalons. Définissant comme principe la liberté de pensée et refusant de se soumettre aux interdits religieux, ce courant de pensée, représenté par quelques poètes comme Théophile de Viau et par des penseurs comme Gassendi, reste assez marginal, contraint de composer avec la censure. Leur prudence n'empêche pas leurs idées de se répandre : elles constituent le germe des idées nouvelles des « philosophes » du XVIIIe siècle.

Le roman et le théâtre connaissent alors les plus grands développements. C'est la vogue des romans précieux, des romans d'amour et d'aventures comme ceux de Mlle **de Scudery. Corneille** fait représenter ses pièces, comédies, tragi-comédies et tragédies, avec beaucoup de succès. **Pascal,** enfin, comprenant l'importance du courant libertin, médite sur la composition d'une grande *Apologie de la religion chrétienne* à l'intention des esprits forts, des incroyants.

Malherbe fixe certaines règles à la poésie : rigueur logique, clarté parfaite, respect des règles de la versification. **Vaugelas** contribue à fixer la langue en notant la façon dont on parle dans les salons et à la cour. Ses *Remarques sur la langue française* dénotent un purisme quelque peu réducteur.

Cette première partie du XVIIe siècle, souvent éclipsée par l'éclat du classicisme qui suit, mérite d'être remise en valeur. C'est la tâche à laquelle se sont employés les critiques depuis 1950 environ.

XVIIᵉ
Le baroque

Origine du nom

Le mot «baroque», issu de l'espagnol *barrueco,* désigne d'abord au XVIᵉ siècle, dans la langue technique des joailliers, une **perle de rondeur irrégulière.** Ce n'est qu'en 1718 que l'Académie évoque dans son *Dictionnaire* le sens figuré du mot : «irrégulier, bizarre». Mais le terme ne désigne pas encore un courant esthétique. A partir de 1860 seulement, on applique le terme à l'art qui s'est répandu aux XVIᵉ et XVIIᵉ siècles depuis l'Italie jusque dans toute l'Europe, et par analogie à la littérature qui y correspond.

Naissance du courant

Jusqu'à une époque récente, les critiques n'ont vu dans le XVIIᵉ siècle que l'épanouissement du classicisme, négligeant toute la première partie du siècle. On a longtemps considéré les productions de **1580 à 1640** comme étant irrégulières, bizarres, relevant d'écrivains indépendants. Depuis 1950 environ, on a mis en valeur quelques traits esthétiques communs qui dominent cette période : on les a regroupés sous le terme de «baroque». Il faut constater qu'il n'y a jamais eu d'«école baroque». Le courant baroque a marqué tous les pays d'Europe à un moment donné entre la fin du XVIᵉ siècle et le début du XVIIIᵉ. Il a touché tous les arts, notamment la sculpture, l'architecture et la musique. Le baroque se définit par ses formes et ses thèmes, plus que par un « manifeste », puisqu'il n'y a pas eu de « théorie du baroque » avant le XXe siècle.

L'esthétique baroque

On ne peut pas parler de « doctrine ». On constate une certaine sensibilité qui s'exprime à travers les œuvres.

1. Les connaissances de l'homme ne sont pas sûres. Les grandes découvertes du XVIe siècle ont tout remis en cause : **le monde est instable.**

2. Le vrai et l'**illusion,** l'être et le paraître ne se distinguent pas nettement.

3. Le monde est un **spectacle** : tout est théâtre et illusion.

4. L'imitation des Anciens n'est pas une priorité : il faut être **moderne.**

5. Le public visé est un **public cultivé,** mais pas nécessairement érudit.

6. Tous les **excès** sont permis au nom de la liberté créatrice.

Thèmes

1. **Le mouvement** : le monde est instable, en mouvement, tout change.

2. **Le temps** : le temps est insaisissable, il nous entraîne. La vie est fugitive, les images qui reviennent pour l'évoquer sont celles de l'eau, de la flamme, de la bulle de savon, ou du vent.

3. **Le déguisement** : le décor, l'apparence, la façade deviennent essentiels. Le trompe-l'œil et les jeux de miroir sont privilégiés.

4. **L'inconstance amoureuse** : dans un monde instable, marqué par l'écoulement irrémédiable du temps, les sentiments n'ont rien de définitif. Le plaisir guide l'homme.

5. **La mort :** elle est présente partout, sous-jacente dans toutes les formes de la vie. Vie et mort ne font qu'un.

Formes

1. Goût pour les **figures de style,** et en particulier l'antithèse (opposition), la métaphore (image) et le paradoxe.
2. Le **théâtre :** tragédies et pastorales, qui transforment le monde en spectacle.
3. La **poésie personnelle** est marquée par des images flamboyantes, mais aussi des jeux formels (coq-à-l'âne, galimatias...).

Les hommes

Agrippa d'Aubigné.
Jean de Sponde (1557-1597), protestant converti au catholicisme, pris dans les guerres de Religion, est marqué par une soif d'absolu et une grande inconstance.
Théophile de Viau (1590-1626), auteur de tragédies et de poésies, chef de file des anticonformistes vers 1620, connaît des périodes fastes à la cour et des disgrâces. Poursuivi par un Jésuite, il connaît pendant deux ans la prison.
Saint-Amant (1594-1661) se vante d'ignorer le latin et le grec, mais de parler l'anglais, l'italien et l'espagnol. Grand voyageur, il compose surtout des poèmes, des chansons à boire, des sonnets où il chante la joie de vivre et la bonne chère.
Tristan L'Hermite (1601-1655) est connu pour ses poésies descriptives, sa poésie amoureuse et sensuelle.
Cyrano de Bergerac (1619-1655), dont le nom est resté célèbre grâce à la pièce d'Edmond Rostand, est l'auteur de *L'Autre monde, ou les Etats et empires de la Lune et du Soleil.* Il y raconte un voyage de science-fiction dans la lune et expose des théories rationalistes. Il critique la religion et la morale conformiste.

Les œuvres

Extraits

Sonnets sur la mort, **IV**, **Jean de Sponde**

Pour qui tant de travaux ? pour vous ? de qui l'haleine
Pantèle en la poitrine et traîne sa langueur ?
Vos desseins sont bien loin du bout de leur vigueur
Et vous êtes bien près du bout de votre peine.

Je vous accorde encore une emprise certaine,
Qui de soi court du Temps l'incertaine rigueur,
Si perdrez-vous enfin ce fruit et ce labeur,
Le mont est foudroyé plus souvent que la plaine.

Ces sceptres enviés, ces trônes débattus,
Champ superbe du camp de vos fières vertus,
Sont de l'avare mort le débat et l'envie.

Mais pourquoi ce souci ? mais pourquoi cet effort ?
Savez-vous bien que c'est le train de cette vie ?
La fuite de la Vie, et la course à la Mort.

Le Melon (extrait), **Saint-Amant**

Le poète a découvert un melon dans sa chambre et s'apprête à le manger.

Bref, c'est un vrai manger de prince;
Mais bien que je ne le sois pas,
J'en ferai pourtant un repas.
Ha! Soutenez-moi, je me pâme,
Ce morceau me chatouille l'âme;
Il rend une douce liqueur
Qui va me confire le cœur;
Mon appétit se rassasie
De pure et nouvelle ambroisie,
Et mes sens par le goût séduits,
Au nombre d'un sont tous réduits.

Non, le coco, fruit délectable,
Qui lui tout seul fournit la table
De tous les mets que le désir
Puisse imaginer et choisir,
Ni les baisers d'une maîtresse
Quand elle-même nous caresse,
Ni ce qu'on tire des roseaux
Que Crète nourrit dans ses eaux,
Ni le cher abricot que j'aime,
Ni la fraise avecque la crème,
Ni la manne qui vient du ciel,
Ni le pur aliment du miel,
Ni la poire de Tours sacrée,
Ni la verte figue sucrée,
Ni la prune au jus délicat,
Ni même le raisin muscat
(Parole pour moi bien étrange!)
Ne sont qu'amertume et que fange
Au prix de ce melon divin,
Honneur du climat angevin.

XVIIe

Corneille

prénom : **Pierre**
né en : **1606**
mort en : **1684**

Famille Né à Rouen d'une famille de petite bourgeoisie, il est l'aîné de 7 enfants. Son frère Thomas (1625-1709) connaît aussi du succès au XVIIe siècle avec ses tragédies et comédies.

Etudes Il fait ses études au collège des jésuites de Rouen de 1615 à 1622. C'est un élève brillant, passionné par les auteurs latins. Il fait ensuite son droit.

L'avocat En 1624, il prête serment comme avocat. Il plaide très peu (timidité). Son père obtient pour lui en 1628 une charge d'avocat du Roi. Il mène joyeuse vie à Rouen.

Les débuts au théâtre 1629 : Corneille écrit à Rouen sa première comédie qu'il présente à une troupe de passage. Le succès de la pièce jouée à Paris le pousse à venir dans la capitale. Richelieu le remarque.

Le succès 1636 : *Le Cid* assure sa gloire. Mais la querelle qui suit cette pièce l'irrite. Il retourne à Rouen où il reste pendant 3 ans éloigné du théâtre.
1640 : Retour à la tragédie. Corneille se marie avec Marie de Lampérière dont il aura 7 enfants. Il habite à Rouen, mais vient souvent à Paris. Ses succès au théâtre sont nombreux.

La retraite 1652 : Corneille connaît un échec retentissant avec sa tragédie *Pertharite*.
1652-1656 : A Rouen, Corneille se consacre alors entièrement à une adaptation en vers d'un ouvrage pieux du XIIIe siècle, *L'Imitation de Jésus-Christ*.

Le retour au théâtre	1658 : Corneille s'éprend d'une actrice, la marquise Du Parc. Il reçoit une pension. Il se remet à travailler pour le théâtre et connaît à nouveau quelques succès. Il revient à Paris, mais il n'est plus à la mode. Il a un jeune rival, Racine. Ses dernières pièces passent presque inaperçues.
La vieillesse	Corneille n'écrit plus pour le théâtre. Il est oublié et délaissé. Un dernier regain de faveur fait jouer à Versailles six de ses tragédies en 1676. L'Europe redécouvre son œuvre. Il meurt en 1684.

Œuvres

Corneille a écrit 33 pièces, dont 9 comédies. Voici les principales :

1629	*Mélite,*	comédie.
1631	*Clitandre,*	tragi-comédie.
1633	*La Galerie du Palais,*	comédie.
1634	*La Place Royale,*	comédie.
1636	*L'Illusion comique,*	comédie.
	Le Cid,	tragi-comédie.
1640	*Horace,*	tragédie.
	Cinna,	tragédie.
1643	*Polyeucte,*	tragédie.
	Le Menteur,	comédie.
1644	*Rodogune,*	tragédie.
1651	*Nicomède,*	tragédie.
1662	*Sertorius,*	tragédie.
1674	*Suréna,*	tragédie.

Corneille est-il un auteur classique ?

Depuis 1960 environ, les travaux universitaires sur Corneille tendent à mieux apprécier et interpréter son théâtre, vis-à-vis notamment de celui de Racine.

Pendant longtemps, on a considéré Corneille et Racine comme les deux grands dramaturges classiques français, tout en notant que les irrégularités du théâtre de Corneille en gâtaient un peu les beautés. J. Rousset et A. Stegmann ont montré que Corneille appartenait beaucoup plus au monde baroque qu'au classicisme. Ses comédies et ses tragi-comédies, et surtout *L'Illusion comique,* sont nourries des conceptions baroques du spectacle et de la vie : la vie est un songe, une représentation; le théâtre est un reflet de cette illusion de réalité.

Le thème de la «gloire», cornélien par excellence, correspond bien à une idée propre au baroque : il faut aspirer à une figure héroïque de soi, chercher à se dépasser soi-même dans un élan plein d'énergie, même si la mort est au bout. On a pu ainsi rapprocher le théâtre de Corneille de celui de Shakespeare.

Le conflit cornélien

A partir de certaines pièces de Corneille a été créée l'expression «conflit cornélien» pour désigner la situation inextricable dans laquelle se trouve une personne. L'exemple le plus connu est celui relatif à Rodrigue, le héros du *Cid.* Ou bien il venge son honneur (et donc tue le père de Chimène), ce qui rend impossible le mariage avec la femme qu'il aime. Ou bien il ne le tue pas, et le mariage est tout aussi impossible, Chimène ne pouvant épouser un homme sans honneur. Et lui-même ne pouvant survivre sans avoir lavé cette tache.

Mais Corneille a produit une œuvre complexe et abondante (33 pièces en tout). Il faut donc éviter de le réduire à quelques schémas scolaires de ce type.

XVIIᵉ

GROS PLAN SUR...

Le Cid

Pierre Corneille   Date : 1636

Genre	Tragédie en cinq actes, en vers.
Action	A Séville au XIᵉ siècle.
Intrigue	**Acte I :** Rodrigue, fils de Don Diègue, et Chimène, fille de Don Gormas, s'aiment. Don Diègue est jalousé par Don Gormas qui lui donne un soufflet. Don Diègue demande à son fils de le venger.

Acte II : Rodrigue provoque le comte Don Gormas. Chimène se lance à leur recherche. Mais le comte est mort. Chimène demande justice au roi.

Acte III : Rodrigue et Chimène sont désespérés. Rodrigue se présente devant elle pour recevoir la mort de sa main. Elle refuse. Il justifie son acte : c'est pour rester digne d'elle qu'il a accompli son devoir filial. Elle aussi doit accomplir son devoir et poursuivre celui qu'elle aime. Ils gémissent sur leur sort. Rodrigue part combattre les Maures.

Acte IV : Rodrigue a vaincu les Maures. Il revient triomphalement à Séville. Mais Chimène réclame à nouveau justice. Elle demande un nouveau combat entre Rodrigue et Don Sanche. Le roi accepte : le vainqueur épousera Chimène.

Acte V : Rodrigue veut d'abord se laisser tuer pendant le combat. Chimène, éplorée, l'en dissuade. Rodrigue remporte le combat. Le roi permet leur union. Ils attendront un an pour les convenances.

Succès   Le succès du *Cid* est considérable. On apprend des tirades par cœur. Mais des rivaux de Corneille organisent une campagne contre lui, en lui reprochant d'avoir manqué aux règles et à la bienséance. La querelle du *Cid* dure presque un an, pendant lequel les libelles, hostiles ou favorables, se succèdent. Corneille écrit *L'Excuse à Ariste* où il se défend avec véhémence. Les Académiciens s'en mêlent. Richelieu est obligé de mettre lui-même un terme à la querelle.

Modèle *Mocedades del Cid* de l'écrivain espagnol Guilhem de Castro, pièce publiée en 1631.

Extraits

Extrait des « stances » de Rodrigue (Acte I, sc. 6).
   Dans des stances (de l'italien stanza), c'est-à-dire des strophes qui présentent un sens complet, Rodrigue expose ses hésitations et ses doutes. Ce monologue est resté très célèbre.

DON RODRIGUE

Percé jusques au fond du cœur
D'une atteinte imprévue aussi bien que mortelle,
Misérable vengeur d'une juste querelle
Et malheureux objet d'une injuste rigueur,
Je demeure immobile, et mon âme abattue
     Cède au coup qui me tue.
Si près de voir mon feu récompensé,
     O Dieu, l'étrange peine !
En cet affront mon père est l'offensé,
Et l'offenseur le père de Chimène !

Que je sens de rudes combats !
Contre mon propre honneur mon amour s'intéresse :
Il faut venger un père, et perdre une maîtresse :
L'un m'anime le cœur, l'autre retient mon bras.
Réduit au triste choix ou de trahir ma flamme
     Ou de vivre en infâme,
Des deux côtés mon mal est infini.
     O Dieu, l'étrange peine !
Faut-il laisser un affront impuni ?
Faut-il punir le père de Chimène ?

Père, maîtresse, honneur, amour,
Noble et dure contrainte, aimable tyrannie,
Tous mes plaisirs sont morts, ou ma gloire ternie.

L'un me rend malheureux, l'autre indigne du jour.
Cher et cruel espoir d'une âme généreuse,
Mais ensemble amoureuse,
Digne ennemi de mon plus grand bonheur,
Fer qui causes ma peine,
M'es-tu donné pour venger mon honneur?
M'es-tu donné pour perdre ma Chimène?

Extrait de la scène de la provocation (Acte II, sc. 2).
A la fin des stances, Rodrigue décide de venger son
père. Il provoque alors le Comte.

DON RODRIGUE

A moi, Comte, deux mots.

LE COMTE

Parle.

DON RODRIGUE

Ote-moi d'un doute.
Connais-tu bien don Diègue?

LE COMTE

Oui.

DON RODRIGUE

Parlons bas, écoute.
Sais-tu que ce vieillard fut la même vertu,
La vaillance et l'honneur de son temps, le sais-tu?

LE COMTE

Peut-être.

DON RODRIGUE

Cette ardeur que dans les yeux je porte,
Sais-tu que c'est son sang, le sais-tu?

LE COMTE

Que m'importe!

DON RODRIGUE

A quatre pas d'ici je te le fais savoir.

LE COMTE

Jeune présomptueux!

DON RODRIGUE

Parle sans t'émouvoir.
Je suis jeune, il est vrai, mais aux âmes bien nées
La valeur n'attend point le nombre des années.

LE COMTE

Te mesurer à moi! qui t'a rendu si vain,
Toi qu'on n'a jamais vu les armes à la main?

DON RODRIGUE

Mes pareils à deux fois ne se font point connaître
Et pour leurs coups d'essai veulent des coups de maître.

XVIIᵉ

GROS PLAN SUR...

Cinna

Pierre Corneille   **Date : 1640**

Genre	Tragédie en cinq actes, en vers.
Action	A Rome, en 6 av. J.-C.
Intrigue	**Acte I :** Emilie veut venger son père, exécuté autrefois sur les ordres d'Auguste. Elle pousse Cinna, son fiancé, à organiser un complot. Quand la pièce commence, tout est prêt pour le lendemain. Auguste convoque Cinna. A-t-il tout découvert ?
	Acte II : Auguste est seulement lassé du pouvoir. Il demande l'avis de Cinna : doit-il abdiquer ? Cinna, voulant mener à terme son projet, le pousse à rester sur le trône.
	Acte III : Un rival de Cinna auprès d'Emilie, Maxime, forme le projet de dévoiler le complot à Auguste. Cinna hésite encore à agir, mais Emilie insiste et il lui promet de venger son père.
	Acte IV : Maxime a révélé la conjuration à Auguste. Resté seul, l'empereur délibère : doit-il punir ? Sa femme lui conseille la clémence. Emilie repousse Maxime qui lui propose de fuir.
	Acte V : Auguste convoque Cinna, lui rappelle les bienfaits dont il l'a comblé et révèle qu'il sait tout. Cinna est bouleversé. Emilie se dénonce comme l'instigatrice du complot. Maxime avoue sa perfidie. Auguste domine son indignation et pardonne à tous, forçant leur admiration.
Succès	Le succès de *Cinna* fut retentissant. Au-delà du sujet romain, les contemporains virent dans la pièce le reflet de l'actualité.
Modèle	Corneille s'est inspiré du *De Clementia* (La Clémence) de l'écrivain latin Sénèque.

Extrait

La clémence d'Auguste (Acte V, scène 3)

Auguste pardonne à Cinna et à Emilie et force leur respect.

AUGUSTE

En est-ce assez, ô ciel! et le sort, pour me nuire,
A-t-il quelqu'un des miens qu'il veuille encor séduire?
Qu'il joigne à ses efforts le secours des enfers.
Je suis maître de moi comme de l'univers,
Je le suis; je veux l'être. O siècles, ô mémoire,
Conservez à jamais ma dernière victoire!
Je triomphe aujourd'hui du plus juste courroux
De qui le souvenir puisse aller jusqu'à vous.
Soyons amis, Cinna, c'est moi qui t'en convie:
Comme à mon ennemi je t'ai donné la vie,
Et malgré la fureur de ton lâche destin,
Je te la donne encor comme à mon assassin.
Commençons un combat qui montre par l'issue
Qui l'aura mieux de nous ou donnée ou reçue.
Tu trahis mes bienfaits, je les veux redoubler,
Je t'en avais comblé, je t'en veux accabler.
Avec cette beauté que je t'avais donnée,
Reçois le consulat pour la prochaine année.
Aime Cinna, ma fille, en cet illustre rang,
Préfères-en la pourpre à celle de mon sang,
Apprends sur mon exemple à vaincre ta colère:
Te rendant un époux, je te rends plus qu'un père.

EMILIE

Et je me rends, Seigneur, à ces hautes bontés.
Je recouvre la vue auprès de leurs clartés,
Je connais mon forfait, qui me semblait justice,
Et, ce que n'avait pu la terreur du supplice,
Je sens naître en mon âme un repentir puissant,
Et mon cœur en secret me dit qu'il y consent.
Le ciel a résolu votre grandeur suprême,
Et pour preuve, Seigneur, je n'en veux que moi-même.
J'ose avec vanité me donner cet éclat,
Puisqu'il change mon cœur, qu'il veut changer l'Etat.
Ma haine va mourir, que j'ai crue immortelle.
Elle est morte, et ce cœur devient sujet fidèle,
Et prenant désormais cette haine en horreur,
L'ardeur de vous servir succède à sa fureur.

CINNA

Seigneur, que vous dirai-je après que nos offenses
Au lieu de châtiments trouvent des récompenses?
O vertu sans exemple! ô clémence qui rend
Votre pouvoir plus juste, et mon crime plus grand!

XVIIe

GROS PLAN SUR...

Horace

Pierre Corneille   **Date : 1640**

Genre	Tragédie en cinq actes, en vers.
Action	A Rome, en 667 avant J.-C.
Intrigue	**Acte I :** Rome et Albe sont en guerre. Or Sabine, d'origine albaine, est la femme du Romain Horace, et Camille, sœur d'Horace, est fiancée avec le frère de Sabine, Curiace. Les deux femmes sont dans l'angoisse. Mais Rome et Albe décident de mettre fin au conflit en opposant 3 champions de chaque côté.
	Acte II : Rome a choisi Horace et ses deux frères; Albe, Curiace et ses deux frères. Horace part au combat exalté, tandis que Curiace se lamente. Camille et Sabine tentent en vain de s'interposer.
	Acte III : Le combat s'est engagé. On apprend que deux des Horaces sont morts et que le troisième a fui. Le père des Horaces pleure ses deux fils et s'apprête à tuer le lâche de sa propre main.
	Acte IV : La fuite d'Horace était une ruse. Il a tué les trois Curiaces. Le vieil Horace est fier. Camille pleure et maudit Rome. Horace, indigné, la tue.
	Acte V : Horace est jugé pour le meurtre de sa sœur. Il justifie son geste. Son père le défend devant le roi. Il est acquitté.
Succès	Le succès d'*Horace* n'a pas été discuté. Corneille avait scrupuleusement respecté les règles pour désarmer à l'avance toute critique.
Modèle	Le sujet de la pièce est tiré des *Histoires* de l'écrivain latin Tite-Live.

Extrait

Fureur du vieil Horace (Acte III, sc. 6)
  Croyant qu'un de ses fils a fui devant l'ennemi, le vieil Horace manifeste sa fureur.

JULIE
Que vouliez-vous qu'il fît contre trois?
LE VIEIL HORACE
                              Qu'il mourût,
Ou qu'un beau désespoir alors le secourût.
N'eût-il que d'un moment reculé sa défaite,
Rome eût été du moins un peu plus tard sujette;
Il eût avec honneur laissé mes cheveux gris,
Et c'était de sa vie un assez digne prix.
    Il est de tout son sang comptable à sa patrie,
Chaque goutte épargnée à sa gloire flétrie,
Chaque instant de sa vie, après ce lâche tour,
Met d'autant plus ma honte avec la sienne au jour.
J'en romprai bien le cours, et ma juste colère,
Contre un indigne fils usant des droits d'un père,
Saura bien faire voir dans sa punition
L'éclatant désaveu d'une telle action.

XVIIᵉ

GROS PLAN SUR...

Polyeucte

Pierre Corneille   **Date : 1643**

Genre	Tragédie en cinq actes, en vers.
Action	En Arménie, en 250 ap. J.-C.
Intrigue	**Acte I :** Polyeucte, seigneur arménien, vient d'épouser Pauline, fille du gouverneur. Il s'est converti en secret au christianisme. Pauline raconte à une confidente qu'elle a autrefois aimé un jeune homme, Sévère, que son père a repoussé. Mais il est mort au combat. On apprend alors que Sévère n'est pas mort et qu'il revient couvert de gloire. Le père de Pauline craint sa vengeance.
	Acte II : Sévère et Pauline se revoient. L'émotion les gagne. Mais Pauline, par devoir, se domine. Polyeucte est attendu au temple pour un sacrifice.
	Acte III : Polyeucte a renversé les idoles du temple. Le scandale est complet. Polyeucte risque la mort, mais refuse de se rétracter.
	Acte IV : Polyeucte dit adieu aux biens terrestres et aspire au bonheur céleste. Il tente de convertir Pauline. Il la confie à Sévère. Sollicité par Pauline, Sévère demande la grâce de Polyeucte.
	Acte V : Le père de Pauline, qui est aussi le juge de Polyeucte, tente de le fléchir. Pauline intervient également. Mais il reste intransigeant et meurt avec courage. Pauline, qui a assisté au martyre, se convertit. Son père également. Sévère, ébranlé, promet d'intervenir auprès de l'empereur pour mettre fin aux persécutions.
Succès	Le succès de *Polyeucte* fut mitigé, certains pensant qu'il était inconvenant de porter au théâtre des problèmes religieux.
Modèle	Le sujet est tiré d'une *Vie de saint* du Xᵉ siècle.

Extrait

Extrait des stances de Polyeucte (Acte IV, sc. 1)
  Polyeucte exprime sa foi et son renoncement au monde.

POLYEUCTE
(Les gardes se retirent aux coins du théâtre.)

Source délicieuse en misères fécondes,
Que voulez-vous de moi, flatteuses voluptés ?
Honteux attachements de la chair et du monde,
Que ne me quittez-vous quand je vous ai quittés ?
Allez, honneurs, plaisirs, qui me livrez la guerre :
    Toute votre félicité
    Sujette à l'instabilité
    En moins de rien tombe par terre,
    Et comme elle a l'éclat du verre
    Elle en a la fragilité.

Ainsi n'espérez pas qu'après vous je soupire :
Vous étalez en vain vos charmes impuissants,
Vous me montrez en vain par tout ce vaste empire
Les ennemis de Dieu pompeux et florissants.
Il étale à son tour des revers équitables
    Par qui les grands sont confondus,
    Et les glaives qu'il tient pendus
    Sur les plus fortunés coupables
    Sont d'autant plus inévitables
    Que leurs coups sont moins attendus.

XVIIe

La préciosité

Qu'est-ce que la préciosité?

Une mode

Le mot « préciosité » existe depuis le XVIe siècle. Il vient du latin *pretiosus (pretium* = prix) et désigne la mode venue d'Espagne, du Portugal et d'Italie vers 1550, faite de **raffinement**, et qui s'est prolongée durant tout le XVIIe siècle.

Par extension, la préciosité est également la théorie esthétique qui consiste à ne pas penser ni s'exprimer comme tout le monde.

Une manière d'être

La préciosité est beaucoup une affaire de **femmes.** Ce sont les « précieuses » qui donnent le ton dans la société mondaine.

Ce courant s'exprime :
— dans les **manières** (mode raffinée et excentrique),
— dans les **sentiments** (amour courtois et platonique),
— dans les **goûts** (goût pour la poésie et le roman).

Un langage

Les précieuses et leur équivalent masculin qu'on appelle les « petits maîtres » s'expriment dans un véritable jargon. L'**exagération** est la règle. Il ne faut pas employer le mot attendu mais plutôt une **périphrase.** Il faut châtier son langage et éviter les mots « bas ». On doit cultiver la **« pointe »,** le trait d'esprit.

Un manuel de préciosité : *L'Astrée*

Honoré d'Urfé transpose dans son roman intitulé *L'Astrée* la société mondaine de son temps.

L'Astrée est un roman d'aventure, un roman pastoral, mais c'est surtout un manuel de politesse. Il offre un **idéal de mœurs raffinées et galantes.** Le sujet principal du roman, l'amour, y est présenté dans toutes ses variations mondaines.

Un salon mondain :
l'Hôtel de Rambouillet

Les premiers salons datent de la fin du XVIe siècle, mais c'est Catherine de Vivonne, **marquise de Rambouillet,** qui ouvre vers 1608 le premier **salon littéraire.**

Par réaction contre les mœurs de la cour, elle accueille sur un pied d'égalité des femmes comme Mme de Sévigné, des nobles comme Condé, des prêtres comme Bossuet, et surtout des écrivains comme Voiture qui est l'animateur des discussions.

La marquise de Rambouillet, surnommée « l'incomparable Arthénice » par ses intimes, reçoit allongée sur un lit de repos dans une chambre bleue qui devient fameuse. La période la plus brillante de l'hôtel se situe **entre 1630 et 1645.** L'art de la conversation, du chant compose les distractions, avec de multiples petits jeux. Les écrivains viennent lire leurs œuvres. On rivalise d'esprit.

L'amour précieux : la Carte du Tendre

Madeleine de Scudéry fit paraître des romans précieux et galants extrêmement volumineux (10 tomes chacun) : *Le Grand Cyrus* (entre 1649 et 1653) et *Clélie* (entre 1654 et 1661). Dans ce dernier roman, on trouve une carte restée célèbre : **la Carte du Tendre.**

Une anecdote en est à l'origine. Dans le salon qu'elle tenait chez elle, Mlle de Scudéry recevait notamment Pellisson. Celui-ci, qualifié d'«ami particulier», demanda combien de temps il lui faudrait pour aller de «particulier» à «tendre». Le salon s'amusa à tracer une carte.

On y trouve le fleuve Inclination, le lac d'Indifférence, la mer d'Inimitié, et deux chemins vers le Tendre, très longs, celui de l'Estime et celui de la Reconnaissance. Cette Carte du Tendre est l'illustration même des extrêmes complications et conventions de l'amour précieux.

La préciosité est-elle ridicule ?

Molière, Boileau et d'autres ont tourné en ridicule la préciosité et les précieuses. C'est, il faut le dire, bien injuste.

Les salons ont développé la **vie sociale** et ont contribué à l'affinement des mœurs.

Les précieuses cherchent à fuir les mariages conventionnels, arrangés par les familles : elles revendiquent une certaine **liberté de conduite** qui nous les rend aujourd'hui sympathiques.

L'excès de raffinement de leur jargon frise parfois le ridicule : ne pas dire un «balai», mais «l'instrument de la propreté», ni non plus un «fauteuil», mais «les commodités de la conversation» est assez grotesque. Mais le style précieux a parfois **enrichi la langue française** d'expressions imagées, comme «avoir l'intelligence épaisse» ou «perdre son sérieux».

La préciosité a introduit le sens des nuances dans **l'analyse psychologique.**

Sonnet de Vincent Voiture (1598-1648)

Sonnet sur le thème traditionnel de la « Belle Matineuse », ici prénommée Philis, jeune fille à la beauté éclatante qui éclipse le Soleil levant. L'Aurore, selon la mythologie, est l'amante du roi Céphale, et se contente d'ouvrir les portes du ciel au Soleil levant avant de disparaître.

Des portes du matin l'amante de Céphale
Ses roses épandait dans le milieu des airs
Et jetait sur les cieux nouvellement ouverts
Ces traits d'or et d'azur qu'en naissant elle étale,

Quand la nymphe divine à mon repos fatale
Apparut, et brilla de tant d'attraits divers
Qu'il semblait qu'elle seule éclairait l'Univers
Et remplissait de feux la rive orientale.

Le Soleil se hâtant pour la gloire des cieux
Vint opposer sa flamme à l'éclat de ses yeux
Et prit tous les rayons dont l'Olympe se dore.

L'onde, la terre et l'air s'allumaient à l'entour,
Mais auprès de Philis on le prit pour l'Aurore
Et l'on crut que Philis était l'astre du jour.

XVIIe

GROS PLAN SUR...

L'Astrée

Honoré d'Urfé   Date : 1607 à 1633

Genre   Roman héroïque et pastoral en prose.

Composition Honoré d'Urfé (1567-1625) écrit la première
               ébauche de *L'Astrée* dès 1589. Il publie les qua-
               tre premiers livres en 1607, 1610, 1619 et 1624.
               Son secrétaire, Baro, achève le roman après sa
               mort. L'ensemble du roman est publié en 1632-
               1633.

Thème   L'action se déroule au temps des druides, dans
               la région du Forez. De nombreuses histoires
               d'amour sont mêlées (45) : la principale
               concerne la bergère Astrée et le berger Céla-
               don. Astrée chasse Céladon qu'elle croit infi-
               dèle. Il se jette dans la rivière mais la princesse
               Galatée le sauve et lui déclare son amour. Céla-
               don se sauve alors dans les bois. Il se déguise en
               fille et va rejoindre Astrée.
               Baro a imaginé des aventures héroïques. Une
               guerre éclate. Astrée est faite prisonnière. Céla-
               don la délivre. Il avoue son déguisement. Astrée
               le chasse à nouveau. Après bien d'autres péripé-
               ties, Astrée et Céladon se retrouvent, grâce au
               druide Adamas.

Forme   Plus de 5 000 pages pour la totalité du roman.

Modèles   Pastorales espagnoles, notamment *Galatea* de
               Cervantès; pastorales italiennes; romans cour-
               tois dont *L'Astrée* est une sorte de prolonge-
               ment.

Influence

Honoré d'Urfé, gentilhomme du Forez, a combattu du côté des Ligueurs, puis dans les armées du duc de Savoie avant de se rallier à Henri IV. *L'Astrée* est son seul roman. Les personnages sont des mondains déguisés en bergers. Personne ne s'y est trompé : le modèle est celui de la société précieuse de l'époque. Le roman a connu un grand succès. Corneille, Racine, La Fontaine l'ont beaucoup apprécié. Mlle de Scudéry, vers 1550, s'inspire de ce modèle pour ses propres romans d'aventures.

— Une théorie de la préciosité
L'Astrée propose une sorte de manuel de politesse. A travers 45 intrigues amoureuses, toutes les nuances de l'amour (« l'honnête amitié ») sont évoquées. L'analyse psychologique est privilégiée.

— L'héroïsme
L'héroïsme s'exerce dans la passion amoureuse. L'honneur, la gloire et le serment restent les bases du comportement. Le parfait amant est une sorte de chevalier.

— Le sentiment de la nature
Le décor pastoral conventionnel est enrichi par les souvenirs personnels d'Honoré d'Urfé qui a vécu dans le Forez.

Extrait

Rêverie d'un berger au clair de lune (Livre II).

La lune alors, comme si c'eût été pour le convier à demeurer davantage en ce lieu, sembla s'allumer d'une nouvelle clarté, et parce qu'avant de partir, il avait mis son troupeau avec celui de Diane, et qu'il s'assurait bien que sa courtoisie lui en ferait avoir le soin nécessaire, il se résolut de passer en ce lieu une partie de la nuit, suivant sa coutume; car bien souvent se retirant de toute compagnie, pour le plaisir qu'il avait d'entretenir ses nouvelles pensées, il ne se donnait garde que s'étant le soir égaré dans quelque vallon retiré, ou dans quelque bois solitaire, le jour le surprenait avant qu'il eût la volonté de dormir, rattachant ainsi le soir avec le matin par ses longues et amoureuses pensées. Se laissant donc à ce coup emporter à ce même dessein, suivant sans plus le sentier que ses pieds rencontraient par hasard, il s'éloigna tellement de son chemin, qu'après avoir formé mille chimères, il se trouva enfin dans le milieu du bois sans le reconnaître. Et quoiqu'à tous les pas il choppât *[butât]* toujours contre quelque chose, si *[pourtant]* ne pouvait-il distraire de ses agréables pensées.

Le triomphe
de l'ordre classique

Dans l'épanouissement du classicisme, il est certain que **Louis XIV** joue un rôle important. Ce monarque absolu fait de la vie de Cour un des pôles sociaux majeurs. **La Cour** qui s'installe à Versailles en 1682 rassemble entre 7 et 8 000 personnes. On y mène un train de vie fastueux, même si les dernières années du règne sont marquées par l'austérité et le retour de la dévotion.

Le Roi-Soleil est un **mécène**. Mais jamais il n'a réuni autour de lui tous les «auteurs classiques». Les classiques, même s'ils partagent une certaine idée de la littérature, ne forment pas un groupe homogène. Ils sont aussi des esprits indépendants. Les règles qu'on appelle «classiques» seront édictées et mises en forme après la parution des chefs-d'œuvre.

Le classicisme, dans tous les arts, recherche l'**équilibre** et l'ordre. Le palais de Versailles en est un exemple frappant. La raison, la clarté sont des maîtres-mots de l'esthétique classique. La volonté d'analyse marque la peinture des passions, comme chez Mme de La Fayette ou chez Racine. La distance, la réserve dans l'expression des sentiments s'impose, dictée par le sens des convenances et le souci d'analyse.

Autre principe réaffirmé : il faut **imiter la nature**. Il ne s'agit pas de dépeindre la campagne ou la mer, ni non plus de montrer toutes les bizarreries, les laideurs du monde réel. Le but est de rester vraisemblable, c'est-à-dire conforme à l'idée que l'on se fait de la réalité, et de peindre la nature humaine dans ce qu'elle

a d'éternel. C'est pourquoi les « classiques » recher-
chent un style « naturel », ni vulgaire, ni ampoulé. C'est
le cas de Molière ou de La Fontaine. Le travail de
l'artiste ne doit pas se voir. L'œuvre doit avoir toutes
les apparences de la facilité.

Les grands classiques ont été trop longtemps rangés
sur des piédestaux, momifiés, considérés comme un patrimoine intouchable. La critique depuis quelque temps
s'attache à montrer les failles de l'édifice majestueux
qu'est le classicisme. Les comédies de Corneille sont
plus baroques que classiques, Mᵐᵉ de La Fayette est à
sa façon une précieuse, La Fontaine, détesté par le
Roi, est toujours resté très indépendant. C'est sans
doute de cette façon qu'on peut retrouver du plaisir à
lire ces textes, en oubliant tous les préjugés.

XVIIe

Pascal

prénom : **Blaise**
né en : **1623**
mort en : **1662**

Famille
Il est né à Clermont-Ferrand d'un père noble, du nom d'Etienne Pascal, président à la Cour des Aides. Ce dernier est un esprit libéral, passionné par les sciences, très soucieux de l'instruction de ses enfants, instruction dont il se charge lui-même. La mère de Blaise Pascal meurt lorsqu'il a trois ans.

Etudes
Dans l'intérêt de ses enfants, Etienne Pascal s'installe à Paris en 1631. Il fréquente et reçoit chez lui des savants. Blaise ne va pas au collège. C'est son père qui le forme, notamment aux mathématiques.

Un génie précoce
Blaise Pascal a de très grandes facilités pour les sciences. A douze ans, il connaît les propositions d'Euclide. Il rédige un peu plus tard un traité d'acoustique et à seize ans écrit un *Traité des sections coniques*. Il invente à dix-neuf ans la première machine à calculer. Pendant toute cette période, Etienne Pascal et ses enfants fréquentent les salons mondains. Jacqueline, une des sœurs de Blaise, est présentée à la cour.

La première conversion
En 1646, le père de Blaise est soigné par deux gentilshommes qui sont acquis au jansénisme. Blaise est très impressionné; il lit les ouvrages de Jansénius et de Saint-Cyran avec passion. Il entraîne toute la famille Pascal dans cette voie. Il continue ses travaux scientifiques, notamment sur l'existence du vide (expérience de 1648).

La vie mondaine   Après la mort de son père en 1651, Jacqueline rentre au couvent à Port-Royal. Blaise en souffre. Atteint d'une grave maladie nerveuse, il cherche des distractions dans la fréquentation des salons mondains et libertins. Pendant le même temps, il lit Montaigne.

La deuxième conversion   La vie mondaine écœure Pascal. Après une série de conversations avec Jacqueline, après la lecture des Evangiles, de saint Paul et de saint Augustin, Pascal connaît une sorte de crise mystique en 1654. Il fait une retraite à Port-Royal en janvier 1655. Il s'engage aux côtés des jansénistes dans la polémique qui les oppose aux jésuites. Il est poursuivi pour cela. En 1659, Pascal tombe très malade. La fin de sa vie n'est plus que souffrances. Il meurt en 1662.

Œuvres

1639   *Traité des sections coniques.*
1647   *Traité sur le vide.*
1652   *Discours sur les passions de l'amour* (qui lui est attribué sans certitude).
1655   *Entretien avec M. de Saci sur Epictète et Montaigne.*
1656-57   *Les Provinciales.*
1658   *Réflexions sur les miracles.*
1660   *Discours sur la condition des Grands.*
1669-70   édition posthume des *Pensées*, rédigées entre 1658 et 1662.

Les Provinciales

Les jansénistes étant poursuivis par les autorités religieuses, et notamment la Sorbonne, Pascal entreprend de mettre sa plume à leur service. Il publie sous un pseudonyme les *Lettres de Louis de Montalte à un provincial de ses amis* qu'on appelle pour simplifier *Les Provinciales*. Les 18 lettres sont imprimées et distribuées clandestinement.

Dans ces lettres, Pascal veut à la fois défendre les jansénistes contre l'accusation d'hérésie, et attaquer les jésuites, leurs principaux ennemis.

Les lettres V à X sont plus précisément la mise en cause de la morale relâchée des jésuites. Pour cela, Pascal, avec ironie, reprend des textes mêmes des jésuites et les accuse d'indulgence excessive.

Maniant habilement la raillerie, la fausse naïveté et l'éloquence, Pascal a fait sensation avec ce **pamphlet** qui a connu immédiatement beaucoup de succès.

XVIIᵉ

GROS PLAN SUR...

Les Pensées

Blaise Pascal **Date : 1669-70**

Genre Fragments philosophiques, le projet global étant d'écrire une *Apologie* (éloge et défense) *de la religion chrétienne*.

Composition Pascal voulait écrire une *Apologie de la religion chrétienne*. Il a pour cela pris des notes (plus de 900 fragments) entre 1658 et 1662, mais la mort l'a empêché de mettre de l'ordre et de composer l'ensemble. Ces notes sont de longueur variable, plus ou moins abouties dans l'expression, parfois peu lisibles. En 1669-70, sept ans après sa mort, plusieurs jansénistes de Port-Royal en donnèrent la première édition, un peu édulcorée.

Thème *Les Pensées* étaient destinées à convaincre les libertins de la supériorité de la foi chrétienne. Le plan qu'aurait suivi Pascal pour sa démonstration est resté inconnu. Les éditeurs ont coutume d'y voir deux grandes parties : misère de l'homme sans Dieu, félicité de l'homme avec Dieu. La philosophie de Pascal est très proche du jansénisme de ses amis de Port-Royal. Sa conception de l'homme est pessimiste. Le style nerveux et vif des *Pensées* a toujours été admiré, même par ceux qui combattaient sa philosophie. On a tenté de reconstituer le raisonnement global de Pascal, qui serait à peu près celui-ci :
1. Il faut prendre parti pour ou contre Dieu car le problème du salut se pose à tout homme.
2. Mais l'homme est dans une misère physique et morale, écrasé par l'infini qui l'entoure, trompé, incapable d'envisager sa propre mort.

3. Pourtant, il a sa propre grandeur, la force de sa pensée.

4. Seul le christianisme explique la condition de l'homme et lui offre une issue.

5. Donc il faut parier pour la foi et espérer en la grâce de Dieu.

Forme   A travers la multitude de petits papiers qui constituent *Les Pensées,* on peut voir tous les états d'une œuvre en préparation : parfois trois lignes notées à la hâte et peu lisibles, parfois quelques pages très construites dictées à un secrétaire. Le caractère spontané de nombreux fragments donne un style naturel et vigoureux à ces textes. L'ensemble est en prose. Il faut mettre à part le *Mémorial,* texte mystique écrit dans l'excitation d'une nuit de méditation et de vision, texte que Pascal gardait cousu dans la doublure de son vêtement.

Les thèmes les plus célèbres

Quatre thèmes sont restés célèbres :

— Les deux infinis

Pour le mathématicien qu'est Pascal, la réflexion sur l'infiniment grand (l'espace) et sur l'infiniment petit (l'atome) doit ramener l'homme à la contemplation de Dieu en qui ces deux infinis se confondent.

— Les puissances trompeuses

« L'homme n'est qu'un sujet plein d'erreur ». L'imagination, la coutume et l'amour-propre sont des sources d'illusion pour lui.

— Le divertissement

Toute activité extérieure, même le travail le plus sérieux, constitue ce que Pascal appelle un « divertissement ». Il veut dire par là que l'homme oublie ainsi qu'il n'est rien, et que seule la méditation sur Dieu et sur le salut a un sens.

— Le pari pascalien

Pascal veut convaincre les libertins. Il adopte donc des arguments propres à les séduire. Il explique que la foi est un pari où l'on ne peut que gagner. Si Dieu n'existe pas, on a sans doute cru en lui pour rien, mais on ne perd rien. Si Dieu existe, on a tout à gagner d'avoir eu foi en lui : on gagne son salut.

Extraits

Le roseau pensant

L'homme n'est qu'un roseau, le plus faible de la nature; mais c'est un roseau pensant. Il ne faut pas que l'univers entier s'arme pour l'écraser : une vapeur, une goutte d'eau, suffit pour le tuer. Mais quand l'univers l'écraserait, l'homme serait encore plus noble que ce qui le tue, parce qu'il sait qu'il meurt, et l'avantage que l'univers a sur lui, l'univers n'en sait rien. Toute notre dignité consiste donc en la pensée.

Ni ange, ni bête

Il est dangereux de trop faire voir à l'homme combien il est égal aux bêtes, sans lui montrer sa grandeur. Il est encore dangereux de trop lui faire voir sa grandeur sans sa bassesse. Il est encore plus dangereux de lui laisser ignorer l'un et l'autre. Mais il est très avantageux de lui représenter l'un et l'autre. Il ne faut pas que l'homme croie qu'il est égal aux bêtes, ni aux anges, ni qu'il ignore l'un et l'autre, mais qu'il sache l'un et l'autre.

L'homme n'est ni ange ni bête, et le malheur veut que qui veut faire l'ange fait la bête.

Le goût du combat

Rien ne nous plaît que le combat, mais non pas la victoire : on aime à voir les combats des animaux, non le vainqueur acharné sur le vaincu; que voulait-on voir, sinon la fin de la victoire ? Et dès qu'elle arrive on en est saoul. Ainsi dans le jeu. Ainsi, dans la recherche de la vérité, on aime à voir, dans les disputes, le combat des opinions; mais, de contempler la vérité trouvée, point du tout; pour la faire remarquer avec plaisir, il faut la voir naître de la dispute. De même, dans les passions, il y a du plaisir à voir deux contraires se heurter; mais, quand l'une est maîtresse, ce n'est plus que brutalité. Nous ne cherchons jamais les choses, mais la recherche des choses. Ainsi, dans les comédies, les scènes contentes sans crainte ne valent rien, ni les extrêmes misères sans espérance, ni les amours brutaux, ni les sévérités âpres.

XVIIᵉ
Le classicisme

> « *Les Anciens, Monsieur, sont les Anciens,*
> *et nous sommes les gens de maintenant.* »
> Réplique d'Angélique
> dans *Le Malade imaginaire* de Molière.

Origine du nom

Au XVIᵉ siècle, on appelle « classiques » les écrivains de premier ordre (du latin *classici* = citoyens de la première classe sociale). Le mot de « classicisme » est utilisé à partir de 1820 pour désigner un certain nombre d'auteurs du XVIIᵉ siècle. Ceux qui emploient ce terme sont les adversaires du romantisme qui veulent justement revenir à l'esthétique « classique ».

Naissance du courant

Il n'y eut jamais durant le XVIIᵉ siècle un véritable « groupe » classique ou une école.

Les quatre grands auteurs classiques, La Fontaine, Molière, Boileau et Racine, pour ne prendre qu'eux, ont entretenu des **rapports épisodiques.** Seuls Racine et Boileau sont liés par une véritable amitié.

Néanmoins, chacun à sa manière, ils défendent les **mêmes principes esthétiques.** Mais aucun n'a l'impression de devoir suivre des règles.

Les théories ne sont élaborées qu'après-coup, lorsque les œuvres majeures sont déjà parues.

Il ne faut pas sous-estimer l'importance de la peinture (avec Poussin), de l'architecture (avec Mansart), de l'art des jardins (avec Le Nôtre) dans la constitution de ce qu'on appelle « l'art classique ».

Manifeste

L'ouvrage qui semble résumer les principes du classicisme est *L'Art poétique* de **Boileau.** Mais il faut d'emblée noter que Boileau a une quinzaine d'années de moins que Molière et La Fontaine et qu'il n'a été le maître à penser de personne.

Son poème théorique paraît en **1674** : Molière vient de mourir, Racine a déjà fait jouer la plupart de ses tragédies, La Fontaine a déjà publié le premier livre de ses *Fables,* Bossuet est déjà un prédicateur célèbre.

Boileau met donc en forme une sorte de doctrine qui est déjà élaborée. Les préfaces et avant-propos à leurs œuvres, composés par Molière ou Racine, avaient déjà jeté les bases de la théorie.

Doctrine

1. L'idéal moral et social est celui de l'**« honnête homme »** : il s'agit d'un art de vivre fait d'**équilibre,** science sans pédantisme, civilité sans bassesse, respect et galanterie envers les femmes, mais respect des bienséances, foi religieuse en évitant les excès du fanatisme.
2. Les **genres littéraires** sont codifiés : on s'applique à définir les règles de chaque genre littéraire : l'ode, l'épopée, le théâtre...
3. Il faut peindre la **nature** en suivant la **raison** : c'est ainsi qu'on peut tendre à la peinture d'une **vérité universelle.**
4. Il faut **imiter les Anciens** sans en être esclave : Aristote, Horace ont posé les bases des doctrines littéraires, les grands auteurs tragiques ont créé des personnages humains de type universel. On peut reprendre les su-

jets qu'ils ont traités, mais il faut créer une œuvre originale.

5. **Plaire et instruire,** voilà le but. L'un ne doit pas aller sans l'autre. Même dans la littérature religieuse, il ne faut pas oublier de séduire le public.

6. Il faut utiliser une **langue claire,** les mots justes, avec une grande économie de moyens.

7. Au théâtre, il faut respecter les **règles posées par Aristote** (philosophe grec, 387-322 av. J.-C.) : règles des trois unités (un seul jour, un seul lieu, une seule action) et respect de la vraisemblance et des bienséances (pas de mort sur scène, par exemple).

Thèmes

1. **Etude des mœurs** et des caractères.
2. **Analyse psychologique.**
3. Réflexions sur les obligations et la nature du **pouvoir.**
4. Expression de l'idéal de l'**« honnête homme »,** respect de la morale.
5. **Ordre,** équilibre et raison.

Formes

1. Le **théâtre,** comédie et tragédie, incarne le mieux l'idéal classique.
2. Le **roman** hésite entre préciosité et classicisme, mais Mme de La Fayette, par ses analyses et son style, s'apparente au classicisme.
3. Les ouvrages de **morale** ou de religion, comme l'éloquence sacrée, sont à la mode au XVIIe siècle.
4. La poésie au XVIIe siècle est plus baroque ou précieuse que classique, malgré Boileau et La Fontaine.

Les hommes

Le théoricien : **Boileau.**
Molière.
Racine.
Bossuet.
La Fontaine.
Mme de Sévigné.
Mme de La Fayette.
Trois moralistes : le duc de **La Rochefoucauld** (1613-1680), auteur des *Maximes,* le cardinal de **Retz** (1613-1679), auteur des *Mémoires,* et **La Bruyère.**
Notons que **Corneille** vieillissant peut être considéré comme un classique : il corrige en ce sens ses premières comédies en atténuant tout ce qu'elles peuvent avoir de baroque.

L'opposition

Les autres courants esthétiques, préciosité et baroque, cohabitent avec le classicisme durant le XVIIe siècle, souvent critiqués par les classiques (cf. *Les Précieuses ridicules).*

Les querelles sont individuelles, comme les démêlés de Molière avec le parti dévot, et ne visent pas l'ensemble du classicisme.

La grande querelle des Anciens et des Modernes, qui marque la fin du XVIIe siècle et une bonne partie du XVIIIe siècle, ne remet pas en cause les grands principes esthétiques du classicisme.

Les œuvres

1633	*Hercule mourant*, Rotrou, première tragédie classique.
1634	*Sophonisbe*, Mairet, première tragédie respectant la règle des trois unités.
1659-1673	Comédies de Molière.
1665	*Maximes*, La Rochefoucauld.
1664-1691	Tragédies de Racine.
1668-1678	*Fables* de La Fontaine.
1674	*Art poétique*, Boileau.
	Mémoires, cardinal de Retz (édités en 1717).
1678	*La Princesse de Clèves*, Mme de La Fayette.
1690	*Dictionnaire*, Richelet.
1691	*Dictionnaire*, Furetière.
1694	*Dictionnaire de l'Académie*.

XVIIe

Molière

Jean-Baptiste Poquelin, dit
né en : **1622**
mort en : **1673**

Famille   Molière est né à Paris dans une famille de la
bourgeoisie aisée. Son père est tapissier ordinaire du roi, charge honorifique très recherchée.

Etudes   Son père le met au collège de Clermont (actuel
lycée Louis le Grand), chez les jésuites. Il y
étudie notamment les auteurs antiques comme
Plaute et Térence. Il fait ensuite sa licence en
droit à Orléans. Pendant ses études, il est en
relation avec les milieux libertins et se lie avec le
prince de Conti.

Les débuts   En 1643, le jeune Poquelin a une liaison avec la
comédienne Madeleine Béjart. Il décide alors de
devenir comédien et prend le nom de Molière.
Avec sa maîtresse, il fonde la compagnie de
l'« Illustre Théâtre ». Mais la concurrence entre
les théâtres est rude. En 1645, la troupe fait
faillite.

La province   Pendant près de 12 ans, la troupe de Molière
joue en province. En association avec une autre
troupe, celle de Du Fresne, la compagnie de
Molière fait des tournées dans le Midi de la
France : Agen, Toulouse, Albi, Narbonne... La
troupe rayonne ensuite autour de Lyon, proté-
gée par le prince de Conti. Molière rencontre
des troupes italiennes et acquiert toute une pratique théâtrale. En 1658, il s'installe à Rouen et
prépare sa rentrée à Paris.

Paris   En 1658, il rentre à Paris. Très vite, sa troupe
acquiert du succès et reçoit l'autorisation de
jouer dans la salle du Petit-Bourbon, en alternance avec les Italiens. Sa troupe prend le nom

de «troupe de Monsieur», frère du roi. Les succès se multiplient pour Molière, comme acteur et comme auteur.

Le succès En 1661, la troupe s'installe au théâtre du Palais-Royal. Parallèlement, Molière crée des spectacles pour des occasions particulières, sur commande. Ainsi, le surintendant Fouquet, voulant donner des fêtes somptueuses dans son château de Vaux, fait appel à lui. Durant toute sa carrière, le roi lui-même lui adressera des commandes pour les fêtes de Versailles ou de Saint-Germain, et notamment des comédies-ballets.

Les cabales En 1662, il épouse Armande Béjart, sœur de Madeleine et de vingt ans sa cadette. Dès *L'Ecole des femmes,* Molière se fait des ennemis, notamment dans les milieux dévots. Il conserve cependant l'appui du roi qui l'encourage à riposter contre la cabale. En 1664, la cabale se fait plus vive avec *Tartuffe.* Le roi ne peut pas empêcher l'interdiction de la pièce que Molière fera jouer seulement en 1669, après remaniements. La lutte de Molière contre l'hypocrisie se prolonge avec *Don Juan.* La même année, le roi en fait le chef de la «troupe du Roi». Il lui commande tous les ballets et les spectacles de ses fêtes. Il collabore avec Lulli pour la musique, notamment pour *Le Bourgeois gentilhomme.*

La mort en scène C'est lors d'une représentation du *Malade imaginaire* sur la scène du Palais-Royal que Molière meurt en 1673. A la demande d'Armande, Louis XIV doit lui-même intervenir pour que Molière ait une sépulture chrétienne après un enterrement de nuit, puisqu'à cette époque les comédiens sont excommuniés.

Œuvres

Molière a écrit plus de 30 comédies, dont voici les principales :

1653	*L'Etourdi*
1659	*Les Précieuses ridicules*
1661	*Les Fâcheux*
1662	*L'Ecole des femmes*
1664-69	*Tartuffe*
1665	*Don Juan*
1666	*Le Misanthrope / Le Médecin malgré lui*
1668	*Georges Dandin / L'Avare*
1670	*Le Bourgeois gentilhomme*
1671	*Les Fourberies de Scapin*
1672	*Les Femmes savantes*
1673	*Le Malade imaginaire*

Directeur de troupe, metteur en scène, acteur, auteur de pièces comiques, Molière consacra toute sa vie au théâtre.

Molière et la musique

Dans l'avant-propos de *L'Amour médecin,* une de ses comédies-ballets, Molière insiste sur l'importance qu'il accorde à la musique.

C'est pourquoi on peut s'étonner que rares aient été les compagnies de théâtre qui se soient essayées à la représentation des comédies-ballets avec la musique prévue à l'époque. Il faut dire aussi que les partitions ont été parfois oubliées ou défigurées.

L'avant-propos des *Fâcheux* est un véritable manifeste de la comédie-ballet : spectacle de cour, mêlant comédie et musique, elle est comme une sorte d'étape avant la création de l'opéra-comique.

Les pièces de Molière ont bénéficié de sa rencontre avec Lulli, même si la rivalité entre eux ne pouvait déboucher que sur une brouille. C'est ensuite Marc-Antoine Charpentier, plus connu pour sa musique religieuse, qui assura la partie musicale des pièces de Molière et du *Malade imaginaire* notamment.

XVIIᵉ

GROS PLAN SUR...

Les Précieuses ridicules

Molière   Date : 1659

Genre	Comédie en 1 acte, en prose.
Intrigue	Deux précieuses de province, Madelon et Cathos, viennent d'arriver dans la capitale. Elles rêvent de célébrité. Elles refusent alors d'épouser deux gentilshommes qu'elles jugent trop ordinaires. Pour se venger, les deux jeunes gens envoient leurs valets faire la cour aux demoiselles, déguisés en petits marquis à la mode. Elles sont pleines d'admiration et se voient déjà à la Cour. Mais les gentilshommes reviennent et dévoilent la supercherie. Les précieuses sont ridiculisées.
Succès	Le succès des *Précieuses ridicules* fut éclatant. Molière y trouve une première consécration, après les premiers succès de sa troupe en province.
Intérêt	Même s'il s'agit d'une farce par bien des aspects, le genre de la comédie de mœurs est ici inauguré. Par sa revendication du bon sens et du naturel, Molière, hostile aux outrances de la préciosité, se range avec cette pièce du côté des classiques.
Modèles	Molière s'inspire de l'actualité. Il connaît bien les salons précieux de province où les modes de Paris sont singées. Il attaque Mˡˡᵉ de Scudéry et ses romans précieux. Il s'en prend à certaines formes du féminisme naissant.

Extrait

Leçon de préciosité (scène 6)
   *Cathos et Madelon donnent à Marotte, leur servante,
une leçon de préciosité.*

MAROTTE

Voilà un laquais qui demande si vous êtes au logis, et dit que son
maître vous veut venir voir.

MADELON

Apprenez, sotte, à vous énoncer moins vulgairement. Dites : voilà un
nécessaire qui demande si vous êtes en commodité d'être visibles.

MAROTTE

Dame ! je n'entends point le latin, et je n'ai pas appris, comme vous,
la filofie dans le grand Cyre.

MADELON

L'impertinente ! Le moyen de souffrir cela ! Et qui est-il, le maître de
ce laquais ?

MAROTTE

Il me l'a nommé le marquis de Mascarille.

MADELON

Ah ! ma chère, un marquis ! Oui, allez dire qu'on nous peut voir.
C'est sans doute un bel esprit qui aura ouï parler de nous.

CATHOS

Assurément, ma chère.

MADELON

Il faut le recevoir dans cette salle basse plutôt qu'en notre chambre.
Ajustons un peu nos cheveux au moins, et soutenons notre réputation. Vite, venez nous tendre ici dedans le conseiller des grâces.

MAROTTE

Par ma foi ! je ne sais point quelle bête c'est là ; il faut parler chrétien,
si vous voulez que je vous entende.

CATHOS

Apportez-nous le miroir, ignorante que vous êtes, et gardez-vous
bien d'en salir la glace par la communication de votre image.
Elles sortent.

XVIIe

GROS PLAN SUR...

L'Ecole des femmes

Molière   **Date : 1662**

Genre	Comédie en cinq actes, en vers.
Intrigue	**Acte I :** Arnolphe qui a 42 ans est le tuteur d'Agnès, âgée de 16 ans. Il souhaite épouser la jeune fille, et pour avoir une épouse « modèle », il la tient dans la plus parfaite ignorance et la garde enfermée chez lui. Mais un jeune homme, Horace, a vu Agnès et en est amoureux. Il se confie à Arnolphe sans savoir qu'il est le tuteur d'Agnès.
	Acte II : Arnolphe, inquiet, interroge Agnès. Elle avoue ingénument qu'elle a vu Horace et qu'elle en est éprise. Arnolphe décide d'avancer son mariage. Il dit à Agnès d'accueillir Horace à coups de pierre.
	Acte III : Agnès subit de rébarbatifs sermons de la part de son tuteur. Horace, ignorant toujours l'identité véritable d'Arnolphe, lui raconte qu'Agnès lui a bien jeté une pierre, mais un mot doux y était attaché.
	Acte IV : Horace confie à Arnolphe son projet d'enlever Agnès le soir même. Arnolphe convoque un notaire pour son mariage et tend un piège à Horace.
	Acte V : Malgré les embûches, Horace parvient à enlever Agnès. Or il la confie à Arnolphe ! Mais le père d'Agnès revient d'Amérique et la marie à Horace.
Succès	Le succès de la pièce est éclatant. Mais une querelle se développe. Tous les ennemis de Molière s'unissent contre lui : acteurs et auteurs rivaux, précieux, dévots. Se sentant soutenu par

le roi qui vient de lui accorder une pension, Molière riposte en faisant jouer en 1663 une pièce en un acte *La Critique de l'Ecole des femmes*. Utilisant la caricature, il ridiculise ses ennemis et précise le but de son art : peindre la vérité.

Modèles Le sujet de la pièce est emprunté à un conte de l'italien Straparole et à une comédie de Scarron, *La Précaution inutile*.

Extrait

L'ingénuité d'Agnès (Acte II, scène 5).
   En toute innocence, Agnès raconte à son tuteur comment elle a fait la connaissance d'Horace.

ARNOLPHE
                    Quelle nouvelle ?
          AGNÈS
Le petit chat est mort.
                    ARNOLPHE
                    C'est dommage ; mais quoi !
Nous sommes tous mortels, et chacun est pour soi.
Lorsque j'étais aux champs, n'a-t-il point fait de pluie ?
                    AGNÈS
Non.
          ARNOLPHE
     Vous ennuyait-il ?
                    AGNÈS
                    Jamais je ne m'ennuie.
                    ARNOLPHE
Qu'avez-vous fait encore ces neuf ou dix jours-ci ?
                    AGNÈS
Six chemises, je pense, et six coiffes aussi.
          ARNOLPHE, *après avoir un peu rêvé.*
Le monde, chère Agnès, est une étrange chose !
Voyez la médisance, et comme chacun cause !
Quelques voisins m'ont dit qu'un jeune homme inconnu
Etait en mon absence à la maison venu ;
Que vous aviez souffert sa vue et ses harangues ;
Mais je n'ai point pris foi sur ces méchantes langues,
Et j'ai voulu gager que c'était faussement...
                    AGNÈS
Mon Dieu ! ne gagez pas, vous perdriez vraiment.

ARNOLPHE

Quoi! c'est la vérité qu'un homme...?

AGNÈS

Chose sûre.

Il n'a presque bougé de chez nous, je vous jure.

ARNOLPHE, *bas, à part.*

Cet aveu qu'elle fait avec sincérité.
Me marque pour le moins son ingénuité.
(Haut.)
Mais il me semble, Agnès, si ma mémoire est bonne,
Que j'avais défendu que vous vissiez personne.

AGNÈS

Oui; mais, quand je l'ai vu, vous ignorez pourquoi;
Et vous en auriez fait, sans doute, autant que moi.

ARNOLPHE

Peut-être. Mais enfin contez-moi cette histoire.

AGNÈS

Elle est fort étonnante, et difficile à croire.
J'étais sur le balcon à travailler au frais,
Lorsque je vis passer sous les arbres d'auprès
Un jeune homme bien fait, qui, rencontrant ma vue,
D'une humble révérence aussitôt me salue:
Moi, pour ne point manquer à la civilité,
Je fis la révérence aussi de mon côté.
Soudain il me refait une autre révérence;
Moi, j'en refais de même une autre en diligence;
Et lui d'une troisième aussitôt repartant,
D'une troisième aussi j'y repars à l'instant.
Il passe, vient, repasse, et toujours, de plus belle,
Me fait à chaque fois révérence nouvelle;
Et moi, qui tous ces tours fixement regardais,
Nouvelle révérence aussi je lui rendais:
Tant que, si sur ce point la nuit ne fût venue,
Toujours comme cela je me serais tenue,
Ne voulant point céder, et recevoir l'ennui
Qu'il me pût estimer moins civile que lui.

XVIIe

GROS PLAN SUR...

Tartuffe

Molière   **Date : 1664-1669**

Genre   Comédie en cinq actes, en vers, dans sa version définitive.

Intrigue **Acte I :** Orgon a accueilli dans sa maison un « saint homme », Tartuffe. Elmire, la seconde femme d'Orgon, ainsi que Damis et Mariane, ses enfants, et Cléante, son beau-frère, estiment que Tartuffe est un hypocrite. Orgon, lui, a une admiration sans bornes pour Tartuffe.
Acte II : Orgon a le projet d'unir Mariane à Tartuffe, malgré l'amour partagé qu'elle éprouve pour Valère. Dorine, la servante, prend le parti des amoureux et les réconforte.
Acte III : Elmire intervient auprès de Tartuffe pour qu'il renonce à ce mariage. Mais celui-ci cherche à séduire Elmire. Damis, qui a tout entendu, rapporte la scène à son père. Après avoir entendu Tartuffe, Orgon, furieux, chasse son fils et le déshérite. Il abandonne ses biens au faux dévot.
Acte IV : Orgon s'entête dans son projet de mariage entre Mariane et Tartuffe. Pour ouvrir les yeux de son mari, Elmire le fait cacher sous une table pendant un entretien qu'elle accorde à Tartuffe. Comprenant tout, Orgon surgit en colère. Mais Tartuffe rappelle que maintenant la maison lui appartient et menace Orgon.
Acte V : Orgon regrette d'avoir donné ses biens à Tartuffe qui envoie un huissier pour l'expulser. Orgon lui a aussi confié des papiers compromettants. Tartuffe vient lui-même avec la police pour l'arrêter, quand, sur ordre du roi, c'est

Tartuffe qu'on arrête. Le roi, au courant de ses manœuvres, est donc intervenu. Mariane épouse Valère et Orgon retrouve ses biens.

Succès
Le 12 mai 1664, Molière fait jouer devant la cour une comédie en trois actes et en vers, intitulée *Tartuffe ou l'hypocrite*. Il devait s'agir d'une farce plus grossière que la pièce que nous connaissons. La polémique se développe. Les milieux dévots organisent une cabale. Louis XIV est obligé d'interdire les représentations de la pièce. Molière opère les premiers remaniements en 1667. Mais la pièce reste interdite. C'est seulement le 5 février 1669 que *Tartuffe ou l'imposteur*, en cinq actes, est jouée et remporte un succès triomphal.

Extrait

Leçon de morale (Acte III, scène 2).
   Tartuffe s'offusque de la tenue de Dorine la servante, mais c'est elle qui pourrait lui donner une leçon de morale.

> TARTUFFE, *parlant haut à son valet, qui*
> *est dans la maison, dès qu'il aperçoit Dorine.*
> Laurent, serrez ma haire avec ma discipline,
> Et priez que toujours le ciel vous illumine.
> Si l'on vient pour me voir, je vais aux prisonniers
> Des aumônes que j'ai partager les deniers.
> DORINE, *à part.*
> Que d'affectation et de forfanterie!
> TARTUFFE
> Que voulez-vous?
> DORINE
> Vous dire...
> TARTUFFE, *tirant un mouchoir de sa poche.*
>   Ah! mon Dieu! je vous prie,
> Avant que de parler, prenez-moi ce mouchoir.
> DORINE
> Comment!
> TARTUFFE
>   Couvrez ce sein que je ne saurais voir.
> Par de pareils objets les âmes sont blessées,
> Et cela fait venir de coupables pensées.

DORINE

Vous êtes donc bien tendre à la tentation;
Et la chair sur vos sens fait grande impression !
Certes, je ne sais pas quelle chaleur vous monte :
Mais à convoiter, moi, je ne suis point si prompte;
Et je vous verrais nu, du haut jusques en bas,
Que toute votre peau ne me tenterait pas.

TARTUFFE

Mettez dans vos discours un peu de modestie,
Ou je vais sur-le-champ vous quitter la partie.

DORINE

Non, non, c'est moi qui vais vous laisser en repos,
Et je n'ai seulement qu'à vous dire deux mots.
Madame va venir dans cette salle basse,
Et d'un mot d'entretien vous demande la grâce.

TARTUFFE

Hélas ! très volontiers.

DORINE, *à part*.

Comme il se radoucit !
Ma foi, je suis toujours pour ce que j'en ai dit.

TARTUFFE

Viendra-t-elle bientôt ?

DORINE

Je l'entends, ce me semble.
Oui, c'est elle en personne, et je vous laisse ensemble.

XVIIᵉ

GROS PLAN SUR...

Don Juan

Molière   **Date : 1665**

Genre	Comédie en cinq actes, en prose.
Intrigue	**Acte I :** Don Juan explique à son valet Sganarelle que son plaisir consiste à séduire toutes les femmes. Elvire, l'épouse qu'il a abandonnée, tente en vain de le faire revenir à elle.

Acte II : Après une tempête, Don Juan et son valet sont recueillis par des paysans. Don Juan séduit deux jeunes campagnardes auxquelles il promet le mariage. Poursuivi par les frères d'Elvire, il prend la fuite en forêt avec Sganarelle.

Acte III : Don Juan expose à Sganarelle son athéisme. Son valet est horrifié. Don Juan veut forcer un pauvre à jurer pour une aumône. Il invite à dîner par bravade la statue d'un commandeur qu'il a tué récemment. La statue accepte d'un signe.

Acte IV : Don Juan chasse l'un de ses créanciers. Il repousse les leçons de morale de son père. Elvire, avant de se retirer dans un couvent, veut l'amener à se repentir : il ne l'écoute pas. Au moment du dîner, la statue du commandeur surgit. Sganarelle est terrifié, mais Don Juan reste impassible.

Acte V : Devant son père, Don Juan feint de se repentir. En réalité, il n'en est rien, comme il l'explique à son valet. Mais apparaît un spectre qui lui lance un dernier avertissement. Don Juan s'en moque. La statue du commandeur emporte alors Don Juan en enfer.

Succès	La pièce obtient du succès, mais les représentations sont suspendues, sans doute à la suite d'une intervention des milieux dévots.

Modèles   Don Juan est un personnage de la tradition, passé d'Espagne en Italie, puis en France. Une pièce de l'espagnol Tirso de Molina, *Le Séducteur de Séville* (1630), notamment, exploite cette légende.

Certains puristes demandent que l'on écrive *Dom Juan* (avec *m*) quand on parle du titre de la pièce et Don Juan (avec *n*) quand on parle du personnage; mais ce principe n'est pas appliqué avec rigueur.

Extrait

Curieuse profession de foi (Acte III, scène 1).
    Interrogé par son valet Sganarelle, Don Juan récite un curieux credo.

SGANARELLE

Mais laissons là la médecine où vous ne croyez point, et parlons des autres choses; car cet habit me donne de l'esprit, et je me sens en humeur de disputer contre vous. Vous savez bien que vous me permettez les disputes, et que vous ne me défendez que les remontrances.

DON JUAN

Eh bien?

SGANARELLE

Je veux savoir un peu vos pensées à fond. Est-il possible que vous ne croyiez point du tout au ciel?

DON JUAN

Laissons cela.

SGANARELLE

C'est-à-dire que non. Et à l'enfer?

DON JUAN

Eh!

SGANARELLE

Tout de même. Et au diable, s'il vous plaît?

DON JUAN

Oui, oui.

SGANARELLE

Aussi peu. Ne croyez-vous point l'autre vie?

DON JUAN

Ah! ah! ah!

SGANARELLE

Voilà un homme que j'aurai bien de la peine à convertir. Et dites-moi un peu, le moine bourru, qu'en croyez-vous? eh!

DON JUAN

La peste soit du fat!

SGANARELLE

Et voilà ce que je ne puis souffrir; car il n'y a rien de plus vrai que le moine bourru, et je me ferais pendre pour celui-là*. Mais encore faut-il croire quelque chose dans le monde. Qu'est-ce donc que vous croyez?

DON JUAN

Ce que je crois?

SGANARELLE

Oui.

DON JUAN

Je crois que deux et deux sont quatre, Sganarelle; et que quatre et quatre sont huit.

SGANARELLE

La belle croyance et les beaux articles de foi que voilà! votre religion, à ce que je vois, est donc l'arithmétique?

* Fantôme que l'imagination populaire représentait courant la nuit dans les rues pour maltraiter les passants.

XVIIe

GROS PLAN SUR...

Le Misanthrope

Molière   Date : 1666

Genre   Comédie en cinq actes, en vers.

Intrigue   **Acte I :** Chez Célimène, jeune veuve, Alceste expose à son ami Philinte son aversion pour les mensonges mondains. Il est cependant amoureux de Célimène. Il se querelle avec Oronte à propos d'un sonnet que ce dernier a écrit.

Acte II : Alceste adresse des reproches à la coquette Célimène. Deux soupirants viennent les interrompre. Dans son salon, Célimène dresse le portrait malveillant de quelques personnes absentes. Alceste s'emporte.

Acte III : Les soupirants de Célimène complotent et font des paris. La prude Arsinoé, après une dispute avec Célimène, cherche à séduire Alceste. Elle lui assure que Célimène est infidèle et qu'elle peut lui en fournir la preuve.

Acte IV : Alceste, jaloux, fait une scène à Célimène : Arsinoé lui a remis un billet qu'elle aurait écrit à Oronte. Célimène avec habileté triomphe de ses reproches. Un valet vient annoncer qu'Alceste a perdu un important procès et qu'il risque d'être arrêté.

Acte V : Alceste veut alors fuir le monde. Célimène arrive avec Oronte. Les deux hommes la pressent de choisir entre eux. Embarrassée, elle tergiverse, quand on découvre plusieurs billets qui prouvent que Célimène se moquait de tous ses soupirants. Célimène reste seule. Alceste lui propose une dernière fois de partir avec lui. Elle accepte de l'épouser, mais ne veut pas s'exiler. Alceste rompt alors avec elle et décide de partir seul.

Succès   La pièce ne rencontra qu'un succès d'estime. Le public l'apprécia peu. Les romantiques la redécouvriront.

Extrait

Mouvement d'humeur (Acte I, scène 1).
Dès la première scène de la pièce, Alceste s'emporte contre Philinte qui accepte les conventions mondaines.

PHILINTE
Qu'est-ce donc? qu'avez-vous?
ALCESTE, *assis.*
                         Laissez-moi, je vous prie.
PHILINTE
Mais encore, dites-moi, quelle bizarrerie...
ALCESTE
Laissez-moi là, vous dis-je, et courez vous cacher.
PHILINTE
Mais on entend les gens au moins sans se fâcher.
ALCESTE
Moi, je veux me fâcher, et ne veux point entendre.
PHILINTE
Dans vos brusques chagrins je ne puis vous comprendre;
Et, quoique amis enfin, je suis tout des premiers...
ALCESTE, *se levant brusquement.*
Moi, votre ami? Rayez cela de vos papiers.
J'ai fait jusques ici profession de l'être;
Mais, après ce qu'en vous je viens de voir paraître,
Je vous déclare net que je ne le suis plus,
Et ne veux nulle place en des cœurs corrompus.
PHILINTE
Je suis donc bien coupable, Alceste, à votre compte?
ALCESTE
Allez, vous devriez mourir de pure honte;
Une telle action ne saurait s'excuser,
Et tout homme d'honneur s'en doit scandaliser.
Je vous vois accabler un homme de caresses,
Et témoigner pour lui les dernières tendresses;
De protestations, d'offres et de serments,
Vous chargez la fureur de vos embrassements:
Et, quand je vous demande après quel est cet homme,
A peine pouvez-vous dire comme il se nomme;
Votre chaleur pour lui tombe en vous séparant,
Et vous me le traitez, à moi, d'indifférent.
Morbleu! c'est une chose indigne, lâche, infâme,

De s'abaisser ainsi jusqu'à trahir son âme;
Et, si par un malheur, j'en avais fait autant,
Je m'irais, de regret, pendre tout à l'instant.

PHILINTE

Je ne vois pas, pour moi, que le cas soit pendable;
Et je vous supplierai d'avoir pour agréable
Que je me fasse un peu grâce sur votre arrêt,
Et ne me pende pas pour cela, s'il vous plaît.

ALCESTE

Que la plaisanterie est de mauvaise grâce!

PHILINTE

Mais, sérieusement, que voulez-vous qu'on fasse?

ALCESTE

Je veux qu'on soit sincère, et qu'en homme d'honneur
On ne lâche aucun mot qui ne parte du cœur.

XVIIe

GROS PLAN SUR...

L'Avare

Molière   **Date : 1668**

Genre	Comédie en cinq actes, en prose.
Intrigue	**Acte I :** Harpagon est un tyran domestique. Il est riche, mais avare. Il veut marier sa fille Elise à Anselme, un vieillard qui l'accepte sans dot. Mais elle aime Valère qui s'est fait l'intendant d'Harpagon pour être plus près d'elle. Cléante, fils d'Harpagon, aime une orpheline sans fortune, Mariane, mais Harpagon s'est mis en tête d'épouser cette jeune personne.
	Acte II : Harpagon est usurier, c'est-à-dire qu'il prête de l'argent moyennant fort intérêt. Cléante qu'il laisse sans un sou lui emprunte de l'argent par un intermédiaire. Une violente dispute oppose le père et le fils.
	Acte III : Harpagon doit recevoir Mariane. Il cherche à dépenser le moins possible en cette occasion. Mariane marque tout de suite de l'aversion pour Harpagon. Cléante, qu'elle semble apprécier, lui offre une bague de diamant au nom de son père.
	Acte IV : Harpagon tend un piège à son fils qui lui avoue son amour pour Mariane. Harpagon le maudit. Pendant ce temps, le valet de Cléante dérobe à Harpagon sa cassette pleine d'or. L'avare se lamente et enquête.
	Acte V : Valère, à la suite d'un quiproquo, avoue à Harpagon qu'il aime Elise. Mais Anselme reconnaît en Valère et Mariane ses deux enfants perdus dans un naufrage. Tout finit bien et Harpagon retrouve sa cassette.
Succès	Le succès de cette pièce, écrite en un mois, fut vif et durable.

Modèles   Le sujet de *L'Avare* est emprunté à la comédie de l'auteur latin Plaute, intitulée *Aulularia*, qui signifie « La Marmite ».

Extrait

Le vol de la cassette (Acte IV, scène 7).
   On a volé la cassette d'Harpagon ! C'est un drame !

HARPAGON,
criant au voleur, dès le jardin.

Au voleur ! au voleur ! à l'assassin ! au meurtrier ! Justice, juste ciel !
je suis perdu, je suis assassiné ; on m'a coupé la gorge : on m'a
dérobé mon argent. Qui peut-ce être ? Qu'est-il devenu ? Où est-il ?
Où se cache-t-il ? Que ferai-je pour le trouver ? Où courir ? Où ne pas
courir ? N'est-il point là ? N'est-il point ici ? Qui est-ce ? Arrête. (A lui-
même, se prenant le bras.) Rends-moi mon argent, coquin... Ah !
c'est moi ! Mon esprit est troublé, et j'ignore où je suis, qui je suis, et
ce que je fais. Hélas ! mon pauvre argent ! mon pauvre argent ! mon
cher ami ! on m'a privé de toi ; et, puisque tu m'es enlevé, j'ai perdu
mon support, ma consolation, ma joie : tout est fini pour moi, et je
n'ai plus que faire au monde. Sans toi, il m'est impossible de vivre.
C'en est fait ; je n'en puis plus ; je me meurs ; je suis mort ; je suis
enterré. N'y a-t-il personne qui veuille me ressusciter, en me rendant
mon cher argent, ou en m'apprenant qui l'a pris ? Euh ! que dites-
vous ? Ce n'est personne. Il faut, qui que ce soit qui ait fait le coup,
qu'avec beaucoup de soin on ait épié l'heure ; et l'on a choisi justement le temps que je parlais à mon traître de fils. Sortons. Je veux
aller quérir la justice, et faire donner la question à toute ma maison ;
à servantes, à valets, à fils, à fille, et à moi aussi. Que de gens
assemblés ! Je ne jette mes regards sur personne qui ne me donne
des soupçons, et tout me semble mon voleur. Hé ! de quoi est-ce
qu'on parle là ? de celui qui m'a dérobé ? Quel bruit fait-on là-haut ?
Est-ce mon voleur qui y est ? De grâce, si l'on sait des nouvelles de
mon voleur, je supplie que l'on m'en dise. N'est-il point caché là
parmi vous ? Ils me regardent tous, et se mettent à rire. Vous verrez
qu'ils ont part, sans doute, au vol que l'on m'a fait. Allons vite, des
commissaires, des archers, des prévôts, des juges, des gênes, des
potences et des bourreaux. Je veux faire pendre tout le monde ; et, si
je ne retrouve mon argent, je me pendrai moi-même après.

XVIIe

La Fontaine

prénom : **Jean de**
né en : **1621**
mort en : **1695**

Famille	Né à Château-Thierry en Champagne, La Fontaine est issu d'une famille de bonne bourgeoisie.
Etudes	Après le collège, il fait sans goût des études de théologie et de droit.
Une jeunesse insouciante	En 1647, il se marie sans amour avec Marie Héricart qui n'a que 14 ans, mais une jolie dot. Jusqu'en 1658, il vit en province où il fréquente les milieux précieux. La charge de maître des eaux et forêts qu'il hérite de son père lui laisse beaucoup de loisirs.
Chez Fouquet	En 1658, il est présenté au surintendant des finances Nicolas Fouquet, possesseur du château de Vaux, près de Melun, Fouquet lui accorde une pension. La Fontaine dédie la plupart des poèmes de cette période à son protecteur.
La disgrâce	En 1661, Louis XIV, qui prend ombrage de la munificence de Fouquet, envoie le surintendant en prison. Courageusement, La Fontaine adresse au roi plusieurs poèmes pour demander sa grâce : en vain.
Chez la duchesse d'Orléans	En 1664, il devient gentilhomme servant de la duchesse d'Orléans. Il fréquente les salons les plus brillants, notamment celui de Mme de La Fayette. Mais en 1672, sa protectrice meurt.
Chez Mme de la Sablière	Il trouve refuge chez Mme de La Sablière, femme riche et savante. Il mène une vie tranquille consacrée à la poésie.

La vieillesse Mme de La Sablière décide en 1678 de se retirer du monde. La Fontaine vit chez les Grands.

En 1684, malgré l'hostilité du roi, il entre à l'Académie française.

En 1693, il revient à la religion et se consacre à des œuvres pieuses. Il meurt en 1695.

Œuvres

Contrairement aux idées reçues, La Fontaine n'a pas écrit que des fables. Il a touché à tous les genres poétiques : il se nomme lui-même le « Papillon du Parnasse ».

1658	*Adonis*, poème héroïque.
1659	*Le Songe de Vaux*, ensemble en vers et prose mêlés qui célèbre le château de Vaux.
1661	*Elégie aux nymphes de Vaux*, supplique au roi pour Fouquet.
1664-75	*Contes et nouvelles* en vers, d'inspiration plus ou moins érotique.
1668	Premier recueil de *Fables*.
1669	*Les Amours de Psyché et de Cupidon*, roman mythologique en vers et prose.
1674	*Daphné*, opéra.
1678-79	Second recueil de *Fables*.
1691	*Astrée*, tragédie lyrique.
1694	Dernier livre des *Fables*.

Les 12 fables les plus connues et leurs « morales »

La Cigale et la fourmi

« — Vous chantiez ? j'en suis fort aise.
Eh bien ! dansez maintenant. »

Le Corbeau et le renard

« Apprenez que tout flatteur
Vit aux dépens de celui qui l'écoute. »

Le Loup et l'agneau

« La raison du plus fort est toujours la meilleure. »

Le Renard et la cigogne

« Trompeurs, c'est pour vous que j'écris :
Attendez-vous à la pareille. »

Le Chêne et le roseau

« Je plie, et ne romps pas. »

Le Lion et le rat

« Patience et longueur de temps
Font plus que force ni que rage. »

Le Renard et le bouc

« En toute chose il faut considérer la fin. »

Le Petit poisson et le pêcheur

« Petit poisson deviendra grand,
Pourvu que Dieu lui prête vie. »

Le Laboureur et ses enfants

« Travaillez, prenez de la peine :
C'est le fonds qui manque le moins. »

Le Lièvre et la tortue

« Rien ne sert de courir ; il faut partir à point. »

Les Animaux malades de la peste

« Selon que vous serez puissant ou misérable,
Les jugements de cour vous rendront blanc ou noir. »

La Laitière et le pot au lait

« Le lait tombe ; adieu, veau, vache, cochon, couvée. »

XVIIe

de Sévigné

Marie de Rabutin-Chantal, marquise
née en : **1626**
morte en : **1696**

Famille	Orpheline à 7 ans, originaire de la Bourgogne, elle est élevée par son oncle, Christophe de Coulanges, abbé de Livry.
Etudes	Son oncle la confie à des maîtres distingués, Chapelain et Ménage. Elle apprend notamment l'italien, l'espagnol et le latin.
La tendresse maternelle	Elle se fait remarquer dans le salon précieux de l'Hôtel de Rambouillet.

1644 : mariage avec le marquis Henri de Sévigné, infidèle et dépensier, qui meurt en duel en 1651.

Mme de Sévigné se retrouve veuve à 25 ans avec deux enfants et une situation financière précaire. Elle se retire dans un château en Bretagne, puis revient à Paris où elle fréquente à nouveau l'Hôtel de Rambouillet.

Elle se consacre à ses enfants, négligeant les occasions de se remarier. Elle apprend elle-même à sa fille le latin et l'italien.

1669 : sa fille épouse le comte de Grignan et le suit en Provence où il est gouverneur.

La séparation est très douloureuse pour la mère et la fille qui vont s'écrire presque journellement. Mme de Sévigné se rend à Grignan (près de Valence), chez sa fille, à trois reprises. Elle y meurt lors du troisième séjour en 1696.

Œuvre

On a conservé de Mme de Sévigné environ 1 500 lettres, de 1655 à sa mort. A partir de 1671, c'est surtout à sa fille qu'elle écrit presque chaque jour.

Certaines lettres sont publiées dès 1697. Sa petite-fille, Pauline de Simiane, donne une première édition de l'ensemble des lettres au XVIIIe siècle. Une édition plus complète encore paraît en 1862-1867.

Intérêt

Pendant le XVIIe et le XVIIIe siècle, les lettres de Mme de Sévigné servent de modèle pour tous les épistoliers, c'est-à-dire auteurs de correspondances.

Pour nous aujourd'hui, ces lettres sont à la fois une chronique de la société et des événements du temps et l'expression personnelle d'une femme attachante et spirituelle.

Lettre à M. de Pomponne (1er décembre 1664)

Le Madrigal de Louis XIV

Il faut que je vous conte une petite historiette, qui est très vraie, et qui vous divertira. Le roi se mêle depuis peu de faire des vers; MM. de Saint-Aignan et Dangeau lui apprennent comment il faut s'y prendre. Il fit l'autre jour un petit madrigal, que lui-même ne trouva pas trop joli. Un matin il dit au maréchal de Grammont : « Monsieur le maréchal, lisez, je vous prie, ce petit madrigal, et voyez si vous en avez jamais vu un si impertinent; parce qu'on sait que depuis peu j'aime les vers, on m'en apporte de toutes les façons ». Le maréchal, après avoir lu, dit au roi : « Sire, Votre Majesté, juge divinement bien de toutes choses; il est vrai que voilà le plus sot et le plus ridicule madrigal que j'aie jamais lu. » Le roi se mit à rire, et lui dit : « N'est-il pas vrai que celui qui l'a fait est bien fat ? » — « Sire, il n'y a pas moyen de lui donner un autre nom. » — « Oh bien ! dit le roi, je suis ravi que vous m'en ayez parlé si bonnement; c'est moi qui l'ai fait ! » — « Ah ! Sire, quelle trahison ! que Votre Majesté me le rende, je l'ai lu brusquement. » — « Non, Monsieur le maréchal; les premiers sentiments sont toujours les plus naturels. » Le roi a fort ri de cette folie, et tout le monde trouve que voilà la plus cruelle petite chose que l'on puisse faire à un vieux courtisan. Pour moi, qui aime toujours à faire des réflexions, je voudrais que le roi en fît là-dessus, et qu'il jugeât par-là combien il est loin de connaître jamais la vérité.

XVIIᵉ

de La Fayette

prénom : **Marie-Madeleine, comtesse**
née en : **1634**
morte en : **1693**

Famille	Marie-Madeleine de Lavergne est née à Paris et a vécu son enfance dans des milieux mondains. Elle est la cousine par alliance de Mᵐᵉ de Sévigné.
Etudes	Elle est confiée à des précepteurs, dont l'écrivain Ménage.
Une vie mondaine	Elle fréquente l'Hôtel de Rambouillet, cercle précieux. En 1655, elle épouse le comte de La Fayett qu'elle suit d'abord en Auvergne et auquel elle donne deux enfants. Mais elle revient vivre seule à Paris et s'y installe définitivement en 1659. Elle reprend la vie mondaine, devient dame d'honneur et confidente de la duchesse d'Orléans. Elle tient salon et se lie à La Rochefoucauld. Elle commence à écrire et à publier des nouvelles sous le nom d'un ami, Segrais. Elle joue un rôle mondain, mais aussi diplomatique dans les relations avec la Savoie. Elle devient veuve en 1683 et se consacre à assurer la situation de ses fils. Elle meurt en 1693.

Œuvres

1622	*La Princesse de Montpensier*, nouvelle.
1670	*Zaïde*, court roman.
1678	*La Princesse de Clèves*, roman.
1688-1689	*Mémoires de la Cour de France*.
parue en 1724	*La Comtesse de Tende*, nouvelle.

La Princesse de Clèves

C'est le chef-d'œuvre de Mme de La Fayette. Ce roman est divisé en quatre parties de longueur égale.

1. Le coup de foudre
En 1558, à la cour de Henri II, Mlle de Chartres épouse sans amour le prince de Clèves qui est épris d'elle. Mais elle fait la connaissance dans un bal du duc de Nemours. C'est le coup de foudre. La mère de la jeune fille meurt en lui rappelant ses devoirs d'épouse.

2. Le trouble de la passion
La princesse et le comte de Nemours prennent conscience de leur passion. Le comte dérobe un portrait de la jeune femme; elle ne dit rien. Il porte ses couleurs dans un tournoi; mais il est blessé et elle ne peut cacher son émotion. Ils sont déjà complices.

3. Les aveux
La princesse se retire à la campagne avec son mari à qui elle avoue son amour pour un autre, sans lui en révéler le nom. Nemours a assisté à la scène en secret. M. de Clèves est très affecté. Il devine de qui sa femme est éprise.

4. La retraite
M. de Clèves est dévoré par la jalousie. Il croit que sa femme l'a trompé — en réalité, il n'en est rien —, et meurt de douleur. Mme de Clèves fuit alors Nemours. Lors d'une dernière entrevue, elle lui avoue son amour, mais, par peur de souffrir, elle refuse de l'épouser et se retire dans un couvent.

Intérêt

— Un roman historique
Le cadre du roman n'est pas fantaisiste. Mme de La Fayette s'est documentée sur la période qu'elle évoque.

Elle a lu des **chroniques** et introduit dans son roman le détail de certains événements réels. Elle s'inspire aussi pour la peinture de la **vie de cour** de celle de Louis XIV qu'elle fréquente elle-même.

— Un roman précieux

On trouve des intrigues secondaires dans la composition du roman. Les incidents **romanesques,** comme le portrait dérobé ou le tournoi, appartiennent à la tradition précieuse. L'amour que porte Nemours à la princesse obéit au **code précieux** (soumission...).

— Un roman classique

L'amour qu'éprouve Mᵐᵉ de Clèves et sa capacité à résister à la passion font d'elle une héroïne classique. Sa volonté, son sens moral la rapprochent des grands rôles du **théâtre tragique** de l'époque. L'**analyse psychologique** très poussée rappelle les réflexions de La Rochefoucauld et des moralistes du Grand Siècle. Le style en reste très **sobre** et très maîtrisé.

Extrait

La princesse de Clèves est en train de danser au bal donné pour les fiançailles de la fille du roi, lorsque le comte de Nemours entre dans la salle de bal. Ils ne se sont encore jamais vus. C'est le coup de foudre.

Mᵐᵉ de Clèves avait ouï parler de ce prince *[M. de Nemours]* à tout le monde, comme de ce qu'il y avait de mieux fait et de plus agréable à la cour; et surtout Mᵐᵉ la Dauphine le lui avait dépeint d'une sorte et lui en avait parlé tant de fois, qu'elle lui avait donné de la curiosité, et même de l'impatience de le voir. Elle passa tout le jour des fiançailles chez elle à se parer, pour se trouver au bal et au festin royal qui se faisaient au Louvre. Lorsqu'elle arriva, l'on admira sa beauté et sa parure; le bal commença; et comme elle dansait avec M. de Guise, il se fit un assez grand bruit vers la porte de la salle, comme de quelqu'un qui entrait et à qui on faisait place. Mᵐᵉ de Clèves acheva de danser, et, pendant qu'elle cherchait des yeux quelqu'un qu'elle avait dessein de prendre *[comme danseur]*, le roi lui cria de prendre celui qui arrivait. Elle se tourna et vit un homme qu'elle crut d'abord ne pouvoir être que M. de Nemours, qui passait par-dessus quelques sièges pour arriver où l'on dansait. Ce prince était fait d'une sorte qu'il était difficile de n'être pas surpris de le voir quand on ne l'avait jamais vu, surtout ce soir-là, où le soin qu'il avait pris de se parer augmentait encore l'air brillant qui était dans sa personne; mais il était aussi difficile de voir Mme de Clèves pour la première fois sans avoir un grand étonnement.

M. de Nemours fut tellement surpris de sa beauté que, lorsqu'il fut proche d'elle et qu'elle lui fit la révérence, il ne put s'empêcher de donner des marques de son admiration. Quand ils commencèrent à danser, il s'éleva dans la salle un murmure de louanges.

XVIIᵉ

Racine

prénom : **Jean**
né en : **1639**
mort en : **1699**

Famille	Né à La Ferté-Milon dans l'Aisne, d'une famille de petite bourgeoisie, Racine reste orphelin à 4 ans et est élevé avec sa sœur par ses grands-parents. Sa famille est acquise aux idées jansénistes.
Etudes	Il fait ses études d'abord au collège de Beauvais, puis à Port-Royal (de 1655 à 1658), enfin à Paris au collège d'Harcourt. Il est marqué par son passage chez les jansénistes, même s'il en retient surtout un goût très vif pour la littérature antique.
Les débuts	A Paris, Racine mène une vie joyeuse et libre. Il se lie d'amitié avec La Fontaine. Il compose des poèmes. Il se rend chez un oncle à Uzès, espérant obtenir un prieuré. Il échoue et renonce à ce projet. Il rentre à Paris. 1664 : Racine se lie avec Boileau et se lance dans l'écriture dramatique. 1666 : il se fâche avec Molière dont il juge la troupe médiocre. Une polémique se déclenche alors avec ses anciens maîtres de Port-Royal qui n'apprécient pas le théâtre. Un échange public de lettres, d'un ton très vif, provoque la rupture.
La gloire	*Andromaque*, jouée devant la Cour, lui apporte la gloire en 1667, malgré les critiques des amis du vieux Corneille. Racine, à la mode dans le public et à la Cour, se lie avec des actrices. Ses succès au théâtre se multiplient. 1673 : il est reçu à l'Académie française.

L'échec   1677 : Racine fait jouer *Phèdre*. Une cabale fait siffler la pièce et applaudir celle d'un rival, Pradon, sur le même sujet.

Racine, déçu, abandonne le théâtre. Il est nommé historiographe du roi avec Boileau, tâche absorbante. Il se marie avec Catherine de Romanet, dont il aura 7 enfants. Il change de vie.

Le court   1689 : à la demande de Mme de Maintenon, der-
retour au   nière maîtresse de Louis XIV, il se remet à
théâtre et   l'écriture dramatique. Elle cherche des pièces
la retraite   d'inspiration religieuse pour faire jouer les nobles élèves de Saint-Cyr.

1691 : réconcilié avec Port-Royal, il mène une vie dévote, compose des cantiques. Quatre de ses filles entrent au couvent.

1699 : il meurt très pieusement à Paris.

Œuvres

Racine a composé 12 pièces, dont une seule comédie. Il faut ajouter à cela un *Abrégé de l'histoire de Port-Royal* (1697), des odes, des épigrammes et des cantiques (1694).

1664 *La Thébaïde.*
1665 *Alexandre.*
1667 *Andromaque.*
1668 Préface ajoutée à *Andromaque;* polémique avec les amis de Corneille.
1669 *Britannicus.*
       Les Plaideurs, comédie.
1670 *Bérénice.*
1672 *Bajazet.*
1673 *Mithridate.*
1674 *Iphigénie.*
1677 *Phèdre.*
1689 *Esther.*
1691 *Athalie.*

Cette œuvre a toujours passionné la critique. Elle a en particulier donné lieu à une vive empoignade entre les tenants de la «nouvelle critique» et les partisans de la critique universitaire. Au *Sur racine* (1963) de Roland Barthes répond le pamphlet de Raymond Picard, *Nouvelle critique ou nouvelle imposture* (1965). Roland Barthes rétorque en 1966 par *Critique et vérité*.

La fatalité de la passion quand elle se manifeste chez Racine a souvent été rapprochée de la prédestination janséniste.

10 vers restés célèbres

Plus l'offenseur m'est cher, plus je ressens l'injure.
(La Thébaïde)

Il faut que tout périsse ou que je sois heureux.
(Alexandre)

Pour qui sont ces serpents qui sifflent sur vos têtes?
(Andromaque)

Tel qui rit vendredi, dimanche pleurera.
(Les Plaideurs)

Qui veut voyager loin ménage sa monture.
(Les Plaideurs)

J'embrasse mon rival, mais c'est pour l'étouffer.
(Britannicus)

Nourri dans le sérail, j'en connais les détours.
(Bajazet)

C'est Vénus toute entière à sa proie attachée.
(Phèdre)

Le jour n'est pas plus pur que le fond de mon cœur.
(Phèdre)

C'était pendant l'horreur d'une profonde nuit.
(Athalie)

XVIIᵉ

GROS PLAN SUR...

Andromaque

Jean Racine   Date : 1667

Genre   Tragédie en cinq actes, en vers.

Action   En Epire, à la cour de Pyrrhus, Iᵉʳ siècle avant
J.-C.

Intrigue   **Acte I :** Oreste vient de la part des Grecs réclamer à Pyrrhus Astyanax, le fils de sa captive
Andromaque, veuve d'Hector. Il veut aussi revoir Hermione qu'il aime mais qui est fiancée à
Pyrrhus. Ce dernier refuse de livrer Astyanax.
En réalité, Pyrrhus n'aime plus Hermione, mais
Andromaque. Celle-ci repousse ses avances. Si
elle ne veut pas l'épouser, il livrera Astyanax.
Acte II : Hermione, délaissée, charge Oreste
d'un ultimatum pour Pyrrhus : il doit choisir entre Andromaque et elle; s'il ne livre pas Astyanax, elle partira avec Oreste. Mais, pendant ce
temps, devant le refus répété d'Andromaque,
Pyrrhus a décidé de livrer Astyanax et d'épouser
Hermione. Il se réjouit d'avoir maîtrisé sa passion, mais sa résolution est bien fragile.
Acte III : Hermione ne se laisse pas attendrir par
Andromaque. Pyrrhus, touché par les pleurs de
cette mère, lui laisse un nouveau délai. Andromaque hésite : faut-il sauver l'enfant ou respecter la mémoire de son défunt mari ?
Acte IV : Andromaque accepte le mariage, mais
compte se suicider sitôt la cérémonie accomplie.
Hermione, folle de rage, réclame d'Oreste qu'il
assassine Pyrrhus : elle sera ensuite à lui.
Acte V : Oreste vient annoncer à Hermione que
les Grecs ont tué Pyrrhus à son instigation. Hermione, bouleversée, lui reproche d'avoir obéi et

le renvoie en le maudissant. Hermione se suicide sur le corps de Pyrrhus. Oreste perd la
raison.

Succès   La pièce, jouée devant la Cour, connaît au théâtre un succès éclatant et prolongé. Les partisans
du vieux Corneille tentent de l'attaquer. Mais la
nouveauté de la pièce séduit le public.

Modèles   Le sujet d'*Andromaque* est tiré de l'*Iliade* d'Homère, de la tragédie grecque d'Euripide, *Andro-
maque,* et de l'*Enéide* de Virgile.

Extrait

*Première entrevue entre Andromaque et Pyrrhus
(Acte I, sc. 4).*

PYRRHUS

Me cherchiez-vous, madame?
Un espoir si charmant me serait-il permis?

ANDROMAQUE

Je passais jusqu'aux lieux où l'on garde mon fils.
Puisqu'une fois le jour vous souffrez que je voie
Le seul bien qui me reste et d'Hector et de Troie,
J'allais, seigneur, pleurer un moment avec lui:
Je ne l'ai point encore embrassé d'aujourd'hui!

PYRRHUS

Ah! madame, les Grecs, si j'en crois leurs alarmes,
Vous donneront bientôt d'autres sujets de larmes.

ANDROMAQUE

Et quelle est cette peur dont leur cœur est frappé,
Seigneur? Quelque Troyen vous est-il échappé?

PYRRHUS

Leur haine pour Hector n'est pas encore éteinte:
Ils redoutent son fils.

ANDROMAQUE

Digne objet de leur crainte!
Un enfant malheureux, qui ne sait pas encor
Que Pyrrhus est son maître, et qu'il est fils d'Hector!

PYRRHUS

Tel qu'il est, tous les Grecs demandent qu'il périsse.
Le fils d'Agamemnon vient hâter son supplice.

ANDROMAQUE

Et vous prononcerez un arrêt si cruel?
Est-ce mon intérêt qui le rend criminel?

Hélas! on ne craint point qu'il venge un jour son père;
On craint qu'il n'essuyât les larmes de sa mère.
Il m'aurait tenu lieu d'un père et d'un époux;
Mais il me faut tout perdre, et toujours par vos coups.

PYRRHUS

Madame, mes refus ont prévenu vos larmes.
Tous les Grecs m'ont déjà menacé de leurs armes;
Mais, dussent-ils encore, en repassant les eaux,
Demander votre fils avec mille vaisseaux,
Coûtât-il tout le sang qu'Hélène a fait répandre,
Dussé-je après dix ans voir mon palais en cendre,
Je ne balance point, je vole à son secours,
Je défendrai sa vie aux dépens de mes jours.
Mais, parmi ces périls où je cours pour vous plaire,
Me refuserez-vous un regard moins sévère?
Haï de tous les Grecs, pressé de tous côtés,
Me faudra-t-il combattre encor vos cruautés?
Je vous offre mon bras. Puis-je espérer encore
Que vous accepterez un cœur qui vous adore?
En combattant pour vous, me sera-t-il permis
De ne vous point compter parmi mes ennemis?

XVIIe

GROS PLAN SUR...

Britannicus

Jean Racine   **Date : 1669**

Genre	Tragédie en cinq actes, en vers.
Action	A Rome, en 55 après J.-C.
Intrigue	**Acte I :** L'empereur Néron vient de faire enlever Junie, fiancée de son demi-frère, Britannicus. Agrippine, mère de Néron, est inquiète.
	Acte II : Néron avoue son amour à Junie qui le repousse. Furieux, il exige d'elle qu'elle congédie Britannicus avec froideur. Junie ne peut qu'obéir. Mais son désespoir courrouce Néron.
	Acte III : Néron, ayant surpris un entretien entre Junie et Britannicus, fait arrêter ce dernier. Il fait surveiller sa mère.
	Acte IV : Agrippine tente d'intervenir en faveur de Britannicus. Mais Néron, encouragé par un de ses conseillers, Narcisse, n'a pas renoncé à faire périr son demi-frère.
	Acte V : Néron, avec duplicité, organise un banquet de réconciliation. Il fait alors empoisonner Britannicus. Agrippine maudit son fils. Narcisse, voulant empêcher Junie de se faire vestale, est assassiné par le peuple.
Succès	*Britannicus* fut accueilli froidement. Le sujet, plutôt cornélien, désorienta la critique. Le succès est venu un peu plus tard.
Modèle	Le sujet de la pièce est tiré des *Annales* de l'historien Tacite, qui raconte ainsi le premier crime de Néron.

> *« Ma tragédie n'est pas moins la disgrâce d'Agrippine que la mort de Britannicus. »*
>
> Seconde préface.

XVIIᵉ

GROS PLAN SUR...

Iphigénie

Jean Racine   **Date : 1674**

Genre   Tragédie en cinq actes, en vers.

Action   En Grèce, à Aulis, au XIIᵉ siècle avant J.-C.

Intrigue   **Acte I :** La flotte grecque est retenue au port par des vents contraires. Les dieux, selon le devin Calchas, demandent le sacrifice de la fille d'Agamemnon, Iphigénie. Sous le prétexte de la marier à Achille, Agamemnon la fait venir à Aulis. Il est plein d'hésitation et de remords. Il cherche à gagner du temps.

Acte II : Iphigénie pense qu'Achille cherche à différer son mariage et se croit délaissée. Elle a une rivale, Eriphile, qui se réjouit de ce malentendu.

Acte III : Arcas, un domestique, révèle que ce n'est pas le mariage qu'on prépare, mais le sacrifice d'Iphigénie. Achille veut défendre sa fiancée, mais elle lui demande de la laisser intervenir elle-même.

Acte IV : Tour à tour, Iphigénie, sa mère et son fiancé cherchent à fléchir Agamemnon. Il suspend les préparatifs du sacrifice. Mais Eriphile révèle tout au devin Calchas.

Acte V : L'armée grecque, soulevée par Calchas, exige le sacrifice. Iphigénie est résignée. Mais, coup de théâtre, Calchas révèle que les dieux demandent le sang d'une autre Iphigénie. C'est Eriphile, qui apprend ainsi qu'elle est la fille d'Hélène et que son vrai nom est Iphigénie. Elle se poignarde sur l'autel.

Succès   Le succès d'*Iphigénie* fut considérable. Les ennemis de Racine lui opposèrent une pièce sur le
même sujet, mais en vain. Racine les ridiculisa
dans une épigramme cruelle.

Modèle   Le sujet d'*Iphigénie* est tiré d'une tragédie de
l'auteur grec Euripide, intitulée *Iphigénie à Aulis*.

Extrait

La prière d'Iphigénie (Acte IV, scène 4)
   *Iphigénie, fille soumise, tente pourtant de fléchir son
père.*

                                        Mon père,
Cessez de vous troubler, vous n'êtes point trahi :
Quand vous commanderez, vous serez obéi.
Ma vie est votre bien; vous voulez le reprendre :
Vos ordres sans détour pouvaient se faire entendre.
D'un œil aussi content, d'un cœur aussi soumis
Que j'acceptais l'époux que vous m'aviez promis,
Je saurai, s'il le faut, victime obéissante,
Tendre au fer de Calchas une tête innocente;
Et, respectant le coup par vous-même ordonné,
Vous rendre tout le sang que vous m'avez donné.
Si pourtant ce respect, si cette obéissance
Paraît digne à vos yeux d'une autre récompense;
Si d'une mère en pleurs vous plaignez les ennuis,
J'ose vous dire ici qu'en l'état où je suis
Peut-être assez d'honneurs environnaient ma vie
Pour ne pas souhaiter qu'elle me fût ravie,
Ni qu'en me l'arrachant, un sévère destin,
Si près de ma naissance, en eût marqué la fin.
Fille d'Agamemnon, c'est moi qui, la première,
Seigneur, vous appelai de ce doux nom de père,
C'est moi qui, si longtemps le plaisir de vos yeux,
Vous ai fait de ce nom remercier les dieux.
Et pour qui, tant de fois prodiguant vos caresses,
Vous n'avez point du sang dédaigné les faiblesses.
Hélas! avec plaisir je me faisais conter
Tous les noms des pays que vous allez dompter;
Et déjà, d'Ilion présageant la conquête,
D'un triomphe si beau je préparais la fête.
Je ne m'attendais pas que, pour le commencer,
Mon sang fût le premier que vous dussiez verser.

Non que la peur du coup dont je suis menacée
Me fasse rappeler votre bonté passée.
Ne craignez rien : mon cœur, de votre honneur jaloux,
Ne fera point rougir un père tel que vous ;
Et, si je n'avais eu que ma vie à défendre,
J'aurais su renfermer un souvenir si tendre ;
Mais à mon triste sort, vous le savez, seigneur,
Une mère, un amant, attachaient leur bonheur.
Un roi digne de vous a cru voir la journée
Qui devait éclairer notre illustre hyménée ;
Déjà, sûr de mon cœur à sa flamme promis,
Il s'estimait heureux : vous me l'aviez permis.
Il sait votre dessein ; jugez de ses alarmes.
Ma mère est devant vous, et vous voyez ses larmes.
Pardonnez aux efforts que je viens de tenter
Pour prévenir les pleurs que je vais leur coûter.

XVIIe

GROS PLAN SUR...

Phèdre

Jean Racine   Date : 1677

Genre	Tragédie en cinq actes, en vers.
Action	En Grèce à Trézène, au Xe siècle avant J.-C.
Intrigue	**Acte I :** Phèdre, femme de Thésée et belle-mère d'Hippolyte, est tombée amoureuse de ce dernier. Cet amour coupable la mine. Elle se confie à sa nourrice Oenone. On annonce la mort de Thésée. Oenone persuade Phèdre qu'elle peut aimer Hippolyte maintenant.

Acte II : Hippolyte déclare son amour à Aricie. Une entrevue se déroule entre Hippolyte et Phèdre : elle lui avoue son amour. Le jeune homme est indigné. Le bruit court que Thésée n'est pas mort.

Acte III : Thésée revient. Phèdre est rassurée par Oenone qui lui conseille d'accuser Hippolyte d'avoir voulu la séduire. Affolée, Phèdre y consent. Hippolyte retrouve son père et lui déclare son désir de s'éloigner.

Acte IV : Oenone vient accuser Hippolyte auprès de Thésée. Celui-ci, fou de rage, le maudit et le chasse, en implorant Neptune de le venger. Phèdre, prise de remords, cherche à apaiser son époux, mais quand elle apprend l'amour d'Hippolyte pour Aricie, sa jalousie l'emporte. Les remords cependant la tourmentent.

Acte V : Thésée, après avoir vu Aricie, est troublé et commence à entrevoir la vérité. Oenone se suicide. Mais c'est trop tard. Un monstre marin a tué Hippolyte. Phèdre paraît alors. Elle innocente le jeune homme et confesse sa passion. Elle s'empoisonne.

Succès   Une cabale fit échouer la pièce de Racine pendant qu'on acclama celle d'un rival, Pradon, sur le même sujet. Depuis, la postérité a rendu justice à Racine et tout le monde a oublié la pièce médiocre de Pradon.

Modèles   Racine a pris son sujet chez l'auteur tragique grec Euripide et le latin Sénèque, tous deux auteurs de pièces intitulées *Hippolyte*.

Extrait

Les aveux de Phèdre (Acte II, scène 5)
Phèdre se laisse emporter par sa passion et avoue ses sentiments à Hippolyte.

Oui, prince, je languis, je brûle pour Thésée :
Je l'aime, non point tel que l'ont vu les enfers,
Volage adorateur de mille objets divers,
Qui va du dieu des morts déshonorer la couche ;
Mais fidèle, mais fier, et même un peu farouche,
Charmant, jeune, traînant tous les cœurs après soi,
Tel qu'on dépeint nos dieux, ou tel que je vous voi.
Il avait votre port, vos yeux, votre langage ;
Cette noble pudeur colorait son visage
Lorsque de notre Crète il traversa les flots,
Digne sujet des vœux des filles de Minos.
Que faisiez-vous alors ? pourquoi, sans Hippolyte,
Des héros de la Grèce assembla-t-il l'élite ?
Pourquoi, trop jeune encor, ne pûtes-vous alors
Entrer dans le vaisseau qui le mit sur nos bords ?
Par vous aurait péri le monstre de la Crète,
Malgré tous les détours de sa vaste retraite :
Pour en développer l'embarras incertain,
Ma sœur du fil fatal eût armé votre main.
Mais non : dans ce dessein je l'aurais devancée ;
L'amour m'en eût d'abord inspiré la pensée :
C'est moi, prince, c'est moi dont l'utile secours
Vous eût du labyrinthe enseigné les détours.
Que de soins m'eût coûtés cette tête charmante !
Un fil n'eût point assez rassuré votre amante :
Compagne du péril qu'il vous fallait chercher,
Moi-même devant vous j'aurais voulu marcher ;
Et Phèdre au labyrinthe avec vous descendue
Se serait avec vous retrouvée ou perdue.

XVIIᵉ

Boileau

prénom : **Nicolas**
né en : **1636**
mort en : **1711**

Famille

Né à Paris dans une famille bourgeoise, Boileau est le quinzième enfant d'un greffier au parlement.

Etudes

Il fréquente le collège d'Harcourt et celui de Beauvais. Puis il fait sans goût des études de théologie et de droit.

Une jeunesse engagée

En 1657, il hérite de son père : il peut se consacrer à ce qu'il aime vraiment : les lettres.
Boileau mène une vie libre. Il fréquente les milieux libertins, les cabarets. Il se lie avec Molière.
Il fait circuler sous le manteau ses premières satires qui lui valent quelques ennemis. Dans toutes les querelles où Molière est impliqué (*Ecole des femmes, Tartuffe*), il le défend vigoureusement.

Construire une doctrine

En 1668, Boileau, déjà célèbre, acquiert un peu plus de gravité. Il fréquente le salon très sérieux de Lamoignon. Il construit sa doctrine de l'art classique, fait publier un *Art poétique* et des *Epîtres*. Il cherche à devenir pour la littérature française ce qu'était Horace pour la littérature latine.

Historio-graphe du roi

En 1677, Boileau devient historiographe du roi en même temps que Racine. Il fréquente la Cour. Très aimé de Louis XIV, il entre à l'Académie en 1684. Il s'installe à Auteuil et n'écrit plus beaucoup.

En 1687, il prend part à la Querelle des Anciens et des Modernes, du côté des Anciens, à travers quelques textes polémiques.

Une dernière polémique l'oppose aux jésuites en 1698, après la parution d'une *Epître sur l'amour de Dieu*, d'inspiration janséniste. Les jésuites empêcheront la publication de la *Satire XII* qui les mettait en cause directement, ainsi que l'édition des *Œuvres Complètes* de Boileau, préparée en 1709.

Boileau meurt en 1711.

Œuvres

L'œuvre de Boileau ressemble beaucoup à celle de son modèle, le poète latin Horace. Elle se compose essentiellement de :
— 12 satires (1660-1665 et 1692-1705),
— 12 épîtres (1669-1678 et 1698),
— un *Art poétique* (1674).

Satires les plus connues

Satire III : *Le Repas ridicule* (satire des mœurs bourgeoises).

Satire VI : *Les Embarras de Paris* (satire de la vie parisienne très agitée).

Satires II, VII et IX : satires littéraires qui défendent Molière, s'attaquent à quelques auteurs à la mode et défendent la veine satirique.

Epîtres les plus connues

Epître VI : *Sur les plaisirs champêtres* (bonheur tranquille de la vie à la campagne).

Epître VII : *De l'utilité des ennemis* (réconfort à Racine après l'échec de *Phèdre*).

L'Art poétique

Ce long poème de plus de 1 000 vers est composé de
4 chants :
1. Principes généraux
2. Les genres secondaires
3. Les grands genres
4. Conseils moraux

En voici les **réflexions les plus célèbres :**

« Aimez donc la raison, que toujours vos écrits
Empruntent d'elle seule et leur lustre et leur prix. »

« Ce que l'on conçoit bien s'énonce clairement
Et les mots pour le dire arrivent aisément. »

« Vingt fois sur le métier remettez votre ouvrage. »

« Aimez qu'on vous conseille et non pas qu'on vous loue. »

A propos de l'ode :
« Chez elle un beau désordre est un effet de l'art. »

« Un sonnet sans défauts vaut seul un long poème. »

A propos de la tragédie :
« Qu'en un lieu, qu'en un jour, un seul fait accompli
Tienne jusqu'à la fin le théâtre rempli. »

« Un lecteur sage fuit un vain amusement
Et veut mettre à profit son divertissement. »

XVIIe

Fénelon

François de Salignac de la Mothe
né en : **1651**
mort en : **1715**

Famille	Né au château de Salignac dans le Périgord, François de Salignac de La Mothe-Fénelon appartient à une famille de très haute et vieille noblesse.
Etudes	Il commence ses études à Cahors, puis vient à Paris au collège du Plessis. Il entre au séminaire de Saint-Sulpice.
Directeur de conscience	En 1675, Fénelon est ordonné prêtre. En 1678, il est nommé supérieur des « Nouvelles Catholiques », jeunes filles protestantes nouvellement converties au catholicisme. De 1685 à 1687, il est chargé de la surveillance des protestants de la région de Saintonge soumis en apparence au catholicisme après la Révocation de l'Edit de Nantes. Il s'acquitte de cette tâche avec douceur et adresse. Il se lie avec le duc de Beauvilliers, père de 8 filles, pour lequel il compose le *Traité sur l'éducation des filles*.
Précepteur	En 1689, le duc de Beauvilliers qui est gouverneur des petits-fils du roi, recommande Fénelon pour le poste de précepteur du duc de Bourgogne, héritier du trône. Malgré le caractère difficile de l'enfant, Fénelon donne toute satisfaction au roi qui le nomme en 1695 archevêque de Cambrai. Une bonne partie de l'œuvre de Fénelon de cette époque a été d'abord composée pour l'instruction du jeune prince : *Fables, Dialogues des morts, Télémaque*.

Le quiétisme

Un théologien espagnol, Molinos, répand à cette époque une doctrine qu'on appelle le quiétisme. Cette doctrine, condamnée par le Pape en 1687, est répandue en France par une jeune veuve, Mme Guyon. Le but recherché est de se mettre en contact étroit avec Dieu en faisant le vide autour de soi dans une totale passivité (quiétisme vient du latin *quietus* : tranquille). Ce mysticisme, qui s'appuie sur la toute-puissance de Dieu, considère les manifestations extérieures de la religion comme inutiles (prière, sacrements, bonnes œuvres...). Fénelon est séduit par cet amour de Dieu complètement épuré.

Il fait connaître le quiétisme à Mme de Maintenon qui se montre enthousiaste.

En 1693, Fénelon est reçu à l'Académie. Bossuet s'attaque alors vivement au quiétisme et obtient une nouvelle condamnation en 1694-95. Mme Guyon est emprisonnée. Fénelon publie quelques ouvrages en faveur du quiétisme qui lui valent d'être exilé dans son évêché en 1697. Le Pape condamne définitivement la doctrine en 1699.

La disgrâce

La publication du *Télémaque* en 1699 fait scandale : les hardiesses sont considérées comme des satires. Le roi lui retire sa pension et son titre de précepteur.

Exilé dans son archevêché, il poursuit ses réflexions sur les problèmes de gouvernement. Il connaît quelques démêlés avec la censure.

Il conserve la confiance du duc de Bourgogne, son ancien élève, mais celui-ci meurt en 1712 et ne montera jamais sur le trône. Ses derniers espoirs s'envolent.

Il propose un programme d'action à l'Académie française, déchirée par la Querelle des Anciens et des Modernes.

Il meurt en 1715.

Œuvres

1687 *Traité de l'éducation des filles*.
1690 *Fables*.
1692 *Dialogues des morts*, imités de l'auteur grec Lucien, dialogues entre des personnages célèbres de la mythologie ou de l'histoire antique et moderne qui se rencontrent après leur mort.
1699 *Télémaque*, roman racontant les aventures du fils d'Ulysse.
1711 *Tables de Chaulnes*, plan de gouvernement pour redresser le royaume.
1714 *Lettre à l'Académie*.

Extrait

Extrait du Livre III de Télémaque.
La ville de Tyr.

J'admirais l'heureuse situation de cette grande ville, qui est au milieu de la mer, dans une île. La côte voisine est délicieuse par sa fertilité, par les fruits exquis qu'elle porte, par le nombre des villes et des villages qui se touchent presque, par la douceur de son climat : car les montagnes mettent cette côte à l'abri des vents brûlants du midi : elle est rafraîchie par le vent du nord, qui souffle du côté de la mer. Ce pays est au pied du [*mont*] Liban, dont le sommet fend les nues et va toucher les astres; une glace éternelle couvre son front; des fleuves pleins de neige tombent, comme des torrents, des pointes des rochers qui environnent sa tête. Au-dessous on voit une vaste forêt de cèdres antiques, qui paraissent aussi vieux que la terre où ils sont plantés, et qui portent leurs branches épaisses jusque vers les nues. Cette forêt a sous ses pieds de gras pâturages dans la pente de la montagne. C'est là qu'on voit errer les taureaux qui mugissent, les brebis qui bêlent avec leurs tendres agneaux qui bondissent sur l'herbe fraîche : là coulent mille ruisseaux d'une eau claire, qui distribuent l'eau partout. Enfin, on voit au-dessous de ces pâturages le pied de la montagne qui est comme un jardin : le printemps et l'automne y règnent ensemble pour y joindre les fleurs et les fruits. Jamais le souffle empesté du midi, qui sèche et qui brûle tout, ni le rigoureux aquilon, n'ont osé effacer les vives couleurs qui ornent ce jardin.

XVIIe
L'âge d'or de l'éloquence religieuse

Au XVIIe siècle, l'éloquence religieuse connaît un vif succès. On va au sermon comme à une représentation théâtrale : il faut retenir ses places à l'avance. Les prédicateurs à la mode sont très recherchés dans la société.

Avant Bossuet

Tous les courants littéraires, érudition, préciosité, classicisme, s'expriment dans ce genre littéraire un peu particulier : l'éloquence sacrée. Mais une réaction s'amorce pour revenir à l'essentiel : la prédication de l'Evangile. Saint François de Sales (1567-1622), puis saint Vincent de Paul (1576-1660) reviennent à un prêche plus simple, parlant au cœur et oubliant un peu les artifices de la rhétorique.

Bossuet

Sa vie

Né à Dijon en 1627, Jacques-Bénigne Bossuet est le fils d'un conseiller au parlement. Après des études chez les jésuites, il est ordonné prêtre et devient chanoine de Metz. Très pieux, il se consacre à son sacerdoce. Il prononce ses premiers sermons, mais il a encore une manière un peu ampoulée. En 1659, il s'installe à Paris et commence à connaître le succès comme prédicateur. Influencé par saint Vincent de Paul, il épure son style. Il prend la parole devant la Cour et devient évêque en

1669. En 1670, il est nommé précepteur du fils de Louis XIV, le Grand Dauphin. En 1671, il entre à l'Académie française. En 1681, il devient évêque de Meaux (on l'appelle parfois «l'Aigle de Meaux»). Durant toute sa carrière, il s'est montré un redoutable polémiste : contre les protestants, contre les jésuites en défendant l'Eglise de France contre l'autorité excessive du Pape, contre les «quiétistes» comme Fénelon. Il meurt à Paris en 1704.

Son œuvre

— Les sermons
Bossuet en a écrit et prononcé près de 200, dont nous possédons la préparation qu'il développait en chaire. Le plus connu est le *Sermon sur la mort* (1662).

— Les panégyriques
Le panégyrique consiste à faire l'éloge d'un saint pour en montrer les vertus à imiter. Le plus connu est le *Panégyrique de Saint Paul* (1659).

— Les oraisons funèbres
Commandée par la mort d'un grand personnage, l'oraison funèbre est un genre très solennel. Celles d'Henriette de France en 1669, d'Henriette d'Angleterre en 1670, et plus tard en 1687, celle du Grand Condé sont les plus célèbres. Evocation du défunt, leçon de grandeur morale composent ces discours.

— *Discours sur l'histoire universelle*
Ce texte publié en 1681 est un véritable cours d'histoire composé pour l'instruction du Grand Dauphin. Le but de Bossuet est de démontrer le rôle tout-puissant de la Providence dans l'histoire et de tracer le portrait du vrai roi catholique.

— Les ouvrages polémiques
Il a toujours cultivé la controverse avec les protestants. En 1688, il écrit l'*Histoire des variations des Eglises protestantes*. En 1694, il fait paraître des *Maximes et réflexions sur la comédie,* où il condamne le théâtre qui déprave les mœurs.

En 1698, il fait paraître sa *Relation sur le quiétisme*. L'année suivante, le Pape condamne cette doctrine.

Intérêt littéraire de Bossuet

L'éloquence sacrée est devenue aujourd'hui un genre oublié. Mais Bossuet garde un intérêt littéraire. Que l'on soit catholique ou non, on reste frappé par la limpidité des raisonnements, l'argumentation serrée et surtout la pureté de la langue. Les effets sonores, l'émotion des oraisons funèbres peuvent encore nous toucher. Les images expressives et vigoureuses frappent encore notre imagination par leur poésie.

Les autres orateurs

Le principal rival de Bossuet est **Bourdaloue** (1632-1700). Il connaît peut-être plus de succès que Bossuet à son époque. Il prêche à la Cour et mène une vie austère parmi les Grands. Son plan rigoureux, son argumentation logique, ses hautes conclusions morales le font considérer comme le modèle même des prédicateurs de son temps.

Dans son sillage, **Massillon** (1663-1742), qui prononce l'oraison funèbre de Louis XIV en 1715, cultive comme lui l'enseignement moral plus que l'enseignement du dogme catholique.

Extrait de l'*Oraison funèbre d'Henriette d'Angleterre*

Henriette d'Angleterre était la femme du frère de Louis XIV. L'étiquette les faisait nommer « Monsieur » et « Madame ». Bossuet avait été son directeur de conscience. Elle mourut brusquement en 1670, peut-être empoisonnée, à l'âge de vingt-six ans.

Considérez, Messieurs, ces grandes puissances que nous regardons de si bas ; pendant que nous tremblons sous leur main, Dieu les frappe pour nous avertir. Leur élévation en est la cause, et il les épargne si peu qu'il ne craint pas de les sacrifier à l'instruction du reste des hommes. Chrétiens, ne murmurez pas si Madame a été choisie pour nous donner une telle instruction : il n'y a rien ici de rude pour elle, puisque, comme vous le verrez dans la suite, Dieu la sauve par le même coup qui nous instruit. Nous devrions être assez convaincus de notre néant : mais s'il faut des coups de surprise à nos cœurs enchantés de l'amour du monde, celui-ci est assez grand et assez terrible. O nuit désastreuse ! ô nuit effroyable où retentit tout à coup comme un éclat de tonnerre cette étonnante nouvelle : Madame se meurt ! Madame est morte ! Qui de nous ne se sentit frappé à ce coup, comme si quelque tragique accident avait désolé sa famille ? Au premier bruit d'un mal si étrange, on accourut à Saint-Cloud de toutes parts ; on trouve tout consterné, excepté le cœur de cette princesse : partout on entend des cris, partout on voit la douleur et le désespoir, et l'image de la mort. Le roi, la reine, Monsieur, toute la cour, tout le peuple, tout est abattu, tout est désespéré ; et il me semble que je vois l'accomplissement de cette parole du prophète [*Ezéchiel*] : « Le roi pleurera, le prince sera désolé, et les mains tomberont au peuple de douleur et d'étonnement. »

XVIIᵉ

GROS PLAN SUR...

Les Caractères

Jean de La Bruyère

Date : 1688-1696

Genre Recueil de maximes et de portraits, en prose, organisé en chapitres thématiques.

Composition La première édition du livre en 1688 se présente essentiellement comme la traduction d'un moraliste grec, Théophraste (372-287 avant J.-C.). La Bruyère n'a ajouté que 420 maximes non signées. Le succès du livre pousse à multiplier les éditions (3 en 1688). Au cours des éditions postérieures (9 au total de son vivant), La Bruyère amplifie la partie personnelle, avec des portraits et plus de 1 000 maximes qu'il signe alors.

Thème La Bruyère a vécu dans l'entourage d'une grande famille, les Condé, d'abord comme précepteur, puis comme simple gentilhomme. L'observation de la société qui l'entoure l'a poussé à prendre des notes. *Les Caractères* sont souvent inspirés par la satire. Les réflexions sont regroupées autour de 16 thèmes.

Structure **Livre I : Des ouvrages de l'esprit** (jugements littéraires).
Livre II : Du mérite personnel (le vrai mérite ne dépend ni de la naissance, ni de la fortune).
Livre III : Des femmes (misogynie).
Livre IV : Du cœur (le bonheur est rare).
Livre V : De la société et de la conversation (critique des salons à la mode).
Livre VI : Des biens de fortune (critique des manieurs d'argent; la vraie richesse est ailleurs).
Livre VII : De la ville (satire de la bourgeoisie qui cherche à imiter la cour).

Livre VIII : De la cour (égoïsme, intérêt et hypocrisie règnent à la cour).

Livre IX : Des grands (vanité et dureté des grands).

Livre X : Du souverain ou de la république (critique de l'absolutisme).

Livre XI : De l'homme (sombre peinture de l'homme; il faut un peu d'indulgence).

Livre XII : Des jugements (la raison ne mène pas les hommes; exemple la guerre).

Livre XIII : De la mode (la mode prouve la faiblesse de notre jugement).

Livre XIV : De quelques usages (attaque contre les abus).

Livre XV : De la chaire (la prédication est devenue un spectacle).

Livre XVI : Des esprits forts (attaque contre les libertins et les athées).

« Si on ne goûte point ces Caractères, *je m'en étonne; et si on les goûte, je m'en étonne de même. »*

La Bruyère

Extrait

Portrait d'Arrias.

Arrias a tout lu, a tout vu, il veut le persuader ainsi; c'est un homme universel, et il se donne pour tel; il aime mieux mentir que de se taire ou de paraître ignorer quelque chose : on parle à la table d'un grand, d'une cour du Nord, il prend la parole, et l'ôte à ceux qui allaient dire ce qu'ils en savent; il s'oriente dans cette région lointaine comme s'il en était originaire, il discourt des mœurs de cette cour, des femmes du pays, de ses lois et de ses coutumes, il récite des historiettes qui y sont arrivées, il les trouve plaisantes, et il en rit le premier jusqu'à éclater. Quelqu'un se hasarde de le contredire, et lui prouve nettement qu'il dit des choses qui ne sont pas vraies. Arrias ne se trouble point, prend feu au contraire contre l'interrupteur. « Je n'avance, lui dit-il, je ne raconte rien que je ne sache d'original; je l'ai appris de Séthon, ambassadeur de France dans cette cour, revenu à Paris depuis quelques jours, que je connais familièrement, que j'ai fort interrogé, et qui ne m'a caché aucune circonstance. » Il reprenait le fil de sa narration avec plus de confiance qu'il ne l'avait commencée, lorsqu'un des conviés lui dit : « C'est Séthon à qui vous parlez, lui-même, et qui arrive de son ambassade. »

XVIIe

Les premiers « Philosophes » : Bayle et Fontenelle

A partir de 1680, un mouvement de protestation apparaît en France pour s'opposer à l'influence grandissante du parti dévot qui triomphe à la Cour. Des salons, des cercles mondains sont animés par des esprits forts qui mènent une vie assez libre. Ils doivent beaucoup aux libertins du début du siècle.

En Hollande, en Grande-Bretagne, à cause de la censure, des ouvrages subversifs commencent à être imprimés, puis diffusés sous le manteau en France : le système se perfectionnera durant tout le XVIIIe siècle. Les esprits forts de la fin du XVIIe siècle sont en quelque sorte les premiers « Philosophes » du XVIIIe siècle.

Bayle

Sa vie

Né en 1647 près de Foix, d'une famille protestante, Pierre Bayle fait ses études dans un collège protestant. En 1669, il se convertit au catholicisme, mais revient à sa première religion en 1670, malgré les risques encourus.

Il se réfugie alors à Genève et devient professeur de philosophie à Sedan, puis à Rotterdam. Il entre alors en conflit avec un autre professeur protestant, Jurieu, qui lui fait retirer chaire et pension.

Il se consacre à l'étude et meurt à Rotterdam en 1706.

Son œuvre

L'influence de Bayle est considérable : son œuvre marque le début d'un monde nouveau.

Voltaire, Diderot et les Encyclopédistes seront nourris de la lecture de son dictionnaire.

1682	*Pensées sur la comète,* où Bayle attaque les **superstitions** liées au passage des comètes et en profite pour remettre en cause le principe même de la Providence.
1684-1687	*Nouvelles de la République des Lettres,* gazette (revue périodique) que Bayle envoie de Hollande en France où il prône la **tolérance.** S'il défend les protestants contre les persécutions, c'est par esprit de tolérance et non par foi protestante. C'est de là que viennent ses difficultés avec Jurieu, protestant virulent.
1697	*Dictionnaire historique et critique,* ouvrage énorme où il fait le recueil de toutes les erreurs passées. Sa **critique sévère** s'appuie sur la vérification des faits et la déduction. Les articles sont denses, mais la plus grande partie des critiques et des hardiesses se trouve dans les notes extrêmement volumineuses, d'un ton plus personnel.

Fontenelle

Sa vie

Fils d'un avocat au parlement de Rouen et neveu de Pierre Corneille, Bernard Le Bouvier de Fontenelle, né en 1657, fait ses études chez les jésuites. Il fréquente les salons et se fait connaître comme bel esprit. Il compose des vers, des pièces de théâtre.

Mais il s'intéresse aussi à la science et il vulgarise les connaissances astronomiques de son époque. Il attaque les superstitions. Il prend parti du côté des Modernes dans la querelle des Anciens et des Modernes.

En 1691, il devient secrétaire perpétuel de l'Académie des sciences et contribue à faire connaître les travaux scientifiques les plus hardis, comme ceux de Newton.

Il meurt centenaire à Paris en 1757.

Son œuvre

Fontenelle est un **esprit universel**: tous les domaines intellectuels ont été explorés par lui, poésie, théâtre, opéra, philosophie, science, religion.

Son rôle de **vulgarisateur de la science** est considérable. Voltaire l'admire beaucoup. Sa lutte contre les superstitions et les préjugés l'apparente aux «philosophes» du XVIIIe siècle.

1686   *Entretiens sur la pluralité des mondes*, où il explique à une marquise les dernières découvertes de l'**astronomie.**

1687   *Histoire des oracles*, où Fontenelle attaque les superstitions de l'Antiquité et ébranle du même coup la foi dans le merveilleux et l'esprit religieux. C'est dans cet ouvrage que se trouve l'épisode de la Dent d'or, exemple de la **crédulité** et du charlatanisme.

1699-1740   *Eloges* des académiciens où il offre une synthèse des **progrès** scientifiques de son temps.

Bibliographie

1. Le XVIIe siècle : généralités

1.1 Histoire

J.P. Albert, *A Versailles, au temps de Louis XIV*, Monde en poche, Nathan.

J.R. Armogathe, *Le Quiétisme*, Que sais-je?, PUF.

P. Benichou, *Morales du grand siècle*, Gallimard, Folio/Essais.

F. Bluche, *Louis XIV*, Hachette-Pluriel.

M. Carmona, *La France de Richelieu*, Complexe.

L. Cognet, *Le Jansénisme*, Que sais-je?, PUF.

P. Erlanger, *Louis XIV*, Marabout université (2 tomes).

P. Erlanger, *Richelieu*, Presses-Pocket.

P. Goubert, *Cent mille provinciaux au XVIIe siècle : Beauvais et le Beauvaisis de 1600 à 1730*, Champs, Flammarion.

G. Lenôtre, *Versailles au temps des rois*, Marabout université.

J. Levron, *Les Courtisans*, Seuil.

H. Méthivier, *Le Siècle de Louis XIII*, Que sais-je?, PUF.

H. Méthivier, *Le Siècle de Louis XIV*, Que sais-je?, PUF.

J. Michelet, *Louis XIV et la révocation de l'Edit de Nantes*, Marabout université.

I. Murat, *Colbert*, Marabout université.

B.F. Porchnev, *Les Soulèvements populaires en France au XVIIe siècle*, Champs, Flammarion.

V.L. Tapie, *La France de Louis XIII et de Richelieu*, Champs, Flammarion.

1.2 Littérature
H. Benac, *Le Classicisme*, Hachette-classiques.
C.G. Dubois, *Le Baroque : profondeurs de l'apparence*, Thèmes et textes, Larousse.
L. Goldmann, *Le Dieu caché*, Tel, Gallimard.
V.L. Tapie, *Baroque et classicisme*, Hachette-pluriel.
V.L. Tapie, *Le Baroque*, Que sais-je ?, PUF.

2. La langue

J. Dubois et R. Lagagne, *Dictionnaire de la langue française classique*, Belin.

3. La poésie

Anthologie de la littérature française au XVIIᵉ siècle, Poésie Gallimard.

La Fontaine
Fables, Garnier Flammarion ou Poésie Gallimard.
Contes et nouvelles en vers, Garnier Flammarion ou Folio.
P. Clarac, *La Fontaine*, Ecrivains de toujours, Seuil.
J. Giraudoux, *Les Cinq tentations de La Fontaine*, Grasset.

4. Le théâtre

C. et J. Scherer, *Le Théâtre classique*, Que sais-je ?, PUF.
R. Guichemerre, *La Comédie classique en France : de Jodelle à Beaumarchais*, Que sais-je ?, PUF.

4.1 Corneille
Œuvres complètes, L'Intégrale.
Théâtre, Garnier Flammarion.
La plupart des pièces sont éditées dans le Livre de poche ou en Folio.

G. Couton, *Corneille et la tragédie politique*. Que sais-je?, PUF.

B. Dort, *Corneille dramaturge*, Arche.

S. Doubrovski, *Corneille ou la dialectique du héros*, Tel, Gallimard.

L. Herland, *Corneille*, Ecrivains de toujours, Seuil.

4.2 Molière

Œuvres complètes, L'Intégrale, Garnier Flammarion.
La plupart des pièces sont éditées dans le Livre de poche ou en Folio.

J. Audiberti, *Molière*, Arche.

J.P. Collinet, *Lectures de Molière*, U2, Armand Colin.

J. Rousset, *Le Mythe de Don Juan*, U-Prisme, Armand Colin.

A. Simon, *Molière par lui-même*, Ecrivains de toujours, Seuil.

I. Jan, *Molière*, Monde en poche, Nathan.

4.3 Racine

Œuvres complètes, L'Intégrale.
Théâtre, Garnier Flammarion ou Folio.
La plupart des pièces sont éditées dans le Livre de poche.

J.L. Backes, *Racine*, Ecrivains de toujours, Seuil.

R. Barthes, *Sur Racine*, Points, Seuil.

A. Niderst, *Racine et la tragédie classique*, Que sais-je?, PUF.

5. Le roman

Cyrano de Bergerac, *L'Autre Monde*, Messidor-Ed. sociales.

Mme de La Fayette, *La Princesse de Clèves*, Garnier Flammarion, Folio ou Livre de poche.

H. d'Urfé, *L'Astrée*, Folio.

M. Laugaa, *Lectures de Mme de La Fayette*, U2, Armand Colin.

A. Niderst, *La Princesse de Clèves : le roman paradoxal*, Thèmes et textes, Larousse.

6. Pascal

Les Pensées, Folio ou Garnier Flammarion.
Les Provinciales, Folio ou Garnier Flammarion.
De l'esprit géométrique : entretien avec M. de Sacy, Garnier Flammarion.
A. Beguin, *Pascal*, Ecrivains de toujours, Seuil.
M. et M.R. Le Guern, *Pensées de Pascal : de l'anthropologie à la théologie*, Thèmes et textes, Larousse.

7. Autres textes

Le Dix-septième en 10/18, 10/18.
Bayle, *Œuvres diverses*, Messidor-Ed. Sociales.
Boileau, *Satires, Epîtres, Art poétique*, Poésie Gallimard.
Boileau, *Œuvres*, Garnier Flammarion.
Bossuet, *Discours sur l'histoire universelle*, Garnier Flammarion.
Bossuet, *Sermon sur la mort et autres sermons*, Garnier Flammarion.
La Bruyère, *Les Caractères*, Livre de poche ou Garnier Flammarion.
La Rochefoucauld, *Maximes*, Garnier Flammarion.
Malherbe, *Œuvres poétiques*, Garnier Flammarion ou Poésie Gallimard.
Mme de Sévigné, *Lettres* (choix), Livre de poche ou Garnier Flammarion.

Le XVIIIᵉ siècle

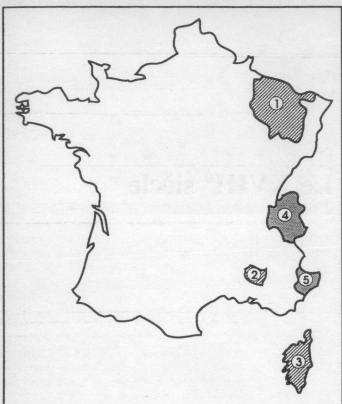

1. Lorraine
2. Comtat-Venaissin et Avignon
3. Corse
4. Savoie
5. Comté de Nice

Provinces réunies à la France au XVIIIe siècle (1715-1800)

Provinces encore hors de France en 1800

Introduction

Un peu d'histoire...

Lorsque Louis XIV meurt en 1715, il laisse en France une monarchie absolue bien installée. Les grands seigneurs ont été matés, envoyés à la guerre ou surveillés à la cour. Une administration puissante a été créée, très centralisée. La France connaît un grand rayonnement dans toute l'Europe. Elle s'est globalement enrichie.

Le futur Louis XV, petit-fils du Roi-Soleil, est encore trop jeune pour régner en 1715. C'est Philippe d'Orléans, oncle du futur roi, qui exerce **la Régence**.

Personnage controversé, le Régent a mené une vie scandaleuse. D'un point de vue purement politique, son influence sur l'économie française semble avoir été plutôt bénéfique : redressement économique, enrichissement de la paysannerie, mise en chantier de grands travaux (routes, ports, canaux...). Même le système de Law, système bancaire, qui a ruiné dans les années 1720 un bon nombre de spéculateurs, est aujourd'hui considéré comme une tentative économique d'avant-garde.

Le règne de **Louis XV** (1723-1774) représente l'âge d'or de l'art français, triomphe d'un certain raffinement. Malgré les guerres qui se succèdent, guerre de succession de Pologne (1733-1738), guerre de succession d'Autriche (1740-1748), guerre de Sept-Ans (1756-1763), le pays connaît une certaine prospérité.

Les années 1762-1766 connaissent une recrudescence de l'intolérance religieuse, avec les affaires Calas, Sirven, La Barre, cas évidents de persécution religieuse exercée par les catholiques contre des protestants ou des athées.

Louis XVI est accueilli lors de son avènement en 1774 comme un jeune monarque qui promet beaucoup. Les libéraux, les philosophes espèrent trouver en lui un être intègre qui libérera la France de toutes les corruptions. Mais le monarque est faible et soumis à l'influence de son entourage.

Il soutient les Insurgents dans la guerre d'Indépendance américaine (1775-1783), mais il s'agit plus pour lui d'affaiblir la Grande-Bretagne, rivale de la France, que de soutenir la jeune démocratie américaine. Il ne se rend pas compte qu'il suscite en France de grands espoirs en soutenant les Américains, et qu'il exaspère les libéraux qui ne voient se profiler en France aucun changement politique.

Les difficultés économiques le poussent à convoquer les **Etats Généraux**, sans comprendre le risque terrible que court la monarchie absolue en demandant à ses sujets d'exprimer leurs «doléances», de formuler leurs exigences. La Révolution est alors en marche.

Quelques préjugés sur le XVIIIᵉ siècle

Le XVIIIᵉ siècle est finalement un siècle assez mal connu et sur lequel subsistent quelques préjugés très forts.

Le XVIIIᵉ siècle est globalement présenté comme le **siècle des «Lumières»**.

Cette affirmation est en grande partie fondée, mais il faut bien savoir que les superstitions, l'**obscurantisme**, règnent encore en maîtres sur l'ensemble de la population.

Même des érudits croient encore aux sirènes, ou se figurent que des grenouilles vivent à l'intérieur de certaines pierres. Les sciences balbutient encore, même si les méthodes d'expérimentation systématique se mettent en place progressivement.

L'emprise de la religion sur la société civile est encore très forte, même si les jésuites voient leur influence décroître jusqu'à leur expulsion en 1762.

On se tourne progressivement vers les autres civilisations, mais on reste encore très méprisant pour elles, pour l'Islam notamment.

Les idées philosophiques progressent parmi les élites. Mais l'évolution n'a rien de continu. La montée de l'intolérance entre 1762 et 1766 est tout à fait frappante.

Lorsqu'on examine aujourd'hui les événements ou les textes du XVIIIe siècle, on a tendance à chercher d'emblée les **signes avant-coureurs de la Révolution**.

Or, Voltaire et Rousseau meurent dix ans avant elle, Marivaux vingt-cinq ans. Ces auteurs ont peu ou mal pressenti ce qui allait se passer.

La royauté reste le phare, le modèle. Même chez un philosophe comme Voltaire, on ne trouve que très rarement de critique du roi ou de la monarchie. Si un roi agit mal, on met en cause son entourage, ses conseillers et pas le monarque lui-même.

Le XVIIIe siècle est souvent présenté comme le **triomphe de la raison** et du raffinement. On évoque une vie de société fondée sur le loisir intelligent et l'art.

Mais toute médaille a un revers. Le XVIIIe siècle est aussi un siècle cru où l'on dit tout haut beaucoup de choses. Les tabous tombent. L'irréligion, le sexe ne sont plus passés sous silence. Sade, Rétif de La Bretonne, le théâtre de la foire sont à leur façon aussi représentatifs du XVIIIe siècle que le *Contrat social* ou l'*Emile*.

On écrit souvent aussi que le XVIIIe siècle est un **siècle sans poésie, au théâtre médiocre**. Ce jugement doit aussi être nuancé.

La poésie au XVIIIᵉ siècle est reine. Voltaire est considéré par ses contemporains comme le plus grand poète de son temps, même si aujourd'hui nous méprisons sa *Henriade* et bon nombre de ses petits vers. La poésie du XVIIIᵉ siècle est sans doute très conventionnelle, mais elle fait partie de la **vie sociale**. Les premiers journaux littéraires, comme le *Mercure de France*, impriment les poèmes de leurs lecteurs. Les correspondances sont truffées d'envois de poèmes.

Quant au théâtre, on pense généralement que les tragédies du XVIIIᵉ siècle sont de pâles imitations de Racine, que les comédies imitent Molière et que seuls Marivaux et Beaumarchais méritent d'être lus. On oublie les centaines, voire les milliers de pièces créées, applaudies, discutées, décriées; on oublie la **passion pour le théâtre** qui anime un large public; on oublie le culte des acteurs et surtout des actrices qui préfigure en quelque sorte notre « star-system ».

Les points forts

La force des intellectuels du XVIIIᵉ siècle, c'est d'être de brillants **touche-à-tout**. On n'est pas encore au règne des spécialisations. Les hommes de lettres sont aussi bien poètes, prosateurs ou hommes de théâtre. C'est avec le théâtre et la grande poésie qu'ils se font un nom. Avec les autres genres, ils acquièrent une réputation d'hommes d'esprit.

Les hommes de lettres se passionnent pour les **sciences** : Rousseau, passionné de botanique, Voltaire se livrant à des expériences de physique. La pluridisciplinarité est de mise.

Les théories esthétiques qui s'élaborent montrent la **parenté de tous les arts** : littérature, musique, peinture.

Le maître-mot du XVIIIᵉ siècle, ce n'est pas le mot « raison », mais le mot **« sensation »**. Qu'il s'agisse de prendre le mot dans son sens affectif, en se passionnant pour les **sentiments** et les passions, comme le font les principaux romanciers du siècle et Rousseau, ou qu'il s'agisse d'analyser philosophiquement l'importance de nos **sens** dans l'acquisition de nos connaissances, le sensualisme reste la révolution philosophique de ce siècle.

Le XVIIIe siècle est un siècle **cosmopolite**. Les philosophes sont de grands voyageurs. Voltaire séjourne en Grande-Bretagne, en Prusse et en Suisse, Diderot en Russie. Les récits de voyage, comme celui de Tournefort, deviennent des «best-sellers». Le sentiment européen est très fort. La langue des érudits européens et de la haute société est le français qu'on parle dans toutes les cours d'Europe. Le sentiment national est très faible : toutes les familles régnantes sont apparentées, les guerres sont des guerres dynastiques, coloniales ou commerciales, jamais patriotiques. Les soldats sont méprisés et considérés comme trop fainéants pour gagner leur vie autrement (on lit par exemple à l'entrée des jardins publics : «Ni chiens, ni mendiants, ni filles, ni soldats»).

Ambiguïté et modernité

Le XVIIIe siècle est tiraillé entre les **pesanteurs de l'Ancien Régime**, pesanteurs des superstitions et des institutions, et la **nouveauté des théories** philosophiques et politiques, fondées sur la liberté et la tolérance.

Les individus eux-mêmes sont parfois partagés. Voltaire lui-même, pourtant champion de la tolérance religieuse, n'échappe pas à certains préjugés graves comme l'antisémitisme et, politiquement, n'est en rien favorable à la démocratie.

Enfin, le XVIIIe siècle est le siècle qui fonde la modernité d'aujourd'hui. On peut y trouver pêle-mêle le développement de l'**imprimerie** moderne, les débuts de la **presse** périodique, les débuts de la **publicité**, les débuts du traditionnel café au lait du matin, bref tout ce qui fait notre quotidien.

XVIIIe

Saint-Simon

Louis de Rouvroy, duc de
né en : **1675**
mort en : **1755**

Famille   Fils d'un écuyer de petite noblesse fait duc et
pair de France par Louis XIII, Louis de Rou-
vroy, duc de Saint-Simon, est né à Paris.

Etudes   Destiné à la carrière militaire, malgré une nature chétive, il devient mousquetaire à 16 ans.

Le soldat   En 1693, il devient «maître de camp», mais
déçu de ne pas bénéficier de la promotion au
grade de brigadier, il quitte l'armée en 1702.

Le courtisan Il s'installe en 1710 à Versailles et cherche à
jouer un rôle à la Cour. Son épouse est devenue
dame d'honneur de la duchesse de Berry. Mais
ses talents ne sont pas reconnus par Louis XIV.
Il lie amitié avec le duc d'Orléans et lorsque
celui-ci devient régent en 1715, Saint-Simon entre au Conseil de Régence et fait adopter son
système de gouvernement, la «polysynodie»,
c'est-à-dire la multiplicité des «Conseils».
En 1722, il est chargé d'une mission diplomati-
que en Espagne.
Mais la mort du Régent en 1723 met fin à sa
carrière politique.

La retraite Depuis l'âge de 19 ans, Saint-Simon a pris l'habitude de noter ses impressions. Ecarté de la
Cour, il commence à rédiger ses *Mémoires*. Il
réside à Paris ou dans son château de La Ferté-
Vidame en Normandie. Son épouse meurt en
1743, son fils aîné en 1746, son second fils en
1754. Il meurt ruiné en 1755.

*« Ma passion la plus vive et la plus chère
est celle de ma dignité et de mon rang. »*

Œuvre

En 1729, le duc de Luynes lui confie le journal d'un aide de camp de Louis XIV, Dangeau. Saint-Simon fait copier les 37 volumes de cette chronique et commence à les annoter. A partir de 1739, aidé de cet aide-mémoire, il commence à rédiger ses *Mémoires*.

Cet ouvrage remplit près de **3 000 pages**.

A sa mort, tous ses biens sont saisis par ses créanciers. Ses mémoires, jugés subversifs par le gouvernement, sont mis sous séquestre. Ce n'est qu'en 1828 qu'un petit-cousin obtiendra le droit de les publier. L'édition comprend **21 volumes**.

L'ouvrage — qui a nécessité près de 50 000 pages de notes ! — retrace deux périodes :
1691-1715 : déclin du règne de Louis XIV ;
1715-1723 : la Régence et son propre rôle politique.

Ces *Mémoires* constituent un **témoignage** direct, un document très précieux, mais partial. Même s'il raconte des événements qui le rapprochent du XVIIᵉ siècle, du « Grand Siècle », même s'il garde un très fort esprit de caste aristocratique, son style et son ironie font bien de lui un auteur du XVIIIᵉ siècle. Ses portraits fulgurants, sa description de « la mécanique de cour », l'irrégularité de son style audacieux ont fait sa célébrité.

Extrait

Plaisant tour de Brissac aux dames dévotes de la cour (1713).
  Brissac est le major des gardes du corps du Roi.

Il y avait une prière publique tous les soirs dans la chapelle à Versailles, à la fin de la journée, qui était suivie d'un salut avec la bénédiction du saint sacrement tous les dimanches et les jeudis. L'hiver, le salut était à six heures ; l'été, à cinq, pour pouvoir s'aller promener après. Le Roi n'y manquait point les dimanches et très rarement les jeudis en hiver. A la fin de la prière, un garçon bleu, en attente dans la tribune, courait avertir le Roi, qui arrivait toujours un moment avant le salut; mais, qu'il dût venir ou non, jamais le salut ne l'attendait. Les officiers des gardes du corps postaient les gardes d'avance dans la tribune où le Roi l'entendait toujours. Les dames étaient soigneuses d'y garnir les travées des tribunes, et, l'hiver, de s'y faire remarquer par de petites bougies qu'elles avaient pour lire dans leurs livres, et qui donnaient à plein sur leur visage. La régularité était un mérite, et chacune, vieille et souvent jeune, tâchait de se l'acquérir auprès du Roi et de Mme de Maintenon. Brissac, fatigué d'y voir des femmes qui n'avaient pas le bruit de se soucier beaucoup d'entendre le salut, donna le mot un jour aux officiers qui postaient; et, pendant la prière, il arrive dans la travée du Roi, frappe dessus de son bâton, et se met à crier d'un ton autoritaire : « Gardes du Roi, retirez-vous; le Roi ne vient point au salut. » A cet ordre, tout obéit; les gardes s'en vont, et Brissac se colle derrière un pilier. Grand murmure dans les travées, qui étaient pleines, et, un moment après, chaque femme souffle sa bougie et s'en va, tant et si bien qu'il n'y demeura en tout que Mme de Dangeau et deux autres assez du commun. C'était l'ancienne chapelle. Les officiers, qui étaient avertis, avaient arrêté les gardes dans l'escalier de Blouin et dans les paliers, où ils étaient bien cachés, et, quand Brissac eut donné tout loisir aux dames de s'éloigner, et de ne pouvoir entendre le retour des gardes, il les fit reposter. Tout cela fut ménagé si juste, que le Roi arriva un moment après, et que le salut commença. Le Roi, qui faisait toujours des yeux le tour des tribunes, et qui les trouvait toujours pleines et pressées, fut dans la plus grande surprise du monde de n'y trouver en tout et pour tout que Mme de Dangeau et ces deux autres femmes. Il en parla dès en sortant de sa travée avec un grand étonnement. Brissac, qui marchait toujours près de lui, se mit à rire, et lui conta le tour qu'il avait fait à ces bonnes dévotes de cour dont il s'était lassé de voir le Roi la dupe. Le Roi en rit beaucoup, et encore plus le courtisan. On sut à peu près qui étaient celles qui avaient soufflé leurs bougies et pris leur parti sur ce que le Roi ne viendrait point, et il y en eut de furieuses, qui voulaient dévisager [*défigurer*] Brissac, qui ne le méritait pas mal par tous les propos qu'il tint sur elles.

XVIIIᵉ
Le théâtre
au XVIIIᵉ siècle

Le grand siècle du théâtre est plutôt pour nous aujourd'hui le XVIIᵉ siècle. On ne retient comme dramaturges pour le XVIIIᵉ siècle que Beaumarchais et Marivaux. Or la production théâtrale du XVIIIᵉ siècle est très abondante. Le public de l'époque est nombreux et passionné. La variété des genres proposés dans les spectacles est remarquable : tragédie classique, toujours appréciée, comédie, mais aussi d'autres formes moins célèbres comme les parades ou les livrets d'opéra.

Paris et la province

Paris

Au début du siècle, il y a à Paris deux théâtres réguliers : l'**Opéra** et la **Comédie-Française.** En 1716, les **Comédiens-Italiens** reviennent en France, protégés par le Régent, puis par Louis XV.

Parallèlement, se développent les **théâtres de la foire,** qui s'installent pour quelque temps sur les champs de foire. Le plus célèbre d'entre eux prend le nom d'Opéra-Comique en 1715. La concurrence entre les troupes est féroce.

La province

En province, la vie théâtrale est inégale. Elle devient plus riche à partir de 1750. Des troupes circulent, de nouvelles salles s'ouvrent. Autre particularité : les **théâtres de société**. Dans les collèges, à l'armée, chez les nobles et les grands bourgeois, on trouve des salles privées. Dans bon nombre de châteaux, une salle est réservée au spectacle. Ces représentations privées permettent de jouer un répertoire plus libre et plus audacieux.

L'Opéra

Dans la hiérarchie officielle, l'Académie royale de musique occupe la première place. Au XVIIIᵉ siècle, l'opéra attire plus de spectateurs que la tragédie.

L'Opéra est installé au Palais-Royal jusqu'à l'incendie de 1763. La direction de l'Opéra a longtemps prétendu interdire qu'on joue ailleurs de la musique. Mais, par manque d'argent, la direction est obligée de vendre son privilège aux forains qui peuvent dès lors présenter des chanteurs et des danseurs. En théorie, la Comédie-Italienne et la Comédie-Française ne peuvent présenter ni chant ni danse. La pratique est plus souple.

La Comédie-Française

Origine

La Comédie-Française est créée en 1680 : elle résulte de la fusion de l'**ancienne troupe de Molière**, de celle d'un nommé La Grange, troupe de l'Hôtel de Bourgogne, et des restes du théâtre du Marais.

Par un acte de 1699, les comédiens de cette troupe se partagent les bénéfices des représentations et administrent en commun le théâtre. Cette règle est encore de mise aujourd'hui.

Ces comédiens sont cependant soumis à l'autorité royale, dans le choix des acteurs et dans le choix du répertoire. La censure intervient, notamment pour l'affaire du *Mariage de Figaro* de Beaumarchais.

Répertoire

La Comédie-Française est investie d'un double rôle dès cette époque : préserver le **patrimoine** et créer de **nouvelles pièces.** Au XVIIIᵉ siècle, on joue beaucoup encore Molière, Corneille et Racine, mais de 1715 à 1750, 266 pièces y sont créées.

Malgré un relatif succès (400 spectateurs en moyenne par soirée), l'équilibre financier est précaire. Certains hivers, le théâtre ferme à cause du froid. En 1712, le théâtre reste fermé trois mois à cause d'un deuil dans la famille royale...

Presque toutes les tragédies sont jouées à la Comédie-Française, une partie seulement des comédies. On reconnaît généralement une grande qualité aux acteurs du Français, qui sont parfois auteurs eux-mêmes, comme Dancourt qui a écrit 56 pièces.

Le Théâtre-Italien

Origine

Les comédiens italiens avaient été expulsés de Paris en 1697 pour avoir joué une comédie intitulée *La Fausse prude* où Mᵐᵉ de Maintenon, favorite de Louis XIV, s'était reconnue.

Le Régent, en 1716, les rappelle. Ils se réinstallent à l'Hôtel de Bourgogne, la plus vieille salle de théâtre de Paris. Ils reçoivent en 1723 une pension de Louis XV.

A la tête de la troupe, se trouve **Riccoboni**, dit Lélio, avec sa femme Flaminia, romancière spirituelle, et son beau-frère Mario et sa femme Silvia. Cette affaire de famille connaît tout de suite un grand succès, bien que jouant en italien.

Répertoire

Riccoboni, conscient néanmoins des difficultés dues à l'obstacle de la langue, fait alterner des pièces en français et des pièces en italien. Les auteurs entretiennent des relations amicales avec cette troupe au ton plus libre. On retrouve avec eux la **tradition italienne** d'improvisation, de pantalonnade.

Les théâtres de la foire

Origine

Il y a à Paris deux grandes foires, celle de Saint-Germain en février-mars, et celle de Saint-Laurent de juillet à septembre. On y voit des spectacles de toutes sortes, danseurs de corde, montreurs de marionnettes, etc.

Mais, sous l'impulsion de véritables entrepreneurs de spectacles, des troupes d'acteurs se forment. On achète la pièce à un auteur, on fait construire un grand baraquement sur le champ de foire qui peut contenir jusqu'à mille personnes et on paie les acteurs au cachet.

Répertoire

Le répertoire de la foire est très libre. Seigneurs et bourgeois viennent s'y encanailler. La lutte avec les théâtres réguliers est âpre. Les acteurs jouent volontiers des parodies des pièces à succès jouées ailleurs.

Contrairement aux usages de la Comédie-Française et de la Comédie-Italienne, on ne pratique pas l'alternance entre plusieurs spectacles : on joue une pièce tant qu'elle a du succès. Le théâtre de la foire est l'**ancêtre du théâtre de boulevard** du XIXᵉ et du XXᵉ siècle.

La richesse et la variété des spectacles offerts au public explique bien l'engouement extraordinaire des spectateurs pour le théâtre.

XVIIIᵉ

Marivaux

Pierre Carlet de Chamblain de
né en : **1688**
mort en : **1763**

Famille

Pierre Carlet de Chamblain de Marivaux appartient par son père à une famille de l'administration royale. Par sa mère, sœur d'un architecte du roi, il est amené à fréquenter la haute société.

Etudes

Les fonctions de son père obligent la famille à vivre en Auvergne, à Riom. Marivaux étudie au Collège des Oratoriens de Riom. En 1710, il suit des cours de droit. Il vient poursuivre ses études à Paris en 1712. Mais il les interrompt en 1713.

L'homme de lettres

Marivaux écrit depuis 1709. En 1712, il fait paraître à Limoges une première comédie maladroite. Il a dans ses cartons un long roman et en finit un second. Il devient assez vite un homme de lettres parisien : spirituel, volontiers satirique et parodique.

Le silence

Entre 1716 et 1721, Marivaux ne fait rien paraître. Les bouleversements politiques et la nécessité de réfléchir sur de nouvelles voies pour la comédie expliquent peut-être ce silence. Il se marie en 1717 avec une jeune fille richement dotée. Il spécule avec le système de Law et se ruine.

Le retour

En 1721, Marivaux reprend et achève ses études de droit. Il devient avocat mais fait aussi son retour à la littérature.
Pendant vingt ans, il donne des comédies à jouer, surtout aux Comédiens-Italiens, et devient un maître dans ce genre. Il reste veuf en 1723, avec une petite fille, Colombine.
Journaliste connu, auteur à succès, il fréquente vers 1730 les salons et les cafés à la mode et publie un énorme roman, *La Vie de Marianne*.

La retraite   En 1740, il se met en ménage avec une actrice, Mlle de Saint-Jean, avec laquelle il vivra jusqu'à sa mort.
Il entre à l'Académie française en 1742. Mais il n'écrit plus beaucoup.
En 1745, sa fille entre au couvent.
Il meurt en 1763.

Œuvres

Marivaux a écrit 34 comédies en prose, 1 tragédie, 3 journaux littéraires, 3 romans et plusieurs parodies. Voici les titres de ses principales œuvres.

1720   *Arlequin poli par l'Amour*, comédie.
1721-24   *Le Spectateur français*, feuille périodique littéraire.
1722   *La Surprise de l'Amour*, comédie.
1723   *La Double Inconstance*, comédie.
1724   *Le Prince travesti*, comédie.
          La Fausse suivante, comédie.
1725   *L'Ile des esclaves*, comédie.
1727   *L'Indigent philosophe*, feuille périodique littéraire.
1730   *Le Jeu de l'Amour et du hasard*, comédie.
1731-41   *La Vie de Marianne*, roman resté inachevé.
1732   *Les Serments indiscrets*, comédie.
          Le Triomphe de l'Amour, comédie.
1734   *Le Cabinet du Philosophe*, feuille périodique littéraire.
1734-35   *Le Paysan parvenu*, roman resté inachevé.
1737   *Les Fausses confidences*, comédie.
1740   *L'Epreuve*, comédie.
1744   *La Dispute*, comédie.

Les critiques du XIXe siècle voyaient surtout en Marivaux le «maître de l'analyse psychologique». Aujourd'hui, on analyse davantage l'apport de la commedia dell'arte, le jeu des masques et la mécanique théâtrale. Ecrivain résolument moderne, Marivaux reste l'un des auteurs les plus joués du répertoire.

XVIIIᵉ

GROS PLAN SUR..

Manon Lescaut

Abbé Antoine-François Prévost

Date : 1731

Genre	Roman.
Composition	Le tome VII des *Mémoires d'un homme de qualité* que l'abbé Prévost fait paraître en 1731 contient une histoire séparée, celle de Manon Lescaut. Publié à part en 1753, le roman connaît un succès considérable. Son titre exact est : *Histoire du chevalier des Grieux et de Manon Lescaut*.
Thème	Des Grieux, âgé de 17 ans, doit quitter Amiens où il faisait ses études. La veille de son départ, il rencontre Manon qui a 15 ans et qui doit entrer au couvent. Il tombe amoureux et l'enlève.
	Ils s'installent à Paris. Mais Manon aime le luxe et trompe des Grieux. Des Grieux se fait prêtre. Mais un jour Manon vient lui rendre visite et refait sa conquête. Ils s'installent à nouveau ensemble.
	Le frère de Manon est un mauvais sujet. Il apprend à des Grieux comment tricher au jeu. Arrêté, des Grieux doit tuer un domestique pour s'échapper. Mais Manon et lui sont à nouveau arrêtés.
	Des Grieux est libéré, mais Manon est déportée en Louisiane. Il la fait évader, mais il l'entraîne dans le désert et Manon meurt d'épuisement. Il se couche sur sa tombe, désespéré. Ramené par un ami en France, il traîne une existence misérable.
	La passion fatale, la peinture de la déchéance morale, et l'analyse psychologique ont fait le succès de ce roman bref.

Extrait

La Rencontre

J'avais marqué le temps de mon départ d'Amiens. Hélas! que ne le marquais-je un jour plus tôt! J'aurais porté chez mon père toute mon innocence. La veille même de celui que je pensais quitter cette ville étant à me promener avec mon ami, qui s'appelait Tiberge, nous vîmes arriver le coche d'Arras, et nous le suivîmes par curiosité jusqu'à l'auberge où ces voitures descendent. Nous n'avions point d'autre dessein que de savoir de quelles personnes il était rempli. Il en sortit quelques femmes qui se retirèrent aussitôt; il n'en resta qu'une, fort jeune, qui s'arrêta seule dans la cour; pendant qu'un homme d'un âge avancé qui paraissait lui servir de conducteur s'empressait pour faire tirer son équipage des paniers. Elle était si charmante, que moi, qui n'avais jamais pensé à la différence des sexes, et à qui il n'était peut-être jamais arrivé de regarder une fille pendant une minute, moi dis-je, dont tout le monde admirait la sagesse et la retenue, je me trouvai enflammé tout d'un coup, jusqu'au transport et à la folie. J'avais le défaut naturel d'être excessivement timide et facile à déconcerter, mais loin d'être arrêté alors par cette faiblesse, je m'avançai vers la maîtresse de mon cœur. Quoiqu'elle fût encore moins âgée que moi, elle reçut le compliment honnête que je lui fis, sans paraître embarrassée. Je lui demandai ce qui l'amenait à Amiens, et si elle y avait quelques personnes de connaissance. Elle me répondit ingénument qu'elle y était envoyée par ses parents pour être religieuse. L'amour me rendait déjà si éclairé depuis un moment qu'il était dans mon cœur, que je regardai ce dessein comme un coup mortel pour mes désirs.

XVIIIe

Montesquieu

**Charles-Louis de Secondat,
baron de la Brède et de**
né en : **1689**
mort en : **1755**

Famille	Charles-Louis de Secondat, baron de Montesquieu, est né près de Bordeaux dans le château de famille. Il fait partie d'une famille de parlementaires.
Etudes	Il fait ses études au collège de Juilly, tenu par les Oratoriens. Il apprend ensuite le droit à Bordeaux, puis à Paris.
Le magistrat	Montesquieu fait un riche mariage. En 1716, il devient à son tour parlementaire à Bordeaux, héritant de la charge de son oncle, mais il a peu de goût pour la procédure et se consacre à des recherches d'érudition. Il devient membre de l'Académie des Sciences de Bordeaux. Il fait paraître à Amsterdam *Les Lettres persanes* en 1721.
Le succès et les voyages	Il connaît alors le succès, est accueilli dans les salons les plus brillants, est élu à l'Académie française. En 1726, il démissionne de sa charge et se consacre à ses travaux intellectuels. De 1728 à 1729, il fait un grand voyage à travers toute l'Europe : Allemagne, Autriche, Italie, Suisse, Hollande et Angleterre. Il séjourne alors deux ans en Angleterre et étudie de près les institutions de ce pays.
La réflexion et l'écriture	A son retour en France en 1731, il se fixe dans son château du Bordelais et travaille sur l'histoire du peuple romain.

Il partage son temps entre son domaine et les salons parisiens. Il fait le point de ses connaissances et réflexions concernant les institutions politiques.

Usé par le travail, il devient presque aveugle.

Son ouvrage, *De l'Esprit des lois*, lui vaut de vives attaques, mais aussi la gloire. Son livre est censuré par la Sorbonne et mis à l'index par Rome. Il se lie avec d'Alembert et les Encyclopédistes.

Il meurt d'une épidémie de fièvre maligne à Paris en 1755.

Œuvres

1721 *Les Lettres persanes*, roman par lettres.
1734 *Considérations sur les causes de la grandeur des Romains et de leur décadence*, essai historique.
1748 *De l'Esprit des lois*, essai politique.
1750 *Défense de l'Esprit des lois*, réponse aux attaques.

Les idées politiques de Montesquieu

● **La classification des pouvoirs**

Montesquieu distingue trois types de gouvernement :
– le républicain, où le peuple (démocratie) ou une partie du peuple (aristocratie) gouverne ;
– le monarchique, où un seul homme gouverne par des lois fixes et établies ;
– et le despotique, où un seul gouverne, sans lois et sans règles, selon son caprice.

● **Le principe des gouvernements**

Chaque type de gouvernement repose sur un principe qui assure sa sauvegarde.

Républicain	Monarchique	Despotique
vertu	honneur	crainte

Le mot «vertu», chez Montesquieu, correspond à ce que nous appelons plutôt le «sens civique», qui consiste à faire passer l'intérêt général avant son intérêt particulier.

● **Les pouvoirs intermédiaires**
Montesquieu propose une monarchie modérée, sur le modèle anglais. Des pouvoirs intermédiaires sont nécessaires selon lui pour maintenir l'équilibre entre arbitraire et anarchie : clergé, noblesse, Parlement, en particulier.

● **La séparation des pouvoirs**
Montesquieu, dans le même souci d'équilibre, souhaite que les pouvoirs majeurs dans les institutions soient séparés. Ce principe est aujourd'hui encore à la base des institutions des démocraties occidentales.

Pouvoir exécutif	guerre, sécurité, application des lois	le monarque
Pouvoir législatif	rédaction des lois	le peuple ou ses représentants
Pouvoir judiciaire	jugements d'après les lois	Parlements

XVIIIᵉ

GROS PLAN SUR...

Les Lettres persanes

**Charles-Louis
de Montesquieu**   Date : 1721

Genre   Roman épistolaire (par lettres), satire.

Composition Pour se délasser de ses travaux très sérieux pour
l'Académie des Sciences de Bordeaux (sur la
religion romaine, sur les glandes rénales, etc.),
Montesquieu écrit *Les Lettres persanes*, roman
oriental par lettres qu'il fait paraître sans nom
d'auteur à Amsterdam.

Thème   Deux Persans, Usbek et Rica, sont obligés de
quitter Ispahan, capitale de la Perse (au-
jourd'hui l'Iran), pour fuir leurs ennemis. Ils
visitent la France entre 1712 et 1720. Ils échangent des lettres avec plusieurs amis : Mirza, resté
en Perse, qui donne à Usbek des nouvelles de
son harem, Ibben à Smyrne, et Rhedi en voyage
à Venise.
Une quarantaine de lettres est consacrée aux
nouvelles du harem. Ce roman oriental et sentimental à l'intérieur du roman, aboutit à
un drame : le suicide de la favorite d'Usbek,
Roxane.

L'ensemble du roman est une attaque vive,
une satire de la France à la fin du règne de
Louis XIV, critique sociale, politique et religieuse. La fiction orientale permet beaucoup de
hardiesses. Montesquieu expose ses propres
idées : ordre idéal fondé sur la justice et la raison, respect de la nature et de l'équilibre, haine
du despotisme.

Forme   Roman composé de 161 lettres.

Modèles   L'Orient est très à la mode : récits de voyages, notamment de Tavernier (1676-1679) et de Chardin (1711), traductions des *Mille et Une Nuits* par Galland (1704-1717). En 1707, Dufresny fait publier avec succès les *Amusements sérieux et comiques d'un Siamois*, où un Siamois (Thaïlandais) visite la France.

Extrait

Lettre XXX, de Rica à Ibben.

De Paris, le 6 de la lune de Chalval, 1712.

Les habitants de Paris sont d'une curiosité qui va jusqu'à l'extravagance. Lorsque j'arrivai, je fus regardé comme si j'avais été envoyé du ciel : vieillards, hommes, femmes, enfants, tous voulaient me voir. Si je sortais, tout le monde se mettait aux fenêtres ; si j'étais aux Tuileries, je voyais aussitôt un cercle se former autour de moi ; les femmes même faisaient un arc-en-ciel nuancé de mille couleurs qui m'entourait. Si j'étais aux spectacles, je trouvais d'abord cent lorgnettes dressées contre ma figure ; enfin jamais homme n'a été tant vu que moi. Je souriais quelquefois d'entendre des gens, qui n'étaient presque jamais sortis de leur chambre, qui disaient entre eux : « Il faut avouer qu'il a l'air bien persan. » Chose admirable ! Je trouvais de mes portraits partout, je me voyais multiplié dans toutes les boutiques, sur toutes les cheminées, tant on craignait de ne pas m'avoir assez vu.

Tant d'honneurs ne laissaient pas d'être à charge : je ne me croyais pas un homme si curieux et si rare ; et, quoique j'aie très bonne opinion de moi, je ne me serais jamais imaginé que je dusse troubler le repos d'une grande ville où je n'étais point connu. Cela me fit résoudre à quitter l'habit persan et à en endosser un à l'européenne, pour voir s'il resterait encore dans ma physionomie quelque chose d'admirable. Cet essai me fit connaître ce que je valais réellement ; libre de tous ornements étrangers, je me vis apprécié au plus juste. J'eus sujet de me plaindre de mon tailleur qui m'avait fait perdre en un instant l'attention et l'estime publique ; car j'entrai tout à coup dans un néant affreux. Je demeurais quelquefois une heure dans une compagnie sans qu'on m'eût regardé, et qu'on m'eût mis en occasion d'ouvrir la bouche : mais si quelqu'un par hasard apprenait à la compagnie que j'étais Persan, j'entendais aussitôt autour de moi un bourdonnement : « Ah ! Ah ! Monsieur est Persan ! C'est une chose bien extraordinaire ! Comment peut-on être Persan ? »

XVIIIe

Voltaire

François-Marie Arouet, dit
né en : **1694**
mort en : **1778**

Famille	François-Marie Arouet naît à Paris dans un milieu bourgeois aisé. Il perd sa mère à l'âge de 7 ans.
Etudes	Il fait ses études chez les jésuites, au collège Louis-le-Grand.
Une jeunesse turbulente	Le jeune homme fréquente les milieux libertins et épicuriens, notamment la Société du Temple. Il se fait vite une petite réputation qui lui vaut d'être reçu à Sceaux, chez la duchesse Du Maine. Il n'a pas vraiment de domicile et vit en parasite chez les Grands. Ses écrits satiriques et insolents contre le Régent l'envoient en 1717 à la Bastille et l'obligent en 1719 à rester éloigné de Paris. Il débute en littérature, prend le pseudonyme de « Voltaire » et cherche à se faire connaître dans les grands genres : odes, tragédie, épopée. En 1726, un différend l'oppose avec le chevalier de Rohan, rejeton d'une grande famille. Celui-ci le fait rouer de coups et obtient son embastillement. Voltaire, à qui on laisse le choix, préfère s'exiler en Angleterre de 1726 à 1729. Il découvre les Anglais, leur littérature, leur philosophie, leurs institutions. A son retour en France, il a de nouvelles ambitions.
Madame Du Châtelet	En 1734, il fait paraître *Les Lettres philosophiques*, résultat de ses découvertes anglaises. Il a rencontré une femme très intelligente, versée dans les sciences, et craignant les poursuites policières, il va se réfugier chez elle en 1734, à

Cirey, en Champagne. Elle est mariée, mais ils vont mener une sorte de vie de couple, consacrée en grande partie à la science et à la philosophie. Ils se passionnent pour les récentes découvertes de Newton. Mais une brouille sépare les deux amants.

De 1744 à 1747, protégé de Mᵐᵉ de Pompadour, Voltaire connaît une période florissante : il est nommé historiographe du Roi, élu à l'Académie française (1746). Mais il déplaît à Louis XV.

Frédéric II et Berlin
Le jeune roi Frédéric II de Prusse l'invite à Berlin. Voltaire s'y rend en 1750. Il espère avoir de l'influence sur le roi et croit trouver en lui le « despote éclairé » dont il rêve. Mais la déception ne tarde pas, une fois passé le premier enthousiasme.

Le patriarche de Ferney
A son retour de Prusse, Voltaire trouve refuge près de Genève, aux Délices, où se trouve aujourd'hui le Musée Voltaire. Finalement, en 1760, il se fixe à Ferney, à la frontière suisse, côté français. Là, il installe des fabriques et joue au seigneur éclairé. Celui qu'on appelle alors « le patriarche de Ferney » reçoit de nombreuses visites. Il se tient au courant de l'actualité. Il défend la cause de Calas (1762), de Sirven (1764), du chevalier de La Barre (1766). Il se montre redoutable polémiste.

En 1778, il revient à Paris pour assister à la représentation de sa dernière tragédie, *Irène*. C'est un triomphe : il est acclamé dans les rues. Mais cette fatigue excessive est fatale au vieillard, et il meurt à 84 ans.

Voltaire poète et dramaturge

La poésie et le théâtre sont les deux domaines où Voltaire s'est acquis une **réputation solide** auprès de ses contemporains. Aujourd'hui ces œuvres sont tombées dans l'oubli. Notons simplement :
— une épopée, *La Henriade* (1724), avec Henri IV comme héros ;

— des poèmes philosophiques, sur les découvertes de
Newton, sur le désastre de Lisbonne (tremblement de
terre), sur la religion;
— des poésies diverses en très grand nombre, satiri-
ques, lyriques ou mondaines;
— 27 tragédies, dont *Zaïre* (1732) et *Mahomet* (1741)
sont les plus connues;
— 6 comédies.

Voltaire historien

Dans la lignée de Bayle et Fontenelle, et de Montesquieu, Voltaire met au point des méthodes en histoire
qui font de lui le **premier des historiens modernes**. Il
fonde sa démarche sur une documentation précise qui
remonte aux sources, sur la confrontation des thèses et
l'analyse critique, sur la simplification et la synthèse.

Mais l'histoire reste avec lui un genre littéraire : importance de la clarté du style, vivacité des portraits,
sens de la narration.

1731 *Histoire de Charles XII*, roi de Suède qui régna de
1682 à 1718.
1751 *Le Siècle de Louis XIV*.
1756 *L'Essai sur les mœurs et l'esprit des nations*.
1766 *Précis du règne de Louis XV*.

Voltaire philosophe

Voltaire a toujours lutté par la plume pour ses idées de
tolérance. Sa lutte contre l'arbitraire et le fanatisme
s'exprime surtout à travers trois œuvres :

1734 *Les Lettres philosophiques*.
1763 *Le Traité sur la tolérance*, qui paraît en pleine affaire
Calas et qui est un plaidoyer pour le respect de l'autre,
notamment en matière de religion.
1764 *Le Dictionnaire philosophique*, qui présente sous forme
d'articles de dictionnaire amusants et spirituels la pensée de Voltaire dans son combat contre le fanatisme.

Toute la philosophie de Voltaire est marquée par la philosophie anglaise et en particulier par le **sensualisme de John Locke** (1632-1704), philosophe qui donne la plus haute importance aux sens dans l'acquisition des connaissances.

Voltaire conteur et romancier

C'est le Voltaire conteur que connaît le mieux le grand public. Ses contes, qui au XVIIIe siècle étaient considérés comme des œuvres mineures, font aujourd'hui sa célébrité.

Voltaire, avec beaucoup de talent, raconte avec vivacité des **histoires amusantes** qui, en même temps, illustrent parfaitement ses **idées philosophiques**.

Les plus connus sont les suivants :

1747 *Zadig ou la destinée.*
1757 *Micromégas.*
1759 *Candide ou l'optimisme.*
1767 *L'Ingénu.*

Voltaire épistolier

Voltaire de 1711 à 1778 écrit plus de 20 000 lettres à environ 800 correspondants. C'est dire la mine de renseignements sur sa biographie que représente cette correspondance.

Epistolier habile, Voltaire est devenu un modèle dans ce domaine pour ses contemporains et pour les générations qui ont suivi.

XVIIIᵉ

GROS PLAN SUR...

Les Lettres philosophiques

Voltaire   **Date : 1734**

Genre	Texte politique et philosophique, parfois proche du pamphlet, composée de 24 lettres.
Composition	En 1733, Voltaire a presque 40 ans. Il est déjà connu comme poète et comme dramaturge, mais depuis son séjour en Angleterre, il nourrit d'autres ambitions. Il veut travailler sur des sujets sérieux qui lui tiennent à cœur : l'intolérance, la religion, le développement du commerce. Les difficultés avec la censure sont prévisibles. Voltaire fait donc appel à un éditeur audacieux de Rouen. Simultanément, il fait paraître son texte à Londres en langue anglaise. L'édition française mène l'éditeur à la Bastille, et Voltaire, contre qui une lettre de cachet a été lancée, est contraint de fuir et de trouver refuge chez Mᵐᵉ Du Châtelet, à Cirey, en Champagne.
Thème	**Lettres 1 à 7** : lettres consacrées à la religion; le grand nombre des sectes en Angleterre doit inciter à la tolérance (importance des Quakers). **Lettres 8 à 10** : la vie politique et sociale; le Parlement, le gouvernement, le commerce; libéralisme de Voltaire. **Lettres 11 à 17** : la philosophie; mépris des préjugés; éloge des philosophes anglais Bacon, Locke et Newton. **Lettres 18 à 24** : la littérature; Voltaire passe en revue les genres littéraires et insiste sur la considération qu'on doit avoir pour les gens de lettres. **Lettres 25** : réfutation des *Pensées* de Pascal.
Portée	*Les Lettres philosophiques* sont une œuvre de combat politique. En présentant l'Angleterre

comme un modèle religieux (tolérance), politique (libéralisme), philosophique et littéraire, Voltaire attaque avec virulence les institutions et la société françaises. Le parallèle sous-entendu entre les deux pays apparente le texte à la satire ou au pamphlet. Cette première œuvre de combat connaît un grand succès malgré la censure et les interdictions.

Extrait

Lettre 10 sur le commerce.

Le commerce, qui a enrichi les citoyens en Angleterre, a contribué à les rendre libres, et cette liberté a étendu le commerce à son tour; de là s'est formée la grandeur de l'Etat; c'est le commerce qui a établi peu à peu les forces navales, par qui les Anglais sont les maîtres des mers. Ils ont à présent près de deux cents vaisseaux de guerre, la postérité apprendra peut-être avec surprise qu'une petite île, qui n'a de soi-même qu'un peu de plomb, de l'étain, de la terre à foulon, et de la laine grossière, est devenue par son commerce assez puissante pour envoyer en 1723 trois flottes à la fois en trois extrémités du monde, l'une devant Gibraltar conquise et conservée par ses armes, l'autre à Portobello pour ôter au roi d'Espagne la jouissance des trésors des Indes, et la troisième dans la mer Baltique pour empêcher les puissances du Nord de se battre.

Quand Louis XIV faisait trembler l'Italie, et que ses armées déjà maîtresses de la Savoie et du Piémont étaient prêtes de prendre Turin, il fallut que le prince Eugène marchât du fond de l'Allemagne au secours du duc de Savoie; il n'avait point d'argent sans quoi on ne prend ni ne défend les villes, il eut recours à des marchands anglais; en une demie heure de temps on lui prêta cinquante millions, avec cela il délivra Turin, battit les Français, et écrivit à ceux qui lui avaient prêté cette somme ce petit billet: «Messieurs, j'ai reçu votre argent et je me flatte de l'avoir employé à votre satisfaction.» [...]

En France est marquis qui veut, et quiconque arrive à Paris du fond d'une province avec de l'argent à dépenser et un nom en Ac ou en Ille, peut dire «un homme comme moi, un homme de ma qualité», et mépriser souverainement un négociant; le négociant entend luimême parler si souvent avec dédain de sa profession, qu'il est assez sot pour en rougir; je ne sais pourtant lequel est le plus utile à un Etat, ou un seigneur bien poudré qui sait précisément à quelle heure le roi se lève, à quelle heure il se couche, et qui se donne des airs de grandeur en jouant le rôle d'esclave dans l'antichambre d'un ministre, ou un négociant qui enrichit son pays, donne de son cabinet des ordres à Surate et au Caire, et contribue au bonheur du monde.

XVIIIᵉ

GROS PLAN SUR...

Candide

Voltaire   **Date : 1759**

Genre	Conte philosophique en prose.
Composition	Voltaire écrit *Candide* pendant qu'il prépare sa retraite à Ferney. Le tremblement de terre de Lisbonne avec ses 30 000 morts et la guerre de Sept ans marquent la fin des années 1750. Voltaire ne voit pas là de raisons d'être particulièrement optimiste.
Thème	Le jeune Candide est élevé dans le château d'un baron de Westphalie et suit les leçons de Pangloss qui pense que «tout est pour le mieux dans le meilleur des mondes possibles». Il tombe amoureux de Cunégonde, la fille du baron.
	Chassé par le père de Cunégonde, il est enrôlé de force dans l'armée bulgare, il déserte et retrouve Pangloss. Il apprend que le château du baron a été brûlé et ses habitants massacrés.
	Candide et Pangloss sont à Lisbonne quand survient le tremblement de terre. Les malheurs continuent de s'abattre sur eux : ils sont condamnés à mort par l'Inquisition. Mais Candide est sauvé par Cunégonde qui avait échappé au massacre de sa famille.
	Ils partent ensemble en Amérique du Sud. Des aventures échevelées les mènent en Argentine, puis au Paraguay. Candide doit se séparer de Cunégonde. Il gagne le royaume imaginaire de l'Eldorado, mais n'y reste pas. Il repart avec le savant Martin qui est, lui, un tenant du pessimisme.
	Au Surinam, Candide découvre les horreurs de l'esclavage. Leur tournée en Europe, de Paris à

Venise, en passant par Londres, leur montre partout les abus et les injustices. Il part pour Constantinople où il libère Pangloss devenu galérien. Il délivre également Cunégonde qui était esclave. Elle a vieilli, elle est laide, mais Candide l'épouse tout de même. Ils s'installent tous ensemble dans une petite ferme turque où ils travailleront paisiblement.

Voltaire attaque en les caricaturant les théories de Leibniz, tourné en ridicule dans le personnage de Pangloss. La leçon que Voltaire tire des aventures extraordinaires d'un jeune homme trop candide, c'est que le spectacle du monde est désolant, que la métaphysique et les réflexions abstraites sont une perte de temps et qu'il faut vivre et travailler en exerçant au mieux ses talents.

> *« Il faut cultiver notre jardin. »*
> Paroles de Candide à la fin du conte.

Extrait

Candide arrive au Surinam et découvre l'horrible réalité de l'esclavage.

En approchant de la ville, ils rencontrèrent un nègre étendu par terre, n'ayant plus que la moitié de son habit, c'est-à-dire d'un caleçon de toile bleue; il manquait à ce pauvre homme la jambe gauche et la main droite.
« Eh, mon Dieu! lui dit Candide en hollandais, que fais-tu là, mon ami, dans l'état horrible où je te vois?
— J'attends mon maître, M. Vanderdendur le fameux négociant, répondit le nègre.
— Est-ce M. Vanderdendur, dit Candide, qui t'a traité ainsi?
— Oui, Monsieur, dit le nègre; c'est l'usage. On nous donne un caleçon de toile pour tout vêtement deux fois l'année; quand nous travaillons aux sucreries et que la meule nous attrape le doigt, on nous coupe la main; quand nous voulons nous enfuir, on nous coupe la jambe; je me suis trouvé dans ces deux cas: c'est à ce prix que vous mangez du sucre en Europe. Cependant lorsque ma mère me vendit dix écus patagons sur la côte de Guinée, elle me disait: « Mon cher enfant, bénis nos fétiches, adore-les toujours, ils te feront vivre heureux; tu as l'honneur d'être esclave de nos seigneurs les

blancs, et tu fais par là la fortune de ton père et de ta mère. » Hélas!
je ne sais pas si j'ai fait leur fortune, mais ils n'ont pas fait la mienne;
les chiens, les singes et les perroquets sont mille fois moins malheureux que nous. Les fétiches hollandais, qui m'ont converti, me disent
tous les dimanches que nous sommes tous enfants d'Adam, blancs
et noirs. Je ne suis pas généalogiste; mais si ces prêcheurs disent
vrai, nous sommes tous cousins issus de germain; or, vous
m'avouerez qu'on ne peut pas en user avec ses parents d'une
manière plus horrible.

— O Pangloss! s'écria Candide, tu n'avais pas deviné cette abomi-
nation! c'en est fait, il faudra qu'à la fin je renonce à ton optimisme.

— Qu'est-ce qu'optimisme? disait Cacambo.

— Hélas! dit Candide, c'est la rage de soutenir que tout est bien
quand on est mal. »

Et il versait des larmes en regardant son nègre, et en pleurant il
entra dans Surinam.

XVIIIe

Rousseau

prénom : **Jean-Jacques**
né en : **1712**
mort en : **1778**

Famille	Né à Genève, d'une famille protestante d'origine française, Rousseau perd sa mère à sa naissance.
Etudes	Son père ne se préoccupe pas de son éducation. Il le met ensuite en pension chez un pasteur. En 1724, Rousseau est recueilli par une tante. Commis-greffier, puis apprenti chez un graveur, Rousseau finalement en 1728 décide de tenter sa chance en France et part à l'aventure.
Le vagabondage	Hébergé par un prêtre, puis à Annecy chez Mme de Warens récemment convertie au catholicisme, il est envoyé à Turin où il reçoit le baptême catholique. Une vie vagabonde commence : laquais, puis cinq mois au séminaire d'Annecy, séjours à Lyon, à Fribourg, à Lausanne, à Neuchâtel, à Berne. C'est ensuite le retour en France. Il retrouve Mme de Warens à Chambéry en 1732.
Mme de Warens	A Annecy, puis à partir de 1737 aux Charmettes, non loin de la ville, Rousseau passe des années délicieuses auprès de Mme de Warens. Il se cultive, apprend la musique, lit beaucoup.
La vie mondaine	En 1741, Rousseau vient à Paris. En 1743, Rousseau accompagne l'ambassadeur de France à Venise, mais il se brouille avec lui. A son retour en France, il fréquente les salons, devient le secrétaire de Mme Dupin. Il se lie avec Voltaire et les Encyclopédistes.

Il se met en ménage avec Thérèse Levasseur, servante d'auberge, dont il a cinq enfants qui sont déposés aux Enfants Trouvés.

L'élaboration d'un système
En allant rendre visite à Diderot emprisonné à Vincennes, Rousseau pendant l'été 1749 a l'intuition de son système : l'homme est bon par nature, mais corrompu par la société. Il reçoit un prix de l'Académie de Dijon. Il connaît la gloire. Mais pour gagner sa vie, il copie des partitions de musique. Il poursuit l'élaboration de ses thèses.

L'Ermitage
Il retourne à Genève en 1754 et redevient calviniste.
En 1756, Mᵐᵉ d'Epinay l'invite à Montmorency, dans sa propriété de l'Ermitage. Il tombe amoureux de Mᵐᵉ d'Houdetot, mais elle n'est pas libre. Des brouilles se succèdent avec Diderot et Grimm. Il se dispute avec Mᵐᵉ d'Epinay en 1757.

La rupture avec les philosophes
Déjà fâché avec Diderot, Rousseau entame en 1758 une polémique avec d'Alembert en soutenant contre lui que le théâtre doit être condamné comme immoral. Il se brouille du même coup avec Voltaire. Entre 1758 et 1762, il est fréquemment reçu chez M. et Mᵐᵉ de Luxembourg près de Montmorency et écrit beaucoup.

La fuite
En 1762, la condamnation de l'*Emile* à Paris comme à Genève l'oblige à fuir. Il se réfugie en Suisse, à Yverdon, puis à Motiers où il séjourne de 1762 à 1765. Il doit à nouveau fuir et s'installe dans l'île Saint-Pierre, sur le lac de Bienne. Il séjourne plus d'un an en Angleterre.
En 1767, il revient en France et se fixe à Paris en 1770.

Le solitaire
Il se sent en butte à une hostilité générale et vit en solitaire. En 1778, il se rend chez M. et Mᵐᵉ de Girardin à Ermenonville, et c'est là qu'il meurt quelques mois plus tard.

Œuvres

L'œuvre de Rousseau est abondante : discours, traités, écrits autobiographiques, roman, mais aussi opéra, traités de musique, ouvrages de botanique, poésies, théâtre... Les œuvres principales sont les suivantes :

1750	*Discours sur les sciences et les arts.*
1755	*Discours sur l'origine et les fondements de l'inégalité parmi les hommes.*
1758	*Lettre à d'Alembert sur les spectacles.*
1761	*Julie ou la Nouvelle Héloïse*, roman.
1762	*Le Contrat social.*
	Emile ou de l'Education.
1781-88	*Les Confessions* (écrit entre 1760-1770).
1782	*Les Rêveries d'un promeneur solitaire* (écrit de 1776 à 1778).

XVIIIe

GROS PLAN SUR...
La Nouvelle Héloïse

Jean-Jacques Rousseau   Date : 1761

Genre	Roman épistolaire (par lettres).
Composition	En 1756, Rousseau s'installe à l'Ermitage. Cédant à la mélancolie, il fait le bilan de sa vie sentimentale et imagine le début d'un roman, *Julie*, dont le héros masculin, Saint-Preux, lui ressemble beaucoup. En 1757, ayant achevé la première ébauche, il rencontre Mme d'Houdetot dont il tombe amoureux. Mais elle en aime un autre et la situation réelle se mêle à celle du roman. En 1759, une fois le roman achevé, Rousseau ajoute au titre *Julie*, un soustitre sous lequel le roman est aujourd'hui connu, *La Nouvelle Héloïse*, rappelant la liaison d'Héloïse et d'Abélard au Moyen Age. Le roman connaît un succès triomphal.
Thème	Le roman se compose de 6 parties : **1. La faute** : à Clarens, au bord du lac de Genève, un jeune roturier, Saint-Preux, précepteur de Julie d'Etanges et de sa cousine Claire, déclare sa passion à Julie qui est aussi amoureuse de lui et qui lui cède. Mais le père de Julie ne veut en aucun cas accepter une mésalliance. **2. Paris** : Saint-Preux part pour Paris. Il écrit des lettres passionnées et désespérées à la jeune fille. **3. Le mariage** : Julie, ébranlée par la mort de sa mère qui avait découvert sa correspondance, fait un mariage de raison avec M. de Wolmar. Saint-Preux pense se suicider, puis il part faire le tour du monde.

4. Le retour : six ans plus tard, Julie vit en paix avec son mari et ses enfants. Elle avoue son secret à son époux. Mais Saint-Preux, toujours amoureux, est de retour. M. de Wolmar l'invite à Clarens pour tenter de guérir sa passion. Un climat de confiance s'instaure. Julie et Saint-Preux, bien qu'émus, résistent à la passion.

5. Le bonheur : Claire, devenue veuve, vient s'installer à Clarens. La vie continue dans un bonheur paisible. Seule ombre au tableau : M. de Wolmar ne partage pas la foi religieuse de Julie.

6. La mort de Julie : Julie cherche à unir en vain Claire et Saint-Preux. Au cours d'une promenade, elle se jette à l'eau pour sauver son fils de la noyade. Mais elle tombe malade et meurt. Dans une dernière lettre à Saint-Preux, elle avoue sa passion, lui demande d'épouser Claire et de rester auprès de M. de Wolmar et de ses enfants. Mais Saint-Preux sombre dans le désespoir.

Extrait

Le premier baiser — Lettre de Saint-Preux à Julie (1re partie, extrait de la lettre 14).
   Julie entraîne Saint-Preux dans un bosquet en compagnie de sa cousine. Elle veut lui donner un baiser pour le récompenser de sa retenue.

A Julie

Qu'as-tu fait, ah! qu'as-tu fait, ma Julie? Tu voulais me récompenser et tu m'as perdu. Je suis ivre, ou plutôt insensé. Mes sens sont altérés, toutes mes facultés sont troublées par ce baiser mortel. Tu voulais soulager mes maux? Cruelle, tu les aigris. C'est du poison que j'ai cueilli sur tes lèvres; il fermente, il embrase mon sang; il me tue, et ta pitié me fait mourir.
En approchant du bosquet j'aperçus, non sans une émotion secrète, vos signes d'intelligence, vos sourires mutuels, et le coloris de tes joues prendre un nouvel éclat. En y entrant, je vis avec surprise ta cousine s'approcher de moi et d'un air plaisamment suppliant me demander un baiser. Sans rien comprendre à ce mystère j'embrassai cette charmante amie, et toute aimable, toute piquante qu'elle

est, je ne connus jamais mieux que les sensations ne sont rien que ce que le cœur les fait être. Mais que devins-je un moment après, quand je sentis... la main me tremble... un doux frémissement... ta bouche de roses... la bouche de Julie... se poser, se presser sur la mienne, et mon corps serré dans tes bras ? Non, le feu du ciel n'est pas plus vif ni plus prompt que celui qui vint à l'instant m'embraser. Toutes les parties de moi-même se rassemblèrent sous ce toucher délicieux. Le feu s'exhalait avec nos soupirs de nos lèvres brûlantes, et mon cœur se mourait sous le poids de la volupté... quand tout à coup, je te vis pâlir, fermer tes beaux yeux, t'appuyer sur ta cousine, et tomber en défaillance. Ainsi la frayeur éteignit le plaisir, et mon bonheur ne fut qu'un éclair.

A peine sais-je ce qui m'est arrivé depuis ce fatal moment. L'impression profonde que j'ai reçue ne peut plus s'effacer. Une faveur ?... c'est un tourment horrible... Non, garde tes baisers, je ne les saurais supporter.... ils sont trop âcres, trop pénétrants, ils percent, ils brûlent jusqu'à la moelle... ils me rendraient furieux. Un seul, un seul m'a jeté dans un égarement dont je ne puis plus revenir. Je ne suis plus le même, et ne te vois plus la même. Je ne te vois plus comme autrefois réprimante et sévère ; mais je te sens et te touche sans cesse unie à mon sein comme tu fus un instant. O Julie ! quelque sort que m'annonce un transport dont je ne suis plus maître, quelque traitement que ta rigueur me destine, je ne puis plus vivre dans l'état où je suis, et je sens qu'il faut enfin que j'expire à tes pieds... ou dans tes bras.

XVIIIe

GROS PLAN SUR...

Les Confessions

Jean-Jacques Rousseau
Date : 1781-1788

Genre   Autobiographie en prose.

Composition La condamnation de l'*Emile* à Paris et à Genève, ainsi que les attaques de Voltaire, poussent Rousseau à écrire pour se justifier. De 1760 à 1770, il rédige *Les Confessions*, qui seront publiées, selon sa volonté, après sa mort.

Thème   Rousseau prétend raconter sa vie et confesser ses fautes dans un livre complètement sincère. Ce récit autobiographique est divisé en 12 livres, qui se succèdent chronologiquement.

Première partie
Livre I : 1712-1728, enfance et jeunesse.
Livre II : 1728-1731, séminariste, puis valet.
Livre III : 1728-1732, musicien.
Livre IV : 1732, diverses aventures.
Livre V : 1732-1736, il se consacre à la musique.
Livre VI : 1736-1741, séjour aux Charmettes et bonheur auprès de Mme de Warens.

Seconde partie
Livre VII : 1741-1749, Paris, sa femme, Thérèse Levasseur et ses enfants.
Livre VIII : 1749-1756, ses débuts littéraires.
Livre IX : 1756-1757, l'Ermitage et sa passion pour Mme d'Houdetot.
Livre X : 1758-1760, ses grandes œuvres et sa rupture avec Diderot.
Livre XI : 1761-1762, le complot contre lui.
Livre XII : 1762-1765, sa fuite.

Forme   Récit autobiographique en prose. *Les Confessions* jouent plusieurs rôles pour Rousseau : aveu des fautes et expiation, justification vis-à-vis de ses ennemis et analyse psychologique. De ce fait, le ton varie d'un épisode à l'autre : fraîcheur et poésie pour les souvenirs d'enfance, plaidoyer en règle pour les périodes les plus controversées de sa vie.

« Je forme une entreprise qui n'eut jamais d'exemple, et dont l'exécution n'aura point d'imitateur. Je veux montrer à mes semblables un homme dans toute la vérité de la nature ; et cet homme, ce sera moi. »

Préambule des *Confessions*.

Extrait du livre I

Le jeune Rousseau a été accusé injustement d'avoir brisé le peigne d'une jeune fille et puni pour cela. Ce premier contact avec l'injustice a traumatisé l'enfant.

Je sens en écrivant ceci que mon pouls s'élève encore, ces moments me seront toujours présents quand je vivrais cent mille ans. Ce premier sentiment de la violence et de l'injustice est resté si profondément gravé dans mon âme, que toutes les idées qui s'y rapportent me rendent ma première émotion ; et ce sentiment, relatif à moi dans son origine, a pris une telle consistance en lui-même, et s'est tellement détaché de tout intérêt personnel, que mon cœur s'enflamme au spectacle ou au récit de toute action injuste, quel qu'en soit l'objet et en quelque lieu qu'elle se commette, comme si l'effet en retombait sur moi. Quand je lis les cruautés d'un tyran féroce, les subtiles noirceurs d'un fourbe de prêtre, je partirais volontiers pour aller poignarder ces misérables, dussé-je cent fois y périr. Je me suis souvent mis en nage, à poursuivre à la course ou à coups de pierre un coq, une vache, un chien, un animal que j'en voyais tourmenter un autre, uniquement parce qu'il se sentait le plus fort. Ce mouvement peut m'être naturel, et je crois qu'il l'est ; mais le souvenir profond de la première injustice que j'ai soufferte y fut trop longtemps et trop fortement lié, pour ne l'avoir pas beaucoup renforcé.

XVIIIe

GROS PLAN SUR...

Les Rêveries d'un promeneur solitaire

Jean-Jacques Rousseau

Date : 1782

Genre	Autobiographie en prose.
Composition	Durant les deux dernières années de sa vie, Rousseau compose *Les Rêveries d'un promeneur solitaire*, où il évoque les réflexions et les souvenirs que suscitent en lui ses promenades aux environs de Paris. Publication posthume comme les *Confessions*.
Thème	*Les Rêveries* sont au nombre de 10 : **1re Promenade** : résolution d'écrire les réflexions que lui inspirent ses promenades. **2e Promenade** : renversé par un chien, il a perdu connaissance ; joie en reprenant connaissance. **3e Promenade :** méditation morale et religieuse. **4e Promenade** : sincérité et mensonge. **5e Promenade** : bonheur qu'il a connu à l'île Saint-Pierre. **6e Promenade** : réflexions sur la charité. **7e Promenade** : la botanique. **8e Promenade** : le bonheur dans l'adversité. **9e Promenade** : l'amour des enfants. **10e Promenade** : sa première rencontre avec Mme de Warens, cinquante ans plus tôt.
Forme	Bien qu'en prose, *Les Rêveries* sont une sorte de poème lyrique. Le sentiment de la nature inspire des pages émouvantes ; Rousseau est très attentif au choix des rythmes et des sons.

*« Ces feuilles ne seront proprement qu'un informe jour-
nal de mes rêveries. Il y sera beaucoup question de moi
parce qu'un solitaire qui réfléchit s'occupe nécessairement beaucoup de lui-même. »*

Première Promenade.

Extrait de la Deuxième Promenade

La campagne encore verte et riante, mais défeuillée en partie et déjà
presque déserte, offrait partout l'image de la solitude et des appro-
ches de l'hiver. Il résultait de son aspect un mélange d'impression
douce et triste, trop analogue à mon âge et à mon sort pour que je
n'en fisse pas l'application. Je me voyais au déclin d'une vie innocente et infortunée, l'âme encore pleine de sentiments vivaces et
l'esprit encore orné de quelques fleurs, mais déjà flétries par la
tristesse et desséchées par les ennuis. Seul et délaissé, je sentais
venir le froid des premières glaces, et mon imagination tarissante ne
peuplait plus ma solitude d'êtres formés selon mon cœur. Je me
disais en soupirant : Qu'ai-je fait ici-bas ? J'étais fait pour vivre, et je
meurs sans avoir vécu. Au moins ce n'a pas été ma faute, et je
porterai à l'auteur de mon être, sinon l'offrande des bonnes œuvres
qu'on ne m'a pas laissé faire, du moins un tribut de bonnes inten-
tions frustrées, de sentiments sains mais rendus sans effet, et d'une
patience à l'épreuve du mépris des hommes. Je m'attendrissais sur
ces réflexions, je récapitulais les mouvements de mon âme dès ma
jeunesse, et pendant mon âge mûr, et depuis qu'on m'a séquestré
de la société des hommes et durant la longue retraite dans laquelle
je dois achever mes jours. Je revenais avec complaisance sur toutes
les affections de mon cœur, sur ses attachements si tendres mais si
aveugles, sur les idées moins tristes que consolantes dont mon
esprit s'était nourri depuis quelques années, et je me préparais à les
rappeler assez pour les décrire avec un plaisir presque égal à celui
que j'avais pris à m'y livrer.

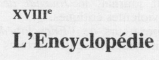

XVIIIᵉ
L'Encyclopédie

La fin du XVIIᵉ siècle et tout le XVIIIᵉ siècle voient la parution d'un nombre extraordinaire de dictionnaires, qu'ils soient généraux ou consacrés à des domaines particuliers. Mais l'*Encyclopédie* représente une œuvre originale qui ne se confond avec aucune autre.

Origine du projet

En 1728, paraît en Angleterre une encyclopédie en deux volumes, publiée par un dénommé Chambers. Un éditeur français, Le Breton, entreprend dans un premier temps d'en publier une traduction vers 1745.

Après quelques péripéties, **Diderot** et **d'Alembert** se retrouvent à la tête de cette entreprise. Ils recrutent de **nombreux collaborateurs**, car ils ne veulent pas se contenter d'une simple traduction. Des pans entiers de l'encyclopédie anglaise seront repris, mais l'ouvrage sera amplifié par de multiples développements nouveaux.

On fait appel aux meilleurs spécialistes dans toutes les disciplines, notamment techniques. Le but est de donner un ouvrage de référence. Pour financer le projet, on lance une souscription.

L'Encyclopédie et la censure

Diderot et d'Alembert, entourés d'amis hardis, veulent aussi faire de cet ouvrage une arme pour diffuser les idées des Lumières.

Dès la parution des premiers volumes, les réactions ne se font pas attendre. Les **jésuites**, leurs ennemis, utilisent leur journal, le *Journal de Trévoux*, pour adresser de violentes critiques.

Les collaborateurs de l'*Encyclopédie* sont souvent poursuivis individuellement. Certains doivent fuir la France.

Mais grâce à de puissants **appuis à la cour**, notamment ceux de Mme de Pompadour, maîtresse de Louis XV, l'*Encyclopédie* continue à paraître.

En 1759, le Parlement de Paris condamne les sept premiers volumes à être retirés de la circulation. Les souscripteurs doivent être dédommagés. On fait alors imprimer des illustrations dans un recueil de planches qu'on distribue. Finalement, le gouvernement ferme les yeux et la totalité des volumes prévus est publiée.

Le pape Clément XII condamne l'*Encyclopédie*. Pendant un moment, Le Breton est enfermé à la Bastille. Mais finalement, en 1772, la publication est complète.

L'ensemble est impressionnant : **17 volumes de texte et 11 volumes de planches**. Diderot s'y sera consacré durant plus de vingt ans.

Les Encyclopédistes

Les chefs

Diderot a écrit en tout plus de mille articles, il a coordonné les contributions diverses et a surveillé la réalisation des planches.

D'Alembert (1717-1783) est un mathématicien qui entre à l'Académie française en 1754. Homme complet, scientifique et littéraire, il a rédigé le *Discours préliminaire* de l'*Encyclopédie*, texte théorique important où le projet est bien précisé. Vers 1758, après la polémique que lui vaut l'article « Genève » (avec Rousseau en particulier), il abandonne l'entreprise.

Les collaborateurs réguliers

Le chevalier de **Jaucourt** (1704-1779) rédige de très nombreux articles de vulgarisation (science, histoire, politique).

Le baron d'**Holbach** (1723-1789), matérialiste et athée, tient un salon qui est le quartier général des Encyclopédistes.

L'abbé **Morellet** (1727-1819) écrit des articles de théologie et de métaphysique.

Marmontel (1723-1799) se consacre aux articles de littérature.

Les spécialistes

Quesnay (1694-1774), économiste, tenant du libéralisme.

Turgot (1727-1781), futur ministre de Louis XVI, spécialiste d'économie politique.

L'abbé **Raynal** (1713-1796), adversaire de la tyrannie, de la colonisation et de la religion.

Condorcet (1743-1794) mathématicien, économiste et philosophe, encore très jeune.

Condillac (1715-1780) philosophe sensualiste.

Helvétius (1715-1771) philosophe sensualiste et matérialiste.

Les célébrités

Montesquieu collabore pour l'article « goût ».

Voltaire, très enthousiaste au début, rédige quelques articles sur l'esthétique (« éloquence », « élégance », « esprit », « imagination »).

Rousseau écrit quelques articles de musique.

Originalité

L'*Encyclopédie* fait d'abord le point sur l'**état des connaissances** de l'époque. Les spécialistes de toutes les disciplines sont sollicités. Les **techniques** sont largement représentées et mises en valeur. Le travail manuel de l'artisan est valorisé.

Les **planches** viennent enrichir le texte de détails précis. La qualité esthétique et symbolique des dessins est tout à fait frappante pour le lecteur d'aujourd'hui.

L'*Encyclopédie* est surtout une arme redoutable. Les philosophes des Lumières ont saisi l'occasion exceptionnelle qui leur était offerte de proposer une synthèse de leurs idées. La mode des dictionnaires les sert. Les propos les plus hardis, fondus dans une masse aussi volumineuse, échappent à la censure. Les renvois d'un article à l'autre brouillent les pistes. La critique violente des institutions et de la religion se camoufle derrière des intitulés anodins. La critique des moines se dissimule par exemple dans l'article « Capuchon ».

Extrait de l'article « Autorité publique », sans doute écrit par Diderot

Aucun homme n'a reçu de la nature le droit de commander aux autres. La liberté est un présent du ciel, et chaque individu de la même espèce a le droit d'en jouir aussitôt qu'il jouit de la raison. Si la nature a établi quelque *autorité*, c'est la puissance paternelle : mais la puissance paternelle a ses bornes; et dans l'état de nature elle finirait aussitôt que les enfants seraient en état de se conduire. Toute autre *autorité* vient d'une autre origine que la nature. Qu'on examine bien, et on la fera toujours remonter à l'une de ces deux sources : ou la force et la violence de celui qui s'en est emparé; ou le consentement de ceux qui s'y sont soumis par un contrat fait ou supposé entre eux, et celui à qui ils ont déféré l'*autorité*.

La puissance qui s'acquiert par la violence n'est qu'une usurpation et ne dure qu'autant que la force de celui qui commande l'emporte sur celle de ceux qui obéissent; en sorte que, si ces derniers deviennent à leur tour les plus forts, et qu'ils secouent le joug, ils le font avec autant de droit et de justice que l'autre qui le leur avait imposé. La même loi qui a fait l'*autorité* la défait alors : c'est la loi du plus fort.

XVIII°

Diderot

prénom : **Denis**
né en : **1713**
mort en : **1784**

Famille
Diderot est issu d'une famille d'artisans très catholiques de Langres, en Champagne : une de ses sœurs est au couvent, son frère est prêtre, et lui-même était destiné à l'état ecclésiastique.

Etudes
Il fait ses études chez les jésuites de Langres, puis au collège d'Harcourt à Paris. Il devient maître-ès-arts en 1732.

La vie de bohème
Diderot refuse de devenir religieux. Il pense d'abord apprendre le droit en travaillant chez un procureur. Mais il finit par venir tenter sa chance à Paris. Pendant une dizaine d'années, il vit d'expédients et fréquente les cafés à la mode. Il rencontre Rousseau et d'Alembert.
Il épouse en 1743, malgré l'opposition de son père, une lingère, Antoinette Champion.

Les travaux de librairie
Diderot adapte des livres anglais, les traduit. Il multiplie les travaux de librairie sur commande et, en même temps, il commence à écrire des textes plus personnels.

L'Encyclopédie
En 1746, le libraire Le Breton le recrute comme traducteur pour l'*Encyclopédie*. Petit à petit, ses responsabilités vont s'accroître. Pendant près de vingt ans, l'*Encyclopédie* absorbe la presque totalité de l'activité de Diderot, tâche exaltante, mais écrasante.
En 1749, il est emprisonné à Vincennes à cause de la publication de la *Lettre sur les aveugles*, d'inspiration matérialiste.
1753, naissance de sa fille.

En 1757, il se brouille avec Rousseau.

Il a une liaison avec Sophie Volland avec laquelle il entretient une correspondance passionnée.

Diderot poursuit son œuvre personnelle.

La maturité Diderot se multiplie en écrits divers que souvent il ne fait pas publier.

En 1759, son ami Grimm lui propose une rubrique de critique d'art qu'il tient jusqu'en 1781. Pour assurer une dot à sa fille, Diderot décide de vendre sa bibliothèque. C'est la tsarine de Russie Catherine II qui lui achète en 1765 mais qui lui en laisse généreusement la jouissance jusqu'à sa mort. Elle devient sa protectrice. Diderot se rend auprès d'elle à Saint-Pétersbourg en 1773 et reste cinq mois à la cour de Russie. Elle lui versera une pension jusqu'à sa mort en 1784.

Œuvres

Plusieurs œuvres importantes seront publiées après sa mort.

1746   *Pensées philosophiques.*

1748   *Les Bijoux indiscrets*, roman libertin.

1749   *Lettre sur les aveugles à l'usage de ceux qui voient.*

1757   *Le Fils naturel*, drame.

1759-81   *Les Salons*, compte-rendu des expositions annuelles de peinture et de sculpture du Louvre.

1760   *La Religieuse*, roman, édité en 1775.

1762   *Le Neveu de Rameau*, roman. Une traduction de Goethe en allemand est parue en 1805. Une traduction française de ce texte allemand est parue en 1821. On a retrouvé par hasard le manuscrit original et on l'a publié en 1891.

1772   *Le Supplément au voyage de Bougainville*, publié en 1796.

1773   *Jacques Le Fataliste*, roman, publié en 1796.

1773-78   *Paradoxe sur le comédien*, publié en 1830.

XVIIIᵉ

GROS PLAN SUR...

Jacques le Fataliste

Denis Diderot   Date : 1778-1780

Genre	Roman picaresque, c'est-à-dire mettant en scène des personnages errants en privilégiant les aléas du voyage.
Composition	Diderot conçoit ce roman par étapes successives de 1765 à 1773. Il le fait paraître en feuilleton de 1778 à 1780 dans le journal de Grimm, intitulé *La Correspondance littéraire*. Jusqu'à sa mort, Diderot y fait des additions.
Thème	Jacques, le héros du roman, un peu ivrogne, têtu, bavard, mais honnête et fidèle, voyage à cheval avec son maître. Il a le projet de raconter à son maître ses aventures amoureuses, mais il est sans cesse interrompu par des épisodes intercalés.
	Tout au long du voyage, Jacques formule également ses idées sur l'art, sur la nature, sur la fatalité.
Forme	Ce roman comporte une très grande part de dialogues. Diderot remet en cause la forme même du roman et la complicité avec le lecteur. Souvent un lecteur fictif intervient et commente les événements ou les histoires racontées. La structure des « tiroirs », c'est-à-dire l'intégration de mini-récits dans le dialogue, est particulièrement originale. La technique de Diderot a fait l'objet de nombreuses études récentes.
Modèle	*Tristram Shandy* de Sterne (1713-1768), ironiste anglais.

Extrait

Voici le début du roman :

Comment s'étaient-ils rencontrés? Par hasard, comme tout le monde. Comment s'appelaient-ils? Que vous importe? D'où venaient-ils? Du lieu le plus prochain. Où allaient-ils? Est-ce que l'on sait où l'on va? Que disaient-ils? Le maître ne disait rien; et Jacques disait que son capitaine disait que tout ce qui nous arrive de bien et de mal ici-bas était écrit là-haut.

LE MAITRE

C'est un grand mot que cela.

JACQUES

Mon capitaine ajoutait que chaque balle qui partait d'un fusil avait son billet.

LE MAITRE

Et il avait raison...

Après une courte pause, Jacques s'écria :

Que le diable emporte le cabaretier et son cabaret!

LE MAITRE

Pourquoi donner au diable son prochain? Cela n'est pas chrétien.

JACQUES

C'est que, tandis que je m'enivre de son mauvais vin, j'oublie de mener nos chevaux à l'abreuvoir. Mon père s'en aperçoit; il se fâche. Je hoche de la tête; il prend un bâton et m'en frotte un peu durement les épaules. Un régiment passait pour aller au camp devant Fontenoy; de dépit je m'enrôle. Nous arrivons; la bataille se donne.

LE MAITRE

Et tu reçois la balle à ton adresse.

JACQUES

Vous l'avez deviné; un coup de feu au genou; et Dieu sait les bonnes et mauvaises aventures amenées par ce coup de feu. Elles se tiennent ni plus ni moins que les chaînons d'une gourmette. Sans ce coup de feu, par exemple, je crois que je n'aurais été amoureux de ma vie, ni boiteux.

XVIIIᵉ
Le libertinage

Le libertinage avant le XVIIIᵉ siècle

Le terme de « libertinage » avant le XVIIIᵉ siècle signifie essentiellement **« libre pensée »**. Un libertin est un
libre penseur, un athée au XVIIᵉ siècle. C'est en ce
sens que l'emploie Pascal lorsqu'il cherche à persuader
les libertins de la supériorité de la religion. Mais assez
vite un personnage comme Don Juan fait évoluer le
sens du terme. Libertin par son athéisme, Don Juan
l'est aussi dans ses mœurs : la débauche raffinée fait
partie de son personnage.

Le libertinage au temps des Lumières

Le libertin du XVIIIᵉ siècle est lui plutôt ressenti
comme un **débauché de qualité**. Les boudoirs, les petits
cabinets discrets, les gentilhommières (qu'on appelle
parfois des « folies ») du XVIIIᵉ siècle évoquent une
sorte d'**érotisme élégant**. Mais au XVIIIᵉ siècle, le libertin est souvent aussi un philosophe. Le libertinage n'est
pas la simple pornographie, même si parfois la limite
est floue. Le lien entre libertinage, **matérialisme et
contestation politique** est très net. Les conditions sociales de l'époque favorisent le développement du libertinage : oisiveté des nobles et des riches, exode rural qui
entraîne une forte prostitution urbaine, et permanence
de toutes les apparences d'une morale rigide.

Crébillon fils

Sa vie (1707-1777)

Fils d'un grand auteur de tragédies, Crébillon fils s'est pour sa part exercé dans les petits genres de l'époque : nouvelles, romans, dialogues romanesques. Il a connu la prison et l'exil en province pour avoir glissé dans ses romans libertins quelques attaques politiques.

Grâce à l'influence de Madame de Pompadour, favorite du roi, il obtient la charge de censeur royal en 1749, charge qu'il conserve jusqu'à sa mort.

Son œuvre

1734 *L'Ecumoire ou Tanzaï et Néadarné*, histoire japonaise.
1736 *Les Egarements du cœur et de l'esprit*, roman sous forme de mémoires.
1740 *Le Sopha*, conte moral.
1755 *La Nuit et le moment*, nouvelle dialoguée.

Crébillon est le maître de l'analyse psychologique. Il fait ressortir le contraste, dans une société fermée et élégante, entre la délicatesse des conversations et la violence des désirs. Il a contribué à affiner les techniques romanesques.

Rétif de La Bretonne

Sa vie (1734-1806)

Né près d'Auxerre, dans une famille paysanne, Rétif devient apprenti-typographe. De 1755 à 1759, il est compagnon chez divers imprimeurs. Puis il décide de devenir lui-même un écrivain. Par la suite, il sera souvent son propre imprimeur, rédigeant directement sur la presse ses livres. Il fait un mariage malheureux. La Révolution, après l'avoir enthousiasmé, l'horrifiera. Il meurt en 1806 dans la misère.

Son œuvre

1776-79 *La Vie de mon père.*
1778   *Le Pied de Fanchette.*
1775   *Le Paysan perverti.*
1776   *La Paysanne pervertie.*
1783   *Sara ou la dernière aventure d'un homme de quarante ans.*
1794-97 *Monsieur Nicolas* (très longue autobiographie, mais qui mêle volontiers fantasmes et réalité).

Romans et nouvelles en très grand nombre traduisent l'infatigable activité créatrice de Rétif. Seul écrivain français d'Ancien Régime issu de la paysannerie, il exalte aussi bien les valeurs de la famille qu'un puissant érotisme. Il cherche à réformer la société et multiplie aussi les traités (réforme du théâtre, de la prostitution...).

Sade

Sa vie (1740-1814)

Issu d'une très vieille famille de l'aristocratie, Sade fait d'abord carrière dans les armes. La vie de Sade est marquée par toutes sortes de scandales sexuels, dénoncés par sa belle-mère. Sade est incarcéré à de nombreuses reprises (au total près de 40 années !...). La Révolution, après l'avoir libéré, l'emprisonne à nouveau pour tiédeur révolutionnaire, puis pour débauche. On l'enferme chez les fous à Charenton, où il meurt en 1814.

Son œuvre

1791   *Justine ou les Infortunes de la vertu.*
1795   *La Philosophie dans le boudoir.*
1797   *Juliette ou les Prospérités du vice.*

Sade mêle la cruauté et le plaisir dans ce qu'on a appelé après lui le sadisme. Le monde érotique qu'il a imaginé marque le triomphe du vice sur la vertu. Rétif

et Sade se détestaient. Outre leurs origines radicalement opposées, leurs conceptions de la sexualité s'opposent : recherche du bonheur chez Rétif, recherche de
la souffrance chez Sade. Sade insère dans ses romans
des développements contre les institutions et la morale.
Il s'oppose à tout le courant du XVIIIᵉ siècle qui exalte
la nature. Son athéisme militant est défendu par les
personnages de ses romans. Il est remis à l'honneur par
le XXᵉ siècle (Apollinaire, Bataille, Mishima).

XVIIIᵉ

GROS PLAN SUR...

Les Liaisons dangereuses

Pierre-Choderlos de Laclos

Date : 1782

Genre	Roman épistolaire (par lettres).
Composition	En 1782, Laclos, brillant officier, fait paraître sans nom d'auteur *Les Liaisons Dangereuses*, «lettres recueillies dans une société et publiées pour l'instruction de quelques autres».
Thème	Laclos aurait découvert un paquet de lettres qu'il se contente de publier (c'est évidemment faux). Deux êtres cyniques, la marquise de Merteuil et le comte de Valmont ont été amants. La marquise aide Valmont à triompher de la vertu d'une femme dévote, la présidente de Tourvel. Dans le même temps, elle lui livre une jeune ingénue, Cécile de Volanges, qui apprend vite le libertinage. Mais Valmont est pris à son propre piège et tombe amoureux de la présidente. Mis au défi par la marquise, il abandonne par bravade Mᵐᵉ de Tourvel qui meurt de désespoir. Valmont est tué en duel à cause de Cécile et Mᵐᵉ de Merteuil, défigurée par la petite vérole, ruinée, est abandonnée de tous.
Forme	Le succès du roman repose sur une certaine ambiguïté. Pour combattre le vice, Laclos le dépeint avec une certaine complaisance. Le châtiment des coupables sauve la moralité du roman. Mais le roman qui parodie parfois *La Nouvelle Héloïse* est surtout une leçon de fine psychologie et de stratégie amoureuse. Les lettres de chaque

correspondant ont un ton particulier. La réalité est toujours vue d'un point de vue subjectif et sous plusieurs angles. La disposition des lettres dans le recueil est très subtile.

Extrait de la Lettre IV

LE VICOMTE DE VALMONT A LA MARQUISE DE MERTEUIL
à Paris

Vos ordres sont charmants : votre façon de les donner est plus aimable encore; vous feriez chérir le despotisme. Ce n'est pas la première fois, comme vous savez, que je regrette de ne plus être votre esclave; et tout *monstre* que vous dites que je suis, je ne me rappelle jamais sans plaisir le temps où vous m'honoriez de noms plus doux. Souvent même je désire de les mériter de nouveau, et de finir par donner, avec vous, un exemple de constance au monde. Mais de plus grands intérêts nous appellent : conquérir est notre destin; il faut le suivre; peut-être au bout de la carrière nous rencontrerons-nous encore; car, soit dit sans vous fâcher, ma très belle Marquise, vous me suivez au moins d'un pas égal; et depuis que, nous séparant pour le bonheur du monde, nous prêchons la foi chacun de notre côté, il me semble que dans cette mission d'amour, vous avez fait plus de prosélytes que moi. Je connais votre zèle, votre ardente ferveur; et si ce Dieu-là nous jugeait sur nos œuvres, vous seriez un jour la Patronne de quelque grande ville, tandis que votre ami serait au plus un saint de village. Ce langage vous étonne, n'est-il pas vrai? Mais depuis huit jours, je n'en entends, je n'en parle pas d'autres; et c'est pour m'y perfectionner, que je me vois forcé de vous désobéir.

Ne vous fâchez pas, et écoutez-moi. Dépositaire de tous les secrets de mon cœur, je vais vous confier le plus grand projet que j'aie jamais formé. Que me proposez-vous? de séduire une jeune fille qui n'a rien vu, ne connaît rien; qui, pour ainsi dire, me serait livrée sans défense; qu'un premier hommage ne manquera pas d'enivrer, et que la curiosité mènera peut-être plus vite que l'amour. Vingt autres peuvent y réussir comme moi. Il n'en est pas ainsi de l'entreprise qui m'occupe; son succès m'assure autant de gloire que de plaisir. L'amour qui prépare ma couronne, hésite lui-même entre le myrte et le laurier, ou plutôt il les réunira pour honorer mon triomphe. Vous-même, ma belle amie, vous serez saisie d'un saint respect, et vous direz avec enthousiasme : « Voilà l'homme selon mon cœur. »

Vous connaissez la Présidente Tourvel, sa dévotion, son amour conjugal, ses principes austères. Voilà ce que j'attaque; voilà l'ennemi digne de moi; voilà le but où je prétends atteindre;

> *Et si de l'obtenir je n'emporte le prix,*
> *J'aurai du moins l'honneur de l'avoir entrepris.*

XVIIIᵉ

Beaumarchais

Pierre-Augustin Caron de
né en : **1732**
mort en : **1799**

Famille   Né à Paris, Beaumarchais est le septième enfant d'un horloger. Il a une enfance heureuse au milieu de ses cinq sœurs.

Etudes   A 13 ans, il quitte l'école et devient apprenti-horloger.

L'horloger et le courtisan   Il invente un nouveau type de montre qu'il offre au roi. Il devient son horloger en 1754. Il se fait valoir à la cour et devient professeur de harpe des filles de Louis XV.

Une vie d'aventurier   Il fait un riche mariage et devient vite veuf. Il se remarie en 1768, mais sa seconde femme meurt en 1770.

Il mène tout de front : il devient négociant, mais aussi se cultive et lit beaucoup. Ses spéculations lui valent un procès à scandale en 1773 pour faux en écriture. Même s'il perd son procès, il conquiert la célébrité dans cette affaire en publiant un plaidoyer spirituel contre le conseiller Goëzman qui l'attaquait.

Il est utilisé comme agent secret par la France en Angleterre et en Allemagne. Il s'enrichit dans le trafic d'armes avec les Insurgents américains et connaît en même temps la célébrité comme auteur dramatique.

En 1777, il crée la Société des auteurs dramatiques pour défendre leurs droits.

Admirateur passionné de Voltaire, il entreprend une édition complète de ses œuvres, d'une très grande qualité. Pour fuir la censure, l'édition est faite à Kehl, en Allemagne, entre 1783 et 1790.

Le déclin Beaumarchais soutient la Révolution. Il s'installe près de la Bastille en 1791 dans une maison superbe. On lui demande en 1792 d'aller en Hollande négocier l'achat de fusils pour la France mais l'affaire échoue en 1795 et il est considéré comme émigré par le gouvernement. Il doit vivre pauvrement à l'étranger, notamment à Hambourg. Il revient en France en 1796, mais il meurt à Paris en 1799.

> « *Je me presse de rire de tout,*
> *de peur d'être obligé d'en pleurer.* »
> Réplique de Figaro dans *Le Barbier de Séville*.

Œuvres

Si on excepte les 4 *Mémoires* rédigés contre le conseiller Goëzman pour se défendre dans son procès et qui par leur esprit ont séduit le public, les œuvres de Beaumarchais appartiennent au théâtre.

1767 *Eugénie*, drame bourgeois sur la condition de la femme.
1770 *Les Deux Amis*, drame bourgeois sur les rapports d'argent.
1775 *Le Barbier de Séville*, comédie.
1784 *Le Mariage de Figaro*, comédie.
1787 *Tarare*, opéra.
1792 *La Mère coupable*, drame larmoyant, formant une trilogie avec *Le Barbier* et *Le Mariage* (mêmes personnages qui reviennent).

XVIIIe

GROS PLAN SUR...

Le Mariage de Figaro

Beaumarchais

Date : 1775-1778

Genre   Comédie en cinq actes en prose.

Composition *Le Mariage de Figaro* est entrepris par Beaumarchais en 1775 et terminé en 1778. Il le présente aux comédiens en 1781. La pièce est soumise à 6 censeurs. Le roi Louis XVI la déclare « détestable et injouable ». Beaumarchais la fait jouer en privé et finalement le roi cède : la première représentation donnée en 1784 remporte un succès considérable.

Thème   *Le Mariage de Figaro* fait suite au *Barbier de Séville* : dans cette pièce, le valet Figaro avait aidé le Comte Almaviva à épouser Rosine.

Acte 1 : Trois ans ont passé. Le Comte est las de sa femme. Il courtise Suzanne, la femme de chambre que Figaro doit épouser. Autrefois, Figaro avait signé inconsidérément une reconnaissance de dette à Marceline qu'il devait épouser en cas de non-remboursement. Elle vient exiger son dû.

Acte II : Figaro décide d'exciter la jalousie du comte à l'égard de sa femme. Avec la complicité de la comtesse et de Suzanne, il berne le comte.

Acte III : Figaro et Marceline s'opposent au cours d'un procès bouffon. C'est Marceline qui a gain de cause : Figaro doit la rembourser ou l'épouser, mais il n'a pas d'argent ! Mais Marceline découvre finalement que Figaro est son fils qu'elle avait perdu.

Acte IV : Pendant qu'on prépare le mariage de Figaro, celui-ci découvre que Suzanne a adressé un mot au comte et lui a donné rendez-vous. Jalousie et chagrin dominent.

Acte V : Mais ce rendez-vous était un piège pour le comte : sa femme Rosine l'y attend. Le comte, à nouveau berné, ne peut qu'accepter le mariage de Figaro.

La pièce contient de violentes attaques : contre les prétentions de la noblesse (conflit Figaro-Almaviva), contre la justice corrompue (parodie burlesque de procès), contre le mépris des hommes envers les femmes (tirade de Marceline).

Elle est également célèbre pour le personnage de Figaro, vif, intelligent et spirituel (le fameux monologue à l'acte V) et pour le rythme endiablé des scènes de comédie.

Extrait

Monologue de Figaro (scène 3 de l'Acte V)

Parce que vous êtes un grand seigneur, vous vous croyez un grand génie !... noblesse, fortune, un rang, des places : tout cela rend si fier ! Qu'avez-vous fait pour tant de biens ? Vous vous êtes donné la peine de naître, et rien de plus ; du reste, homme assez ordinaire ! Tandis que moi, morbleu ! perdu dans la foule obscure, il m'a fallu déployer plus de science et de calculs pour subsister seulement qu'on n'en a mis depuis cent ans à gouverner toutes les Espagnes ; et vous voulez jouter... On vient... c'est elle... ce n'est personne. — La nuit est noire en diable.

(Il s'assied sur un banc.)

Est-il rien de plus bizarre que ma destinée ! fils de je ne sais pas qui ; volé par des bandits ; élevé dans leurs mœurs, je m'en dégoûte et veux courir une carrière honnête ; et partout je suis repoussé ! [...]

Que je voudrais bien tenir un de ces puissants de quatre jours, si légers sur le mal qu'ils ordonnent, quand une bonne disgrâce a cuvé son orgueil ! Je lui dirais... que les sottises imprimées n'ont d'importance qu'aux lieux où l'on en gêne le cours ; que sans la liberté de blâmer il n'est point d'éloge flatteur ; et qu'il n'y a que les petits hommes qui redoutent les petits écrits. [...]

O bizarre suite d'événements ! Comment cela m'est-il arrivé ? Pourquoi ces choses et non pas d'autres ? Qui les a fixées sur ma tête ? Forcé de parcourir la route où je suis entré sans le savoir, comme j'en sortirai sans le vouloir, je l'ai jonchée d'autant de fleurs que ma gaieté me l'a permis ; encore je dis ma gaieté, sans savoir si elle est à moi plus que le reste, ni même quel est ce *moi* dont je m'occupe ; un assemblage informe de parties inconnues ; puis un chétif être imbécile, un petit animal folâtre, un jeune homme ardent au plaisir, ayant tous les goûts pour jouir, faisant tous les métiers pour vivre ; maître ici, valet là, selon qu'il plaît à la fortune ; ambitieux par vanité, laborieux par nécessité, mais paresseux... avec délices ! orateur selon le danger, poète par délassement, musicien par occasion, amoureux par folles bouffées, j'ai tout vu, tout fait, tout usé.

XVIIIᵉ

GROS PLAN SUR...

Paul et Virginie

**Jacques-Henri
Bernardin de Saint-Pierre**

Date : 1787

Genre	Roman.
Composition	Bernardin de Saint-Pierre a d'abord écrit trois volumes des *Etudes de la Nature* en 1784. Paul et Virginie constitue l'illustration de ses théories et en même temps le quatrième volume des *Etudes*.
Thème	Un missionnaire raconte l'histoire de deux familles de l'île Maurice. Une jeune veuve, Mᵐᵉ de La Tour, élève sa fille Virginie. Vivent juste à côté une Bretonne, Marguerite, et son fils Paul. Les deux enfants vivent comme frère et sœur, dans une parfaite entente, au sein d'une nature généreuse et luxuriante. A 15 ans, ils commencent à ressentir les premiers troubles de l'amour. Mais Virginie doit aller en France auprès d'une tante qui veut en faire son héritière. Les jeunes gens échangent de doux aveux. Virginie est malheureuse en France. Paul se désespère de son côté. Ils échangent quelques lettres. Virginie, finalement déshéritée par sa tante, annonce son retour. Mais le vaisseau qui la ramène fait naufrage. Elle meurt noyée malgré l'héroïque dévouement de Paul qui tente de la sauver. Inconsolable, Paul meurt deux mois plus tard.
	Malgré une certaine sensiblerie, le roman garde beaucoup de charme. L'innocence des enfants est peinte avec sensibilité par l'admirateur et ami de Rousseau qu'est Bernardin de Saint-Pierre.

Sa vision pessimiste de la société donne un sens tragique à l'histoire. L'exotisme des paysages, que l'auteur connaît bien pour avoir vécu plus de deux ans à Madagascar et à l'île Maurice, est particulièrement bien rendu.

Extrait

Le bonheur de l'innocence

Virginie aimait à se reposer sur les bords de cette fontaine, décorés d'une pompe à la fois magnifique et sauvage. Souvent elle y venait laver le linge de la famille à l'ombre des deux cocotiers. Quelquefois elle y menait paître ses chèvres. Pendant qu'elle préparait des fromages avec leur lait, elle se plaisait à les voir brouter les capillaires sur les flancs escarpés de la roche, et se tenir en l'air sur une de ses corniches comme sur un piédestal. Paul, voyant que ce lieu était aimé de Virginie, y apporta de la forêt voisine des nids de toute sorte d'oiseaux. Les pères et les mères de ces oiseaux suivirent leurs petits, et vinrent s'établir dans cette colonie. Virginie leur distribuait de temps en temps des grains de riz, de maïs et de millet. Dès qu'elle paraissait, les merles siffleurs, les bengalis, dont le ramage est si doux, les cardinaux, dont le plumage est couleur de feu, quittaient leurs buissons : des perruches vertes comme des émeraudes descendaient des lataniers voisins, jusqu'à ses pieds, comme des poules. Paul et elle s'amusaient avec transport de leurs jeux, de leurs appétits et de leurs amours.

Aimables enfants, vous passiez ainsi dans l'innocence vos premiers jours en vous exerçant aux bienfaits ! Combien de fois, dans ce lieu, vos mères, vous serrant dans leurs bras, bénissaient le ciel de la consolation que vous prépariez à leur vieillesse, et de vous voir entrer dans la vie sous de si heureux auspices ! Combien de fois, à l'ombre de ces rochers, ai-je partagé avec elles vos repas champêtres, qui n'avaient coûté la vie à aucun animal ! des calebasses pleines de lait, des œufs frais, des gâteaux de riz sur des feuilles de bananier, des corbeilles chargées de patates, de mangues, d'oranges, de grenades, de bananes, d'attes, d'ananas, offraient à la fois les mets les plus sains, les couleurs les plus gaies et les sucs les plus agréables.

XVIIIe

Chénier

prénom : **André**
né en : **1762**
mort en : **1794**

Famille	André Chénier est né près de Constantinople. Son père faisait fonction de consul général. Il vient très jeune à Paris avec ses trois frères et sa mère, une Grecque cultivée qui tient salon.
Etudes	De 1773 à 1781, Chénier fait de solides études classiques au collège de Navarre.
Etudes et voyages	Après quelques mois aux armées, il se remet à l'étude de la littérature grecque, de l'histoire des religions et de la philosophie. En 1783, il fait un grand voyage en Suisse et en Italie. Il tombe malade à Rome et ne peut poursuivre vers la Grèce. De 1787 à 1789, il va à Londres comme secrétaire de M. de La Luzerne, ambassadeur de France. Lors d'un congé, il assiste aux premières journées révolutionnaires et se passionne. En 1791, il demande un congé définitif.
La tourmente révolutionnaire	Chénier crée la «Société de 89» avec des amis, s'engage par ses écrits, notamment dans les journaux. Deux de ses frères se sont aussi jetés dans la politique. Il s'oppose aux Jacobins et attaque Robespierre. Il aide Malesherbes à préparer la défense de Louis XVI. Sa modération le rend suspect. Il se réfugie à Louveciennes et fréquente à Passy quelques aristocrates. Le 7 mars 1794, il est arrêté et incarcéré à la prison de Saint-Lazare. Il est guillotiné le 25 juillet 1794, deux jours avant la chute de Robespierre.

Œuvres

De son vivant, Chénier n'a fait paraître que deux poèmes et ses écrits politiques (articles dans les journaux).
La découverte de son talent par les romantiques, par la
publication de ses œuvres en 1819 par Latouche, a été
une véritable révélation.

Par sa sensibilité, il annonce le romantisme, mais son
œuvre reste encore très marquée par les modèles du
XVIIIe siècle.

1785-87 *Idylles ou Bucoliques*, premiers poèmes.
          Elégies, sujets traditionnels traités avec une cer-
          taine sensibilité.
1787-89 Deux épopées scientifiques composées à Londres et
          restées inachevées : *L'Hermès*, célébrant les progrès
          de l'humanité, et *L'Amérique*, qui glorifie la révo-
          lution américaine.
De la même époque date un poème didactique intitulé *L'invention* qui fixe un nouvel art poétique.
1790   *Avis au peuple français sur ses véritables ennemis*,
          morceau d'éloquence politique.
1791-94 Articles politiques dans le *Journal de Paris*.
1794   *Odes*.
          Iambes, poèmes composés en prison sur de minces
          bandes de papier que Chénier fait parvenir à son
          père en les cachant dans du linge sale.

Extrait des *Idylles*

La Jeune Tarentine

Pleurez, doux alcyons ! ô vous, oiseaux sacrés,
Oiseaux chers à Thétis, doux alcyons, pleurez !

Elle a vécu, Myrto, la jeune Tarentine !
Un vaisseau la portait aux bords de Camarine :
Là, l'hymen, les chansons, les flûtes, lentement
Devaient la reconduire au seuil de son amant.
Une clef vigilante a, pour cette journée,

Dans le cèdre enfermé sa robe d'hyménée,
Et l'or dont au festin ses bras seraient parés,
Et pour ses blonds cheveux les parfums préparés.
Mais, seule sur la proue, invoquant les étoiles,
Le vent impétueux qui soufflait dans les voiles
L'enveloppe. Etonnée, et loin des matelots,
Elle crie, elle tombe, elle est au sein des flots.
Elle est au sein des flots, la jeune Tarentine !
Son beau corps a roulé sous la vague marine.
Thétis, les yeux en pleurs, dans le creux d'un rocher,
Aux monstres dévorants eut soin de le cacher.
Par ses ordres bientôt les belles Néréides
L'élèvent au-dessus des demeures humides,
Le portent au rivage, et dans ce monument
L'ont, au cap du Zéphyr, déposé mollement ;
Puis de loin à grands cris appelant leurs compagnes,
Et les Nymphes des bois, des sources, des montagnes,
Toutes, frappant leur sein et traînant un long deuil,
Répétèrent : « Hélas ! » autour de son cercueil.

Hélas ! chez ton amant tu n'es point ramenée.
Tu n'as point revêtu ta robe d'hyménée.
L'or autour de tes bras n'a point serré de nœuds.
Les doux parfums n'ont point coulé sur tes cheveux.

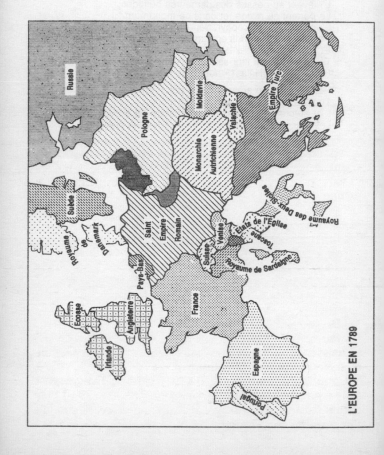

L'EUROPE EN 1789

XVIIIe

La littérature
sous la Révolution

De 1789 à 1799, entre la prise de la Bastille et le coup
d'Etat de Bonaparte, les événements précipités ont relégué les préoccupations littéraires et artistiques au second plan. Les écrivains doivent prendre parti et s'engager dans le combat politique.

La littérature révolutionnaire

— La poésie
La poésie s'engage dans l'action, notamment par le
chant révolutionnaire. C'est à Marie-Joseph Chénier
(1764-1811), frère d'André, qu'on doit par exemple *Le
Chant du départ* (1794).

— Le théâtre
Le théâtre se développe avec la suppression de la censure (janvier 1791). 50 théâtres se créent à Paris. **Marie-Joseph Chénier** compose des tragédies historiques
qui connaissent du succès. Il y attaque le fanatisme et
la haine politique et proteste contre la Terreur.

— De nouveaux genres
Le fait littéraire le plus marquant de cette période est
la naissance de deux nouveaux genres : le **journalisme**
et surtout l'**éloquence politique**.
   Camille **Desmoulins** (1760-1794), ami de Danton, est
sans doute le journaliste le plus brillant. En 1793-1794,
il fait paraître *Le Vieux Cordelier* où il recommande
une certaine modération.

Les principaux acteurs de la Révolution sont des orateurs puissants. Le comte de **Mirabeau** (1749-1791) s'illustre particulièrement. **Robespierre** et **Danton**, dans deux registres différents, exercent aussi leurs talents.

La littérature de l'émigration

Un certain nombre d'opposants, pour la plupart membres de la noblesse, ont fui en Angleterre, en Allemagne, en Italie ou en Suisse. Les plus célèbres sont sans doute **Mme de Staël** (1756-1817) et **Chateaubriand**. L'écriture est pour eux aussi une arme. L'exil leur laisse tout le temps et le recul de la réflexion morale et politique.

Extrait

Discours de Danton, prononcé le 2 septembre 1792, pour demander la levée en masse de troupes contre les ennemis coalisés.

Vous savez que Verdun n'est point encore au pouvoir de l'ennemi. Vous savez que la garnison a juré de mourir plutôt que de se rendre. Une partie du peuple va se porter aux frontières; une autre va creuser des retranchements et la troisième, avec des piques, défendra l'intérieur de nos villes.

Paris va seconder ces grands efforts. Tandis que nos ministres se concertaient avec les généraux, une grande nouvelle nous est arrivée. Les commissaires de la Commune proclament de nouveau, en cet instant, le danger de la patrie, avec plus d'éclat qu'il ne le fut. Tous les citoyens de la capitale vont se rendre au Champ-de-Mars, se partager en trois divisions; les uns vont voler à l'ennemi, ce sont tous ceux qui ont des armes; les autres travailleront aux retranchements, tandis que la troisième division restera et présentera un énorme bataillon hérissé de piques *(Applaudissements)*. C'est en ce moment, Messieurs, que vous pouvez déclarer que la capitale a bien mérité de la France entière; c'est en ce moment que l'Assemblée nationale va devenir un véritable comité de guerre; c'est à vous à favoriser ce grand mouvement et à adopter les mesures que nous allons vous proposer avec cette confiance qui convient à la puissance d'une nation libre.

Nous vous demandons de ne point être contrariés dans nos opérations. Nous demandons que vous concouriez avec nous à diriger ce mouvement sublime du peuple en nommant des commissaires qui nous seconderont dans ces grandes mesures. Nous demandons qu'à quarante lieues du point où se fait la guerre les citoyens qui ont des armes soient tenus de marcher à l'ennemi; ceux qui resteront s'armeront de piques. Nous demandons que quiconque refusera de servir de sa personne ou de remettre ses armes soit puni de mort. — Il faut des mesures sévères; nul, quand la patrie est en danger, nul ne peut refuser son service sans être déclaré infâme et traître à la patrie. Prononcez la peine de mort contre tout citoyen qui refusera de marcher ou de céder son arme à son concitoyen plus généreux que lui, ou contrariera directement ou indirectement les mesures prises pour le salut de l'Etat.

Le tocsin qui sonne va se propager dans toute la France. Ce n'est point un signal d'alarme, c'est la charge sur les ennemis de la patrie *(On applaudit)*. Pour les vaincre, Messieurs, il nous faut de l'audace, encore de l'audace, toujours de l'audace, et la France est sauvée *(Les applaudissements recommencent)*.

Bibliographie

1. Le XVIIIᵉ siècle : généralités

1.1. Histoire

A. Castelot, *Marie-Antoinette*, Marabout Université.

G. Chaussinand-Nogaret, *La Noblesse au XVIIIᵉ siècle : de la féodalité aux lumières*, Complexe.

Ph. Erlanger, *Le Régent*, Folio, Gallimard.

M. Garden, *Lyon et les Lyonnais au XVIIIᵉ siècle*, Champs, Flammarion.

E.H. et J.H. de Goncourt, *La Femme au XVIIIᵉ siècle*, Champs, Flammarion.

H. Méthivier, *Le Siècle de Louis XV*, Que sais-je?, PUF.

C. Rommeru, *De la nature à l'histoire, 1685-1794*, Littérature, Pierre Bordas et fils.

M. Soulié, *Le Régent*, Payot.

1.2. Littérature

E. Badinter, *Emilie, Emilie : l'ambition féminine au XVIIIᵉ siècle*, Livre de Poche.

E. Cassirer, *La Philosophie des Lumières*, Agora.

P. Larthomas, *Le Théâtre en France au XVIIIᵉ siècle*, Que sais-je?, PUF.

D. Lurcel, *Le Théâtre de la foire au XVIIIᵉ siècle*, 10/18.

P. Nagy, *Libertinage et révolution*, Idées, Gallimard.

Le Dix-huitième en 10/18, anthologie, 10/18.

2. Le roman

2.1. Crébillon

Crébillon, *Les Egarements du cœur et de l'esprit*, Garnier Flammarion ou Folio Gallimard.

2.2. Laclos

Laclos, *Les Liaisons dangereuses*, Garnier Flammarion.

M. Delon, *Les Liaisons dangereuses*, Etudes Littéraires, PUF.

R. Vailland, *Laclos*, Ecrivains de toujours, Seuil.

2.3. Rétif de La Bretonne

Rétif de la Bretonne, *Les Nuits de Paris*, Folio, Gallimard.

Rétif de la Bretonne, *Sara*, 10/18 ou Stock.

Rétif de la Bretonne, *La Paysanne pervertie*, Garnier Flammarion.

Rétif de la Bretonne, *Le Ménage parisien*, 10/18.

Rétif de la Bretonne, *Monsieur Nicolas*, La Pléiade.

M. Blanchot, *Sade et Retif de La Bretonne*, Le Regard Littéraire, Complexe.

2.4. Sade

Sade, *Les Crimes de l'amour*, Folio Gallimard, Livre de Poche ou 10/18.

Sade, *Juliette*, 10/18.

Sade, *Justine*, Livre de Poche, Garnier Flammarion, Folio Gallimard ou 10/18.

Sade, *La Philosophie dans le boudoir*, Folio Gallimard ou 10/18.

S. de Beauvoir, *Faut-il brûler Sade?*, Idées, Gallimard.

G. Lely, *Sade : études sur sa vie et son œuvre*, Idées, Gallimard.

Lectures de Sade, U-Prisme, Armand Colin.

3. Diderot

Diderot, *Sur l'art et les artistes*, Hermann.

Diderot, *Jacques le fataliste*, Livre de Poche, Folio Gallimard, Garnier Flammarion ou J'ai Lu.

Diderot, *Les Bijoux indiscrets*, Folio, Gallimard ou Garnier Flammarion.

Diderot, *Le Neveu de Rameau*, Livre de Poche, Folio Gallimard ou Editions Sociales.

Diderot, *La Religieuse*, Livre de Poche, Garnier Flammarion ou Folio Gallimard.

Diderot, *Le Rêve de d'Alembert,* Livre de Poche.

Barbey d'Aurévilly, *Contre Diderot*, Le Regard Littéraire, Complexe.

Diderot, *Contes et entretiens*, Garnier Flammarion.

Diderot, *Lettres à Sophie Volland*, Folio Gallimard.

Diderot, *Supplément au voyage de Bougainville*, Garnier Flammarion.

Diderot, *Les Salons*, Editions Sociales.

Diderot, *Entretiens sur le Fils naturel - Paradoxe sur le comédien*, Garnier Flammarion.

J.-C. Bonnet, C., *Diderot*, Livre de Poche.

E. de Fontenay, *Diderot ou le matérialisme enchanté*, Livre de Poche.

C. Guyot, *Diderot*, Ecrivains de toujours, Seuil.

L'Encyclopédie

Extraits aux Editions Sociales et chez Garnier Flammarion.

D'Alembert, *Discours préliminaire de l'Encyclopédie*, Médiations, Denoël.

4. Marivaux

Marivaux, *Comédies,* Livre de Poche (2 tomes).

Marivaux, *Le Paysan parvenu*, Folio Gallimard ou Garnier Flammarion.

Marivaux, *La Vie de Marianne*, Garnier Flammarion.

M. Deguy, *La Machine matrimoniale ou Marivaux*, Tel, Gallimard.

P. Gazagne, *Marivaux*, Ecrivains de toujours, Seuil.

5. Montesquieu

Montesquieu, *De l'Esprit des lois*, Idées Gallimard ou Garnier Flammarion.

Montesquieu, *Les Lettres persanes*, Livre de Poche, Folio Gallimard ou Garnier Flammarion.

Montesquieu, *Considérations sur les causes de la grandeur des Romains et de leur décadence*, Garnier Flammarion.

L. Althusser, *Montesquieu, la politique et l'histoire*, PUF.

G. Benrekassa, *Montesquieu, la liberté et l'histoire*, Livre de Poche.

B. Groethuysen, *Philosophie de la Révolution Française, Montesquieu*, Tel, Gallimard.

J. Starobinski, *Montesquieu*, Ecrivains de toujours, Seuil.

6. Rousseau

Rousseau, *Du contrat social*, Points Seuil, 10/18, Hachette, Garnier Flammarion, ou Editions Sociales.

Rousseau, *Les Confessions*, Folio Gallimard ou Garnier Flammarion.

Rousseau, *Les Rêveries du promeneur solitaire*, Livre de Poche, Garnier Flammarion ou Folio Gallimard.

Rousseau, *Julie ou la Nouvelle Héloïse*, Garnier Flammarion.

Rousseau, *Discours sur les sciences et les arts - sur l'origine de l'inégalité*, Garnier Flammarion.

Rousseau, *Emile*, Garnier Flammarion.

E. Cassirer, *Le Problème Jean-Jacques Rousseau*, Hachette.

P. Desalmand, *La Recherche du bonheur chez Montaigne, Pascal, Voltaire, Rousseau*, Littérature vivante, Bordas et fils.

B. Groethuysen, *Jean-Jacques Rousseau*, Idées Gallimard.

G. May, *Rousseau*, Ecrivains de toujours, Seuil.

J. Starobinski, *Jean-Jacques Rousseau : la transparence et l'obstacle*, Tel, Gallimard.

T. Todorov, *Frêle bonheur : essai sur Rousseau*, Hachette.

Y. Vargas, *Rousseau, économie politique : 1755*, PUF.

7. Voltaire

Voltaire, *Histoire de Charles XII*, Garnier Flammarion.

Voltaire, *Essai sur les mœurs et l'esprit des nations*, Editions Sociales.

Voltaire, *Lettres philosophiques*, Folio Gallimard ou Garnier Flammarion.

Voltaire, *Dictionnaire philosophique*, Garnier Flammarion.
Voltaire, *L'Affaire Calas et autres affaires*, Folio Gallimard.
Voltaire, *Romans et contes*, Folio Gallimard ou Garnier Flammarion.
A. Magnan, *Voltaire, Candide, ou l'Optimisme*, Etudes littéraires, PUF.
N. Masson, *L'Ingénu de Voltaire et la critique de la société à la veille de la Révolution*, Littérature vivante, Bordas et fils.
J. Orieux, *Voltaire ou la royauté de l'esprit*, Champs, Flammarion.
R. Pomeau, *Voltaire*, Ecrivains de toujours, Seuil.

8. Autres textes

F.-R. Bastide, *Saint-Simon*, Ecrivains de toujours, Seuil.
Beaumarchais, *Le Barbier de Séville*, Folio Gallimard, Livre de Poche.
Beaumarchais, *Le Mariage de Figaro*, Folio Gallimard.
Beaumarchais, *Théâtre*, Garnier Flammarion.
Bernardin de Saint-Pierre, *Paul et Virginie*, Livre de Poche, Garnier Flammarion ou Folio Gallimard.
Bernardin de Saint-Pierre, *Voyage à l'Ile de France*, La Découverte.
Prévost, *Manon Lescaut*, Livre de Poche, Garnier Flammarion, Presses Pocket ou J'ai Lu.

Le XIXe siècle

Introduction

La littérature du XIXe siècle ne forme pas un ensemble homogène, bien au contraire. Nous disposons de moins de recul pour étudier cette période, et, de ce fait, nous sommes peut-être plus sensibles aux nuances, aux variations, aux oppositions. Il n'empêche que le XIXe siècle voit fleurir — et se faner — les **mouvements littéraires en grand nombre.**

Le baroque, le classicisme des siècles précédents étaient des tendances de la littérature, mais n'avaient pas vraiment suscité d'«écoles». Au XIXe siècle, on est frappé par le nombre de coteries, de disputes, de «batailles» et de polémiques qui opposent des **écoles** entre elles. Toute nouvelle tendance a sa revue, son théoricien, ses «troupes» et son chef de file. Les modes vestimentaires accompagnent souvent les tendances littéraires, comme le gilet rouge des romantiques. Les changements politiques, qui ont tendance aussi à s'accélérer, alimentent les débats.

Un peu d'histoire...

Le 10 novembre (18 brumaire) 1799, Bonaparte devient Premier Consul. La voie vers l'**Empire** est ouverte. 1804 est la date de son couronnement.

L'Empire est marqué par un redressement économique certain, mais aussi par une sérieuse limitation des libertés, notamment de la liberté d'expression. La censure s'exerce avec vigueur sur la presse et la littérature et n'encourage pas leur développement.

Cependant, l'Empire, avec les guerres de conquête, avec l'ascension sociale rapide de quelques individus et la création d'une nouvelle noblesse, alimente durablement l'imaginaire des premières générations du

XIXe siècle. Pendant le règne de Napoléon Ier, les principaux écrivains sont des opposants au régime, comme Mme de Staël ou Chateaubriand. Mais l'échec final de l'Empire exerce une influence importante sur la littérature.

En effet, Hugo est marqué par la mythologie impériale; Stendhal ou Musset expliquent bien que la mélancolie de leurs générations — qu'on l'appelle « spleen » ou « mal du siècle » — vient de ces espérances déçues qu'a fait naître l'Empire, de ce rêve de gloire qu'il a fallu oublier pour revenir à des préoccupations bourgeoises.

La Restauration de la royauté, qui suit en 1815 la chute de l'Empire, ne remet pas en cause directement les acquis de la Révolution, tout au moins pour la bourgeoisie montante. Louis XVIII organise une sorte de **royauté à l'anglaise**. En 1824, Charles X lui succède, avec des phases extrêmement réactionnaires. Il ne vient pas à bout des opposants et, en 1830, la Révolution de Juillet le chasse.

L'avènement de Louis-Philippe divise les royalistes : les « légitimistes » n'acceptent pas la Monarchie de Juillet, libérale et bourgeoise, et son **« roi des Français »**. Le régime, extrêmement favorable à la bourgeoisie et au capitalisme naissant, néglige les couches les plus basses de la société.

Durant toute la période monarchique du XIXe siècle, le romantisme se développe. Nostalgie d'un passé héroïque, préoccupations sociales, hostilité à l'égard de la morale bourgeoise : le romantisme prend forme.

1848 suscite un grand enthousiasme chez bon nombre d'écrivains, comme George Sand. Enfin, une **révolution populaire** et sociale semble possible.

La déception est à la mesure de l'enthousiasme. Quand Louis-Napoléon Bonaparte après le coup d'Etat du 2 décembre 1851 devient **Napoléon III**, les républicains sont consternés. Malgré l'assouplissement du Second Empire, plus libéral à partir de 1860, des hommes comme Hugo ne cesseront de combattre le régime. Zola en fera le contexte politique de ses Rougon-Macquart.

La guerre de 1870, ainsi que les événements de la **Commune** qui l'accompagnent, produisent de nouveaux soubresauts dans la société française. La **Troisième République**, née avec l'écrasement de la Commune par Thiers, bien que marquée par de nombreuses crises ministérielles, établit de façon durable les principales libertés et organise l'enseignement laïc et obligatoire.

La fin du siècle est marquée par l'**affaire Dreyfus** qui divise profondément la France. Dreyfusards et anti-dreyfusards se livrent à travers la presse une véritable guerre. Zola, qui prend position en faveur du capitaine, est contraint de fuir en Angleterre.

La société change profondément

Plus encore que le détail des événements historiques, les profonds **bouleversements de la société** au XIXe siècle influencent la littérature.

La Révolution française a imprimé à la société un mouvement irréversible. Malgré la Restauration, la Monarchie de Juillet, et les deux Empires, la noblesse a perdu l'essentiel de son pouvoir, politique et surtout intellectuel. En tant que classe sociale, elle n'exerce plus sur les arts et la littérature le rôle de juge et d'arbitre. Ce sont les **bourgeois** qui font le succès des livres et des artistes.

Cette profonde transformation est importante pour la littérature. Le public auquel les écrivains s'adressent n'est plus le même.

Le **développement du genre romanesque** s'explique sans doute ainsi. Jusqu'au XVIIIe siècle, le roman est un genre déprécié, finalement mineur. Au XIXe siècle, être romancier est un titre de gloire. Les écrivains français du XIXe siècle restent encore aujourd'hui des modèles pour beaucoup de romanciers contemporains, y compris à l'étranger, et notamment en Amérique latine.

Le **théâtre** devient une tribune parfois. La bataille du romantisme se joue sur la scène d'*Hernani*. Mais, si on excepte le drame romantique, le XIXe siècle n'est pas un siècle de théâtre, même si ses dernières années voient les débuts de Claudel poète et les tentatives novatrices de Jarry.

Mais le public boude les tentatives théâtrales de Flaubert, et la postérité n'a rien retenu des adaptations de Zola sur les planches. Le public, durant le Second Empire, s'est, par contre, enthousiasmé pour les **opérettes**, en particulier celles d'Offenbach, qui traduisent bien la joie de vivre et l'insouciance de la bourgeoisie arrivée.

La **poésie** elle-même subit le contrecoup de la montée de la bourgeoisie. Les valeurs bourgeoises, extrêmement matérialistes et « bien-pensantes », poussent les poètes à la révolte, qu'il s'agisse de Hugo, de Baudelaire, de Verlaine ou de Rimbaud. Le point commun entre toutes les écoles poétiques du XIXe siècle, c'est bien la « haine du bourgeois ».

Enfin, la naissance d'une classe ouvrière, mieux organisée politiquement, suscite l'élaboration des thèses des **socialistes utopiques**, comme Fourier ou Proudhon. Avec bien des nuances et à des degrés divers, certains écrivains se préoccupent de la situation du peuple. Hugo, George Sand, Zola sont marqués par les questions sociales.

Les écoles

Les écoles se succèdent, se disputent, se chevauchent, durant tout le siècle. Il faut néanmoins se méfier des étiquettes. Il est commode de tout expliquer par les noms en -isme (romantisme, symbolisme, etc.), mais la personnalité d'un auteur ne se réduit pas à l'appartenance à une école.

Certains passent d'une école à l'autre, comme Verlaine et Mallarmé, parnassiens convertis au symbolisme. Et quand on aura dit que Hugo est le chef de file des romantiques, connaîtra-t-on bien pour autant son œuvre ?

Les écoles sont de commodes points de repère, mais elles ne sont pas plus que cela.

Les soubresauts de la Révolution et de l'Empire

La violence des événements historiques n'est jamais propice au développement des lettres. Les hommes engagés dans l'action écrivent peu. La Révolution et l'Empire ont créé de grands désordres dans la littérature française.

Durant la Révolution, certains sont morts, comme Chénier. D'autres ont fui à l'étranger. C'est le cas de **Chateaubriand**. Leur œuvre subit des influences diverses. Le contact direct, sur place, avec d'autres littératures, notamment anglaise et allemande, produit un choc.

Madame de Staël, obligée de s'exiler en Suisse pendant l'Empire, connaît les mêmes influences. C'est par elle que le **romantisme allemand** se fait connaître aux intellectuels français. Même si elle est un peu oubliée aujourd'hui, il faut se souvenir que ses essais ont été les livres de chevet des futurs romantiques français.

Le roman d'analyse a deux représentants importants : Etienne de **Sénancour** (1770-1846), auteur de *Oberman*, sorte de journal intime, et Benjamin **Constant** (1767-1830), auteur d'*Adolphe*, roman où il transpose sa liaison avec Mme de Staël.

Enfin, beaucoup d'ouvrages historiques ou politiques paraissent dans les premières années du siècle. Chacun règle ses comptes. On retiendra le nom du vicomte **de Bonald** (1754-1840), ultra-royaliste, auteur de traités politiques, et celui de Joseph **de Maistre**, catholique, monarchiste, auteur des *Soirées de Saint-Pétersbourg* (1821).

XIXe

Chateaubriand

prénom : **François-René de**
né en : **1768**
mort en : **1848**

Famille	Né à Saint-Malo, Chateaubriand est le dixième enfant d'un armateur de vieille noblesse.
Etudes	Il fait des études classiques aux collèges de Dol, de Rennes et de Dinan.
Jeunesse vagabonde	Il s'engage dans l'infanterie. Mais il profite d'un congé pour se rendre à Paris où il fréquente la cour et les salons.
	En 1791, il part en Amérique, se rend de Baltimore à Philadelphie, et parcourt les forêts américaines. Il reste cinq mois dans la région des Grands-Lacs.
	Apprenant la fuite du roi et son arrestation, il décide de rentrer en France pour se mettre au service de la royauté.
	Il se marie, et s'engage dans l'armée des Princes. Blessé, il se réfugie en 1793 en Angleterre. Il vit de leçons et de traductions dans une relative misère.
	En 1798, il apprend la mort d'une de ses sœurs et de sa mère. Sous l'effet de ce choc, il retrouve la foi de son enfance.
La célébrité	En 1800, Chateaubriand rentre en France et devient célèbre avec ses romans et son *Génie du christianisme*.
	Il est nommé secrétaire d'ambassade à Rome en 1803, profitant du rapprochement entre Bonaparte et la papauté.
	En 1804, il est nommé ministre plénipotentiaire dans le Valais.

La politique L'exécution du duc d'Enghien en 1804 le révolte. Il démissionne et se range dans l'opposition royaliste. En 1806-1807, il fait un grand voyage en Orient jusqu'à Jérusalem. En 1811, il est élu à l'Académie française mais ne siégera qu'après la chute de l'Empire. Pendant les Cent-Jours, il est nommé ministre de l'Intérieur.

A la Restauration, il est fait pair de France. Mais il se range dans le camp des ultra-royalistes et fonde un journal *Le Conservateur*.

En 1821, Chateaubriand est nommé ambassadeur à Berlin, puis en 1822, à Londres.

En 1823, il est nommé ministre des Affaires étrangères.

Après la Révolution de 1830, il donne sa démission de pair et devient légitimiste. Il se lie alors à Mme Récamier dont il fréquente le salon.

En 1832, il défend la duchesse de Berry qui a provoqué un soulèvement dans l'Ouest.

Enfin, il mène une vie de retraite studieuse. Il meurt en 1848.

Œuvres

Chateaubriand apparaissait à tous les romantiques comme le grand ancêtre. Victor Hugo adolescent écrit par exemple dans ses carnets « *Chateaubriand ou rien* ». Il a incarné le « mal du siècle » avec *René*, mais sa grande œuvre est certainement les *Mémoires d'Outre-Tombe*.

1797   *Essai historique, politique et moral sur les révolutions anciennes et modernes.*

1801   *Atala*, roman.

1802   *René*, roman.

        Le Génie du christianisme, apologie de la foi catholique.

1809   *Les Martyrs*, épopée en prose.

1811   *Itinéraire de Paris à Jérusalem*, récit de voyage.

1814   *De Buonaparte et des Bourbons*, pamphlet politique.

Extrait des *Mémoires d'Outre-Tombe*

1ʳᵉ partie, livre III
   Chateaubriand évoque le donjon de Combourg où il a passé son enfance.

La fenêtre de mon donjon s'ouvrait sur la cour intérieure; le jour, j'avais en perspective les créneaux de la courtine opposée, où végétaient des scolopendres et croissait un prunier sauvage. Quelques martinets, qui durant l'été s'enfonçaient en criant dans les trous des murs, étaient mes seuls compagnons. La nuit, je n'apercevais qu'un petit morceau de ciel et quelques étoiles. Lorsque la lune brillait et qu'elle s'abaissait à l'occident, j'en étais averti par ses rayons, qui venaient à mon lit au travers des carreaux losangés de la fenêtre. Des chouettes, voletant d'une tour à l'autre, passant et repassant entre la lune et moi, dessinaient sur mes rideaux l'ombre mobile de leurs ailes. Relégué dans l'endroit le plus désert, à l'ouverture des galeries, je ne perdais pas un murmure des ténèbres. Quelquefois, le vent semblait courir à pas légers; quelquefois il laissait échapper des plaintes; tout à coup ma porte était ébranlée avec violence, les souterrains poussaient des mugissements, puis ces bruits expiraient pour recommencer encore. A quatre heures du matin, la voix du maître du château, appelant le valet de chambre à l'entrée des voûtes séculaires, se faisait entendre comme la voix du dernier fantôme de la nuit.

La génération romantique

De 1815 à 1848, la France connaît un régime monarchique. Il s'agit d'une **monarchie constitutionnelle,** de type anglais, avec une «Charte», signée par le roi, qui l'engage vis-à-vis de la nation.

Pendant toute cette période, la censure est moins rigoureuse peut-être que sous l'Empire. La nouvelle génération va alors pouvoir réclamer une «révolution», un «14 juillet» de la littérature. Cette révolution, c'est le **romantisme.**

Ce mouvement très ample se caractérise surtout par le **refus des règles classiques** et touche tous les domaines. Les tendances individualistes cherchent à s'exprimer. La morale bourgeoise qui caractérise cette période et le matérialisme ambiant sont largement remis en cause.

Au théâtre se joue la bataille la plus rude. Le **drame romantique**, qui bouleverse les genres traditionnels, est l'objet d'une véritable lutte qui voit son apogée avec la bataille d'*Hernani* en 1830.

La poésie se libère, devient essentiellement expression du sentiment personnel. Le **lyrisme** éclate en 1820 avec la parution des *Méditations poétiques* de Lamartine.

Le romantisme déclenche la **vogue du roman.** George Sand, Alexandre Dumas sont lus par un public très large.

Stendhal, romantique à ses débuts, mais assez ironique vis-à-vis du mouvement, met en scène de jeunes héros ambitieux et imaginatifs.

Balzac partage avec Hugo l'ambition de composer une œuvre totale qui recrée le puissant mouvement de la vie.

Le romantisme met aussi l'**histoire** à la mode. Michelet est le représentant de ce mouvement qui veut obtenir la « résurrection intégrale du passé ».

Enfin, les revues, les critiques engagés dans les polémiques donnent un nouveau ton à la vie littéraire. Sainte-Beuve fait de **la critique** un véritable genre littéraire.

XIXe
Le romantisme

« Le romantisme, c'est en deux mots,
le protestantisme dans les lettres et les arts. »
Article de Vitet dans *Le Globe*, 1825

Origine du nom

L'adjectif « romantique » a mis quelque temps à se démarquer d'un autre adjectif, « romanesque ». C'est à la fin du XVIIIe siècle que le mot prend son sens moderne. Il est alors utilisé pour qualifier des paysages qui incitent à la méditation et à la rêverie. Dans les premières années du XIXe siècle, Sénancour et Mme de Staël commencent à appliquer le terme dans la critique littéraire.

Le mot « romantisme » sert à apposer une étiquette commode sur le mouvement littéraire qui, durant la première moitié du XIXe siècle, a cherché à renouveler profondément la littérature en **s'opposant aux règles classiques** encore en vigueur alors.

Naissance du mouvement

Le mouvement romantique revêt des formes bien différentes et rassemble des hommes divers.

Dès le XVIIIe siècle, un important courant littéraire s'intéressait à l'analyse des passions et des sentiments.

On lui a souvent donné le nom de « préromantisme ». Ce mot n'explique rien.

Le romantisme en France est lié au choc social et politique considérable que représente la Révolution. Il est d'abord l'expression d'une **génération nouvelle** qui tente de répondre aux nouvelles structures de la société. Il s'inspire aussi de mouvements similaires en Allemagne ou en Italie. Le « romantisme » est un phénomène européen.

Les écoles romantiques

— Entre 1800 et 1820

Mᵐᵉ de Staël et **Chateaubriand** jettent les bases d'une littérature dégagée des contraintes classiques et découvrent les littératures étrangères (Schiller, Shakespeare, Byron).

— Entre 1820 et 1830

1820 est la date de la parution des *Méditations poétiques* de **Lamartine**. C'est une révélation pour toute une génération qui attend un renouvellement de la poésie.

Deux groupes se forment : l'un autour du *Conservateur littéraire*, journal conservateur, avec **Hugo** et **Vigny** notamment, l'autre de sensibilité libérale, avec **Stendhal**. Les deux groupes ne se mêlent pas et créent deux journaux : *La Muse française*, pour les conservateurs, *Le Globe* pour les libéraux.

Vers 1824, **Nodier**, bibliothécaire de l'Arsenal à Paris, royaliste, réunit autour de lui les jeunes écrivains romantiques dans un groupe qu'on appelle le **« Cénacle »**. Finalement, devant les attaques répétées des tenants du classicisme, les conservateurs se rallient au *Globe* en 1825 et demandent un « 14 juillet » littéraire.

A partir de 1827, **Hugo** tient salon chez lui, rue Notre-Dame des Champs et c'est chez lui que se retrouve maintenant le « Cénacle ». Hugo devient le chef de file de tous les romantiques et publie ainsi que Sainte-Beuve et Vigny des manifestes entre 1827 et 1829.

— **Le triomphe de 1830**
1830 est la date de la **«bataille d'Hernani»**, premier vrai drame romantique à triompher des critiques des classiques, malgré les chahuts organisés.

De nouvelles modes apparaissent : dandysme comme Musset, bohème littéraire, style «Jeune-France» comme Dumas, gilets rouges, etc.

— **Evolution après 1830**
Une partie des romantiques, à la faveur des événements politiques, se tourne vers les **idées socialistes**, sous l'impulsion du philosophe utopiste Pierre Leroux. George Sand, Hugo, et même Lamartine pensent que l'écrivain doit s'engager dans la vie publique.

Cette question est source de **divergences** au sein du groupe et pousse un petit groupe à affirmer sa conception de «l'Art pour l'Art» qui deviendra le Parnasse.

Vers 1843, la lassitude gagne le public. Le drame de Hugo, *Les Burgraves*, connaît un échec. Le romantisme s'éteint, même si Hugo et Vigny restent fidèles à leur doctrine.

Manifestes

Parmi les nombreux textes théoriques publiés par les romantiques, on peut en retenir deux d'une importance majeure.

— ***Racine et Shakespeare*** (Stendhal)
Ces textes de Stendhal, parus en deux parties, en 1823 et en 1825, constituent les premiers assauts contre le théâtre classique. Même si Stendhal est un individualiste, parfois critique et ironique vis-à-vis de l'enthousiasme romantique, il s'inscrit là dans le mouvement. Il oppose au classicisme de Racine le théâtre libre et passionné de Shakespeare.

« Le combat à mort est entre le système tragique de Racine et celui de Shakespeare ».

— La Préface de *Cromwell* (Hugo)

Le drame de Hugo, *Cromwell*, n'est pas une grande réussite. Mais la Préface qu'il écrit en 1827 est l'expression la plus aboutie de ce que doit être le drame romantique. Hugo affirme ses exigences d'un théâtre total qui mélange les genres, sur le modèle de Shakespeare.

« Le théâtre est un point d'optique. Tout ce qui existe dans le monde, dans l'histoire, dans la vie, dans l'homme, tout doit et peut s'y réfléchir, mais sous la baguette magique de l'art. »

Doctrine

1. **Liberté** : il faut supprimer les règles, notamment les règles classiques du théâtre.
2. **Emotion** : l'émotion est la règle; la raison doit être oubliée dans l'art; l'horrible, le terrible, le grotesque ne doivent pas être censurés.
3. **Le Moi** : il faut fonder la littérature sur l'expression personnelle; parler de soi, c'est parler de chaque homme; le lyrisme est universel.
4. **Evasion** : écrire, c'est voyager dans le temps et dans l'espace, faire revivre le passé, évoquer des terres étrangères, exotiques, et dépayser le lecteur sans qu'il quitte sa chambre.
5. **Renouvellement de la langue** : on recherche le mot pittoresque, la métaphore, l'hyperbole; on renouvelle la versification en assouplissant le vers français et en privilégiant la musicalité.

Formes

Le romantisme est plus une affaire de traitement de sujet que de thème. Même si certains thèmes sont souvent appelés «romantiques» (les ruines, la mélancolie, la fougue d'un jeune héros, etc.), c'est la remise en valeur de la poésie et le renouvellement du théâtre qui caractérisent davantage le romantisme.

— La poésie lyrique
La poésie romantique est l'expression du sentiment personnel, de l'émotion. Elle passe par un assouplissement des règles de la versification. Hugo affirme : *« J'ai disloqué ce grand niais d'alexandrin »* pour expliquer qu'il ne respecte plus la régularité des coupes. La variété des vers employés par Hugo est sans autre exemple dans toute la poésie française.

— Le drame romantique
Les romantiques refusent la classification comédie/tragédie. Le théâtre, image du monde, doit mêler rire et pleurs, doit mélanger les tons. Plus de règles des unités, pas de souci des bienséances ou de la vraisemblance. L'histoire, qui insuffle déjà aux romans plus de vigueur, fournit souvent ses sujets au théâtre des romantiques.

Les hommes

Le chef de file : Victor Hugo s'affirme comme tel à partir de 1837. Il est aussi le théoricien du mouvement.

Les initiateurs :
Chateaubriand.
Mme de **Staël** (1766-1871), fille de Necker, exilée par Napoléon, fait connaître en France l'Allemagne et sa littérature romantique.
Charles **Nodier** (1783-1844), bibliothécaire de l'Arsenal, bibliophile, chez qui se réunit le premier « Cénacle ».

Les 3 grands :
Alphonse de Lamartine.
Alfred de **Vigny.**
Alfred de **Musset.**

Les apparentés :
Stendhal.

George **Sand**.

Gérard de **Nerval**.

Alexandre **Dumas** père (1802-1870), auteur de drames romantiques, dont *Antony* (1831).

Charles-Augustin de **Sainte-Beuve** (1804-1869), ami intime de Hugo, professeur et critique littéraire bien connu.

Jules **Michelet** (1798-1874) professeur au Collège de France, historien passionné.

Quelques œuvres

1800   *De la Littérature*, Mᵐᵉ de Staël.

1801   *Atala*, François-René de Chateaubriand.

1810   *De l'Allemagne*, Mᵐᵉ de Staël.

1820   *Méditations poétiques*, Alphonse de Lamartine.

1821   *Smarra ou les Démons de la nuit, contes romantiques*, Charles Nodier.

1822   *Odes*, Victor Hugo.

1826   *Cinq-Mars*, Alfred de Vigny.

1827   *Cromwell*, et sa préface, Victor Hugo.

1828   *Tableau de la poésie française au XVIᵉ siècle*, Charles-Augustin de Sainte-Beuve.

1830   *Hernani*, Victor Hugo.

1831   *Indiana*, George Sand.
         Antony, Alexandre Dumas père.

1835   *Lorenzaccio*, Alfred de Musset.

1836   *La Confession d'un enfant du siècle*, Alfred de Musset.

1838   *Ruy Blas*, Victor Hugo.

1847-53 *Histoire de la Révolution française*, Jules Michelet.

1854   *Les Chimères*, Gérard de Nerval.

1864   *Les Destinées*, Alfred de Vigny.

XIXe

Lamartine

prénom : **Alphonse de**
né en : **1790**
mort en : **1869**

Famille	Né à Mâcon, en Bourgogne, d'un père gentilhomme campagnard, Lamartine passe une enfance heureuse avec ses cinq sœurs.
Etudes	De 1803 à 1807, il fait ses études au collège jésuite de Belley.
La jeunesse	En 1811-1812, Lamartine fait un voyage en Italie. Il fait un bref passage dans l'armée. En 1816, il se rend à Aix-les-Bains, il y fait la connaissance de Mme Charles dont il tombe amoureux. Mais elle meurt l'année suivante.
La gloire	Le recueil de poésies que lui inspire cette passion malheureuse, *Les Méditations*, connaît un succès immense en 1820. Lamartine épouse une jeune anglaise et obtient un poste diplomatique à Naples (1820-1821), puis à Florence (1825-1828).
L'homme politique	Après la Révolution de 1830, Lamartine abandonne la carrière diplomatique. En 1831, il se présente aux élections législatives. Il est battu. En 1832-1833, il fait un voyage en Orient, pendant lequel il perd sa fille Julia. En 1833, il est élu député de Bergues (Nord), il n'est rattaché à aucun parti. Devenu libéral, il fait campagne pour un suffrage élargi. En février 1848, il est nommé ministre des Affaires étrangères. Il prend parti contre la Révolution de 1848. Sa popularité s'effondre. Il se présente à la présidence de la République, mais obtient peu de voix. En 1851 prend fin sa carrière politique.

La retraite   Pour payer ses dettes, Lamartine doit beaucoup
écrire.
Il doit vendre la maison familiale de Bourgogne
à Milly. Il reçoit une rente de Napoléon III.
Il meurt en 1869, solitaire et pauvre.

Œuvres

Henri Guillemin a dit de lui : « *Lamartine est poète du
XVIIIᵉ siècle, avec du génie par surcroît.* » C'est exprimer
en peu de mots que s'il était resté très marqué par la
rhétorique du siècle précédent, il avait en même temps
apporté quelque chose de neuf. Sa sensibilité douloureuse, un nouveau rapport à la nature, la qualité de son
vers trouvèrent un écho chez les contemporains, ce qui
explique sans doute le grand succès des *Méditations*.

1820   *Les Méditations*, recueil de poèmes dont *Le Lac* et
L'Isolement.

1830   *Les Harmonies*, recueil de poèmes dont *Milly ou la
terre natale*.

1836   *Jocelyn*, épopée en vers.

1838   *La Chute d'un ange*, épopée en vers.

1839   *Les Recueillements*, poèmes.

1847   *Histoire des Girondins*, ouvrage historique et politique.

1848-56   Série d'œuvres de commande, romans, récits autobiographiques, ouvrages historiques, cours de littérature.

Extrait de « Le Lac » (*Méditations Poétiques*)

*Lamartine a composé ce poème au bord du Lac du
Bourget, en 1817, alors qu'il a appris la grave maladie de
Mᵐᵉ Charles qu'il espérait retrouver. Dans les premières
strophes, il évoque une promenade en barque qu'ils
firent ensemble. Viennent ensuite les vers qui suivent.*

Tout à coup des accents inconnus à la terre
Du rivage charmé frappèrent les échos,
Le flot fut attentif, et la voix qui m'est chère
Laissa tomber ces mots :

« O temps, suspends ton vol ! et vous, heures propices,
    Suspendez votre cours !
Laissez-nous savourer les rapides délices
    Des plus beaux de nos jours !

« Assez de malheureux ici-bas vous implorent :
    Coulez, coulez pour eux ;
Prenez avec leurs jours les soins qui les dévorent ;
    Oubliez les heureux.

« Mais je demande en vain quelques moments encore,
    Le temps m'échappe et fuit ;
Je dis à cette nuit : « Sois plus lente » ; et l'aurore
    Va dissiper la nuit.

« Aimons donc, aimons donc ! de l'heure fugitive,
    Hâtons-nous, jouissons !
L'homme n'a point de port, le temps n'a point de rive ;
    Il coule et nous passons ! »

Temps jaloux, se peut-il que ces moments d'ivresse,
Où l'amour à longs flots nous verse le bonheur,
S'envolent loin de nous de la même vitesse
    Que les jours du malheur ?

Hé quoi ! n'en pourrons-nous fixer au moins la trace ?
Quoi ! passés pour jamais ? Quoi ! tout entiers perdus ?
Ce temps qui les donna, ce temps qui les efface,
    Ne nous les rendra plus ?

Eternité, néant, passé, sombres abîmes,
Que faites-vous des jours que vous engloutissez ?
Parlez : nous rendrez-vous ces extases sublimes
    Que vous nous ravissez ?

O lac ! rochers muets ! grottes ! forêt obscure !
Vous que le temps épargne ou qu'il peut rajeunir,
Gardez de cette nuit, gardez, belle nature,
    Au moins le souvenir !

Qu'il soit dans ton repos, qu'il soit dans tes orages,
Beau lac, et dans l'aspect de tes riants coteaux,
Et dans ces noirs sapins, et dans ces rocs sauvages
    Qui pendent sur tes eaux !

Qu'il soit dans le zéphir qui frémit et qui passe
Dans les bruits de tes bords par tes bords répétés,
Dans l'astre au front d'argent qui blanchit ta surface
    De ses molles clartés !

Que le vent qui gémit, le roseau qui soupire,
Que les parfums légers de ton air embaumé,
Que tout ce qu'on entend, l'on voit et l'on respire,
    Tout dise : « Ils ont aimé ! »

XIXᵉ

Vigny

prénom : **Alfred de**
né en : **1797**
mort en : **1863**

Famille
Vigny est né en Touraine dans une vieille famille noble d'officiers, ruinée par la Révolution.

Etudes
Après des études en pension, il entre au lycée Bonaparte où il prépare l'entrée à Polytechnique de 1811 à 1814.

L'officier
La Restauration fait naître un grand espoir chez Vigny qui voyait en Napoléon un usurpateur.
Dès 1814, il s'engage dans l'armée. Mais une triste vie de garnison l'attend bientôt.
En 1823, il espère servir dans l'expédition espagnole, mais il reste en arrière-garde. Il se désespère.
En 1824, il obtient un congé qui est renouvelé régulièrement jusqu'à sa radiation des cadres.

Le poète
En 1825, il épouse une jeune Anglaise. Il s'installe à Paris, fréquente les salons littéraires, se lie avec Hugo.
Il se voue à partir de 1827 à sa carrière d'écrivain. Au Cénacle, il est considéré comme un maître de la jeune école, mais il souffre de la gloire que connaît Hugo.

Nouvelles désillusions
La Révolution de 1830 afflige Vigny. A travers plusieurs œuvres en prose, romans et pièce de théâtre, il évoque sa profonde désillusion.
En 1837, Vigny traverse une crise : il perd sa mère, rompt avec sa maîtresse Marie Dorval avec qui il a une liaison orageuse depuis six ans. Il perd la foi.
Peu à peu, il retrouve sa sérénité, il est élu en 1845 à l'Académie française, après six échecs.

En 1848, il n'est pas élu à la députation. Il s'installe en Charente dans un domaine qui lui appartient.
Rallié à Napoléon III, il n'obtient pas les postes qu'il espérait. Il meurt en 1863.

Œuvres

Sous ses allures de poète-philosophe, il cache une sensibilité tout aussi torturée que celle de ses contemporains. On décèle même chez lui une angoisse devant le silence du monde qui a suscité des rapprochements avec des écrivains comme Camus.

1826	*Cinq-Mars*, roman.
1826-37	*Poèmes antiques et modernes*, dont *Le Cor*.
1832	*Stello*, roman.
1835	*Chatterton*, drame.
	Servitude et grandeur militaires, nouvelles.
1837	*Daphné*, roman.
1838	«La Mort du Loup», poème.
1839	«Le Mont des Oliviers», poème.
1844	«La Maison du berger», poème.
1847	«La Bouteille à la mer», poème.
1849	«Les Destinées», poème.
1864	Publication posthume du recueil des *Destinées*.

XIXᵉ

Hugo

prénom : **Victor**
né en : **1802**
mort en : **1885**

Famille

Troisième fils d'un général anobli par l'Empereur, Hugo est élevé avec ses frères par sa mère. A Paris, ils habitent une maison près du couvent des Feuillantines. Ils vont retrouver le général en poste à Naples (1808), puis en Espagne (1811-1812). Ses parents ne s'entendent pas et se séparent en 1814.

Etudes

Il entre comme interne à la pension Cordier (1814-1818) et prépare Polytechnique au lycée Louis-le-Grand. Mais il n'a de vocation que pour la littérature.

Les débuts

En 1822, il fonde avec ses frères une revue, *Le Conservateur littéraire*. Il admire profondément Chateaubriand.
Il épouse Adèle Foucher, une amie d'enfance dont il est très épris. Elle va lui donner 4 enfants.

Le chef d'école

En 1826-1827, Hugo prend parti en faveur du jeune mouvement romantique. En politique, il évolue et se tourne vers les libéraux. Il devient le chef de file de l'école romantique qu'il réunit dans son appartement, siège du Cénacle.
Connu par ses talents de poète, il veut aussi s'imposer au théâtre. Après quelques échecs, il triomphe avec *Hernani* en 1830.

La gloire littéraire

Hugo, dont la femme a une aventure avec son ami Sainte-Beuve, trouve une consolation dans sa liaison avec l'actrice Juliette Drouet en 1833, liaison qui durera jusqu'à la mort de l'actrice en 1883.

Il s'essaie alors au roman historique avec succès. Jusqu'en 1843, Hugo fait paraître de nombreuses œuvres et connaît la gloire. Ses drames sont plus contestés. En 1841, il a été cependant élu à l'Académie française.

Le drame Mais le 4 septembre 1843, sa fille aînée Léopoldine se noie accidentellement avec son mari. Le coup est terrible pour Hugo.

C'est dans la vie publique qu'il trouve une diversion. En 1845, il est nommé pair de France. Il intervient souvent à la tribune. En 1848, il est inquiet des émeutes. Il crée un journal, *L'Evénement*. Il soutient Louis-Napoléon Bonaparte dans un premier temps, mais, élu député de Paris, il passe vite dans l'opposition. Au coup d'Etat, il doit fuir.

Le proscrit Après un séjour à Bruxelles, Hugo trouve refuge en 1852 à Jersey. En 1855, chassé par les autorités, il passe à Guernesey.

Il est devenu républicain et suit l'actualité depuis sa terre d'exil.

En 1859, il refuse l'amnistie de Napoléon III et reste en exil.

Durant toute cette période, il continue à faire publier des ouvrages, notamment à Bruxelles.

Le retour triomphal A la chute de l'Empire, en 1870, Hugo rentre en France. Il est acclamé.

Elu député, il préfère démissionner. Il est bouleversé par les troubles de la Commune.

En 1876, il devient sénateur.

En 1881, pour le début de sa quatre-vingtième année, une cérémonie officielle est organisée à Paris.

Lorsqu'il meurt en 1885, il a droit à des funérailles nationales. Son cercueil est déposé au Panthéon.

Une œuvre immense

L'œuvre de Victor Hugo frappe par son immensité. Dans la collection *Bouquins,* elle n'occupe pas moins de 19 solides volumes d'une typographie serrée, l'équivalent de 150 ou 200 livres de poche. Elle touche à tous les genres — poésie, roman, épopée, théâtre, pamphlet, discours politique, littérature de voyage, correspondance, critique — et, à l'intérieur de ces genres, joue de tous les registres. Evoquant ce prodigieux don de création, l'écrivain mexicain Octavio Paz, prix Nobel 1990, déclarait en 1979 : *« On ne peut pas écrire tous les jours de la poésie, de la bonne poésie, sauf si on est Victor Hugo. »*

Hugo poète

C'est l'aspect de Hugo le mieux connu. Sa poésie couvre toute une palette d'inspiration : lyrisme, satire, épopée, fantaisie, tous les tons sont représentés dans son œuvre poétique qui comprend plus d'une trentaine de recueils.

1822-26	*Odes et ballades.*
1829	*Les Orientales.*
1831	*Les Feuilles d'automne.*
1835	*Les Chants du crépuscule.*
1840	*Les Rayons et les ombres.*
1853	*Les Châtiments.*
1856	*Les Contemplations.*
1859	*La Légende des siècles,* recueil complété en 1877 et en 1883.
1865	*Les Chansons des rues et des bois.*
1872	*L'Année terrible.*
1877	*L'Art d'être grand-père.*

Hugo dramaturge

Hugo rêve d'un théâtre total, mêlant les genres, accordant le « sublime » et le « grotesque ». Il combat avec les romantiques contre les conceptions classiques du théâtre qui prévalent en France depuis le XVIIe siècle. S'il doit choisir un modèle, il le cherche plutôt du côté de Shakespeare. Il a composé 12 drames romantiques.

1827   *Cromwell*, pièce qui échoue mais dont la préface est un véritable manifeste romantique.

1830   *Hernani*.

1835   *Ruy Blas*.

1843   *Les Burgraves*, échec complet qui détourne Hugo du drame.

Hugo romancier

Dans le roman aussi, Hugo veut transcrire toute la vie, mêler les tons dans un ensemble puissant, à l'image du monde. Le roman historique se prête particulièrement bien à cette entreprise. Hugo a écrit 9 romans. Il a su toucher un très large public.

1831   *Notre-Dame de Paris*.

1862   *Les Misérables*.

1866   *Les Travailleurs de la mer*.

1869   *L'Homme qui rit*.

1874   *Quatre-vingt-treize*.

XIXe

GROS PLAN SUR...

Hernani

Victor Hugo   Date : 1830

Genre   Drame romantique, en cinq actes et en vers.

Composition *Hernani* est composé par Hugo entre le 29 août
et le 25 septembre 1829. La première représen-
tation a lieu au Théâtre-Français le 25 février
1830. Dès le lever de rideau, les disputes
commencent entre la vieille garde classique et la
« claque » de romantiques que Hugo a rassemblée. La « bataille d'*Hernani* » dure tant que la
pièce est représentée (45 jours). Les romantiques ont finalement gagné.

Intrigue   L'action se déroule en Espagne et à Aix-la-
Chapelle en 1519.
Acte I : Le roi d'Espagne, Don Carlos, se retrouve face à Hernani, un proscrit, dans la
chambre de Dona Sol, dont ils sont tous deux
amoureux. La jeune fille aime Hernani. Mais
elle est fiancée malgré elle à un oncle, Don Ruy
Gomez de Silva.
Acte II : Don Carlos rôde près de la maison de
Dona Sol et tombe entre les mains d'Hernani.
Mais il refuse de se battre et Hernani le laisse
partir.
Acte III : Le jour des noces de Dona Sol, Hernani survient, déguisé en pèlerin, poursuivi par
le roi. Il se découvre. Mais Don Ruy ne le livre
pas au roi et le dissimule. Il propose un pacte au
proscrit : qu'il tue d'abord le roi, sa vie appar-
tiendra ensuite à Don Ruy.
Acte IV : Don Carlos apprend son élection à
l'empire sous le nom de Charles-Quint. Ses soldats s'emparent des conjurés, avec Hernani à

leur tête. Mais devenu magnanime, il pardonne, rétablit Hernani dans son titre de Grand d'Espagne et l'unit à Dona Sol.

Acte V : La fête des noces s'achève quand retentit le son d'un cor : c'est Don Ruy qui vient rappeler sa promesse à Hernani. Celui-ci s'empoisonne avec Dona Sol. Don Ruy se poignarde.

Forme

Hugo ne respecte pas l'unité de lieu (à Saragosse, en Aragon, à Aix-la-Chapelle). Il ne respecte pas non plus l'unité de temps, puisque le drame se déroule sur plusieurs mois. L'action est complexe : intrigue sentimentale et intérêts politiques s'entremêlent.

Volontairement, la vraisemblance est négligée, le mélange des tons est prôné, la vérité historique est superficielle.

Hernani est le premier drame romantique.

Extrait

Scène 4 de l'Acte III

Hernani a douté de l'amour de Dona Sol. Il lui en demande pardon.

> Hélas ! j'ai blasphémé ! Si j'étais à ta place,
> Dona Sol, j'en aurais assez, je serais lasse
> De ce fou furieux, de ce sombre insensé
> Qui ne sait caresser qu'après avoir blessé.
> Je lui dirais : Va-t-en ! — Repousse-moi, repousse !
> Et je te bénirai, car tu fus bonne et douce,
> Car tu m'as supporté trop longtemps, car je suis
> Mauvais, je noircirais tes jours avec mes nuits,
> Car c'en est trop enfin, ton âme est belle et haute
> Et pure, et si je suis méchant, est-ce ta faute ?
> Epouse le vieux duc ! il est bon, noble, il a
> Par sa mère Olmédo, par son père Alcala.
> Encore un coup, sois riche avec lui, sois heureuse !
> Moi, sais-tu ce que peut cette main généreuse
> T'offrir de magnifique ? une dot de douleurs.
> Tu pourras y choisir ou du sang ou des pleurs.
> L'exil, les fers, la mort, l'effroi qui m'environne,
> C'est là ton collier d'or, c'est ta belle couronne,

Et jamais à l'épouse un époux plein d'orgueil
N'offrit plus riche écrin de misère et de deuil.
Epouse le vieillard, te dis-je; il te mérite!
Eh! qui jamais croira que ma tête proscrite
Aille avec ton front pur? qui, nous voyant tous deux,
Toi calme et belle, moi violent, hasardeux,
Toi paisible et croissant comme une fleur à l'ombre,
Moi heurté dans l'orage à des écueils sans nombre,
Qui dira que nos sorts suivent la même loi,
Non. Dieu qui fait tout bien ne te fit pas pour moi.

XIXᵉ

GROS PLAN SUR...

Les Contemplations

Victor Hugo

Date : 1856

Genre Recueil de poèmes

Composition En 1856, Hugo fait paraître à Paris et à Bruxelles *Les Contemplations*, recueil de poèmes dont
la composition s'étale sur près de vingt ans.
L'événement qui marque le recueil est la mort
accidentelle de sa fille Léopoldine en 1843. Il
divise le recueil en deux parties d'ampleur égale,
« Autrefois », avant cette date, et « Aujourd'hui », depuis le deuil.

Thème **Livre I : Aurore.**
Évocation de la jeunesse d'Hugo, de ses premiè-
res amours, de ses premières luttes littéraires.
Livre II : L'âme en fleur.
Livre des amours avec Juliette Drouet.
Livre III : Les luttes et les rêves.
Peinture de la misère, dénonciation de l'injus-
tice, de la guerre, de la tyrannie, de la peine de
mort.
Livre IV : Pauca meae.
Livre du deuil, de la révolte et de l'attendrisse-
ment.
Livre V : En marche.
Nouveau départ dans l'existence et foi en certai-
nes valeurs.
Livre VI : Au bord de l'infini.
Livre de l'espérance et de la certitude.

Forme Le lyrisme des *Contemplations* est nuancé : de
l'évocation intime de souvenirs tendres ou
émouvants, jusqu'à des visions d'avenir d'une
grande ampleur. Hugo rassemble dans le recueil

des poèmes de ton et de sujet extrêmement variés. C'est le jeu des contrastes qui donne son unité au recueil.

Extrait

Livre IV, poème XIV.
    Poème composé à la veille du quatrième anniversaire de la mort de sa fille Léopoldine.

Demain, dès l'aube, à l'heure où blanchit la campagne,
Je partirai. Vois-tu, je sais que tu m'attends.
J'irai par la forêt, j'irai par la montagne.
Je ne puis demeurer loin de toi plus longtemps.

Je marcherai les yeux fixés sur mes pensées,
Sans rien voir au dehors, sans entendre aucun bruit.
Seul, inconnu, le dos courbé, les mains croisées,
Triste, et le jour pour moi sera comme la nuit.

Je ne regarderai ni l'or du soir qui tombe,
Ni les voiles au loin descendant vers Harfleur,
Et quand j'arriverai, je mettrai sur ta tombe
Un bouquet de houx vert et de bruyère en fleur.

3 septembre 1847.

XIXᵉ

GROS PLAN SUR...

Les Misérables

Victor Hugo   **Date : 1862**

Genre   Roman.

Composition Entre 1840 et 1850, Hugo met en chantier un grand ouvrage en prose qu'il pense intituler *Les Misères*. Seulement achevé en 1862, le roman s'appelle finalement *Les Misérables* et comprend 10 volumes. Son succès est immense et enrichit considérablement Hugo.

Thème   L'action du roman se déroule de 1819 à 1833. Le personnage central en est Jean Valjean, ancien forçat. Plusieurs histoires s'enchaînent.

1. La rédemption de Jean Valjean.
Forçat libéré après 19 ans de bagne, Jean Valjean est recueilli par Mgr Myriel. Mais il le vole. Arrêté par les gendarmes, il est sauvé par l'évêque qui le pousse ainsi à se racheter.

2. M. Madeleine.
Devenu un honnête homme, connu sous le nom de M. Madeleine, Jean Valjean sauve des mains du policier Javert la pauvre Fantine et sa fille Cosette dont il promet de s'occuper. Une tragique méprise envoie un malheureux en cour d'assises que l'on prend pour le forçat Jean Valjean. Après une nuit de doute (« une tempête sous un crâne »), Jean Valjean se livre à la justice pour sauver l'innocent.

3. Cosette
La petite Cosette est servante chez les Thénardier qui se sont enrichis en dépouillant les cadavres de Waterloo. Jean Valjean, échappé du bagne, vient la rechercher et se cache avec elle à Paris et lui fait donner une bonne éducation. Elle devient le but de son existence.

4. L'émeute

Un jeune républicain, Marius Pontmercy, tombe amoureux de Cosette. Lors d'une émeute en 1832, Jean Valjean, Marius et le jeune Gavroche luttent ensemble sur les barricades. Gavroche meurt sous les balles. Jean Valjean épargne le policier Javert qu'il laisse échapper. Il sauve enfin Marius blessé en le portant à travers les égouts de Paris. Javert, qui a retrouvé sa trace, le laisse à son tour échapper, mais, ayant trahi son devoir, il se jette dans la Seine. Cosette et Marius se marient. Jean Valjean meurt en 1833, son devoir accompli.

Forme　　Roman social, roman épique, *Les Misérables* forment un ensemble énorme, parfois inégal, mais animé par un souffle puissant. Les personnages de ce roman sont vraiment passés à la postérité : Jean Valjean, Cosette, Gavroche.

« Il y a un point où les infortunés et les infâmes se mêlent et se confondent dans un seul mot, les misérables; de qui est-ce la faute? »

Troisième partie, chapitre 8.

Extrait

La mort de Gavroche sur les barricades (5e partie, chapitre 1er)

　　Gavroche, inconscient du danger, est repéré par les gardes nationaux qui tirent sur lui. Au lieu de se cacher, il se redresse et chante.

Une deuxième balle fit étinceler le pavé à côté de lui. Une troisième renversa son panier.
Gavroche regarda, et vit que cela venait de la banlieue.
Il se dressa tout droit, debout, les cheveux au vent, les mains sur les hanches, l'œil fixé sur les gardes nationaux qui tiraient, et il chanta :

　　　　On est laid à Nanterre,
　　　　C'est la faute à Voltaire,
　　　　Et bête à Palaiseau,
　　　　C'est la faute à Rousseau.

Puis il ramassa son panier, y remit, sans en perdre une seule, les cartouches qui en étaient tombées, et, avançant vers la fusillade, alla dépouiller une autre giberne. Là une quatrième balle le manqua encore. Gavroche chanta :

> *Je ne suis pas notaire,*
> *C'est la faute à Voltaire,*
> *Je suis petit oiseau,*
> *C'est la faute à Rousseau.*

Une cinquième balle ne réussit qu'à tirer de lui un troisième couplet.

> *Joie est mon caractère,*
> *C'est la faute à Voltaire,*
> *Misère est mon trousseau,*
> *C'est la faute à Rousseau.*

Cela continua ainsi quelque temps.

Le spectacle était épouvantable, et charmant. Gavroche, fusillé, taquinait la fusillade. Il avait l'air de s'amuser beaucoup. C'était le moineau becquetant les chasseurs. Il répondait à chaque décharge par un couplet. On le visait sans cesse, on le manquait toujours. Les gardes nationaux et les soldats riaient en l'ajustant. Il se couchait, puis se redressait, s'effaçait dans un coin de porte, puis bondissait, disparaissait, reparaissait, se sauvait, revenait, ripostait à la mitraille par des pieds de nez, et cependant pillait les cartouches, vidait les gibernes et remplissait son panier. Les insurgés, haletants d'anxiété, le suivaient des yeux. La barricade tremblait; lui, il chantait. Ce n'était pas un enfant, ce n'était pas un homme; c'était un étrange gamin fée. On eût dit le nain invulnérable de la mêlée. Les balles couraient après lui, il était plus leste qu'elles. Il jouait on ne sait quel effrayant jeu de cache-cache avec la mort; chaque fois que la face camarde du spectre s'approchait, le gamin lui donnait une pichenette.

Une balle pourtant, mieux ajustée ou plus traître que les autres, finit par atteindre l'enfant feu follet. On vit Gavroche chanceler, puis il s'affaissa. Toute la barricade poussa un cri; mais il y avait de l'Antée dans ce pygmée; pour le gamin toucher le pavé, c'est comme pour le géant toucher la terre; Gavroche n'était tombé que pour se redresser; il resta assis sur son séant, un long filet de sang rayait son visage, il éleva ses deux bras en l'air, regarda du côté d'où était venu le coup, et se mit à chanter :

> *Je suis tombé par torre,*
> *C'est la faute à Voltaire,*
> *Le nez dans le ruisseau,*
> *C'est la faute à...*

Il n'acheva point. Une seconde balle du même tireur l'arrêta court. Cette fois il s'abattit la face contre le pavé, et ne remua plus. Cette petite grande âme venait de s'envoler.

XIXᵉ

Musset

prénom : **Alfred de**
né en : **1810**
mort en : **1857**

Famille Né à Paris, Musset est le second fils d'un gentilhomme lettré.

Etudes Il fait de brillantes études au lycée Henri IV. Puis il étudie le droit et la médecine, mais en dilettante, surtout passionné de poésie.

Les débuts poétiques En 1828, il est introduit au Cénacle où il est accueilli avec enthousiasme. Dès 1830, il s'essaie tout à la fois à la poésie et au théâtre. Mais sa première comédie jouée à l'Odéon échoue et il renonce aux représentations.

La rupture Profondément individualiste, Musset s'écarte dès 1831 de ses amis du Cénacle. Il ne partage pas leur conviction que le poète a un rôle social à jouer.
Il compose poèmes et pièces de théâtre sans se soucier de les faire jouer.

George Sand En 1833, il rencontre George Sand et part en Italie avec elle. Mais ils se brouillent. A Venise George Sand se lie avec le docteur Pagello. Musset rentre seul à Paris en mars 1834. Ils échangent cependant des lettres passionnées. Mais la rupture définitive intervient en 1835. Musset oublie en reprenant une vie mondaine.

Une vie dissolue En 1837-1838, Musset s'étourdit en multipliant les liaisons et les plaisirs. Il compromet sa santé et sombre dans une vie triste et désœuvrée. Il connaît des déconvenues sentimentales. L'alcool et la maladie l'épuisent. Il n'écrit presque plus à partir de 1840.

Le dernier sursaut En 1847, on redécouvre ses pièces, à la cour de Russie comme à Paris. Il se remet quelque temps au travail, il est élu à l'Académie française en 1852. Mais il est trop tard et Musset meurt en 1857.

« Ah ! frappe-toi le cœur, c'est là qu'est le génie. »

Œuvres

Musset, par l'ironie, prend parfois ses distances avec les excès romantiques. Il n'en reste pas moins que sa poésie, expression pathétique de ses souffrances, a moins bien vieilli que son théâtre. *Lorenzaccio* est le seul drame romantique de langue française ayant vraiment survécu.

1829 *Contes d'Espagne et d'Italie*, recueil de poèmes.
       La Nuit vénitienne, première comédie qui échoue.
1832 *A quoi rêvent les jeunes filles*, comédie.
       Un spectacle dans un fauteuil, recueil de pièces de théâtre qui ne sont pas destinées à la scène.
1833 *Les Caprices de Marianne*, comédie.
       Fantasio, comédie.
1834 *On ne badine pas avec l'amour*, drame.
       Lorenzaccio, drame.
1836 *La Confession d'un enfant du siècle*, roman d'inspiration autobiographique.
1835-37 *Les Nuits*, recueil de 4 longs poèmes : *La Nuit de Mai*, *La Nuit de Décembre*, *La Nuit d'Août* et *la Nuit d'Octobre*.

Extrait de *La Nuit de Mai*

A travers la métaphore du pélican, Musset évoque la douleur d'être poète.

Lorsque le pélican, lassé d'un long voyage,
Dans les brouillards du soir retourne à ses roseaux,
Ses petits affamés courent sur le rivage,
En le voyant au loin s'abattre sur les eaux.
Déjà, croyant saisir et partager leur proie,
Ils courent à leur père avec des cris de joie
En secouant leurs becs sur leurs goîtres hideux.
Lui, gagnant à pas lents une roche élevée,
De son aile pendante abritant sa couvée,
Pêcheur mélancolique, il regarde les cieux.
Le sang coule à longs flots de sa poitrine ouverte ;
En vain il a des mers fouillé la profondeur :
L'Océan était vide et la plage déserte ;
Pour toute nourriture il apporte son cœur.
Sombre et silencieux, étendu sur la pierre,
Partageant à ses fils ses entrailles de père,
Dans son amour sublime il berce sa douleur,
Et, regardant couler sa sanglante mamelle,
Sur son festin de mort il s'affaisse et chancelle,
Ivre de volupté, de tendresse et d'horreur.
Mais parfois, au milieu du divin sacrifice,
Fatigué de mourir dans un trop long supplice,
Il craint que ses enfants ne le laissent vivant ;
Alors il se soulève, ouvre son aile au vent,
Et, se frappant le cœur avec un cri sauvage,
Il pousse dans la nuit un si funèbre adieu,
Que les oiseaux des mers désertent le rivage,
Et que le voyageur attardé sur la plage,
Sentant peser la mort se recommande à Dieu.
Poète, c'est ainsi que font les grands poètes.
Ils laissent s'égayer ceux qui vivent un temps ;
Mais les festins humains qu'ils servent à leurs fêtes
Ressemblent la plupart à ceux des pélicans.
Quand ils parlent ainsi d'espérances trompées,
De tristesse et d'oubli, d'amour et de malheur,
Ce n'est pas un concert à dilater le cœur,
Leurs déclamations sont comme des épées ;
Elles tracent dans l'air un cercle éblouissant,
Mais il y pend toujours quelque goutte de sang.

XIXᵉ

GROS PLAN SUR...

Lorenzaccio

Alfred de Musset　　　　　**Date : 1835**

Genre	Drame romantique, en cinq actes et en prose.
Composition	George Sand a fait connaître à Musset des chroniques de Florence au XVIᵉ siècle, écrites par un certain Varchi. Après leur rupture, il achève *Lorenzaccio,* drame en prose qui s'en inspire.
Intrigue	**Acte I** : A Florence, en 1536, la ville souffre de la tyrannie et de la débauche du duc Alexandre de Médicis et de son entourage corrompu. Les républicains doivent se cacher.
	Acte II : La corruption règne en maître. Ceux qui pourraient s'opposer au duc acceptent des faveurs. Le Cardinal Cibo pousse sa belle-sœur dans le lit du duc pour jouer un rôle politique.
	Acte III : Lorenzaccio, compagnon de débauche et cousin du duc, révèle au vieux Strozzi, chef des républicains, qu'il ne joue qu'un rôle et que le seul but de son existence est de tuer le duc. Mais Louise Strozzi est empoisonnée. Son père est effondré.
	Acte IV : Lorenzaccio attire le duc dans sa chambre et le tue.
	Acte V : Mais les républicains, bavards mais incapables d'agir, ne font rien. La vie reprend à Florence. Lorenzaccio est à Venise. Il ne cherche pas à se protéger et meurt assassiné. Un nouveau duc est élu.
Forme	Musset a composé un drame historique, où les scènes et les personnages sont très nombreux. La Florence des Médicis reste toujours présente à l'arrière-plan. C'est aussi un drame moral que vit Lorenzaccio qui ne peut échapper au masque de débauché qu'il a adopté.

Extrait

Scène 3 de l'Acte III.

Lorenzo ouvre son cœur à Philippe Strozzi, chef des républicains, et évoque la corruption générale à Florence.

PHILIPPE

Arrête! ne brise pas comme un roseau mon bâton de vieillesse. Je crois à tout ce que tu appelles des rêves; je crois à la vertu, à la pudeur et à la liberté.

LORENZO

Et me voilà dans la rue, moi, Lorenzaccio? et les enfants ne me jettent pas de la boue? Les lits des filles sont encore chauds de ma sueur, et les pères ne prennent pas, quand je passe, leurs couteaux et leurs balais pour m'assommer? Au fond de ces dix mille maisons que voilà, la septième génération parlera encore de la nuit où j'y suis entré, et pas une ne vomit à ma vue un valet de charrue qui me fende en deux comme une bûche pourrie? L'air que vous respirez, Philippe, je le respire; mon manteau de soie bariolé traîne paresseusement sur le sable fin des promenades; pas une goutte de poison ne tombe dans mon chocolat; — que dis-je? ô Philippe! les mères pauvres soulèvent honteusement le voile de leurs filles quand je m'arrête au seuil de leurs portes; elles me laissent voir leur beauté avec un sourire plus vil que le baiser de Judas, — tandis que moi, pinçant le menton de la petite, je serre les poings de rage en remuant dans ma poche quatre ou cinq méchantes pièces d'or.

PHILIPPE

Que le tentateur ne méprise pas le faible; pourquoi tenter lorsque l'on doute?

LORENZO

Suis-je un Satan? Lumière du ciel! Je m'en souviens encore; j'aurais pleuré avec la première fille que j'ai séduite, si elle ne s'était mise à rire. Quand j'ai commencé à jouer mon rôle de Brutus moderne, je marchais dans mes habits neufs de la grande confrérie du vice, comme un enfant de dix ans dans l'armure d'un géant de la fable. Je croyais que la corruption était un stigmate, et que les monstres seuls le portaient au front. J'avais commencé à dire tout haut que mes vingt années de vertu étaient un masque étouffant — ô Philippe! j'entrai alors dans la vie, et je vis qu'à mon approche tout le monde en faisait autant que moi; tous les masques tombaient devant mon regard; l'Humanité souleva sa robe et me montra, comme à un adepte digne d'elle, sa monstrueuse nudité. J'ai vu les hommes tels qu'ils sont, et je me suis dit: « Pour qui est-ce donc que je travaille? » Lorsque je parcourais les rues de Florence, avec mon fantôme à mes côtés, je regardais autour de moi, je cherchais les visages qui me donnaient du cœur, et je me demandais: « Quand j'aurai fait mon coup, celui-là en profitera-t-il ? » — J'ai vu les républicains dans leurs cabinets, je suis entré dans les boutiques, j'ai écouté et j'ai guetté. J'ai recueilli les discours des gens du peuple, j'ai vu l'effet que produisait sur eux la tyrannie ; j'ai bu, dans les banquets patriotiques le vin qui engendre la métaphore et la prosopopée, j'ai avalé entre deux baisers les larmes les plus vertueuses ; j'attendais toujours que l'humanité me laissât voir sur sa face quelque chose d'honnête. J'observais... comme un amant observe sa fiancée en attendant le jour des noces !...

XIXe

Sand

Aurore Dupin, dite George Sand
née en : **1804**
morte en : **1876**

Famille	Née à Paris, fille d'une modiste et d'un officier qui meurt lorsqu'elle a 6 ans, la petite Aurore Dupin vit entre sa mère et sa grand-mère qui se détestent.
Etudes	Elle vit à Nohant, dans le Berry (1808-1817), puis à Paris (1817-1820) au couvent.
Un mariage raté	En 1822, revenue à Nohant, elle épouse le baron Dudevant, gentilhomme campagnard qui ne la rend pas heureuse. En 1830, elle le quitte et vient à Paris avec ses deux enfants, Maurice et Solange. Elle veut gagner sa vie en écrivant. Elle choisit de mener une vie très libre. Elle se lie avec l'écrivain Jules Sandeau (1811-1883), duquel elle tire son pseudonyme de George Sand. Ils écrivent ensemble un roman. Puis George Sand publie seule. De 1833 à 1835, elle a une liaison avec Musset. Elle voyage avec lui en Italie. De 1838 à 1843, elle est la maîtresse de Chopin.
La bonne dame de Nohant	En 1839, George Sand se retire sur sa terre de Nohant. Elle s'occupe des paysans du voisinage. Elle reçoit de nombreuses visites d'écrivains. Sa sympathie pour les idées socialistes la pousse à s'engager dans la lutte politique en 1848. Revenue à Nohant, elle y mène une vie paisible, aimée des paysans du voisinage auprès desquels elle exerce une douce bienfaisance.

Sa correspondance avec de nombreux écrivains, et notamment Flaubert, témoigne de son activité intellectuelle.
Elle meurt en 1876.

« *Nous croyons que la mission de l'art est une mission de sentiment et d'amour, que le roman d'aujourd'hui devrait remplacer la parabole et l'apologue des temps naïfs.* »

Préface de *La Mare au diable*.

Œuvres

L'œuvre de George Sand est essentiellement composée de romans. Plutôt sentimentaux jusqu'en 1837, inspirés par le socialisme entre 1838 et 1845, centrés sur la vie rustique de 1846 à 1853, enfin purement romanesques pour les derniers, ils sont au nombre de 25, dont voici les principaux :

1832 *Indiana.*
1837 *Mauprat.*
1845 *Le Meunier d'Angibault.*
1846 *La Mare au diable.*
1849 *La Petite Fadette.*
1850 *François le Champi.*
1853 *Les Maîtres sonneurs.*
1857 *Les Beaux Messieurs de Bois-Doré.*

Il faut encore ajouter un récit autobiographique, paru en 1855 *Histoire de ma vie*, et le récit de ses amours avec Musset (1859) *Elle et lui*.

Le romantisme de George Sand

L'œuvre de George Sand vaut mieux que l'étiquette de « romans rustiques », ou « régionalistes » qu'on y accole généralement. Ses romans sont toujours inspirés par un profond idéalisme. Elle a d'extraordinaires facilités pour écrire, ce qui explique l'ampleur de son œuvre. Sa correspondance avec Flaubert est un important document littéraire. Son romantisme exalté est renforcé par son enthousiasme pour les idées socialistes.

Extrait de *La Mare au diable*

Dans La Mare au diable, *George Sand évoque la figure du « chanvreur », celui qui dans les veillées campagnardes raconte les légendes, pendant qu'on broie le chanvre.*

C'est le temps des bruits insolites et mystérieux dans la campagne. Les grues émigrantes passent dans des régions où, en plein jour, l'œil les distingue à peine. La nuit, on les entend seulement; et ces voix rauques et gémissantes, perdues dans les nuages, semblent l'appel et l'adieu d'âmes tourmentées, qui s'efforcent de trouver le chemin du ciel et qu'une invincible fatalité force à planer non loin de la terre, autour de la demeure des hommes; car ces oiseaux voyageurs ont d'étranges incertitudes et de mystérieuses anxiétés dans le cours de leurs traversées aériennes. Il leur arrive parfois de perdre le vent, lorsque des brises capricieuses se combattent ou se succèdent dans les hautes régions. Alors on voit, lorsque ces déroutes arrivent durant le jour, le chef de file flotter à l'aventure dans les airs, puis faire volte-face, revenir se placer à la queue de la phalange triangulaire, tandis qu'une savante manœuvre de ses compagnons les ramène bientôt en bon ordre derrière lui. Souvent, après de vains efforts, le guide épuisé renonce à conduire la caravane; un autre se présente, essaie à son tour et cède la place à un troisième qui retrouve le courant et engage victorieusement la marche. Mais que de cris, que de reproches, que de remontrances, que de malédictions sauvages où des questions inquiètes sont échangées, dans une langue inconnue, par ces pèlerins ailés!

Dans la nuit sonore, on entend ces clameurs sinistres tournoyer parfois assez longtemps au-dessus des maisons, et comme on ne peut rien voir, on ressent malgré soi une sorte de crainte et de malaise sympathique, jusqu'à ce que cette nuée sanglotante se soit perdue dans l'immensité. C'est durant ces nuits-là, nuits voilées et grisâtres, que le chanvreur raconte ses étranges aventures de follets et de lièvres blancs, d'âmes en peine et de sorciers transformés en loup, de sabbat au carrefour et de chouettes prophétesses au cimetière. Je me souviens d'avoir passé ainsi les premières heures de la nuit autour des *broyeurs* en mouvement, dont la percussion impitoyable, interrompant le récit du chanvreur à l'endroit le plus terrible, nous faisait passer un frisson glacé dans les veines. Et souvent aussi le bonhomme continuait à parler en broyant et il y avait quatre à cinq mots perdus : mots effrayants sans doute que nous n'osions pas lui faire répéter et dont l'omission ajoutait un mystère plus affreux aux mystères déjà si sombres de son histoire. C'est en vain que les servantes nous avertissaient qu'il était bien tard pour rester dehors et que l'heure de dormir était depuis longtemps sonnée pour nous; elles-mêmes mouraient d'envie d'écouter encore; et avec quelle terreur ensuite nous traversions le hameau pour rentrer chez nous! comme le porche de l'église nous paraissait profond! et l'ombre des vieux arbres épaisse et noire! Quant au cimetière, on ne le voyait point; on fermait les yeux en le côtoyant.

XIXᵉ

Stendhal

Henri Beyle, dit
né en : **1783**
mort en : **1842**

Famille   Henri Beyle est né à Grenoble. Il déteste son
père, avocat au Parlement, autoritaire et réactionnaire, ainsi que sa tante, et l'abbé Raillanne
son précepteur. Il préfère la compagnie de son
grand-père, acquis aux idées des Lumières.

Etudes   De 1796 à 1799, il suit les cours de l'Ecole
Centrale de Grenoble et se prépare à entrer à
Polytechnique. Mais il renonce à se présenter.

La vie   L'aventure l'attire. Il entre dans les dragons et
de soldat   part en Italie avec l'armée. Il se passionne pour
ce pays. Mais lassé par la vie militaire, il démissionne en 1802.
De 1802 à 1806, il vit à Paris dans une mansarde
et suit une actrice à Marseille.
En 1806, il se résigne et reprend du service à
l'intendance. Il suit l'armée en Allemagne, en
Autriche, en Russie.

L'Italie   A la chute de l'Empereur, Stendhal se fixe à
Milan. Il connaît une vie mondaine agitée, des
passions. Il se lie avec les romantiques italiens.
En 1821, il est soupçonné par la police autri-
chienne de faire partie des « carbonari », conspi-
rateurs nationalistes italiens. Il doit rentrer à
Paris. Il y mène une vie élégante et mondaine.
En 1830, il obtient un poste de consul à Trieste.
De nouveau soupçonné par la police autri-
chienne, il est envoyé à Civita Vecchia, dans les
Etats pontificaux.

En 1836, il obtient un congé et voyage en France.
Mais en 1841, il doit rejoindre son poste.
En 1842, rentré à Paris, il meurt d'une attaque d'apoplexie.

Œuvres

Outre les romans qui ont rendu Stendhal célèbre, on lui doit des œuvres de critique artistique, musicale ou littéraire, des récits de voyage et des textes autobiographiques. Un certain nombre de ces ouvrages ne paraîtra qu'après sa mort.

Armand Caraccio dit de lui : « *On aperçoit Stendhal au bout de la plupart des avenues de la littérature contemporaine; du moins le revendique-t-on de toute part. S'il accueille du romantisme le culte du Moi et l'exaltation de la passion, il rompt avec lui en donnant pour champ et pour carrière au développement du Moi, non point le monde de la poésie et de la moralité, mais celui des choses réelles.* »

1817	*Rome, Naples et Florence*, récit de voyage.
1822	*De l'amour*, ouvrage de critique psychologique.
1823-25	*Racine et Shakespeare*, ouvrage de critique littéraire
1827	*Armance*, premier roman.
1829	*Promenade dans Rome*, récit de voyage.
1830	*Le Rouge et le Noir*, roman.
1832	*Souvenirs d'égotisme*, autobiographie, publiée seulement en 1892.
1835-36	*Lucien Leuwen*, roman inachevé, paru seulement en 1894.
	Vie de Henri Brulard, récit autobiographique, paru en 1890.
1839	*Chroniques italiennes*, nouvelles.
	La Chartreuse de Parme, roman.

La cristallisation

Dans son essai intitulé *De l'amour*, Stendhal explique un phénomène psychologique qu'il appelle la « cristallisation ».

Celui qui aime oublie la réalité et privilégie ses désirs. Pour lui, l'être aimé se pare sans cesse de nouvelles perfections qui se cristallisent sur sa personne, à l'image du rameau que l'on jette dans les mines de sel de Salzbourg et qui est « recouvert de cristallisations brillantes » lorsqu'on l'en retire deux ou trois mois plus tard.

A la cristallisation, qui demande du temps, s'oppose le coup de foudre instantané.

Les « Happy few »

Stendhal a dédié *La Chartreuse de Parme* « to the happy few » (mot à mot : au petit nombre de gens heureux), c'est-à-dire au petit nombre de gens capables de le comprendre.

Stendhal, souvent mal compris de son temps, espère plus de la postérité. Il écrit dans la *Vie d'Henri Brulard* : « *Je mets un billet de loterie dont le gros lot se réduit à ceci : être lu en 1935.* »

XIXe

GROS PLAN SUR...

Le Rouge et le Noir

Stendhal Date : 1830

Genre	Roman.
Composition	*Le Rouge et le Noir* est inspiré par deux faits divers, l'affaire Lafargue (un ébéniste qui tua sa maîtresse) et l'affaire Berthet (un ancien séminariste devenu l'amant puis l'assassin d'une femme chez qui il était précepteur). Stendhal l'écrit en 1829-1830 et le propose à un éditeur parisien avant de partir à Trieste comme consul.
Thème	75 chapitres.

A Verrières, en Franche-Comté, vers 1825, Julien Sorel, fils d'un scieur de bois, est plein d'ambition. La carrière des armes (le Rouge) semble fermée, la carrière ecclésiastique (le Noir) reste son espoir de réussite. Il devient précepteur des enfants du maire, M. de Rênal. Il se fait aimer de Mme de Rênal.

Julien est éloigné par M. de Rênal. Il entre au séminaire à Besançon. Il finit par se lier au supérieur l'Abbé Pirard. Cet homme connaît bien les milieux politiques. Quand il obtient une cure près de Paris, il place Julien comme secrétaire du marquis de La Mole.

Le marquis est un ultra-royaliste puissant. Julien séduit sa fille Mathilde. Leur mariage devient inévitable. Le marquis obtient un titre pour Julien et le fait anoblir.

Mais Mme de Rênal, jalouse et conseillée par son confesseur, dénonce Julien au marquis comme étant un intrigant. Julien retourne alors à Verrières et la blesse en pleine messe de deux coups de pistolet. Il est arrêté, condamné, et meurt sur l'échafaud après avoir connu une sorte de bonheur en prison, réconcilié avec Mme de Rênal. Celle-ci meurt à la fin du roman.

> « *Un roman est un miroir qui se promène sur une grande route.* »
>
> Chapitre 49

Extrait

A quelques pages de la fin du roman, Julien Sorel, le héros de Le Rouge *et le Noir est en proie à une véritable crise métaphysique. Il s'interroge sur la religion et, dans les lignes qui suivent, sur la marche du monde.*

L'influence de mes contemporains l'emporte, dit-il tout haut avec un rire amer. Parlant seul avec moi-même, à deux pas de la mort, je suis encore hypocrite... O dix-neuvième siècle !

... Un chasseur tire un coup de fusil dans une forêt, sa proie tombe, il s'élance pour la saisir. Sa chaussure heurte une fourmilière haute de deux pieds, détruit l'habitation des fourmis, sème au loin les fourmis, leurs œufs... Les plus philosophes parmi les fourmis ne pourront jamais comprendre ce corps noir, immense ; effroyable : la botte du chasseur, qui tout à coup a pénétré dans leur demeure avec une incroyable rapidité, et précédée d'un bruit épouvantable, accompagné de gerbes d'un feu rougeâtre...

... Ainsi la mort, la vie, l'éternité, choses fort simples pour qui aurait les organes assez vastes pour les concevoir...

Une mouche éphémère naît à neuf heures du matin dans les grands jours d'été, pour mourir à cinq heures du soir ; comment comprendrait-elle le mot *nuit* ?

Donnez-lui cinq heures d'existence de plus, elle voit et comprend ce que c'est que la nuit.

Ainsi moi, je mourrai à vingt-trois ans. Donnez-moi cinq années de vie de plus, pour vivre avec madame de Rênal.

Et il se mit à rire comme Méphistophélès. Quelle folie de discuter ces grands problèmes !

XIXᵉ

GROS PLAN SUR...

La Chartreuse
de Parme

Stendhal   **Date : 1839**

Genre   Roman.

Composition *La Chartreuse de Parme* est écrite par Stendhal en 48 jours à la fin de 1838 et publiée l'année suivante. L'auteur s'inspire d'une chronique italienne du XVIᵉ siècle qu'il transpose au XIXᵉ siècle.

Thème   28 chapitres.

A Milan, en 1796, les troupes françaises entrent dans la ville. Le marquis Del Dongo, réactionnaire, s'oppose à son fils Fabrice, partisan des idées libérales, fasciné par Napoléon. Fabrice, âgé de 17 ans, s'enfuit pour rejoindre les troupes de Napoléon et assiste sans rien y comprendre à la bataille de Waterloo.

Il finit par regagner Milan, mais devenu suspect, il use de l'influence de sa tante, la duchesse Sanseverina, pour être accepté à Parme. Il est aussi le protégé du comte Mosca, Premier ministre, qui a promis de le faire archevêque.

Les ennemis du ministre l'attirent dans un piège. Il est arrêté et enfermé dans la Tour Farnèse. Il s'éprend de la fille de son geôlier, Clelia Conti. Fabrice, bien que réticent, s'évade sous la pression de sa tante.

Une révolution à Parme rend le comte Mosca extrêmement puissant. Fabrice est nommé coadjuteur de l'évêque. En cachette, il revoit Clelia qui s'est mariée. Ils ont eu un fils, mais il meurt. Clelia n'y survit pas et Fabrice se retire à la chartreuse de Parme où il meurt à son tour.

« *En composant* La Chartreuse, *pour prendre le ton je lisais chaque matin deux ou trois pages du* Code Civil, *afin d'être toujours naturel.* »

Lettre de Stendhal à Balzac (octobre 1840).

Extrait

Au début du roman, Fabrice vient d'annoncer à sa tante qu'il veut rejoindre les armées napoléoniennes. Avec émotion, elle y consent.

Les yeux de Fabrice se mouillèrent, il répandit des larmes en embrassant la comtesse, mais sa résolution de partir ne fut pas un instant ébranlée. Il expliquait avec effusion à cette amie si chère toutes les raisons qui le déterminaient, et que nous prenons la liberté de trouver bien plaisantes.

— Hier soir, il était six heures moins sept minutes, nous nous promenions, comme tu sais, sur le bord du lac dans l'allée de platanes, au-dessous de la Casa Sommariva, et nous marchions vers le sud. Là, pour la première fois, j'ai remarqué au loin le bateau qui venait de Côme, porteur d'une si grande nouvelle. Comme je regardais ce bateau sans songer à l'Empereur, et seulement enviant le sort de ceux qui peuvent voyager, tout à coup j'ai été saisi d'une émotion profonde. Le bateau a pris terre ; l'agent a parlé bas à mon père, qui a changé de couleur, et nous a pris à part pour nous annoncer la *terrible nouvelle*. Je me tournai vers le lac sans autre but que de cacher les larmes de joie dont mes yeux étaient inondés. Tout à coup, à une hauteur immense et à ma droite, j'ai vu un aigle, l'oiseau de Napoléon ; il volait majestueusement, se dirigeant vers la Suisse, et par conséquent vers Paris. Et moi aussi, me suis-je dit à l'instant, je traverserai la Suisse avec la rapidité de l'aigle, et j'irai offrir à ce grand homme bien peu de chose, mais enfin tout ce que je puis offrir, le secours de mon faible bras. Il voulut nous donner une patrie et il aima mon oncle. A l'instant, quand je voyais encore l'aigle, par un effet singulier mes larmes se sont taries ; et la preuve que cette idée vient d'en haut, c'est qu'au même moment, sans discuter, j'ai pris ma résolution et j'ai vu les moyens d'exécuter ce voyage. En un clin d'œil, toutes les tristesses qui, comme tu sais, empoisonnent ma vie, surtout les dimanches, ont été comme enlevées par un souffle divin. J'ai vu cette grande image de l'Italie se relever de la fange où les Allemands la retiennent plongée ; elle étendait ses bras meurtris et encore à demi chargés de chaînes vers son roi et son libérateur. Et moi, me suis-je dit, fils encore inconnu de cette mère malheureuse, je partirai, j'irai mourir ou vaincre avec cet homme marqué par le destin, et qui voulut nous laver du mépris que nous jettent même les plus esclaves et les plus vils parmi les habitants de l'Europe.

XIXe

Balzac

prénom : **Honoré de**
né en : **1799**
mort en : **1850**

Famille	Balzac est né à Tours d'un père administrateur de l'hôpital. Il est issu d'une famille de petite bourgeoisie provinciale.
Etudes	De 1807 à 1813, Balzac étudie comme interne au collège de Vendôme. Il achève ses études à Paris. Il entre comme clerc chez un avoué et commence son droit, tout en suivant des cours à la Sorbonne.
Une vocation d'écrivain	En 1819, il s'installe dans une mansarde à Paris et décide de devenir écrivain. Il ne connaît pas de succès avec une première tragédie et ébauche deux romans. En 1821, il a une liaison avec Laure de Berny qui l'encourage. Il écrit des romans sous un pseudonyme. Il s'essaie à des genres différents sans vraiment trouver sa voie.
Faire des affaires	En 1825, aidé par Mme de Berny, Balzac achète une imprimerie. Il fréquente des écrivains et des journalistes. Mais les dettes s'accumulent et Balzac doit vendre son affaire en 1829.
Les premiers succès	Revenu à l'écriture de romans sous son propre nom pour payer ses dettes, Balzac connaît alors du succès. Il collabore à des journaux, fréquente les salons. En 1832, il reçoit une lettre d'une admiratrice de Russie, Mme Hanska. Une correspondance passionnée va les unir.

Un monde complet Il écrit beaucoup et songe dès 1834 à regrouper ses romans dans un vaste ensemble organisé.

C'est en 1841 que Balzac s'arrête au titre général de « La Comédie Humaine » pour l'ensemble de ses romans qu'il continue à faire paraître en grand nombre.

A plusieurs reprises, il a retrouvé Mme Hanska à l'étranger. En 1841, elle devient veuve et promet de l'épouser. Il va la rejoindre en Russie. Ils voyagent ensemble, et en 1850, ils se marient. Mais Balzac n'a plus que quelques mois à vivre. Il meurt à Paris en août 1850.

Œuvres

Balzac a écrit près de 150 ouvrages divers, dont une bonne centaine de romans. Voici les plus connus d'entre eux :

1829	*Les Chouans*, premier roman sous son nom.
	Physiologie du mariage.
1831	*La Peau de chagrin.*
1833	*Eugénie Grandet.*
1835	*Le Père Goriot.*
1836	*Le Lys dans la vallée.*
1837	*Histoire de la grandeur et de la décadence de César Birotteau.*
1837-43	*Illusions perdues.*
1837-47	*Splendeur et misères des courtisanes.*
1841	*Une ténébreuse affaire.*
1846	*La Cousine Bette.*
1847	*Le Cousin Pons.*

La Comédie humaine

« Il a donc existé, il existera de tout temps des espèces sociales comme il y a des espèces zoologiques. »

Ce vaste ensemble se compose ainsi :

I. Etude des mœurs (69 romans)
— Scènes de la vie privée, dont *Le Père Goriot*,
— Scènes de la vie politique, dont *Une ténébreuse affaire*,
— Scènes de la vie de province, dont *Eugénie Grandet*,
— Scènes de la vie militaire, dont *Les Chouans*,
— Scènes de la vie parisienne, dont *César Birotteau*,
— Scènes de la vie de campagne, dont *Le Lys dans la vallée*.

2. Etudes philosophiques (22 romans), dont *La Peau de chagrin*.

3. Etudes analytiques (2 romans), dont *Physiologie du mariage*.

Jugement de Baudelaire sur l'œuvre de Balzac (1859) :

« Toutes ses fictions sont aussi profondément colorées que les rêves. Depuis le sommet de l'aristocratie jusqu'aux bas-fonds de la plèbe, tous les acteurs de sa comédie sont plus âpres à la vie, plus actifs et plus rusés dans la lutte, plus patients dans le malheur, plus goulus dans la jouissance, plus angéliques dans le dévouement, que la comédie du vrai monde ne nous les montre. Bref, chacun, chez Balzac, même les portières, a du génie. Toutes les âmes sont des âmes chargées de volonté jusqu'à la gueule. »

Le réalisme d'un visionnaire

Balzac, réaliste, le père du réalisme français même. Soit. Et cependant, il est tout autant un visionnaire, un maître du fantastique, un rêveur. Tous ceux qui ont lu *La Peau de Chagrin* en sont convaincus.

Le paradoxe de Balzac

Balzac offre l'image paradoxale d'un écrivain conservateur produisant une œuvre révolutionnaire. Il est monarchiste, hostile à tout ce que représente la Révolution. Mais il décrit les appétits et les mœurs de son temps avec une telle vérité qu'il provoque la prise de conscience et la révolte qui préludent à toute révolution.

XIXᵉ

GROS PLAN SUR...

Eugénie Grandet

Honoré de Balzac   Date : 1833

Genre   Roman.

Composition *Eugénie Grandet* prend place dans le vaste projet de la «Comédie humaine». Ce roman fait
partie des «Scènes de la vie de province».

Thème   A Saumur, de 1819 à 1833.
Le père Grandet s'est enrichi pendant la Révolution. Il mène une vie étriquée d'avare, avec sa
femme tyrannisée, sa fille Eugénie et leur servante Nanon. Eugénie, riche héritière, est cour-
tisée par les deux familles les plus puissantes de
Saumur. Mais Eugénie vit en recluse.
Un jour, la famille doit héberger Charles, neveu
de Grandet, dont le père, en faillite, s'est suicidé. Eugénie est attirée par le jeune homme,
élégant et raffiné. Le vieux Grandet tente de
racheter les créances de son frère, et pendant ce
temps, par amour, Eugénie donne à Charles
toutes ses économies pour qu'il puisse partir aux
Indes faire fortune. Il l'épousera en rentrant.
L'année suivante, Grandet s'aperçoit du geste
qu'a eu Eugénie. Il entre en fureur et la séquestre. Mais il se ravise et obtient d'elle qu'elle
renonce par avance à sa part d'héritage mater-
nel. La pauvre Madame Grandet meurt. Grandet à son tour décède, contemplant ses écus.
Eugénie reçoit une lettre de Charles qui a fait
un mariage d'intérêt. Déçue, elle accepte
d'épouser le vieux président Cruchot. Bientôt
veuve, elle se consacre à des œuvres de bienfai-
sance.

Forme   Portraits célèbres, description des mœurs provinciales, peinture d'une passion dévorante pour l'argent, violence qui éclate parfois dans l'action, tous ces éléments composent l'intérêt d'*Eugénie Grandet*.

« Molière a fait l'avare, mais j'ai fait l'avarice ».

Balzac.

Extrait

Portrait de Grandet

Au physique, Grandet était un homme de cinq pieds, trapu, carré, ayant des mollets de douze pouces de circonférence, des rotules noueuses et de larges épaules; son visage était rond, tanné, marqué de petite vérole; son menton était droit, ses lèvres n'offraient aucune sinuosité, et ses dents étaient blanches; ses yeux avaient l'expression calme et dévoratrice que le peuple accorde au basilic*, son front, plein de rides transversales, ne manquait pas de protubérances significatives; ses cheveux jaunâtres et grisonnants étaient blancs et or, disaient quelques jeunes gens qui ne connaissaient pas la gravité d'une plaisanterie faite sur M. Grandet. Son nez, gros par le bout, supportait une loupe veinée, que le vulgaire disait, non sans raison, pleine de malice. Cette figure annonçait une finesse dangereuse, une probité sans chaleur, l'égoïsme d'un homme habitué à concentrer ses sentiments dans la jouissance de l'avarice et sur le seul être qui lui fût réellement de quelque chose, sa fille Eugénie, sa seule héritière. Attitude, manières, démarche, tout en lui, d'ailleurs, attestait cette croyance en soi que donne l'habitude d'avoir toujours réussi dans ses entreprises. Aussi, quoique de mœurs faciles et molles en apparence, M. Grandet avait-il un caractère de bronze.

* Animal légendaire du Moyen Age dont le regard donnait, disait-on, la mort.

XIXᵉ

GROS PLAN SUR...

Le Père Goriot

Honoré de Balzac   Date : 1835

Genre	Roman.
Composition	Classé d'abord parmi les « Scènes de la vie parisienne », *Le Père Goriot* prend finalement place dans la « Comédie humaine » parmi les « Scènes de la vie privée ».
Thème	A Paris, en 1819.

A la misérable pension Vauquer, vit tout un petit monde : une vieille demoiselle, une jeune orpheline, un jeune ambitieux du nom de Rastignac, un homme énigmatique, Vautrin, et un vieillard miné par le chagrin, le père Goriot.

Rastignac est introduit dans la bonne société par une cousine. Il découvre le secret du père Goriot : il s'est ruiné pour assurer une vie heureuse à ses filles. Toutes deux sont mariées à des aristocrates et ne viennent plus le voir que pour encore lui soutirer un peu d'argent.

Vautrin propose à Rastignac de l'aider dans son ascension sociale. Il n'a qu'à épouser la jeune orpheline qui doit finalement faire un gros héritage. Vautrin, moyennant finances, lui offre même de supprimer le frère de la jeune fille, seul obstacle à cet héritage. Mais Rastignac, finalement, ne se laisse pas tenter et devient l'amant d'une des filles de Goriot. Vautrin, en réalité, est un forçat évadé qu'on vient arrêter.

Goriot apprend que ses filles sont compromises et que leurs maris menacent de les ruiner. Elles se disputent devant lui qui est frappé d'apoplexie.

Un peu plus tard, Goriot agonise, alors que ses filles l'ont abandonné, indifférentes. Rastignac suit le cortège funèbre. Resté seul, il lance un défi à Paris : « A nous deux maintenant ! »

Forme   C'est à partir du *Père Goriot* que Balzac a l'idée du retour systématique des personnages. Du coup, les personnages forment un lien puissant entre les différents romans qui composent la « Comédie humaine ».

Extrait

Le défi de Rastignac

Quand les deux fossoyeurs eurent jeté quelques pelletées de terre sur la bière pour la cacher, ils se relevèrent, et l'un d'eux s'adressant à Rastignac lui demanda leur pourboire. Eugène fouilla dans sa poche et n'y trouva rien ; il fut forcé d'emprunter vingt sous à Christophe. Ce fait, si léger en lui-même, détermina chez Eugène un accès d'horrible tristesse. Le jour tombait, un humide crépuscule agaçait les nerfs. Il regarda la tombe et y ensevelit sa dernière larme de jeune homme, cette larme arrachée par les saintes émotions d'un cœur pur, une de ces larmes qui, de la terre où elles tombent, rejaillissent jusque dans les cieux. Il se croisa les bras, contempla les nuages ; et, le voyant ainsi, Christophe le quitta.

Rastignac, resté seul, fit quelques pas vers le haut du cimetière, et vit Paris tortueusement couché le long des rives de la Seine, où commençaient à briller les lumières. Ses yeux s'attachèrent presque avidement entre la colonne de la place Vendôme et le dôme des Invalides, là où vivait ce beau monde dans lequel il avait voulu pénétrer. Il lança sur cette ruche bourdonnante un regard qui semblait par avance en pomper le miel, et dit ces mots grandioses : « A nous deux, maintenant ! »

Et, pour premier acte du défi qu'il portait à la Société, Rastignac alla dîner chez Mme de Nucingen.

XIXᵉ

Nerval

Gérard Labrunie,
dit Gérard de Nerval
né en : **1808**
mort en : **1855**

Famille

Gérard Labrunie, qui choisira pour pseudonyme Gérard de Nerval, est né à Paris. Fils d'un médecin militaire, il perd sa mère très jeune et est élevé dans le Valois, au Nord de Paris, chez un grand-oncle.

Etudes

Il étudie au collège Charlemagne à Paris qu'il fréquente en même temps que Théophile Gautier.

Une jeunesse insouciante

Il fréquente le Cénacle et joue au dandy. Il aime la littérature allemande qu'il fait connaître autour de lui.

La passion

Vers 1835, Nerval tombe amoureux de Jenny Colon, chanteuse et actrice. Elle ne semble pas insensible, mais finalement elle fait un mariage de raison avec un flûtiste de l'Opéra-Comique. Petit à petit, le choc sentimental affecte la personnalité de Nerval. Il voyage en Allemagne, en Belgique.

Désordres mentaux

En 1841, il est soigné pour des troubles mentaux dans une maison de santé.
En 1842, il apprend la mort de Jenny et part faire un voyage en Orient (Egypte, Syrie, Liban, Turquie...). Il s'intéresse aux mythologies et s'initie à l'ésotérisme.
Nouvelles crises en 1849 et en 1852 qui lui valent d'être encore interné. A partir de 1853, les périodes de délire reviennent régulièrement et lui valent des séjours en clinique. En 1855, on le retrouve pendu dans une rue de Paris.

Œuvres

Son œuvre mystérieuse apparaît comme le couronnement du romantisme en même temps que l'une des sources vives de la poésie moderne. Les surréalistes verront en lui, comme en Rimbaud, un précurseur.

1828 Traduction du *Faust* de Goethe.

1832 *La Main de gloire*, conte fantastique.

1851 *Le Voyage en Orient*, récit de voyage déjà marqué par quelques obsessions.

1852 *Les Illuminés*, essai biographique sur quelques auteurs, comme Rétif de La Bretonne et Cazotte.

1854 *Les Filles du Feu*, recueil de nouvelles, dont *Sylvie*.

Les Chimères, recueil de sonnets, dont «El Desdichado».

Aurélia, récit en prose rédigé en clinique.

Extrait des *Chimères*

El Desdichado

Je suis le ténébreux, le veuf, l'inconsolé,
Le prince d'Aquitaine à la tour abolie;
Ma seule étoile est morte, et mon luth constellé
Porte le soleil noir de la Mélancolie.

Dans la nuit du tombeau toi qui m'as consolé,
Rends-moi le Pausilippe et la mer d'Italie,
La fleur qui plaisait tant à mon cœur désolé,
Et la treille où le pampre à la rose s'allie.

Suis-je Amour ou Phébus?... Lusignan ou Biron?
Mon front est rouge encore du baiser de la reine;
J'ai rêvé dans la grotte où nage la sirène...

Et j'ai deux fois vainqueur traversé l'Achéron;
Modulant tour à tour sur la lyre d'Orphée
Les soupirs de la sainte et les cris de la fée.

Le Second Empire

Les espérances déçues de 1848 poussent les écrivains à se détourner de la question politique. La déception a fait naître les désillusions.

Assez vite, une tendance se dessine, la théorie de «l'Art pour l'Art», mise en pratique par Théophile Gautier et Leconte de l'Isle dès 1852, reprise et développée en école par **le Parnasse** vers 1865.

Réaction contre l'exaltation du «moi», du sentiment personnel que préconisaient les romantiques, cette «école nouvelle» prône l'impassibilité, la recherche de la beauté formelle, le désengagement politique.

Dans le roman, le **réalisme** gagne du terrain. Flaubert se moque du romantisme dont a été imprégné sa jeunesse. Ses romans où s'expriment un certain cynisme et une vision plutôt pessimiste de l'existence, restent néanmoins de violentes charges contre la «bêtise bourgeoise».

Les frères Goncourt, avec leurs premiers romans, jettent les premières bases de ce que sera un peu plus tard le naturalisme.

Rappelons la position particulière de **Hugo**, exilé à Jersey, puis à Guernesey, hostile à Napoléon III, «Napoléon le Petit», peu soucieux des modes et qui poursuit son œuvre poétique et politique.

Enfin, **Baudelaire**, romantique, mais aussi précurseur du symbolisme, inclassable pour tout dire, commente les *Salons* de peinture et compose *Les Fleurs du mal* qui lui valent un procès en 1857.

XIXe

Flaubert

prénom : **Gustave**
né en : **1821**
mort en : **1880**

Famille	Flaubert est le fils du médecin-chef de l'Hôtel-Dieu de Rouen.
Etudes	De 1832 à 1839, il est au lycée de Rouen. Puis il vient à Paris faire son droit de 1842 à 1844. Mais il se passionne davantage pour la littérature.
Les débuts	En 1836, à Trouville, il tombe amoureux d'Elisa Schlesinger, la femme d'un éditeur de musique. Elle restera une grande passion secrète. En 1840, il se rend en Provence et en Corse.
L'ermite de Croisset	En 1843, il est pour la première fois atteint par des troubles nerveux. Il se retire dans une propriété à Croisset, non loin de Rouen. Il y vivra presque en permanence, pour mener un travail acharné, seulement troublé par la fréquentation de quelques amis, notamment Louis Bouilhet, Maxime Du Camp et George Sand. En 1845, il fait un voyage en Italie. Après la mort de son père et de sa sœur en 1846, il se consacre à sa mère et à une jeune nièce. Il a une liaison avec Louise Colet, elle-même femme de lettres. Il voyage en Egypte. Son roman, *Madame Bovary*, fait scandale en 1856 et lui vaut un procès. Mais c'est aussi du même coup la gloire. Il fait un voyage en Tunisie en 1858 pour prendre des notes en vue de la rédaction de *Salammbô*.

Plusieurs deuils touchent Flaubert : mort de Bouilhet en 1869, de sa mère en 1872, de George Sand en 1876. Il est repris par ses crises nerveuses. Ses œuvres sont accueillies froidement par la critique. Il connaît des difficultés d'argent.

L'apaisement

Le recueil des *Trois Contes* connaît un franc succès en 1877. La jeune école des naturalistes, rassemblée autour de Zola, le reconnaît comme un maître et donne un dîner en son honneur. Il assiste aux débuts prometteurs de son filleul Maupassant et meurt subitement en 1880.

Œuvres

1857 *Madame Bovary*.
1862 *Salammbô*.
1869 *L'Education sentimentale*.
1874 *La Tentation de Saint Antoine*, déjà ébauchée en 1849.
     Le Candidat, pièce de théâtre qui échoue.
1877 *Trois Contes*.
1880 Début de la publication de *Bouvard et Pécuchet*, ouvrage inachevé, dans *La Nouvelle revue*.

Il faut encore ajouter une abondante correspondance d'une grande qualité humaine et littéraire.

Flaubert est-il un écrivain réaliste ?

Les critiques ont souvent insisté sur les conceptions esthétiques ambiguës de Flaubert.

— Il dénonce la vision romantique du monde.
Même s'il partage avec les romantiques la « haine du bourgeois », la haine de la médiocrité et de la bêtise, un goût prononcé pour l'Orient, Flaubert estime que le romantisme n'apporte pas de solution concrète aux problèmes humains. Le pessimisme de Flaubert est bien plus radical et amer que celui des romantiques.

L'Education sentimentale administre une leçon : c'est le roman de l'échec. Le héros conclut en jugeant que le meilleur de toute son existence a été une occasion ratée dans une maison close minable.

— Il est tenté par l'esthétique de « l'art pour l'art ».

L'art ne doit être au service d'aucune cause qui ne peut que l'avilir. Le but de l'art, c'est le beau. Le but de l'écrivain, c'est le travail sur le style. Il faut viser à une certaine impartialité, à s'effacer dans son œuvre.

— Il a des méthodes de travail scientifiques.

La préparation de chaque roman est une accumulation de notes considérable. Ses carnets, récemment publiés, sont impressionnants par leur volume. Flaubert écrit à des amis pour avoir le menu d'un restaurant dont il parle, pour connaître un terme technique particulier. Pour *Salammbô*, il se rend à Carthage. En cela, Flaubert est bien un « réaliste ».

— Il a accompli un travail stylistique qui le met hors des écoles.

Les critiques modernes, notamment Sartre, insistent à juste titre sur son travail stylistique. Lorsqu'il écrit *Madame Bovary*, il dit lui-même que l'histoire à raconter l'indiffère et qu'il veut surtout faire « un livre sur rien », où seule la beauté de la forme comptera. Cette perspective très moderne explique l'intérêt tout particulier des critiques et des lecteurs du XXe siècle pour Flaubert.

XIXᵉ

GROS PLAN SUR...

Madame Bovary

Gustave Flaubert   **Date : 1856-1857**

Genre   Roman.

Composition Après un travail considérable de 53 mois, Flaubert fait paraître *Madame Bovary* dans *La Revue de Paris* en 1856. Cette publication fait scandale. Flaubert est poursuivi et acquitté de justesse. Le procès a fait de la publicité au roman. Quand il paraît en librairie en 1857, c'est un succès.

Thème   35 chapitres.
Emma Rouault, à Tostes, près de Rouen, a épousé le docteur Bovary : elle croyait, par le mariage, accéder à une vie brillante. Mais elle s'aperçoit de la médiocrité de son mari. Invitée à un bal dans un château voisin, elle n'en mesure que mieux sa déception. Elle s'ennuie et tombe malade.
Son mari accepte un poste à Yonville-l'Abbaye. Mais la routine est la même qu'à Tostes. Le ménage Bovary, entouré du pharmacien Homais et du percepteur Binet, mène une existence insignifiante aux yeux d'Emma.
Un jeune clerc de notaire romantique, Léon Dupuis, la courtise, mais il ne se déclare pas et quitte la ville. Emma se laisse séduire par Rodolphe Boulanger, un Don Juan médiocre. Elle projette de partir en Italie avec lui, mais il la quitte.
Emma, désemparée, retrouve Léon à Rouen et se donne à lui. Mais il se détache d'elle lui aussi. Elle a une liaison avec un ténor de l'Opéra-Comique.

Emma a contracté des dettes à l'insu de son mari pour satisfaire ses caprices. Ses créanciers la harcèlent. Finalement, elle se suicide à l'arsenic, devant son mari hébété. Bouleversé, ayant pardonné à Emma, Charles traîne une existence misérable. Il meurt ruiné, tandis qu'Homais, le pharmacien, poursuit son ascension sociale.

« Madame Bovary, c'est moi ! »

Flaubert

Extrait

Emma regrette de s'être mariée à Charles Bovary.

Elle commençait par regarder tout alentour, pour voir si rien n'avait changé depuis la dernière fois qu'elle était venue. Elle retrouvait aux mêmes places les digitales et les ravenelles, les bouquets d'orties entourant les gros cailloux, et les plaques de lichen le long des trois fenêtres, dont les volets toujours clos s'égrenaient de pourriture, sur leurs barres de fer rouillées. Sa pensée, sans but d'abord, vagabondait au hasard, comme sa levrette, qui faisait des cercles dans la campagne, jappait après les papillons jaunes, donnait la chasse aux musaraignes ou mordillait les coquelicots sur le bord d'une pièce de blé. Puis ses idées peu à peu se fixaient, et assise sur le gazon, qu'elle fouillait à petits coups avec le bout de son ombrelle, Emma se répétait :
— Pourquoi, mon Dieu ! me suis-je mariée ?
Elle se demandait s'il n'y aurait pas eu moyen, par d'autres combinaisons du hasard, de rencontrer un autre homme ; et elle cherchait à imaginer quels eussent été ces événements non survenus, cette vie différente, ce mari qu'elle ne connaissait pas. Tous, en effet, ne ressemblaient pas à celui-là. Il aurait pu être beau, spirituel, distingué, attirant, tels qu'ils étaient sans doute, ceux qu'avaient épousés ses anciennes camarades du couvent. Que faisaient-elles maintenant ? A la ville, avec le bruit des rues, le bourdonnement des théâtres et les clartés du bal, elles avaient des existences où le cœur se dilate, où les sens s'épanouissent. Mais elle, sa vie était froide comme un grenier dont la lucarne est au nord, et l'ennui, araignée silencieuse, filait sa toile dans l'ombre à tous les coins de son cœur. Elle se rappelait les jours de distribution des prix, où elle montait sur l'estrade pour aller chercher ses petites couronnes. Avec ses cheveux en tresse, sa robe blanche et ses souliers de prunelle découverts, elle avait une façon gentille et les messieurs, quand elle regagnait sa place, se penchaient pour lui faire des compliments ; la cour était pleine de calèches, on lui disait adieu par les portières, le maître de musique passait en saluant, avec sa boîte à violon. Comme c'était loin, tout cela ! comme c'était loin !

XIXᵉ

Baudelaire

prénom : **Charles**
né en : **1821**
mort en : **1867**

Famille	Baudelaire est né à Paris. Son père, un professeur âgé, meurt lorsqu'il a 6 ans. Sa mère se remarie avec le commandant Aupick, homme autoritaire et borné. Ce remariage cause à l'enfant le plus grand chagrin.
Etudes	Interne au collège royal de Lyon, puis au lycée Louis-le-Grand, Baudelaire est bachelier en 1839.
La vie de bohème	De 1839 à 1841, Baudelaire mène à Paris une vie de bohème. En 1841, un conseil de famille réuni par Aupick le fait embarquer sur un navire en partance pour les Indes. Il ne va pas au-delà de l'île Maurice, mais garde un goût prononcé pour l'exotisme. Au retour, il se lie avec Jeanne Duval, une mulâtresse, qui sera sa maîtresse durant près de vingt ans. Il reçoit à sa majorité sa part d'héritage paternel et s'installe à Paris. Il dissipe son patrimoine.
L'homme de lettres	En 1844, on lui impose un conseil judiciaire qui va administrer ses biens et lui verser une rente mensuelle qui ne lui suffit pas pour vivre. Il se lance alors dans la critique d'art et la traduction des *Contes* d'Edgar Poe. En 1848, il prend parti pour la Révolution et suggère même de faire fusiller le général Aupick ! Mais son enthousiasme républicain ne dure pas. Il devient l'amant de Mᵐᵉ Sabatier qui tient un salon littéraire.

En 1857, c'est le scandale des *Fleurs du Mal*.

Baudelaire est sujet à des troubles nerveux, qui, ajoutés à ses soucis, à ses dettes, à l'abus de divers excitants, lui rendent le travail de plus en plus difficile.

En 1864, il fait une tournée de conférences en Belgique.

A Namur, il est frappé par une crise en 1866. Ramené à Paris, aphasique, à demi-paralysé, il meurt en 1867.

Œuvres

Faisant la synthèse du romantisme et de « l'art pour l'art », précurseur du symbolisme, Baudelaire est en fait inclassable. Il a créé un monde et le seul adjectif qui lui conviendrait vraiment est l'adjectif « baudelairien ». Victor Hugo a fort justement dit qu'il avait fait passer dans la poésie de son temps *« un frisson nouveau »*.

1845-46 *Les Salons*, critique d'art.

1855-62 *Fusées*, notes intimes (publication posthume).

1856-65 Traduction des *Contes* d'Edgar Poe.

1857-61 *Les Fleurs du Mal*.

1859-66 *Mon cœur mis à nu*, notes intimes (publication posthume).

1860 *Les Paradis artificiels*.

1866 *Les Epaves*, comprenant les 6 poèmes des *Fleurs du Mal* censurés, plus 17 pièces nouvelles.

1869 Parution posthume des *Petits poèmes en prose*, recueil aussi appelé *Le Spleen de Paris*, parus auparavant dans différentes revues.

XIXe

GROS PLAN SUR...

Les Fleurs du Mal

Charles Baudelaire Date : 1857-1861

Genre　　　　Recueil de poèmes.

Composition　Baudelaire a hésité entre plusieurs titres, notamment celui de *Limbes*. Son manuscrit, regroupant des poèmes écrits depuis des années, est finalement publié. La première édition de 1857 comporte 100 poèmes dont 48 antérieurement publiés dans des revues. Mais un mois après la mise en vente, le livre est saisi et Baudelaire est condamné à payer une amende pour «outrages à la morale publique et aux bonnes mœurs». L'édition de 1861 comporte 126 poèmes, dont 36 pièces nouvelles, mais 6 pièces censurées ont été supprimées.

Thème　　　　Section 1 : Spleen et idéal (85 poèmes).
Section 2 : Tableaux parisiens (18 poèmes).
Section 3 : Le Vin (5 poèmes).
Section 4 : Fleurs du Mal (9 poèmes).
Section 5 : La Révolte (3 poèmes).
Section 6 : La Mort (6 poèmes).

Forme　　　　Baudelaire a apporté un soin particulier à l'agencement des poèmes dans le recueil.

« Le seul éloge que je sollicite pour ce livre est qu'on reconnaisse qu'il n'est pas un pur album et qu'il a un commencement et une fin. »

Extrait

L'Invitation au voyage

Mon enfant, ma sœur,
Songe à la douceur
D'aller là-bas vivre ensemble !
Aimer à loisir,
Aimer et mourir,
Au pays qui te ressemble ;
Les soleils mouillés
De ces ciels brouillés
Pour mon esprit ont les charmes
Si mystérieux
De tes traîtres yeux,
Brillant à travers leurs larmes.

Là, tout n'est qu'ordre et beauté.
Luxe, calme et volupté.

Des meubles luisants,
Polis par les ans,
Décoreraient notre chambre ;
Les plus rares fleurs
Mêlant leurs odeurs
Aux vagues senteurs de l'ambre,
Les riches plafonds,
Les miroirs profonds,
La splendeur orientale,
Tout y parlerait
A l'âme en secret
Sa douce langue natale.

Là, tout n'est qu'ordre et beauté,
Luxe, calme et volupté.

Vois sur ces canaux
Dormir ces vaisseaux
Dont l'humeur est vagabonde ;
C'est pour assouvir
Ton moindre désir
Qu'ils viennent du bout du monde.
— Les soleils couchants
Revêtent les champs,
Les canaux, la ville entière,
D'hyacinthe et d'or ;
Le monde s'endort
Dans une chaude lumière.

Là, tout n'est qu'ordre et beauté,
Luxe, calme et volupté.

XIXᵉ
Le Parnasse

« L'art pour l'art signifie un travail dégagé de toute préoccupation autre que celle du beau en lui-même. »
Théophile Gautier.

Origine du nom

Aux XVIIᵉ et XVIIIᵉ siècles, on donnait volontiers aux recueils de poésies de plusieurs auteurs le titre de « *Parnasse* ». En 1866, après l'échec d'une revue coûteuse intitulée *L'Art*, « l'école nouvelle » choisit de publier plutôt des recueils. C'est ainsi que sont publiés en 1866, 1869 et 1876 trois volumes intitulés *Le Parnasse contemporain*. La polémique qui suit la publication du premier volume donne en même temps un nom aux tenants de l'« école nouvelle » : les parnassiens.

Naissance du mouvement

Après 1860, quelques revues permettent aux futurs parnassiens de publier. C'est ainsi que Catulle Mendès crée *La Revue fantaisiste* en 1861, qui se moque de l'éloquence romantique. L'éditeur Alphonse Lemerre les aide et fait paraître la revue *L'Art* en 1865-1866 où s'affirme l'influence de **Leconte de l'Isle**. Les premières éditions des *Poèmes antiques* (1852) et des *Poèmes barbares* (1862) ont fait de lui le chef de l'« école nouvelle ».

Doctrine

1. L'Art pour l'Art : la poésie doit rester une recherche de la beauté sans autre utilité. « Dès qu'une chose devient utile, elle cesse d'être belle » (Théophile Gautier). Le poète, contrairement aux conceptions de Hugo, n'a pas de rôle social à jouer.

2. L'impersonnalité : exprimer ses sentiments personnels, ses passions a quelque chose de vulgaire et de bas. Il faut atteindre une beauté impersonnelle, éternelle.

3. Culte de l'art antique : la Grèce offre un modèle esthétique et philosophique. Harmonie, pureté : images d'une beauté idéale, impassible et éternelle.

4. Apologie du travail : la réaction au romantisme pousse les parnassiens à se méfier de l'inspiration. L'amour de la beauté formelle passe par un travail acharné, qui va jusqu'à la recherche des difficultés.

5. Elitisme et pessimisme : les parnassiens estiment que la poésie est un art difficile, expression de la beauté idéale, que la grande foule ne peut comprendre. L'homme ne peut résoudre les problèmes métaphysiques qui l'accablent.

Thèmes

1. La Nature : la Nature est indifférente. Elle offre des spectacles que la poésie peut et doit décrire. Les forces primitives de la Nature inspirent surtout Leconte de l'Isle.

2. L'histoire : les anciennes civilisations, grecques, romaines ou hindoues sont une source d'inspiration constante pour les parnassiens. Leur disparition alimente le pessimisme des poètes. Les rêves d'héroïsme et de conquête à travers l'histoire offrent aussi des thèmes séduisants.

3. La science : la science, avec ses méthodes objectives et son idéal — décrire les lois éternelles qui régissent le réel — est une sorte de modèle pour les parnassiens. Sully Prudhomme se consacre à une poésie scientifique et philosophique.

Formes

La poésie parnassienne se caractérise par le goût de la **difficulté** vaincue. On recherche la richesse de la **rime**. On remet à l'honneur des **formes poétiques fixes**, aux règles astreignantes, comme le sonnet (Hérédia), ou les ballades et rondeaux du Moyen Age (Banville).

Les hommes

Le précurseur
Théophile Gautier (1811-1872)

Romantique de la première heure, soutien de Hugo dans la bataille d'*Hernani*, célèbre pour son gilet rouge, Gautier s'écarte de ce mouvement. Il devient journaliste en 1836, il voyage en Europe. Il est aussi romancier. C'est lui qui lance alors la formule de l'Art pour l'Art. Il ne cherche plus alors que la beauté formelle, la beauté plastique.

1852   *Emaux et Camées*, poèmes.
1855   *Les Beaux-arts en Europe*, essai critique.
1858   *Le Roman de la momie*.
1863   *Le Capitaine Fracasse*, roman.

Le maître
Leconte de l'Isle (1818-1894)

Né à l'île de la Réunion, Charles-Marie Leconte de l'Isle se passionne d'abord vers 1845 pour les théories du socialisme utopique. Mais il est marqué par le coup d'Etat de 1851 et l'effondrement de la République. Il se consacre alors complètement à la poésie. Il traduit

L'Iliade et *L'Odyssée* d'Homère. Il devient alors le maître de l'école parnassienne. Il obtient le poste de bibliothécaire du Sénat et entre à l'Académie française.

1852 *Poèmes antiques* (édition définitive en 1874).
1862 *Poèmes barbares* (d'abord intitulés *Poésies barbares*, édition définitive en 1878).
1884 *Poèmes tragiques*.
1895 *Derniers poèmes* (parution posthume préparée par Hérédia).

Le disciple
José-Maria de Hérédia (1842-1905)

Poète d'origine cubaine, Hérédia se fixe en France. Il entre à l'Ecole des Chartes.

Toute son œuvre est rassemblée dans un recueil de 118 sonnets, paru en 1893, *Les Trophées*, alors que le Parnasse est moribond.

Les troupes

Théodore de **Banville** (1823-1891), poète virtuose, il remet à l'honneur les ballades et les rondeaux médiévaux. Même si son œuvre est aujourd'hui un peu oubliée, il a été une figure reconnue, même en dehors du cercle des parnassiens.
Sully **Prudhomme** (1839-1907), ingénieur venu à la poésie, met en vers ses méditations scientifiques et philosophiques. Il reçoit le prix Nobel en 1901.
Catulle **Mendès** (1841-1909), poète à l'origine de *La Revue fantaisiste* (1861), animateur des débuts du Parnasse.
François **Coppée** (1842-1908), donne à la poésie parnassienne un caractère sentimental.

Les apparentés et les infidèles

Verlaine et **Mallarmé** publient des poèmes dans les deux premiers recueils du *Parnasse contemporain*.

Rimbaud écrit à Banville pour publier des poèmes dans le deuxième recueil, mais Banville ne donne pas suite. Anatole **France** et Charles **Cros** ont commencé leur carrière dans le deuxième recueil.

Les œuvres

1852 *Emaux et Camées*, Théophile Gautier.
     Poèmes antiques, Charles-Marie Leconte de l'Isle.
1857 *Odes funambulesques*, Théodore de Banville.
1862 *Poésies barbares*, plus tard intitulées *Poèmes barbares*, Charles-Marie Leconte de l'Isle.
1866 *Le Parnasse contemporain* I.
     Le Reliquaire, François Coppée.
1869 *Le Parnasse contemporain* II (mis en vente après la guerre en 1871).
1872 *Petit traité de poésie française*, Théodore de Banville.
1871 *Odelette guerrière*, Catulle Mendès.
1876 *Le Parnasse contemporain* III.
1878 *La Justice*, Sully Prudhomme.
1884 *Poèmes tragiques*, Charles-Marie Leconte de l'Isle.
1893 *Les Trophées*, José-Maria de Hérédia.

Extrait des *Trophées* de José-Maria de Hérédia

*Dans ce célèbre sonnet, Hérédia évoque les conquista-
dors et leur rêve de puissance.*

Les Conquérants

Comme un vol de gerfauts hors du charnier natal,
Fatigués de porter leurs misères hautaines,
De Palos de Moguer, routiers et capitaines
Partaient, ivres d'un rêve héroïque et brutal.

Ils allaient conquérir le fabuleux métal
Que Cipango mûrit dans ses mines lointaines,
Et les vents alizés inclinaient leurs antennes
Aux bords mystérieux du monde occidental.

Chaque soir, espérant des lendemains épiques,
L'azur phosphorescent de la mer des Tropiques
Enchantait leur sommeil d'un mirage doré;

Ou penchés à l'avant des blanches caravelles
Ils regardaient monter en un ciel ignoré
Du fond de l'Océan des étoiles nouvelles.

La fin de siècle

Après la guerre de 1870, la répression de la Commune, la nouvelle République ne suscite pas le même enthousiasme que les événements de 1848.

Le Parnasse a fait son temps. Même si les jeunes poètes commencent leur carrière dans la mouvance de Leconte de l'Isle ou de Théodore de Banville, comme Rimbaud à ses débuts, la contestation s'exprime bientôt.

La froideur, l'éloquence, la rigueur des parnassiens finit par agacer ceux qui se reconnaissent davantage dans la poésie de Baudelaire. Leurs adversaires les disent « décadents ». Ils trouvent bientôt un nom pour leur mouvement : le **symbolisme**. Cette « école » est sans doute la plus individualiste. Verlaine, Rimbaud, Mallarmé, proches dans leur esthétique, composent des œuvres bien différentes.

Pour le roman, la continuité est plus grande. Reprenant la manière des Goncourt, Zola théorise encore les conceptions **naturalistes** du « roman expérimental ». Il écrit *Les Rougon-Macquart*, histoire d'une famille sous le Second Empire, à raison d'un roman par an pendant une vingtaine d'années. Il rassemble autour de lui de jeunes romanciers, comme Huysmans et Maupassant qui gagnent leur originalité en s'éloignant du maître.

Les préoccupations sociales des romanciers naturalistes sont importantes. Zola défend la classe ouvrière dans ses romans. Quand il a le sentiment que le capitaine **Dreyfus** a été injustement condamné, il n'hésite pas à mettre sa plume au service de cette cause, en écrivant des articles violents dans la presse. Il doit d'ailleurs fuir en Angleterre.

Enfin, dans les dernières années du siècle, on voit apparaître des noms nouveaux, comme Claudel, Valéry, Jarry qui appartiennent déjà au XXe siècle et jettent les bases de la **littérature d'aujourd'hui**.

XIXᵉ
Le symbolisme

« Le culte de l'encre et des plumes. »
Henry de Régnier,
dans un sonnet d'hommage à Paul Valéry.

Origine du nom

D'abord appelés « **décadents** » par leurs adversaires, les poètes qui réagissent contre la solennité et la froideur de l'école parnassienne préfèrent à partir de 1885-1886 s'appeler « **symbolistes** ». C'est Jean Moréas qui lance le mot en août 1885 dans un article du journal *Le XIXᵉ siècle*.

Naissance du mouvement

C'est vers 1880 qu'apparaît une nouvelle bohème littéraire, répandue dans les cabarets à la mode. Il se crée ainsi des groupes aux noms étranges : les Hydropathes, les Hirsutes, les Zutistes, les Jemenfoutistes, etc.

Le manifeste de **Jean Moréas** en 1886 donne une unité à ce mouvement, en proposant le nom d'« école symboliste ».

En musique, le symbolisme inspire **Gabriel Fauré** et **Claude Debussy**.

En peinture, on peut rapprocher le symbolisme et l'**école impressionniste**, dont les ambitions esthétiques sont assez proches.

Manifeste

Dans le *Supplément littéraire* du journal *Le Figaro*, paraît le 18 septembre **1886** un manifeste littéraire signé Jean Moréas.

Deux journaux littéraires, *Le Décadent* et *Le Symboliste*, se rattachent à ce mouvement.

Mais le texte fondateur de la doctrine reste sans doute le poème de **Verlaine** intitulé **Art poétique**, qui paraît dans la revue *Paris-Moderne* en novembre 1882.

Doctrine

1. **Le symbole** : les symbolistes ont le sens du mystère. Au-delà des apparences, il faut savoir lire les symboles d'un monde idéal. Les «correspondances» entre les sons, les images, les parfums, qui fondent l'esthétique de Baudelaire sont reprises et amplifiées.
2. **La musique** : la musicalité du vers doit être la première règle. Le sens lui est subordonné. Ce n'est qu'à ce prix que la poésie garde aux mots leur pouvoir magique.
3. **Richesse et rareté du vocabulaire** : la puissance évocatoire des sons a plus d'importance que le choix rigoureux du mot précis. Cette tendance peut aller jusqu'à l'hermétisme.
4. **Vers libéré, vers libre** : à la suite de Verlaine, les symbolistes privilégient le vers libre ou les rythmes impairs. Ils jugent que la cadence régulière de l'alexandrin, notamment, n'est pas apte à transcrire leur musique intérieure.
5. **La mort de l'éloquence** : les symbolistes fuient la solennité de la poésie parnassienne. L'expression intime, l'expression des états d'âme est privilégiée.

Thèmes

1. **L'analogie universelle** : dans l'univers, les sons, les couleurs, les parfums se répondent et renvoient à une même idée primordiale que doit exprimer le poème.
2. **Le secret** : secret du monde, secret des âmes, tout est secret. Les mots ne servent qu'à approcher les mystères. La rationalité du monde n'existe pas. Il ne faut pas exprimer ou expliquer, mais suggérer.
3. **Le sacré** : le poète est un voyant, capable de déchiffrer les mystères du monde, ses « hiéroglyphes ». Les symbolistes développent toute une mystique. Les thèmes de la mort, du crépuscule, de la fin de siècle, sont constamment présents dans leur œuvre.

Formes

1. **La poésie**
C'est en poésie que s'exprime d'abord le symbolisme, qu'il s'agisse de vers ou de prose poétique.

2. **Le théâtre**
Qu'il s'agisse du théâtre de Maurice Maeterlinck ou de celui de Paul Claudel, le thème de la mort est au cœur de l'écriture. Le langage des personnages est proche de la musique, de la poésie, de l'incantation. Ce sont les âmes qui se parlent directement.

3. **Le roman**
Les Contes cruels de Villiers de l'Isle-Adam, satires de mœurs contemporaines, histoires mystérieuses, relèvent du symbolisme par l'idéalisme, le rêve d'absolu qu'ils expriment.

Joris-Karl Huysmans, avec *A rebours*, écrit le roman symboliste par excellence. Son personnage principal, **Des Esseintes**, devient une sorte de modèle décadent. Il pousse à l'extrême la fascination des symbolistes pour l'étrangeté, pour le raffinement.

L'école romane

En 1891, Jean Moréas fait paraître le « Manifeste de l'école romane ». Se détachant du symbolisme dont il avait donné le manifeste en 1886, il veut renouer avec la discipline et la clarté.

Les hommes

Le grand ancêtre :

Charles **Baudelaire**.

Les maîtres :

Arthur **Rimbaud**.
Paul **Verlaine**.
Stéphane **Mallarmé**.

Les troupes :

Edouard Joachim, dit Tristan **Corbière** (1845-1875), auteur des *Amours jaunes*, révélé par Verlaine dans *Les Poètes Maudits* en 1883, en même temps que Rimbaud et Mallarmé.
Charles **Cros** (1842-1888), inventeur d'un procédé de photographie des couleurs, ainsi que d'un prototype de phonographe, le « paléophone », est aussi un poète aussi bien lyrique qu'humoristique.
Henri de **Régnier** (1864-1936), poète et romancier, reçu à l'Académie française en 1911.
Gustave **Kahn** (1859-1936), romancier, chroniqueur littéraire, fondateur avec Moréas de la revue *Le Symboliste*.

Les apparentés et les infidèles :

Joris-Karl **Huysmans**.
Francis **Jammes** (1868-1938), adepte du vers libre, auteur d'une abondante correspondance.

Maurice **Maeterlinck** (1862-1949), poète belge, symboliste à ses débuts, auteur dramatique, il est connu aussi pour son œuvre philosophique. Il a obtenu le prix Nobel en 1911.

Jean Papadiamantopoulos, dit **Moréas** (1856-1910), après avoir lancé le manifeste du symbolisme en 1886, il s'en détache et renoue avec la tradition gréco-latine en fondant l'école romane avec le jeune Charles Maurras en 1891.

Emile **Verhaeren** (1855-1916), poète belge, d'abord lié au symbolisme, se rallie à un socialisme fraternel et combat l'esthétique décadente.

Paul **Claudel**.

Paul **Valéry**.

Œuvres

1873   *Le Coffret de Santal*, Charles Cros.
       Les Amours jaunes, Tristan Corbière.

1882   Dans la revue *Paris-Moderne*, parution du poème de Verlaine intitulé « Art poétique ».

1876   *L'Après-midi d'un faune*, Stéphane Mallarmé.

1884   *A Rebours*, Joris-Karl Huysmans.

1886   *Cantilènes*, Jean Moréas.
       Publication des *Illuminations* d'Arthur Rimbaud.

1890   *Tête d'Or*, Paul Claudel (première version).

1892   *Pelléas et Mélisande*, Maurice Maeterlinck.

1897   *Jeux rustiques et divins*, Henri de Régnier.

XIXᵉ

Verlaine

prénom : **Paul**
né en : **1844**
mort en : **1896**

Famille	Né à Metz, Verlaine est le fils d'un officier. La famille vient à Paris en 1851.
Etudes	Il fait des études secondaires et obtient son baccalauréat en 1862. Dès 14 ans, il commence à écrire des poèmes.
L'employé de bureau	Employé d'assurance, puis expéditionnaire à l'Hôtel de Ville, Verlaine n'est pas très assidu. Il fréquente les cafés et continue à écrire des vers et les fait publier.
Mathilde	En 1870, il se fiance, puis se marie avec Mathilde Mauté, âgée de 16 ans. Sa vie se stabilise, mais c'est pour peu de temps. Pendant la guerre, Verlaine sert comme garde mobile et recommence à boire.
Rimbaud	En 1871, il reçoit deux lettres d'un jeune poète, Arthur Rimbaud, et l'invite chez lui. Une liaison orageuse se noue entre les deux hommes. Ils partent en Belgique, puis s'installent en Angleterre. Verlaine reprend épisodiquement la vie conjugale avec Mathilde qui lui a donné un fils. En 1873, à Bruxelles, ivre, Verlaine tire sur Rimbaud qui veut le quitter. Il est arrêté et condamné à deux ans de prison à Mons, en Belgique.
La conversion ?	En prison, Verlaine continue à écrire, mais il retrouve la foi et se repent. Il revoit Rimbaud une dernière fois en 1875 à Stuttgart et passe deux jours avec lui. Selon Rimbaud, sa récente conversion n'a pas résisté aux retrouvailles. Le

catholicisme n'est finalement, dans l'œuvre que Verlaine crée par la suite, qu'une composante parmi d'autres.

Séparé de sa femme, il enseigne en Angleterre en 1875-1877.

En 1878, il s'attache à un jeune homme, Lucien Letinois.

Le retour, la gloire, la déchéance Il rentre en France en 1882, reprend contact avec les milieux littéraires. Il fait connaître Rimbaud, Mallarmé, Corbière par une série d'études intitulée «Les Poètes maudits», parue en 1883 dans la revue *Lutèce*.

Son prestige grandit auprès des jeunes poètes, qui, à la mort de Leconte de l'Isle en 1894, le sacrent «prince des poètes».

Mais Verlaine ne cesse pas de boire et, de 1885 à 1896, il est obligé de faire de fréquents séjours à l'hôpital.

Il meurt en 1896.

« *De la musique avant toute chose.* »

« Art poétique. »

Œuvres

Son œuvre est tout entière poésie, si on excepte quelques livres de souvenirs ou de critique littéraire. Elle est placée dans la mouvance du symbolisme.

1866   *Poèmes saturniens.*
1869   *Fêtes galantes.*
1870   *La Bonne chanson.*
1874   *Romances sans paroles.*
1880   *Sagesse.*
1883   «Les Poètes maudits», essais littéraires.
1884   *Jadis et naguère.*
1888   *Amour.*
1889   *Parallèlement.*
1893   *Mes Prisons*, souvenirs.

Reprendre à la musique son bien

Verlaine «tord son cou» à la rhétorique, refusant la poésie conçue comme un discours orné. Il ne s'agit plus de dire, mais de suggérer par une parfaite adéquation du sens et des sons. « *De la musique avant toute chose* » conseille-t-il, pour que puisse s'établir un échange d'âme à âme.

Extrait de *Sagesse* (poème 6 du Livre III)

Verlaine, converti, retrouve une sorte de paix, mêlée de regrets

Le ciel est par-dessus le toit,
    Si bleu, si calme !
Un arbre, par-dessus le toit,
    Berce sa palme.

La cloche dans le ciel qu'on voit
    Doucement tinte,
Un oiseau sur l'arbre qu'on voit
    Chante sa plainte.

Mon Dieu, mon Dieu, la vie est là,
    Simple et tranquille.
Cette paisible rumeur-là
    Vient de la ville.

— Qu'as-tu fait, ô toi que voilà,
    Pleurant sans cesse,
Dis, qu'as-tu fait, toi que voilà
    De ta jeunesse ?

XIXᵉ

Rimbaud

prénom : **Arthur**
né en : **1854**
mort en : **1891**

Famille
Né à Charleville, dans les Ardennes, Rimbaud est le fils d'un officier qui abandonne femme et enfants. Sa mère est sévère et extrêmement conformiste.

Etudes
Au collège de Charleville, Rimbaud est un bon élève. Un de ses professeurs, Georges Izambard, l'encourage à écrire de la poésie. Il renonce à passer le baccalauréat.

Un adolescent rebelle
En mai 1870, il écrit à Théodore de Banville pour lui présenter des poèmes et lui demander de les publier. Cette tentative échoue. Rimbaud commence ses premières fugues en août 1870. Il part pour Paris, est arrêté pour avoir voyagé dans le train sans billet.
Son professeur vient le rechercher. Il fait encore une fugue en Belgique, puis encore à Paris en 1871. Il voudrait participer au soulèvement de la Commune.
En septembre 1871, il envoie à Verlaine deux lettres. Verlaine l'invite chez lui à Paris. Leur liaison orageuse commence alors.
Les deux poètes mènent une vie déréglée où l'absinthe et le haschich jouent un rôle important. Rimbaud cherche, dit-il, «l'encrapulement », « le dérèglement de tous les sens ».
Leur liaison connaît des éclipses pendant lesquelles Verlaine reprend sa vie conjugale. En mai 1872, Rimbaud de retour à Paris blesse Verlaine de plusieurs coups de couteau.

Les premiers voyages	En juillet 1872, les deux poètes partent pour la Belgique, puis la Grande-Bretagne. Ils s'installent à Londres. Pendant un an, ils se partagent entre Londres et la Belgique.
	En juillet 1873, Verlaine, ivre, tire sur Rimbaud qui voulait le quitter, il est emprisonné deux ans.
	Rimbaud, entre 1873 et 1875, court l'Europe : Londres, Stuttgart où il revoit une dernière fois Verlaine en 1875, Milan, Vienne. Il achève son œuvre.
Le grand départ	Rimbaud s'engage dans l'armée coloniale hollandaise et part à Sumatra et Java où il faut réprimer des émeutes. Il déserte.
	Entre 1877 et 1880, il voyage à nouveau en Europe : Allemagne, Suède, Danemark, Italie, Chypre.
	Puis il part pour l'Afrique où il s'occupe de commerce et de trafic.
	En 1891, atteint d'une tumeur au genou, il revient à Marseille se faire soigner. On l'ampute de sa jambe malade. Après quelque temps auprès de sa mère et de sa sœur, il est à nouveau hospitalisé à Marseille et meurt en novembre.

Œuvres

L'œuvre de Rimbaud n'a pas été structurée par Rimbaud lui-même, mais par ses éditeurs. Il ne s'est occupé que de la publication d'*Une Saison en enfer*. La première édition complète est posthume (1895).

Les éditeurs répartissent ses poèmes en 4 grands ensembles.

Les Poésies,
Les Derniers vers,
Une Saison en enfer,
Les Illuminations.

Ses premiers poèmes imitent la manière des parnassiens et expriment sa haine de la religion et du monde bourgeois, sa compassion pour les pauvres et pour les victimes de la guerre («Le Dormeur du val»). Le tournant vers le symbolisme se fait avec «Le Bateau ivre» (1871).

Après l'échec de sa liaison avec Verlaine, il compose en 1873 *Une Saison en enfer*, qu'il fait publier. Mais le tirage, impayé, reste presque tout entier chez l'imprimeur.

A Londres, en 1874, il compose, pense-t-on généralement, un ensemble de morceaux de prose poétique qu'on regroupe sous le titre des *Illuminations*. La publication de ces textes dans une revue en 1886 se fait sans doute à son insu.

En 1883-1886, Verlaine fait connaître le talent de Rimbaud par son étude intitulée «Les Poètes maudits». Rimbaud, informé par la lettre d'un ami, n'y accorde aucune importance.

Une voix toujours présente

Gaëtan Picon retrouve l'influence de Rimbaud au XXe siècle dans la poésie de la sensation directe, de l'image isolée, de l'énumération, dans la beauté convulsive chère aux surréalistes et leur désir de changer la vie : « *Sa voix, l'une des plus efficaces en même temps que l'une des plus hautes, se retrouve dans les plus récentes. L'influence de Rimbaud qui s'étend déjà sur trois quarts de siècle, de Verlaine à René Char, est loin d'avoir usé sa présence.* »

Extrait de *Une Saison en enfer*

A moi. L'histoire d'une de mes folies.
Depuis longtemps, je me vantais de posséder tous les paysages possibles et trouvais dérisoires les célébrités de la peinture et de la poésie modernes.
J'aimais les peintures idiotes, dessus de porte, décors, toiles de saltimbanques, enseignes, enluminures populaires; la littérature démodée, latin d'église, romans de nos aïeules, contes de fées, petits livres de l'enfance, opéras vieux, refrains niais, rythmes naïfs.

Je rêvais croisades, voyages de découvertes dont on n'a pas de relations, républiques sans histoires, guerres de religion étouffées, révolutions de mœurs, déplacement des races et de continents; je croyais à tous les enchantements.

J'inventai la couleur des voyelles! A noir, E blanc, I rouge, O bleu, U vert. Je réglai la forme et le mouvement de chaque consonne et, avec des rythmes instinctifs, je me flattai d'inventer un verbe poétique accessible, un jour ou l'autre, à tous les sens. Je réservais la traduction.

Ce fut d'abord une étude. J'écrivais des silences, des nuits, je notais l'inexprimable. Je fixais des vertiges.

Loin des oiseaux, des troupeaux, des villageoises,
Que buvais-je, à genoux dans cette bruyère
Entourée de tendres bois de noisetiers.
Dans un brouillard d'après-midi tiède et vert?

Que pouvais-je boire dans cette jeune Oise,
— Ormeaux sans voix, gazon sans fleurs, ciel couvert! —
Boire à ces gourdes jaunes, loin de ma case
Chérie? Quelque liqueur d'or qui fait suer.

XIXe

Mallarmé

prénom : **Stéphane**
né en : **1842**
mort en : **1898**

Famille	Mallarmé est né à Paris, dans une famille de fonctionnaires.
Etudes	Il fait des études secondaires. Il est bachelier en 1860 et part en Angleterre perfectionner son anglais.
Le professeur d'anglais	En 1863, il devient professeur d'anglais. Il enseigne d'abord au lycée de Tournon, puis en 1866 à Besançon, en 1867 à Avignon. En 1871, il est nommé à Paris, ce qui lui permet de mener une vie plus agréable. En 1874, il crée un journal féminin, *La Dernière mode*.
Le maître et ses disciples	A partir de 1880, il réunit des amis écrivains chez lui, rue de Rome, tous les mardis soirs. On y voit André Gide et Paul Valéry. Révélé au public par Verlaine et Huysmans à partir de 1884, il est reconnu et admiré par les jeunes poètes. Admis à la retraite en 1894, il se consacre encore davantage à la poésie. Il meurt brutalement en 1898.

*« Un poème est un mystère
dont le lecteur doit chercher la clé. »*

Mallarmé.

Œuvres

1864-65   Rédaction des poèmes «baudelairiens» de Mallarmé, comme «Brise marine».

1866   Publication de poèmes dans la première série du *Parnasse contemporain*.

1871   Publication d'«Hérodiade», commencé en 1865, dans la deuxième série du *Parnasse contemporain*.

1876   Publication de *L'Après-midi d'un faune*.

1885   Publication dans *La Revue indépendante* de plusieurs poèmes.

1887   *Poésies*.

1891   *Pages*.

1893   *Vers et prose*.

1897   *Divagations*.

    «Un Coup de dés jamais n'abolira le Hasard», paru dans la revue *Cosmopolis*.

Evolution de Mallarmé

La lecture des *Fleurs du Mal* en 1861 frappe le jeune Mallarmé. Les premiers poèmes qu'il compose sont marqués par l'influence de Baudelaire. Il méprise la bêtise et la vulgarité et aspire comme Baudelaire à un idéal.

Il évolue ensuite vers le Parnasse. Passionné par la beauté formelle, il se reconnaît dans l'art gratuit des parnassiens. Il publie avec eux dans *Le Parnasse contemporain*.

Mais il se forge sa propre esthétique très exigeante. Il devient le maître de la poésie symboliste. Il privilégie l'harmonie et la musique, dans un art extrêmement suggestif, mais qui se veut hermétique, inaccessible au profane.

Extrait

Ce poème est sans doute le plus connu de Mallarmé. On y sent encore l'influence de Baudelaire.

Brise Marine

La chair est triste, hélas! et j'ai lu tous les livres.
Fuir! là-bas fuir! Je sens que des oiseaux sont ivres
D'être parmi l'écume inconnue et les cieux!
Rien, ni les vieux jardins reflétés par les yeux
Ne retiendra ce cœur qui dans la mer se trempe,
O nuits! ni la clarté déserte de ma lampe
Sur le vide papier que la blancheur défend
Et ni la jeune femme allaitant son enfant.

Je partirai! Steamer balançant ta mâture,
Lève l'ancre pour une exotique nature!
Un Ennui, désolé par les cruels espoirs,
Croit encore à l'adieu suprême des mouchoirs!
Et, peut-être, les mâts, invitant les orages
Sont-ils de ceux qu'un vent penche sur les naufrages
Perdus, sans mâts, sans mâts, ni fertiles îlots.
Mais, ô mon cœur, entends le chant des matelots.

XIXe
Réalisme
et naturalisme

Origine des noms

Le **réalisme**, comme son nom semble l'indiquer, est né d'une volonté de rapprocher l'art du réel. Le mot est d'abord apparu dans la bouche de ses adversaires. Mais il est devenu courant dans le vocabulaire de la critique littéraire à partir de 1845.

Le **naturalisme** est une sorte de réalisme poussé à l'extrême. C'est en 1857 que *La Revue moderne* qualifie l'œuvre du peintre Courbet de « naturaliste ». Mais réalistes et naturalistes mènent à peu près le même combat.

Naissance du mouvement

C'est autour du peintre Courbet que s'est réuni régulièrement le premier groupe réaliste, à la brasserie Andler, vers 1850. En 1855, une exposition de ce peintre s'intitule *Le Réalisme*. En 1856, Duranty crée une revue du même nom. Dans les procès des *Fleurs du Mal* et de *Madame Bovary*, le mot de « réalisme » est prononcé à plusieurs reprises par l'accusation.

Le débat est relancé avec la publication du roman des frères Goncourt, *Germinie Lacerteux*, en 1865, dont la préface est très claire. Il ne reste plus qu'à théoriser davantage. Ce que fait Zola à partir de 1866.

Manifestes

Le réalisme est une tendance qui a toujours existé dans la littérature française. Mais vers 1845, en peinture comme en littérature, les réalistes cherchent une rupture. Balzac leur avait déjà ouvert la voie. Les réactions violentes que suscite la peinture de Courbet, jugée « indécente », ou celles que produit la publication de *Madame Bovary* « d'un réalisme grossier et offensant pour la pudeur », montrent bien que le réalisme ne respecte pas les limites de la bienséance qu'impose encore le romantisme.

Le premier manifeste est celui qu'écrit, si on peut dire, Courbet avec chacune de ses toiles. Le catalogue de son exposition de 1855, rédigé par Champfleury, explique : « Faire de l'art vivant, tel est mon but ».

Duranty développe les thèses réalistes dans sa revue et affirme même que la question du style est secondaire.

Zola met enfin au point les thèses du « naturalisme » en publiant une succession d'essais : en 1866 *Deux définitions du roman*, en 1879 *Le Roman expérimental*, en 1881 *Les Romanciers naturalistes*.

Doctrine

1. **Déterminisme** : sous l'influence des théories de Darwin (1859) et de la science médicale en plein développement, les romanciers pensent que l'individu est largement déterminé par son milieu et par son hérédité. Balzac, Flaubert et Zola sont d'accord sur ce point.

2. **Méthode expérimentale** : pour Zola surtout qui en est le théoricien, le romancier doit consigner les résultats d'une sorte d'expérience, donner à lire des tranches de vie, « des notes prises sur le vif et logiquement classées », des « procès-verbaux ».

3. **Tout pouvoir dire** : le roman doit pouvoir tout accueillir : réflexion, histoire, analyse. Il doit pouvoir traiter de tous les sujets et tout décrire. Il n'y a pas de sujet « bas ».

4. **Fidélité au réel** : il ne faut pas recomposer un univers factice, idéal. Il faut s'en tenir à la peinture de la réalité. Dans la présentation des «héros», notamment, il ne faut pas fausser le portrait, l'embellir. Huysmans écrit : «Nous voulons ne pas faire comme les romantiques des fantoches plus beaux que nature.»

Thèmes

1. **La fin des héros** : les romanciers portent sur le réel un regard sociologique. Ils s'intéressent aux classes sociales, au milieu. L'individu est soumis aux pressions sociales. Il n'a pas la toute-puissance du héros romantique.
2. **Le monde ouvrier** : les romanciers s'intéressent au monde ouvrier. Zola écrit dans la préface de *L'Assommoir* : «C'est une œuvre de vérité, le premier roman sur le peuple, qui ne mente pas, et qui ait l'odeur du peuple.»
3. **Romans de l'échec** : bon nombre de romans réalistes ou naturalistes présentent un personnage assez banal qui est en situation d'échec. Balzac et Stendhal font exception : les personnages de leurs romans ont des rêves de conquête, même s'ils ne parviennent pas toujours au succès. Zola conserve malgré tout un certain optimisme, fondé sur ses idées socialistes.

Formes littéraires

1. Le théâtre

On ne le sait pas toujours, les naturalistes se sont intéressés au théâtre. Un certain nombre de romans de Zola ont été adaptés à la scène avec succès, comme *L'Assommoir*, en 1879. Mais les créations ont échoué et Flaubert, après l'échec de sa comédie *Le Candidat*, en 1874, a l'idée de réunir au Café Riche les «auteurs sifflés», comme lui malheureux dans leurs tentatives théâtrales.

2. **Le roman**

Le roman est la forme d'expression privilégiée du réalisme et du naturalisme. Il n'y a guère que Baudelaire qui ait pu faire passer une certaine forme de réalisme dans la poésie ; mais son cas est bien particulier, puisqu'il est autant un précurseur du symbolisme qu'un tenant du réalisme.

Les hommes

Les « grands » :

Gustave **Flaubert**.
Emile **Zola**.
Alphonse **Daudet** (1840-1924), conteur, humoriste, mais aussi auteur de romans à succès comme *Le Petit Chose* (1868).

Les troupes :

Jules Husson, dit **Champfleury** (1821-1869), romancier et journaliste, défenseur des peintres Courbet et Daumier.
Louis-Edmond **Duranty** (1833-1880), romancier, ami des peintres Courbet, Manet et Degas, est l'un des premiers à avoir défendu les impressionnistes.
Edmond (1822-1896) et Jules (1830-1870) **Goncourt,** auteurs ensemble d'ouvrages d'histoire et de romans, et d'un journal célèbre.
Jules **Vallès** (1832-1885), journaliste, critique littéraire et romancier.

Le groupe de Médan :

Groupe de jeunes écrivains qui se réunissent autour de Zola dans sa maison de Médan, près de Paris.
Paul **Alexis** (1847-1901), ami le plus fidèle de Zola, auteur de nouvelles et de romans.
Henry **Céard** (1851-1924), journaliste et critique littéraire, auteur de nouvelles et de romans.

Léon **Hennique** (1850-1935), romancier, auteur de nouvelles et de pièces de théâtre.

Joris-Karl **Huysmans** (1848-1907), très proche de Zola, il s'en écarte à partir de 1891 quand il se convertit au catholicisme. Avec Maupassant, c'est le romancier le plus brillant du groupe.

Guy de **Maupassant**.

Les apparentés :

Charles **Baudelaire**.

L'opposition du « Manifeste des Cinq »

Nombreuses furent les attaques contre le réalisme et le naturalisme. Mais le « Manifeste des Cinq » occupe une place particulière.

Cinq anciens disciples de Zola protestent publiquement dans *Le Figaro* après la publication de *La Terre* en 1887, qu'ils qualifient de « recueil de scatologie ». Cette affaire affecte Zola et marque une rupture dans le mouvement.

Les critiques de Huysmans à partir de 1891, qui reproche au naturalisme « l'immondice de ses idées », marquent aussi l'existence d'une sorte de « dissidence ».

Les œuvres principales

1856	*Madame Bovary*,	Gustave Flaubert.
1865	*Germinie Lacerteux*,	les frères Goncourt.
1868	*Le Petit Chose*,	Alphonse Daudet.
1869	*L'Education sentimentale*,	Gustave Flaubert.
1871-93	*Les Rougon-Macquart*,	Emile Zola.
1879	*Les Sœurs Vatard*,	Joris-Karl Huysmans.
1880	*Les Soirées de Médan*,	recueil collectif.
1886	*L'Insurgé*,	Jules Vallès.
1888	*Pierre et Jean*,	Guy de Maupassant.

XIXe

Zola

prénom : **Emile**
né en : **1840**
mort en : **1902**

Famille

Né à Paris d'un père italien naturalisé français qui meurt lorsqu'il a 7 ans, Zola passe son enfance à Aix-en-Provence.

Etudes

Il fait ses études à Aix-en-Provence, puis à Paris. Il échoue au baccalauréat en 1859.

Les débuts difficiles

Pour gagner sa vie, Zola entre en 1860 à la librairie Hachette pour faire des paquets. Il s'y fait remarquer : on lui confie la publicité. En 1865, il se lance dans le journalisme.

Le romancier

D'abord romantique, il est vite acquis au réalisme et admire beaucoup les frères Goncourt. Il lit les ouvrages du docteur Lucas sur l'hérédité et l'*Introduction à la médecine expérimentale* de Claude Bernard qui inspire ses conceptions « naturalistes » du roman.

Dès 1868, il conçoit sur le modèle de la « Comédie humaine » son propre projet des Rougon-Macquart.

A partir de 1871 et au rythme d'à peu près un roman par an, il mène à bien son projet et publie vingt romans.

Le chef d'école

C'est avec *L'Assommoir* en 1877 qu'il obtient le succès. Il est alors reconnu comme le chef de file des naturalistes. Quelques jeunes écrivains prennent l'habitude de se réunir chez lui, notamment dans sa maison de Médan, près de Paris.

A partir de 1888, Zola mène une double vie sentimentale : parallèlement à sa vie conjugale, il entretient une longue liaison avec une jeune ouvrière, Jeanne Rozerot, qui lui donnera deux enfants.

L'affaire Dreyfus
Le capitaine Dreyfus a été condamné à la réclusion à perpétuité en 1894 pour avoir livré des secrets militaires. En réalité, il est innocent. Une campagne s'engage pour demander la révision de son procès.

Zola est acquis aux idées socialistes. Le 13 janvier 1898, il fait paraître plusieurs articles dans la presse, et surtout dans *L'Aurore*, journal de Clemenceau, le fameux article intitulé «J'accuse», où il défend la cause de Dreyfus.

La cour d'assises condamne une première fois Zola à un an de prison pour «outrages à l'armée» et le radie de la Légion d'Honneur. Il se réfugie en Angleterre.

En 1899, Dreyfus est gracié et Zola rentre en France.

Il meurt asphyxié dans son appartement en 1902, sans que les circonstances aient été clairement établies.

> «*La Vérité est en marche, rien ne l'arrêtera.*»
> Article de Zola du 5 décembre 1898.

Œuvres

Le centre de l'œuvre de Zola est représenté par la série des Rougon-Macquart, «histoire naturelle et sociale d'une famille sous le Second Empire», qui comprend vingt romans. Quelques romans ne se rattachent pas à ce cycle, nous les repérons par un astérisque.

1867	*Thérèse Raquin.
1871	*La Fortune des Rougon.*
1873	*Le Ventre de Paris.*
1875	*La Faute de l'abbé Mouret.*
1877	*L'Assommoir.*
1879	*Le Roman expérimental*, essai théorique paru dans la presse.
1880	*Nana.*
1881	*Les Romanciers naturalistes*, essai théorique.
1885	*Germinal.*
1886	*L'Œuvre.*
1890	*La Bête humaine.*
1894-98	*Les Trois villes (Lourdes, Rome, Paris).*

XIXᵉ

GROS PLAN SUR...

Germinal

Emile Zola   **Date : 1885**

Genre   Roman.

Composition Depuis 1880, Zola réunit autour de lui l'école
                 naturaliste. Il a exposé ses théories littéraires.
                 Chacun de ses romans est un événement litté-
                 raire. Inspiré par une grève générale de la mine
                 d'Anzin que Zola a visitée, *Germinal* est son
                 plus grand succès.

Thème   Etienne Lantier, fils de Gervaise (héroïne de
                 L'Assommoir), est un jeune ouvrier. Il trouve
                 du travail dans une mine du Nord. Il est un peu
                 instruit et conquis par les idées socialistes. Il
                 lutte contre la Compagnie des Mines.
                 Une grève éclate. Etienne tente d'y jouer un
                 rôle d'organisateur. Mais le mouvement dé-
                 borde. Les mineurs cèdent à la violence. La
                 troupe tire sur eux et tue un vieux mineur.
                 Quand le travail reprend, un anarchiste russe,
                 Souvarine, inonde la mine. Les ouvriers sont
                 bloqués. Etienne voit mourir la jeune fille qu'il
                 aime. Lui-même n'est sauvé qu'après plusieurs
                 jours.
                 Il comprend que les ouvriers doivent mieux s'or-
                 ganiser. Il part pour Paris, rêvant des jours meil-
                 leurs, où la justice sociale triomphera.

Forme   Dans certaines scènes de *Germinal*, Zola re-
                 trouve un ton épique, un souffle puissant pour
                 décrire la misère des mineurs et la force de leur
                 révolte.

XIXᵉ

Maupassant

prénom : **Guy de**
né en : **1850**
mort en : **1893**

Famille

Né au château de Miromesnil près de Dieppe en Normandie, Maupassant vit avec sa mère à Etretat une enfance libre et heureuse. Il est le filleul (fils naturel ?) de Flaubert, ami d'enfance de sa mère.

Etudes

Après des études au collège religieux d'Yvetot, il entre comme interne au lycée de Rouen en 1867.

L'influence de Flaubert

A la guerre de 1870, il s'engage dans les gardes mobiles. Il s'installe en 1871 à Paris où il occupe un petit emploi au ministère de la Marine.

Il fait ses premiers pas en littérature sous la direction de Flaubert qui corrige sévèrement ses premiers essais littéraires.

L'influence de Zola

Maupassant fait partie des jeunes écrivains qui se rassemblent chez Zola. En 1880, le petit groupe publie un recueil de nouvelles, *Les Soirées de Médan*. Maupassant se fait remarquer avec le conte intitulé *Boule-de-Suif*. Il poursuit dans ce genre littéraire et publie beaucoup dans les journaux.

Grandeur et décadence

Maupassant s'enrichit. Il fait des voyages, achète un yacht sur lequel il fait des croisières en Méditerranée. Il fréquente la haute société et mène une vie sentimentale agitée.

Mais dès 1876, il souffre de violentes névralgies qui ne font que s'accentuer sous l'effet d'une vie plutôt déréglée. Son frère Hervé, devenu fou, doit être interné. Lui-même commence à avoir des hallucinations et sombre dans la folie. Le

1er janvier 1892, il tente de se suicider à Cannes. Il est alors interné pendant 18 mois, dont près de 12 mois d'agonie, et meurt en 1893 sans avoir recouvré la raison.

Œuvres

Maupassant a écrit plus de 300 contes, parus dans la presse, puis rassemblés dans des recueils, et 6 romans.

1881 *La Maison Tellier.*
1882 *Mademoiselle Fifi.*
1883 *Les Contes de la Bécasse.*
1883 *Une Vie*, roman.
1885 *Bel-Ami*, roman.
     Contes du jour et de la nuit.
1887 *Le Horla.*
1888 *Pierre et Jean*, roman.
1889 *Fort comme la mort.*

Ajoutons encore des impressions de voyage : *Au Soleil* (1884), *Sur l'eau* (1888), *La Vie errante* (1890).

Choisir dans le réel

Dans un texte publié en tête de *Pierre et Jean,* Maupassant a bien expliqué ce qu'était à ses yeux l'art de l'écrivain réaliste. Il ne s'agit pas de tout dire, de tout décrire, tâche d'ailleurs impossible. L'écrivain doit choisir, retenir seulement ce qui est significatif et conforme à son projet. *« Faire vrai consiste donc à donner l'illusion complète du vrai [...] J'en conclus que les Réalistes de talent devraient s'appeler plutôt des Illusionnistes. »*

XIXᵉ

GROS PLAN SUR...

Ubu roi

Alfred Jarry   **Date : 1894**

Genre   Théâtre, comédie grinçante en cinq actes, en prose.

Composition Dans les années 80, des élèves se moquaient d'un de leurs professeurs, M. Hébert. En 1888, quand Jarry entre dans ce lycée, une petite pièce, *Les Polonais*, a déjà été écrite par les élèves, ridiculisant le professeur. Il va reprendre le sujet et en fait une comédie pour marionnettes. Il songe très vite à écrire un cycle autour du personnage principal : le père Ubu. *Le Mercure de France* publie la pièce *Ubu roi* en 1894. Elle est montée pour la première fois en 1896.

Thème   **Acte 1 :** La mère Ubu n'est pas satisfaite des honneurs que le roi de Pologne accorde à son mari, Ubu, et le pousse à prendre le trône de Pologne. Ses complices sont le capitaine Bordure et ses partisans.
                       Acte 2 : Pendant une revue de l'armée polonaise, le roi de Pologne est assassiné ainsi que deux de ses fils. Le troisième, Bougrelas, finit par s'enfuir. Les fantômes de ses ancêtres lui apparaissent et lui donnent l'épée de la vengeance.
                       Acte 3 : Ubu a accepté de donner de l'argent à ses sujets pour son avènement. Il fait passer à la trappe les nobles, les magistrats et les financiers et reste seul maître des « Phynances ». Bordure qui a été jeté en prison s'échappe et rejoint les troupes russes qui veulent chasser l'usurpateur.
                       Acte 4 : La mère Ubu tente de voler le trésor des rois de Pologne. Elle fuit devant les troupes de

Bougrelas. Les troupes d'Ubu sont décimées par les Russes. Ubu se cache en Lituanie et est abandonné pendant son sommeil par ses derniers partisans.

Acte 5 : La mère Ubu retrouve Ubu. Attaqués par Bougrelas et ses troupes, ils s'enfuient.

Ils se retrouvent sur un bateau qui les amène en France où Ubu veut se faire nommer « maître des Phynances ».

Forme   A l'origine blague de potache, la pièce de Jarry a finalement séduit et intéressé les intellectuels. L'adjectif « ubuesque » en est né. Absurde et grotesque, Ubu reste un personnage marquant, précurseur du surréalisme.

Le cycle « Ubu »

1896	*Ubu roi.*
1897	*Ubu cocu ou l'archéoptéryx.*
1899	*Ubu enchaîné.*
1889 et 1901	*L'Almanach du père Ubu*, qui jette un regard « ubuesque » sur l'actualité.

Bibliographie

1. Le XIXe siècle : généralités

1.1. Histoire

J.-P. Bertaud, *1799, Bonaparte prend le pouvoir*, Complexe.

F. Bluche, *Le Bonapartisme*, Que sais-je?, PUF.

P. Bouju et H. Dubois, *La Troisième République*, Que sais-je?, PUF.

G. Bourgin, *La Commune*, Que sais-je?, PUF.

A. Castelot, *Napoléon Bonaparte*, Presses Pocket.

R. Dufraisse, *Napoléon*, Que sais-je?, PUF.

G. Duveau, *1848*, Idées Gallimard.

M.R. Marrus, *Les Juifs de France à l'époque de l'affaire Dreyfus*, Complexe.

G. Pradalie, *Le Second Empire*, Que sais-je?, PUF.

W.-L. Smith, *Napoléon III*, Marabout Université.

J. Vidalenc, *La Restauration*, Que sais-je?, PUF.

P. Vigier, *La Monarchie de juillet*, Que sais-je?, PUF.

P. Vigier, *La Seconde République*, Que sais-je?, PUF.

Napoléon III, Histoire - Payot (2 tomes).

1.2. Littérature

P. Berthier, *Le Théâtre au XIXe siècle*, Que sais-je?, PUF.

L. Decaunes, *La Poésie parnassienne*, Poésie Seghers.

J.-L. Ferrier, *Courbet, l'Enterrement à Ornans : anatomie d'un chef-d'œuvre*, Médiations, Denoël.

D. Rince, *La Littérature française du XIXe siècle*, Que sais-je?, PUF.

D. Rince, *La Poésie française du XIXe siècle*, Que sais-je?, PUF.

M. Proust, *Sur Baudelaire, Flaubert et Morand*, Le Regard littéraire, Complexe.

H. Lemaitre, *Du romantisme au symbolisme, 1790-1914*, Littérature, Pierre Bordas et fils.
M. Proust, *Contre Sainte-Beuve*, Idées Gallimard.
J.-P. Richard, *Stendhal, Flaubert : littérature et sensation*, Points Seuil.
P. Van Tieghem, *Le Romantisme français*, Que sais-je?, PUF.

2. La langue

Littré en 10/18, 10/18.

3. La poésie

3.1. Lamartine
Lamartine, *Méditations poétiques*, Bibliothèque Lattès ou Poésie Gallimard.

3.2. Baudelaire
Baudelaire, *Les Fleurs du mal*, 10/18, Bibliothèque Lattès, Garnier Flammarion, Livre de Poche, Poésie Gallimard ou J'ai Lu.
Baudelaire, *Les Paradis artificiels*, Livre de Poche ou Garnier Flammarion.
Baudelaire, *Le Spleen de Paris*, Livre de Poche, Garnier Flammarion ou Poésie Gallimard.
W. Benjamin, *Charles Baudelaire : un poète lyrique à l'apogée du capitalisme*, Payot.
P. Emmanuel, *Baudelaire, la femme et Dieu*, Points, Seuil.
D. Rince, *Baudelaire et la modernité poétique*, Que sais-je?, PUF.
J.-P. Sartre, *Baudelaire,* Idées Gallimard.

3.3. Verlaine
Les poèmes de Verlaine sont parus chez Lattès, Garnier Flammarion, Poésie Gallimard, Presses Pocket et au Livre de Poche.
J.-H. Bornecque, *Verlaine*, Ecrivains de toujours, Seuil.

3.4. Rimbaud
Les poèmes de Rimbaud sont parus chez Garnier Flammarion, Poésie Gallimard, Presses Pocket et au Livre de Poche.
Y. Bonnefoy, *Rimbaud*, Ecrivains de toujours, Seuil.
P. Gascar, *Rimbaud et la Commune*, Idées, Gallimard.

3.5. Mallarmé
Les poèmes de Mallarmé sont parus chez Garnier Flammarion, Poésie Gallimard et au Livre de Poche.
C. Mauron, *Mallarmé*, Ecrivains de toujours, Seuil.
J.-P. Sartre, *Mallarmé : la lucidité et sa face d'ombre*, Arcades, Gallimard.
P.-O. Walzer, *Mallarmé*, Poètes d'aujourd'hui, Seghers.

3.6. Autres poètes
T. Corbière, *Les Amours jaunes*, Poésie Gallimard.
C. Cros, *Le Coffret de Santal*, Poésie Gallimard ou Garnier Flammarion.
T. Gautier, *Emaux et camées*, Poésie Gallimard.
J.-M. de Hérédia, *Les Trophées*, Poésie Gallimard.
Vigny, *Œuvres poétiques*, Garnier Flammarion.

Sur le symbolisme considéré dans son ensemble :
Ph. Forest, *Le symbolisme ou naissance de la poésie moderne*, Littérature vivante, Pierre Bordas et fils.

4. Le roman

Toutes les éditions de poche proposent un grand choix de romans du XIXᵉ siècle. Il est inutile de les préciser. Nous signalons donc essentiellement les ouvrages de critique ou les textes plus rares.

4.1. Chateaubriand
Chateaubriand, *Mémoires d'Outre-tombe*, Garnier Flammarion.
Chateaubriand, *La Vie de Rancé*, 10/18.
Chateaubriand, *Atala. René*, Folio Gallimard ou Garnier Flammarion.

Chateaubriand, *Itinéraire de Paris à Jérusalem*, Garnier Flammarion.

Chateaubriand, *De l'Ancien Régime au Nouveau Monde : écrits politiques*, Hachette - Pluriel.

J. d'Ormesson, *Mon dernier rêve sera pour vous : une biographie sentimentale de Chateaubriand*, Livre de Poche.

4.2. Stendhal

Stendhal, *Souvenirs d'égotisme*, Folio Gallimard.

Stendhal, *Mémoires d'un touriste*, La Découverte.

G. Mouillaud, *Le Rouge et le Noir de Stendhal : le roman possible*, Thèmes et textes, Larousse.

J. Prévost, *La Création chez Stendhal*, Idées Gallimard.

4.3. Balzac

E. Querouil, *Le Père Goriot et le roman d'éducation*, Littérature vivante, Pierre Bordas et fils.

F. Marceau, *Balzac et son monde*, Tel, Gallimard.

4.4. Sand

J. Barry, *George Sand ou le scandale de la liberté*, Points, Seuil.

F. Mallet, *George Sand*, Livre de Poche.

4.5. Flaubert

P. Cogny, *L'Education sentimentale de Flaubert : le monde en creux*, Thèmes et textes, Larousse.

G. Genette et T. Todorov, *Travail de Flaubert*, Points Seuil.

A. Thibaudet, *Gustave Flaubert*, Tel, Gallimard.

4.6. Zola

Zola, *Le Roman expérimental*, Garnier Flammarion.

Zola, *Ecrits sur l'art. Mon Salon. Manet*, Garnier, Flammarion.

M. Bernard, *Zola*, Ecrivains de toujours, Seuil.

H. Mitterand, *Zola et le naturalisme*, Que sais-je ?, PUF.

4.7. Maupassant

H. James, *Sur Maupassant. L'Art de la fiction*, Le Regard littéraire, Complexe.

A. Lanoux, *Maupassant le Bel-Ami*, Livre de Poche.

4.8. Huysmans

Les romans de Huysmans sont édités chez Garnier Flammarion, Folio Gallimard ou 10/18.

L. Bloy, *Sur J.-K. Huysmans*, Le Regard littéraire, Complexe.

5. Hugo

Tous les éditeurs proposent des ouvrages de Hugo. La liste en serait trop longue.

C. Baudoin, *Psychanalyse de Victor Hugo*, U2, Armand Colin.

G. Dormann, *Le Roman de Sophie Trébuchet*, Livre de Poche (excellente biographie romancée de la mère de Hugo, parfait pour comprendre l'enfance du poète).

A. Maurois, *Olympio ou la vie de Victor Hugo*, Marabout Université.

6. Musset

Musset, *Poésies*, Bibliothèque Lattès.

Musset, *Premières poésies*, Poésie Gallimard.

Musset, *Théâtre*, Garnier Flammarion, Folio Gallimard ou Livre de Poche

H. Lefébure, *Musset*, Arche.

7. Le symbolisme

B. Delvaille, *La Poésie symboliste*, Poésie Seghers.

Ph. Forest, *Le Symbolisme ou naissance de la poésie moderne*, Littérature vivante, Pierre Bordas et fils.

H. Peyre, *La Littérature symboliste*, Que sais-je?, PUF.

8. Autres textes

R. Barthes, *Michelet*, Ecrivains de toujours, Seuil.
A. Jarry, Le cycle d'*Ubu*, Folio Gallimard ou Livre de Poche.
R. Jean, *Nerval*, Ecrivains de toujours, Seuil.
G. de Nerval, *Les Filles du feu*, Livre de Poche.
G. de Nerval, *Les Illuminés*, Folio Gallimard.
Mme de Staël, *De l'Allemagne*, Garnier Flammarion

Le XXᵉ siècle

Le XXe siècle

Introduction

Il est encore difficile d'avoir une vue d'ensemble du XXᵉ siècle, pour la bonne raison que nous ne pouvons pas avoir de recul.

Les événements historiques qui ont marqué les dernières décennies sont largement discutés et se trouvent au cœur des débats politiques d'aujourd'hui. En art et en littérature, la postérité ne s'est pas encore chargée d'opérer un tri.

La place dont nous disposons dans cet ouvrage nous contraint à sélectionner les œuvres et les auteurs les plus importants. Mais ce choix est nécessairement arbitraire et sujet à multiples discussions.

Ce sont **les deux guerres mondiales** qui marquent profondément le siècle. A vingt ans de distance l'une de l'autre, elles marquent les générations. Les répercussions de la seconde se font encore sentir aujourd'hui.

Le siècle s'ouvre sur l'optimisme et la joie de vivre. Jusqu'en 1914, les gens ont le sentiment de vivre à la « **Belle Epoque** ». La littérature n'évolue guère. Symbolisme, naturalisme, vaudeville qui faisaient les délices de la fin du XIXᵉ siècle sont encore bien vivaces. On note cependant l'arrivée d'une nouvelle revue promise à un bel avenir et bientôt transformée en maison d'édition : la N.R.F., **La Nouvelle Revue française**, où on reconnaît déjà le nom de Gide.

La guerre de 14-18 marque un premier traumatisme. Aux horreurs subies, les écrivains répondent par le goût du jeu et de la **désinvolture**. Cocteau, Giraudoux, mais aussi les surréalistes voient la littérature comme un jeu gratuit même si ces derniers sont momentanément tentés par l'engagement politique.

La crise des années 30 ne permet plus de vivre en marge de l'histoire. La montée des nationalismes pousse bon nombre d'intellectuels à **prendre position**. Le **parti communiste** est un pôle d'attraction puissant.

La Seconde Guerre mondiale et la Résistance redonnent aux écrivains la foi en certaines **valeurs**. L'**existentialisme** de Sartre ou la pensée de Camus correspondent bien à une sorte d'humanisme.

Mais dans la littérature de l'Après-Guerre, on est frappé par la diversité des **tentatives individuelles**. Si l'on excepte le « **Nouveau roman** », dont la portée reste limitée, aucune « école littéraire » ne se détache. L'absence de recul nous donne peut-être cette impression.

Depuis 1975, la littérature touche davantage le **grand public**. La presse, la télévision assurent la promotion des ouvrages, et surtout des romans. Les « **best-sellers** » se multiplient. Il est difficile de dire dès aujourd'hui quels noms la postérité retiendra, mais quelques romanciers s'affirment, comme Philippe Sollers, J.M.G. Le Clézio, Patrick Modiano.

La Belle Epoque

Les premières années du XXᵉ siècle sont marquées par un bel optimisme. On a appelé cette période « **la Belle Epoque** ». L'Exposition universelle de 1900 marque bien cette tendance à la satisfaction de soi et à la **joie de vivre**, même si les difficultés politiques et sociales sont bien réelles.

En littérature, la rupture entre le XIXᵉ et le XXᵉ siècle ne se fait pas brutalement. Les premières années du XXᵉ siècle sont encore marquées par les courants de la fin du siècle précédent et notamment par le **symbolisme**. **Claudel** et **Valéry** ont fourbi leurs premières armes poétiques auprès de leur maître commun : Mallarmé. **Apollinaire**, même s'il annonce le surréalisme, même s'il se lie aux peintres cubistes, garde bien des traits symbolistes dans son œuvre.

Même le **naturalisme** n'est pas mort : Octave **Mirbeau** (1848-1917) ou Jules **Renard** (1864-1910) illustrent encore cette veine.

Le théâtre est marqué par le triomphe du **vaudeville** avec Georges **Feydeau** (1862-1921) ou Georges **Courteline** (1858-1928) qui poursuivent dans la voie qu'avait ouverte Labiche dans les dernières années du XIXᵉ siècle.

Un courant novateur se fait jour cependant, autour d'un journal, **La Nouvelle revue française**, la N.R.F., fondée en 1909. Pour protester contre le conformisme des « mandarins », auteurs installés, illustres, tels Barrès ou Anatole France, de jeunes écrivains, comme **Gide**, se regroupent et proposent d'autres choix littéraires. A partir de 1911, cette revue devient le siège d'une maison d'édition, active et novatrice, dirigée par Gaston Gallimard.

Un événement majeur met un terme à la « Belle Epoque » : la « Grande Guerre », la **guerre de 14-18**. Malgré les mises en garde des pacifistes comme Jaurès (assassiné en 1914), certains partiront dans l'ardeur patriotique, la fleur au fusil. Cet enthousiasme ne survivra pas aux quatre années d'une guerre terrible, aux tranchées, aux souffrances.

XXe

Claudel

prénom : **Paul**
né en : **1868**
mort en : **1955**

Famille	Né à Villeneuve-sur-Fère-en-Tardenois, dans l'Aisne, Claudel est le fils d'un fonctionnaire. Il est le frère de Camille Claudel, femme sculpteur.
Etudes	Elève studieux, il étudie au lycée Louis-le-Grand. Il suit ensuite des études de droit et de sciences politiques. Dans sa jeunesse, il fréquente le cercle qui se réunit chez Mallarmé et découvre la poésie de Rimbaud avec émerveillement.
Le diplomate	En 1886, Claudel, à Notre-Dame, le soir de Noël, retrouve la foi. Mais il se révolte encore intérieurement contre la religion. Sa conversion se fait à Noël en 1890.
	En 1890, il est reçu au concours des Affaires étrangères et devient attaché au Quai d'Orsay.
	1893-1894 : il est vice-consul à New York.
	1895-1899 : il est vice-consul à Shanghaï, Fou-Tchéou, Hankéou, puis consul à Fou-Tchéou.
	En 1899, il a une liaison en Chine avec la femme d'un négociant. La rupture de 1901 est une épreuve terrible. Il songe un moment à fuir dans un monastère.
	Il se marie avec une autre femme en 1906.
	En 1909, Claudel quitte définitivement la Chine.
	1909-1911 : consul à Prague.
	1911-1914 : consul à Francfort, puis à Hambourg.
	1915-1916 : chargé d'une mission économique à Rome.

1916-1919 : ministre plénipotentiaire à Rio de Janeiro.
1919-1921 : ambassadeur à Copenhague.
1921-1927 : ambassadeur à Tokyo.
1927-1933 : ambassadeur à Washington.
1933-1935 : ambassadeur à Bruxelles.
En 1935, Claudel prend sa retraite. Il se partage entre Paris et un château qu'il possède à Brangues, dans le Dauphiné.
Il meurt en 1955.

Œuvres

Les œuvres de Claudel appartiennent au théâtre ou à la poésie. A la fin de sa vie, il s'est consacré à l'étude de la Bible.

1890 *Tête d'Or*, théâtre.
1900 *Connaissance de l'Est*, poésie.
1906 *Partage de midi*, théâtre.
1910 *Cinq grandes odes*.
1911 *L'Otage*, théâtre.
1912 *L'Annonce faite à Marie*, théâtre.
1913 *La Cantate à trois voix*, poésie.
1918 *Le Pain dur*, théâtre.
1920 *Le Père humilié*, théâtre.
1929 *Le Soulier de satin*, théâtre.
1948 *Paul Claudel interroge le* Cantique des Cantiques.
1952 *Paul Claudel interroge l'*Apocalypse.

XXᵉ

GROS PLAN SUR...

Le Soulier de satin

Paul Claudel   **Date : 1928-1929**

Genre   Pièce de théâtre, en quatre « journées ».

Composition En mai 1919, Claudel commence à écrire *Le Soulier de satin*. Il l'achève quatre ans plus tard à Tokyo en 1924. En 1928-1929, paraissent les quatre journées du *Soulier de satin,* en 4 volumes, tirés à moins de 400 exemplaires. C'est seulement en 1943 qu'aura lieu la première représentation de la pièce, dans une version abrégée.

Thème   L'action se déroule à la fin du XVIᵉ siècle.
Première journée : Prouhèze est la femme de Don Pélage, qui défend les avant-postes espagnols au Maroc. Elle est restée sous la garde de Don Balthazar. Un amour interdit la lie à Rodrigue qui doit être nommé vice-roi en Amérique, mais qui a projeté de l'enlever. Prouhèze adresse alors une prière à la Vierge, prière qui donne son nom à la pièce (voir l'extrait). Rodrigue est blessé et Prouhèze part le rejoindre.
Deuxième journée : Rodrigue se repose dans le château de sa mère où Prouhèze l'a rejoint. Don Pélage vient réclamer Prouhèze. Elle décide finalement de renoncer à Rodrigue et accepte de prendre le commandement de Mogador. Rodrigue se lance à sa poursuite. Il arrive en vue de Mogador quand Prouhèze fait tirer sur son bateau. Rodrigue aborde enfin. Il renonce à Prouhèze et la revoit une dernière fois.
Troisième journée : dix ans ont passé. Don Pélage est mort. Prouhèze a épousé Don Camille pour éviter qu'il ne trahisse l'Espagne. Rodrigue

est parti combattre en Amérique. Il reçoit une lettre de Prouhèze et revient à Mogador. Prouhèze et son mari sont assiégés. Prouhèze vient voir Rodrigue sur son bateau et retourne à Mogador pour mourir dans l'explosion de la forteresse préparée par Don Camille. Elle laisse à Rodrigue sa fille, Dona Sept-Epées.

Quatrième journée : dix ans plus tard encore, nous retrouvons Rodrigue. Disgrâcié, il s'est lancé dans la conquête du Japon et a échoué. Il gagne maintenant sa vie en vendant des images pieuses aux pêcheurs des Baléares. La fille de Prouhèze part combattre les Turcs. Rodrigue, enfin, est vendu comme esclave, et apprend d'un coup de canon que Dona Sept-Epées a réussi dans son entreprise.

Le thème du sacrifice et du renoncement est au cœur de cette œuvre touffue, foisonnante, aux intrigues multiples, presque impossible à représenter sur scène, malgré les tentatives récentes de Jean-Louis Barrault.

Extrait de la Première Journée

Dona Prouhèze veut partir rejoindre Rodrigue, mais elle demande à la Vierge de la retenir, en prenant son petit « soulier de satin ».

DON BALTHAZAR *ôte gravement son chapeau.*
Tous deux regardent la statue de la Vierge en silence.

DONA PROUHÈZE *comme saisie d'une inspiration*

Don Balthazar, voudriez-vous me rendre le service de tenir cette mule ?

DON BALTHAZAR *tient la tête de la mule.*

DONA PROUHÈZE *monte debout sur la selle*
et se déchaussant elle met son soulier de satin
entre les mains de la Vierge.

Vierge, patronne et mère de cette maison,
Répondante et protectrice de cet homme dont le cœur vous est pénétrable plus qu'à moi et compagne de sa longue solitude,
Alors si ce n'est pas pour moi, que ce soit à cause de lui,

Puisque ce lien entre lui et moi n'a pas été mon fait, mais votre volonté intervenante :

Empêchez que je sois à cette maison dont vous gardez la porte, auguste tourière, une cause de corruption !

Que je manque à ce nom que vous m'avez donné à porter, et que je cesse d'être honorable aux yeux de ceux qui m'aiment.

Je ne puis dire que je comprends cet homme que vous m'avez choisi, mais vous, je comprends, qui êtes sa mère comme la mienne.

Alors, pendant qu'il est encore temps, tenant mon cœur dans une main et mon soulier dans l'autre,

Je me remets à vous ! Vierge mère, je vous donne mon soulier !

Vierge mère, gardez dans votre main mon malheureux petit pied !

Je vous préviens que tout à l'heure je ne vous verrai plus et que je vais tout mettre en œuvre contre vous !

Mais quand j'essayerai de m'élancer vers le mal que ce soit avec un pied boiteux ! la barrière que vous avez mise,

Quand je voudrai la franchir, que ce soit avec une aile rognée !

J'ai fini ce que je pouvais faire, et vous, gardez mon pauvre petit soulier,

Gardez-le contre votre cœur, ô grande Maman effrayante !

Paul Claudel, *Le Soulier de satin*, © Editions Gallimard.

XXᵉ

Valéry

prénom : **Paul**
né en : **1871**
mort en : **1945**

Famille   Valéry est né à Sète.

Etudes   Etudes au lycée, puis à la faculté de droit de
                 Montpellier. Il accepte mal la discipline du ly-
                 cée.

Les débuts   A vingt ans, il s'installe à Paris, dans une cham-
                 bre au Quartier latin. Il fréquente le cercle que
                 réunit Mallarmé.
                 En 1892, il renonce à la poésie après une pé-
                 riode de crise, se remet à l'étude des mathémati-
                 ques et étudie le fonctionnement de l'intelli-
                 gence.
                 De 1897 à 1899, il est rédacteur au ministère de
                 la Guerre.
                 De 1900 à 1922, il est le secrétaire d'Edouard
                 Lebey, à l'agence Havas.
                 En 1912, Gaston Gallimard le pousse à retou-
                 cher ses anciens poèmes pour les publier.
                 Il compose de 1913 à 1917 *La Jeune Parque*, qui
                 fait de lui un poète célèbre.
                 En 1925, il est élu à l'Académie française.
                 En 1933, il devient administrateur du Centre
                 universitaire méditerranéen.
                 En 1937, le ministre Jean Zay crée pour lui la
                 chaire de « Poétique » au Collège de France.
                 Il meurt à Paris en 1945 et sera enterré à Sète au
                 cimetière marin. On lui fait des obsèques natio-
                 nales.

Œuvres

Valéry est l'auteur de nombreux essais, de quelques fictions. Il est devenu célèbre par la poésie, à l'exercice de laquelle il n'a finalement consacré que peu de temps.

Valéry a beaucoup insisté sur l'importance du travail, de la technique, dans la création poétique. Pour lui, « *L'enthousiasme n'est pas un état d'âme d'écrivain.* » Ce qui signifie qu'il ne faut pas se fier à la seule inspiration mais travailler patiemment ce matériau qu'est la langue.

1895 *Introduction à la méthode de Léonard de Vinci*, essai.

1896 *La Soirée avec Monsieur Teste*, fiction.

1912 Publication de l'*Album de vers anciens*, où il rassemble les poèmes qu'il a écrits entre 1890 et 1893.

1917 *La Jeune Parque*, poésie.

1919 *Crise de l'esprit*, essai.

1920 *Le Cimetière marin*, poésie.

1921 *L'Ame et la danse*, essai.
      Eupalinos ou l'architecte, dialogue philosophique.

1922 *Charmes*, poésie.

1924-44 *Variété I à V*, essai.

1931 *Regards sur le monde actuel*, essai.

1941 *Mon Faust*, essai.
      Tel quel, essai.

XXᵉ

Apollinaire

**Wilhelm de Kostrowitzky,
dit Guillaume Apollinaire**
né en : **1880**
mort en : **1918**

Famille   Fils naturel, Apollinaire naît à Rome. Sa mère mène une vie agitée.

Etudes   Il fait ses études à Monaco, puis à Nice et à Cannes.

La bohème   En 1899, il s'installe à Paris. Il exerce divers métiers précaires pour vivre. Il écrit des feuilletons dans les journaux, apprend la sténographie, devient secrétaire commissionnaire d'un boursier.
En 1901, il devient précepteur de la fille de la vicomtesse de Milhau. Il l'accompagne en Allemagne.
Il tombe amoureux d'Annie Playden, la gouvernante anglaise de Mˡˡᵉ de Milhau. Mais il n'est pas aimé en retour.
De retour à Paris, il fréquente les milieux littéraires. En 1903, il rencontre Jarry. Il publie dans diverses revues. Il crée sa propre revue, *Le Festin d'Esope*.
En 1903 et 1904, il fait deux voyages en Angleterre pour revoir Annie Playden qui part pour toujours aux Etats-Unis.

L'ami   A Paris, il fréquente des peintres, Vlaminck,
des peintres   Derain, Picasso et assiste aux débuts des cubistes au « Bateau-Lavoir », immeuble de Montmartre où ils travaillent.
En 1907, il rencontre Marie Laurencin, peintre, avec laquelle il a une liaison agitée jusqu'en 1912.

En 1912, à la suite d'une erreur judiciaire, il est incarcéré une semaine à la prison de la Santé.

Il fréquente les cafés à la mode de Montparnasse et de Saint-Germain-des-Prés.

La guerre   Quand la guerre éclate en 1914, il s'engage. Il est blessé à la tête en 1916 et il est trépané Il reprend à Paris ses activités littéraires.

En 1918, affaibli par ses blessures, il meurt des suites d'une grippe infectieuse.

Œuvres

Charles Geronimi situe très bien sa place dans l'histoire de la poésie quand il écrit : « *Par la sincérité de son inspiration, comme par sa tentative de renouvellement des procédés poétiques, Guillaume Apollinaire est à la fois un héritier de la poésie éternelle et un partisan des libertés les plus audacieuses.* »

1899-1900	Romans érotiques vendus sous le manteau.
Jusqu'en 1908	Parution de poèmes dans diverses revues (*La Plume, La Revue blanche, La Phalange*).
1908	*L'Enchanteur pourrissant.*
1909	« La Chanson du mal-aimé » paraît dans *Le Mercure de France.*
1910	*L'Hérésiarque et Cie.*
1911	*Le Bestiaire ou cortège d'Orphée.*
1913	*Peintres cubistes. Méditations esthétiques*, recueil d'articles.
	Manifeste de l'anti-tradition futuriste.
	Alcools.
1916	*Le Poète assassiné.*
1918	*Calligrammes, poèmes de la guerre et de la paix.*

Poème extrait du recueil intitulé *Alcools*

Ce poème est sans doute, avec « La Chanson du mal-aimé », le plus connu d'Apollinaire.

Le pont Mirabeau

Sous le pont Mirabeau coule la Seine
    Et nos amours
    Faut-il qu'il m'en souvienne
La joie venait toujours après la peine

      Vienne la nuit sonne l'heure
      Les jours s'en vont je demeure

Les mains dans les mains restons face à face
    Tandis que sous
    Le pont de nos bras passe
Des éternels regards l'onde si lasse

      Vienne la nuit sonne l'heure
      Les jours s'en vont je demeure

L'amour s'en va comme cette eau courante
    L'amour s'en va
    Comme la vie est lente
Et comme l'Espérance est violente

      Vienne la nuit sonne l'heure
      Les jours s'en vont je demeure

Passent les jours et passent les semaines
    Ni temps passé
    Ni les amours reviennent
Sous le pont Mirabeau coule la Seine

      Vienne la nuit sonne l'heure
      Les jours s'en vont je demeure

XXᵉ

Gide

prénom : **André**
né en : **1869**
mort en : **1951**

Famille

Gide est né à Paris, dans une famille protestante, puritaine et bourgeoise. Sa mère, trop
aimante, est plutôt tyrannique. Son père meurt
lorsqu'il a 11 ans.

Etudes

Il est élève de l'Ecole alsacienne, puis du lycée
de Montpellier.

Les débuts

Vers 1890, il fréquente le cercle que réunit chez
lui Mallarmé.
En 1893-1894, il fait un voyage en Tunisie avec
un ami peintre, séjourne à Biskra. Il découvre
son homosexualité et prend le goût de l'aventure.
En 1895, il se marie néanmoins avec sa cousine
germaine, Madeleine Rondeaux. Mais ce
mariage n'est pas une réussite. Madeleine se
replie dans la solitude. Gide fuit la vie conjugale.

La Nouvelle Revue Française

En 1908-1909, Gide fonde la N.R.F. avec des
amis qui comme lui veulent réagir contre le
conformisme des écrivains à la mode.

**L'engage-
ment**

En 1925, Gide fait un voyage au Congo et au
Tchad, découvre les réalités du colonialisme et
les dénonce à son retour.
En 1932, il adhère au congrès d'Amsterdam-
Pleyel contre la guerre.
Il se tourne vers le communisme, fait en 1936 un
voyage en U.R.S.S., mais revient déçu.
En 1938, sa femme meurt.

En 1942-1943, Gide séjourne en Tunisie et en Algérie.
Il reçoit en 1947 le prix Nobel de littérature.
Il meurt à Paris en 1951.

« Inquiéter, tel est mon rôle. »

Gide

Œuvres

Récits, essais, théâtre, mais surtout romans composent l'œuvre de Gide qui fit scandale à son époque.

1895   *Paludes*, roman.
1896   *Saül*, théâtre.
1897   *Les Nourritures terrestres*, roman.
1902   *L'Immoraliste*, roman.
1909   *La Porte étroite*, roman.
1911   *Isabelle*, roman.
1914   *Les Caves du Vatican*, roman.
1919   *La Symphonie pastorale*, roman.
1923   *Dostoïevski*, essai.
1926   *Les Faux-monnayeurs*, roman.
1927   *Voyage au Congo*, récit.
         Si le grain ne meurt, récit.
1928   *Le Retour du Tchad*, récit.
1935   *Les Nouvelles nourritures*, roman.
1939   *Journal (1899-1939)*.
1942   *Pages de journal (1939-1942)*.
1949   *Journal (1942-1949)*.

Extrait de *Les Nourritures terrestres*

Les Nourritures terrestres, parues à la toute fin du XIXe siècle (1897) et en réaction contre un symbolisme un peu à court de souffle, vont avoir une influence décisive sur de nombreux intellectuels de la première moitié du siècle. Nous en citons ici un extrait.

Nathanaël, je t'enseignerai la ferveur.

Une existence pathétique, Nathanaël, plutôt que la tranquillité. Je ne souhaite pas d'autre repos que celui du sommeil et de la mort. J'ai peur que tout désir, toute énergie que je n'aurais pas satisfaits durant ma vie, pour leur survie ne me tourmentent. *J'espère*, après avoir exprimé sur cette terre tout ce qui attendait en moi, satisfait, mourir complètement désespéré.

Non point la sympathie, Nathanaël, l'amour, Tu comprends, n'est-ce pas, que ce n'est pas la même chose. C'est par peur d'une perte d'amour que parfois j'ai pu sympathiser avec des tristesses, des ennuis, des douleurs que sinon je n'aurais qu'à peine endurés. Laisse à chacun le soin de sa vie.

(Je ne peux écrire aujourd'hui parce qu'une roue tourne en la grange. Hier je l'ai vue; elle battait du colza. La balle s'envolait; le grain roulait à terre. La poussière faisait suffoquer. Une femme tournait la meule. Deux beaux garçons, pieds nus, récoltaient le grain.

Je pleure parce que je n'ai rien de plus à dire.

Je sais qu'on ne commence pas à écrire quand on n'a rien de plus à dire que ça. Mais pourtant j'écris et j'écrirai encore d'autres choses sur le même sujet.)

*

Nathanaël, j'aimerais te donner une joie que ne t'aurait donnée encore aucun autre. Je ne sais comment te la donner, et pourtant, cette joie, je la possède. Je voudrais m'adresser à toi plus intimement que ne l'a fait encore aucun autre. Je voudrais arriver à cette heure de la nuit où tu auras successivement ouvert puis fermé bien des livres cherchant dans chacun d'eux plus qu'il ne t'avait encore révélé; où tu attends encore; où ta ferveur va devenir tristesse, de ne pas se sentir soutenue. Je n'écris que pour toi; je n'écris que pour ces heures.

André Gide, *Les Nourritures terrestres*, © Editions Gallimard.

XXᵉ

GROS PLAN SUR…

Les « Claudine »

Gabrielle Colette   Date : 1900-1903

L'auteur Née dans l'Yonne, Colette (1873-1954) gardera de son enfance campagnarde un amour de la nature et de la vie qui ne la quittera pas. Elle signe Willy, le pseudonyme du premier de ses trois maris, ses premières œuvres (les « Claudine ») avant de devenir Colette sur la couverture de ses nombreux ouvrages.
Qu'elle s'attache aux premières amours, aux émois de l'adolescence, à la jalousie, aux animaux ou à la nature, il se dégage toujours de son œuvre une présence amicale au monde.

Œuvres 1900 *Claudine à l'école.*
1901 *Claudine à Paris.*
1902 *Claudine en ménage.*
1903 *Claudine s'en va.*
1909 *L'Ingénue libertine.*
1910 *La Vagabonde.*
1922 *La Maison de Claudine.*
1923 *Le Blé en herbe.*
1930 *Sido ou les points cardinaux.*
1933 *La Chatte.*
1943 *Gigi.*

Les « Claudine »

Genre 4 romans ayant la même héroïne : Claudine.

Composition Ces 4 romans ont d'abord été signés par Henri Gauthier-Villars, dit Willy, premier mari de Colette. Mais ils sont bien d'elle en vérité, même si

Willy a pu exercer une certaine influence. Ce sont les débuts en littérature de Colette, comme « nègre » de son mari.

Thème

Claudine à l'école (1900)
Claudine est une enfant vive et malicieuse qui habite un petit village à la campagne, Montigny. Elle va à l'école dans ce village. Une intrigue amoureuse unit la directrice de l'école et l'une des institutrices. Claudine mène une enfance heureuse et libre. Colette fait appel à ses propres souvenirs.

Claudine à Paris (1901)
Claudine a 17 ans. Elle vient à Paris avec son père. Elle rencontre Luce, une ancienne camarade d'école de Montigny, qui est devenue la maîtresse d'un sexagénaire. Claudine est quelque peu dégoûtée. Elle regrette Montigny. Mais elle fait la connaissance de Renaud, âgé d'une quarantaine d'années qui joue pour elle le rôle d'ami, d'amant et presque de père. Elle l'épouse.

Claudine en ménage (1902)
Claudine vit avec Renaud. Mais elle le trouve trop indulgent. Il accepte tous ses caprices. Il lui permet même une relation amoureuse avec une jeune femme. Mais Claudine surprend Renaud dans les bras de cette femme. Elle fuit alors à Montigny. Mais elle lui demande bientôt de la rejoindre.

Claudine s'en va (1903)
Claudine quitte définitivement Paris et s'installe à Montigny avec Renaud.

En 1922, *La Maison de Claudine* s'ajoute à cette première série.

L'Entre-Deux-Guerres

La guerre de 14-18 bouleverse la société française et sa littérature. Elle frappe d'abord les écrivains : Charles Péguy (1873-1914) y trouve la mort comme Alain-Fournier (1886-1914); Apollinaire, affaibli par les blessures reçues, décède en 1918; Blaise Cendrars (1887-1961) a été amputé d'un bras en 1915.

Plus profondément, elle a **écœuré une génération** par ses horreurs, et donné aux **femmes** une place nouvelle dans la société.

Par contrecoup, la guerre a donné aux écrivains le goût de la fantaisie et de la frivolité. Qu'il s'agisse de Jean **Cocteau** (1889-1963), de Jean **Giraudoux** (1882-1944), de Raymond **Radiguet** (1903-1923) ou du mouvement **Dada**, l'heure est à la littérature de la « **gratuité** », de la désinvolture, en marge de l'histoire.

Marcel **Proust** écrit *A la recherche du temps perdu*, dont les trois derniers tomes paraissent après sa mort. Il évoque dans son livre avec ironie et détachement les fastes des salons de la « Belle Epoque ».

La grande aventure esthétique de cette période est le **surréalisme**. Issu du mouvement Dada, le surréalisme touche aussi bien la poésie que la peinture : **Breton, Eluard, Aragon**, mais aussi Dali, Chirico, Max Ernst.

Au théâtre, le fait majeur est l'importance grandissante des **metteurs en scène**. Le « Cartel des quatre », qui réunit à partir de 1926 Georges Pitoëff, Charles Dullin, Gaston Baty et Louis Jouvet, renouvelle profondément la scène française.

Les années 30 marquent une rupture : la crise de 29, la montée des nationalismes et les menaces de guerre posent avec davantage d'acuité la question de l'**engagement politique** de l'écrivain. Les surréalistes se rapprochent du communisme; l'**inquiétude** gagne.

Certains romanciers sont plutôt pessimistes. Les œuvres de **Montherlant** (1895-1972), de **Mauriac** (1885-1970), de **Bernanos** (1888-1948) ou de **Céline** (1894-1961) traduisent bien une sorte d'angoisse. D'autres préfèrent se réfugier dans l'exaltation de la saveur de la vie, comme **Colette** (1873-1954) ou **Giono** première manière (1895-1970).

On voit progressivement les écrivains devenir ce que l'on appelle au XXe siècle des « **intellectuels** », c'est-à-dire afficher des prises de position sur les grands problèmes politiques ou sociaux. On parle alors d'intellectuels de gauche (Romain Rolland) ou de droite (Charles Maurras). L'Occupation marquera plus encore la scission entre Résistants et Collaborateurs.

XXᵉ

Proust

prénom : **Marcel**
né en : **1871**
mort en : **1922**

Famille	Né à Paris, Proust est le fils d'un chirurgien. Il est issu d'une riche famille bourgeoise. Il est dès son enfance atteint de graves crises d'asthme.
Etudes	Fait ses études au lycée Condorcet à Paris.
La vie mondaine	Très tôt, il est attiré par la vie mondaine. Il fréquente les salons élégants, se fait des relations parmi l'aristocratie, fréquente aussi des artistes et des écrivains. Il entretient plusieurs amitiés homosexuelles. En 1900, il fait un voyage à Venise avec sa mère. En 1905, la mort de sa mère l'affecte beaucoup.
Se consacrer à l'écriture	Affaibli par la maladie, Proust vit de plus en plus retiré dans son appartement parisien et se consacre à l'écriture. Il ne parvient pas à faire éditer le premier volume de *La Recherche* et le publie à compte d'auteur en 1913, chez Grasset, dans l'indifférence générale. En 1919, il obtient le prix Goncourt pour le deuxième volume de *La Recherche*. Il publie alors la suite sans difficulté. Il meurt à Paris en 1922.

Œuvres

Toute l'œuvre de Proust forme une sorte de livre unique : *A la recherche du temps perdu.*

Gérard Conio évoque ainsi cette œuvre décisive : « *Roman d'apprentissage*, A la recherche du temps perdu *trace simultanément une initiation à la vie et une initiation à l'art. C'est aussi un roman critique dans la mesure où Proust y intègre étroitement sa théorie de la littérature à la fiction. [...]*

En incorporant sa propre critique, en réfléchissant sur lui-même, en se réfléchissant, le roman proustien inaugure en littérature ce que Nathalie Sarraute appellera "l'ère du soupçon". »

1896 *Les Plaisirs et les Jours,* recueil d'écrits divers.
1913 *Du côté de chez Swann,* publication à compte d'auteur.
1919 *A l'Ombre des jeunes filles en fleur.*
      Pastiches et mélanges.
1920 *Le Côté de Guermantes.*
1921 *Sodome et Gomorrhe.*
1923 Publication posthume de *La Prisonnière.*
1926 Publication posthume de *La Fugitive* (ou *Albertine disparue).*
1927 Publication posthume du *Temps retrouvé.*
1952 Publication de *Jean Santeuil,* esquisse de roman composée entre 1896 et 1899.
1954 Publication de *Contre Sainte-Beuve,* essai composé entre 1900 et 1910.

Extrait de *Du Côté de Chez Swann*

Le goût d'une madeleine fait surgir en foule les souvenirs. Curieux mécanismes de la mémoire...

Arrivera-t-il jusqu'à la surface de ma claire conscience, ce souvenir, l'instant ancien que l'attraction d'un instant identique est venue de si loin solliciter, émouvoir, soulever tout au fond de moi ? Je ne sais. Maintenant je ne sens plus rien, il est arrêté, redescendu peut-être ;

qui sait s'il remontera jamais de sa nuit? Dix fois il me faut recommencer, me pencher vers lui. Et chaque fois la lâcheté qui nous détourne de toute tâche difficile, de toute œuvre importante, m'a conseillé de laisser cela, de boire mon thé en pensant simplement à mes ennuis d'aujourd'hui, à mes désirs de demain qui se laissent remâcher sans peine.

Et tout d'un coup le souvenir m'est apparu. Ce goût c'était celui du petit morceau de madeleine que le dimanche matin à Combray (parce que ce jour-là je ne sortais pas avant l'heure de la messe), quand j'allais lui dire bonjour dans sa chambre, ma tante Léonie m'offrait après l'avoir trempé dans son infusion de thé ou de tilleul. La vue de la petite madeleine ne m'avait rien rappelé avant que je n'y eusse goûté; peut-être parce que, en ayant souvent aperçu depuis, sans en manger, sur les tablettes des pâtissiers, leur image avait quitté ces jours de Combray pour se lier à d'autres plus récents; peut-être parce que de ces souvenirs abandonnés si longtemps hors de la mémoire, rien ne survivait, tout s'était désagrégé; les formes, — et celle aussi du petit coquillage de pâtisserie, si grassement sensuel, sous son plissage sévère et dévot — s'étaient abolies, ou, ensommeillées, avaient perdu la force d'expansion qui leur eût permis de rejoindre la conscience. Mais, quand d'un passé ancien rien ne subsiste, après la mort des êtres, après la destruction des choses, seules, plus frêles mais plus vivaces, plus immatérielles, plus persistantes, plus fidèles, l'odeur et la saveur restent encore longtemps, comme des âmes, à se rappeler, à attendre, à espérer, sur la ruine de tout le reste, à porter sans fléchir, sur leur gouttelette presque impalpable, l'édifice immense du souvenir.

Et dès que j'eus reconnu le goût du morceau de madeleine trempé dans le tilleul que me donnait ma tante (quoique je ne susse pas encore et dusse remettre à bien plus tard de découvrir pourquoi ce souvenir me rendait si heureux), aussitôt la vieille maison grise sur la rue, où était sa chambre, vint comme un décor de théâtre s'appliquer au petit pavillon, donnant sur le jardin, qu'on avait construit pour mes parents sur ses derrières (ce pan tronqué que seul j'avais revu jusque-là); et avec la maison, la ville, la Place où on m'envoyait avant déjeuner, les rues où j'allais faire des courses depuis le matin jusqu'au soir et par tous les temps, les chemins qu'on prenait si le temps était beau. Et comme dans ce jeu où les Japonais s'amusent à tremper dans un bol de porcelaine rempli d'eau, de petits morceaux de papier jusque-là indistincts qui, à peine y sont-ils plongés, s'étirent, se contournent, se colorent, se différencient, deviennent des fleurs, des maisons, des personnages consistants et reconnaissables, de même maintenant toutes les fleurs de notre jardin et celles du parc de M. Swann, et les nymphéas de la Vivonne, et les bonnes gens du village et leurs petits logis et l'église et tout Combray et ses environs, tout cela qui prend forme et solidité, est sorti, ville et jardins, de ma tasse de thé.

XXe

Le mouvement Dada

« A priori, c'est-à-dire les yeux fermés, Dada place avant l'action et au-dessus de tout : le Doute. Dada doute de tout... »

Tristan Tzara.

Origine du nom

Les jeunes artistes réunis autour de l'écrivain d'origine roumaine Tristan Tzara à Zurich ont choisi par dérision le nom de «dada» pour leur entreprise, premier mot qu'ils ont trouvé dans un dictionnaire.

Naissance du mouvement

Le mouvement Dada commence en 1916 à Zurich, au cabaret Voltaire, fondé par Hugo Ball, un révolutionnaire allemand émigré.

Manifeste

En 1918, Tzara publie le «Manifeste Dada» tout en affirmant qu'il déteste les manifestes et les principes.

Doctrine

Autour de Tzara se dessine un courant qui refuse l'engagement politique, le conformisme en matière d'esthétique. Les dadaïstes professent une sorte de nihilisme, d'anarchisme dans l'art.

Ils pratiquent volontiers la provocation. Marcel Duchamp expose des objets industriels comme s'il s'agissait d'œuvres d'art qu'il aurait créées. Tzara tire des mots au hasard d'un chapeau et décrète que leur assemblage constitue un poème.

Evolution

Apollinaire fait connaître le dadaïsme à Breton et ses amis en 1917. La revue *Littérature* qu'ils créent en 1919 subit une profonde transformation quand Tzara arrive à Paris. En 1920-1921, les provocations publiques se multiplient, faisant scandale. Mais en 1922, Breton estime que le mouvement Dada est mort, qu'il est devenu stérile. Avec ses amis, il jette les bases du surréalisme.

Les hommes

Le chef de file : Tristan Tzara, né en Roumanie en 1896, dont l'arrivée à Paris en 1919 est déterminante. Dans les années 30, Tzara évolue. Il prend parti pour les républicains espagnols. Puis il entre dans la Résistance pendant l'Occupation. Il meurt en 1963.

Les troupes :
Les surréalistes furent à leurs débuts, entre 1919 et 1922, des «dadaïstes».

Les œuvres

1916 *Première Aventure céleste de M. Antipyrine*, Tristan Tzara.
1918 *Dada III*, Tristan Tzara.
  Manifeste Dada, Tristan Tzara.
  Vingt-cinq poèmes, Tristan Tzara.

Poème de Tzara extrait du recueil intitulé *De nos oiseaux*

Chanson dada

I

la chanson d'un dadaïste
qui avait dada au cœur
fatiguait trop son moteur
qui avait dada au cœur

l'ascenseur portait un roi
lourd fragile autonome
il coupa son grand bras droit
l'envoya au pape à rome

c'est pourquoi
l'ascenseur
n'avait plus dada au cœur

mangez du chocolat
lavez votre cerveau
dada
dada
buvez de l'eau

II

la chanson d'un dadaïste
qui n'était ni gai ni triste
et aimait une bicycliste
qui n'était ni gaie ni triste

mais l'époux le jour de l'an
savait tout et dans une crise
envoya au vatican
leurs deux corps en trois valises

ni amant
ni cycliste
n'étaient plus ni gais ni tristes

mangez de bons cerveaux
lavez votre soldat
dada
dada
buvez de l'eau

III

la chanson d'un bicycliste
qui était dada de cœur
qui était donc dadaïste
comme tous les dadas de cœur

un serpent portait des gants
il ferma vite la soupape
mit des gants en peau d'serpent
et vint embrasser le pape

c'est touchant
ventre en fleur
n'avait plus dada au cœur

buvez du lait d'oiseaux
lavez vos chocolats
dada
dada
mangez du veau

XXe
Le surréalisme

« *Surréalisme : n.m. Automatisme psychique pur par lequel on se propose d'exprimer, soit verbalement, soit par écrit, soit de toute autre manière, le fonctionnement réel de la pensée.* »
     Manifeste du surréalisme, André Breton (1924).

Origine du nom

Le terme vient d'Apollinaire, dans *L'Esprit nouveau et les poètes*, paru en 1917.

Naissance du mouvement

En 1919, Breton et ses amis créent la revue *Littérature*. La même année, Tristan Tzara arrive à Paris. Il convertit la revue au dadaïsme. Mais en 1922, Breton déclare que le dadaïsme est stérile. Deux ans plus tard, il publie le premier *Manifeste du surréalisme*. Ainsi s'élabore le courant littéraire et plastique le plus puissant du XXe siècle. Autour de Breton se sont réunis des poètes (comme Eluard, Aragon, Soupault) et des peintres (comme Max Ernst, Dali, Miro).

Manifestes

Breton est l'auteur des différents *Manifestes du surréalisme*.

En 1924, paraît le premier : Breton donne une définition du mouvement et précise les objectifs visés par le groupe.

En 1930, le *Second manifeste du surréalisme* marque déjà des dissensions. Bientôt les graves problèmes politiques et la question de l'engagement de l'écrivain achèvent de briser l'unité du mouvement.

Doctrine

1. **Rêve et réalité** : le terme même de « surréalisme » évoque la conviction qu'ont les surréalistes que rêve et réalité ne font qu'un et forment ce qu'on peut appeler une « surréalité ». Les surréalistes sont passionnés par l'hypnose.

2. **L'écriture automatique** : la définition que Breton donne du surréalisme dans le *Manifeste* de 1924 met en avant la pratique de l'écriture automatique. Le poète surréaliste doit être une sorte de récepteur qui transcrit, sans exercer le contrôle de la raison, tout ce qui vient de son psychisme. La lecture de Freud exerce une forte influence sur les surréalistes.

3. **L'arbitraire et l'absurde** : se libérer des censures rationnelles, morales ou esthétiques, débouche sur la production d'images et de phrases aux limites de l'absurde. C'est l'expression même de la poésie pour les surréalistes.

4. **La provocation** : les surréalistes ont hérité du dadaïsme leur goût de la provocation. Ils multiplient les réunions publiques, les manifestations retentissantes. A la mort d'Anatole France, en 1924, par exemple, ils publient un pamphlet intitulé « Un cadavre ». Cette attitude correspond à de profondes tendances anarchistes, hostiles à toute contrainte d'ordre moral ou esthétique.

5. **La question politique** : sur la question de l'engagement politique de l'écrivain, les surréalistes ne sont pas d'accord. Breton reste fidèle à la ligne du non-engagement, notamment vis-à-vis du parti communiste.

Un certain nombre de surréalistes, comme Aragon et Eluard, choisissent au contraire de s'inscrire au parti communiste et d'y militer, même s'ils s'en éloignent à certaines périodes. Dali, enfin, se rallie au franquisme et se fâche du coup avec le reste du groupe.

Formes

Le surréalisme s'exprime surtout à travers la poésie et la peinture. Même si Aragon a prolongé l'expérience surréaliste dans le domaine du roman, même si certains spectacles de théâtre s'y apparentent, comme les pièces de Boris Vian un peu plus tard, l'essentiel des œuvres littéraires surréalistes est consacré à la poésie.

La poésie est pour les surréalistes le procédé qui laisse libre cours à l'expression de l'inconscient, des images habituellement refoulées. Les phrases doivent « cogner à la vitre » (Breton)

Les hommes

Les ancêtres :
Arthur **Rimbaud.**
Lautréamont.
Guillaume **Apollinaire.**

Le chef de file et le théoricien : André **Breton.**

Les apparentés :
Louis **Aragon.**
Paul **Eluard** (1895-1952), poète de l'amour et du pacifisme, longtemps lié au parti communiste, a publié de nombreux recueils de poésie.
Philippe **Soupault** (1897-1990) écrit avec Breton en 1919 *Les Champs magnétiques,* premier texte poétique d'écriture automatique.
Antonin **Artaud** (1896-1948), exclu du groupe en 1928, auteur de poèmes et de pièces de théâtre, théoricien du

théâtre, est devenu fou et a été interné pendant près de 10 ans à partir de 1937.

René **Crevel** (1900-1935), l'un des plus orthodoxes des surréalistes, s'est suicidé.

Robert **Desnos** (1900-1945) au tempérament rebelle, quitte le groupe avec fracas en 1930. Engagé dans la Résistance, il meurt en déportation.

Il ne faut pas oublier les peintres : Max Ernst, Salvador Dali, Chirico, Man Ray, Miro, Magritte, et plus tardivement Delvaux.

En 1922, un célèbre tableau de Max Ernst, intitulé *Au Rendez-vous des amis,* représente le groupe surréaliste.

Quelques œuvres

1919 Ecriture des *Champs magnétiques,* André Breton et Philippe Soupault.

1923 *Clair de terre,* André Breton.

1924 *Deuil pour deuil,* Robert Desnos.

1925 *Le Pèse-nerfs,* Antonin Artaud.

1926 *Le Paysan de Paris,* Louis Aragon.
      Capitale de la douleur, Paul Eluard.

1927 *Babylone,* René Crevel.

1928 *Traité du style,* Louis Aragon.
      Nadja, André Breton.

1932 *Les Vases communicants,* André Breton.

1936 *Les Yeux fertiles,* Eluard.

Poème d'Eluard extrait du recueil intitulé *L'Amour la poésie* (1929)

La terre est bleue comme une orange
Jamais une erreur les mots ne mentent pas
Ils ne vous donnent plus à chanter
Au tour des baisers de s'entendre
Les fous et les amours
Elle sa bouche d'alliance
Tous les secrets tous les sourires
Et quels vêtements d'indulgence
A la croire toute nue.

Les guêpes fleurissent vert
L'aube se passe autour du cou
Un collier de fenêtres
Des ailes couvrent les feuilles
Tu as toutes les joies solaires
Tout le soleil sur la terre
Sur les chemins de ta beauté.

Paul Eluard, *L'Amour la poésie,* © Editions Gallimard.

XXᵉ

Breton

prénom : **André**
né en : **1896**
mort en : **1966**

Famille	Breton est né à Tinchebray, dans l'Orne.
Etudes	Il fait des études de médecine.
Le « pape » du surréalisme	En 1914, mobilisé, Breton interrompt ses études de médecine. En 1919, il crée la revue *Littérature* avec ses amis Aragon et Soupault (le mot « Littérature » qui sert de titre est choisi par ironie). L'arrivée à Paris de Tristan Tzara, fondateur du mouvement Dada, bouleverse les créateurs de la jeune revue. En 1921, Breton rencontre Freud. En 1922, Breton s'écarte de Tzara dont il juge l'agitation stérile. Breton rassemble autour de lui de nombreux écrivains. En 1924, le surréalisme est officiellement fondé. En 1924-1926, pendant la guerre du Rif, les surréalistes se rapprochent des communistes. Breton, Aragon, Eluard adhèrent au parti communiste. En 1933, Breton est exclu du parti communiste, comme Eluard. Breton voyage beaucoup. Il rencontre Trotsky au Mexique. Pendant la guerre, Breton s'exile au Canada et aux Etats-Unis. Sa fille meurt en 1944. En 1946, il rentre en France. Il meurt en 1966.

Œuvres

L'œuvre de Breton est faite de recueils de poèmes, de quelques œuvres en prose et de textes théoriques sur le surréalisme.

1919 *Mont-de-piété.*
1920 *Les Champs magnétiques,* avec Philippe Soupault.
1923 *Clair de terre.*
1924 *Manifeste du surréalisme.*
      Les Pas perdus, essai.
1928 *Nadja,* roman.
1930 *Second manifeste du surréalisme.*
1931 *L'Union libre.*
1932 *Le Revolver à cheveux blancs.*
      Les Vases communicants, œuvre en prose.
1934 *L'Air de l'eau.*
1937 *L'Amour fou,* œuvre en prose.
1942 *Fata Morgana.*
      Prolégomènes à un troisième manifeste du surréalisme ou non.
      Signe ascendant.
1947 *Arcane 17,* œuvre en prose.
      Ode à Charles Fourier.
1953 *Du Surréalisme en ses œuvres vives.*

Extrait

L'Union libre

Ma femme à la chevelure de feu de bois
Aux pensées d'éclairs de chaleur
A la taille de sablier
Ma femme à la taille de loutre entre les dents du tigre
Ma femme à la bouche de cocarde et de bouquet
d'étoiles de dernière grandeur
Aux dents d'empreintes de souris blanche sur la terre blanche
A la langue d'ambre et de verre frottés
Ma femme à la langue d'hostie poignardée
A la langue de poupée qui ouvre et ferme les yeux
A la langue de pierre incroyable
Ma femme aux cils de bâtons d'écriture d'enfant
Aux sourcils de bord de nid d'hirondelle

Ma femme aux tempes d'ardoise de toit de serre
Et de buée aux vitres
Ma femme aux épaules de champagne
Et de fontaine à têtes de dauphins sous la glace
Ma femme aux poignets d'allumettes
Ma femme aux doigts de hasard et d'as de cœur
Aux doigts de foin coupé
Ma femme aux aisselles de martre et de fênes
De nuit de la Saint-Jean
De troène et de nid de scalares
Aux bras d'écume de mer et d'écluse
Et de mélange du blé et du moulin
Ma femme aux jambes de fusée
Aux mouvements d'horlogerie et de désespoir
Ma femme aux mollets de moelle de sureau
Ma femme aux pieds d'initiales
Aux pieds de trousseaux de clés aux pieds de calfats qui boivent
Ma femme au cou d'orge imperlé
Ma femme à la gorge de Val d'or
De rendez-vous dans le lit même du torrent
Aux seins de nuit
Ma femme aux seins de taupinière marine
Ma femme aux seins de creuset du rubis
Aux seins de spectre de la rose sous la rosée
Ma femme au ventre de dépliement d'éventail des jours
Au ventre de griffe géante
Ma femme au dos d'oiseau qui fuit vertical
Au dos de vif-argent
Au dos de lumière
A la nuque de pierre roulée et de craie mouillée
Et de chute d'un verre dans lequel on vient de boire
Ma femme aux hanches de nacelle
Aux hanches de lustre et de pennes de flèche
Et de tiges de plumes de paon blanc
De balance insensible
Ma femme aux fesses de grès et d'amiante
Ma femme aux fesses de dos de cygne
Ma femme aux fesses de printemps
Au sexe de glaïeul
Ma femme au sexe de placer et d'ornithorynque
Ma femme au sexe d'algue et de bonbons anciens
Ma femme au sexe de miroir
Ma femme aux yeux pleins de larmes
Aux yeux de panoplie violette et d'aiguille aimantée
Ma femme aux yeux de savane
Ma femme aux yeux d'eau pour boire en prison
Ma femme aux yeux de bois toujours sous la hache
Aux yeux de niveau d'eau de niveau d'air de terre et de feu

André Breton, *Clair de terre*, © Editions Gallimard.

XXe

Aragon

prénom : **Louis**
né en : **1897**
mort en : **1982**

Famille	Aragon est né à Paris, fils naturel d'un député, Louis Andrieux, déjà marié.
Etudes	Elève brillant à Saint-Pierre de Neuilly, puis au lycée Carnot. En 1915, il commence des études de médecine.
Surréalisme et communisme	En 1917, il est mobilisé comme médecin auxiliaire. Il rencontre Breton et Soupault. En 1918, il est envoyé au front. En 1919, il crée avec Breton et Soupault la revue *Littérature*. En 1922, il abandonne la médecine et devient conseiller littéraire auprès de Jacques Doucet. En 1927, il adhère au parti communiste. En 1928, il voyage en Italie, tente de se suicider, mais rencontre Elsa Triolet, belle-sœur de Maïakovski. Elle reste son grand amour jusqu'à sa mort. En 1930, il se rend en U.R.S.S. avec Elsa Triolet. En 1931, il rompt avec les surréalistes. Il fait un nouveau séjour en U.R.S.S. en 1932-1933 et y retourne en 1934, 1935, 1936. En 1936, il se rend en Espagne pour convoyer des dons pendant la guerre civile. Il est mobilisé en 1939-1940. Capturé, il s'échappe. Pendant toute l'Occupation, il est lié à la Résistance. Aragon participe de près aux activités du parti communiste français et fait de fréquents voyages à Moscou. Il entre au comité central en 1954.

De 1953 à 1972, il dirige les *Lettres françaises*.
En 1957, il reçoit le prix Lénine de la Paix.
En 1967, il entre à l'Académie Goncourt et en démissionne en 1968.
En 1970, Elsa Triolet meurt.
Lui-même meurt en 1982.

Œuvres

Roman et poésie composent l'œuvre d'Aragon. Bon nombre de ses poèmes ont été mis en musique par Léo Ferré, Jean Ferrat, Brassens et, plus récemment, Bernard Lavilliers.

1919	*Feu de joie*, poésie.
1921	*Anicet ou le Panorama*, roman.
1924	*Le Mouvement perpétuel*, poésie.
1926	*Le Paysan de Paris*, roman.
1928	*Le Traité du style*.
1933	*Les Cloches de Bâle*, roman.
1936	*Les Beaux Quartiers*, roman.
1941	*Le Crève-cœur*, poésie.
	Les Voyageurs de l'impériale, roman.
1942	*Les Yeux d'Elsa*, poésie.
1944	*Aurélien*, roman.
1946	*La Diane française*, poésie.
1948-51	*Les Communistes*, roman.
1954	*Les Yeux et la mémoire*, poésie.
1956	*Le Roman inachevé*, poésie.
1958	*La Semaine sainte*, roman.
1959	*Elsa*.
1963	*Le Fou d'Elsa*, poésie.
1964	*Il ne m'est Paris que d'Elsa*, poésie.
1965	*La Mise à mort*, roman.
1967	*Blanche ou l'oubli*, roman.
1974	*Théâtre-roman*, à la fois roman et essai.
1980	*Le Mentir-vrai*, nouvelles.

Poème extrait de *La Diane française*

Il n'y a pas d'amour heureux

Rien n'est jamais acquis à l'homme Ni sa force
Ni sa faiblesse ni son cœur Et quand il croit
Ouvrir ses bras son ombre est celle d'une croix
Et quand il croit serrer son bonheur il le broie
Sa vie est un étrange et douloureux divorce
Il n'y a pas d'amour heureux

Sa vie Elle ressemble à ces soldats sans armes
Qu'on avait habillés pour un autre destin
A quoi peut leur servir de se lever matin
Eux qu'on retrouve au soir désœuvrés incertains
Dites ces mots Ma vie Et retenez vos larmes
Il n'y a pas d'amour heureux

Mon bel amour mon cher amour ma déchirure
Je te porte dans moi comme un oiseau blessé
Et ceux-là sans savoir nous regardent passer
Répétant après moi les mots que j'ai tressés
Et qui pour tes grands yeux tout aussitôt moururent
Il n'y a pas d'amour heureux

Le temps d'apprendre à vivre il est déjà trop tard
Que pleurent dans la nuit nos cœurs à l'unisson
Ce qu'il faut de malheur pour la moindre chanson
Ce qu'il faut de regrets pour payer un frisson
Ce qu'il faut de sanglots pour un air de guitare
Il n'y a pas d'amour heureux

Il n'y a pas d'amour qui ne soit à douleur
Il n'y a pas d'amour dont on ne soit meurtri
Il n'y a pas d'amour dont on ne soit flétri
Et pas plus que de toi l'amour de la patrie
Il n'y a pas d'amour qui ne vive de pleurs
Il n'y a pas d'amour heureux
Mais c'est notre amour à tous deux

Lyon, janvier 1943.

Louis Aragon, *La Diane française*, © Seghers, 1946.

XXᵉ

GROS PLAN SUR...

Sous le soleil de Satan

Georges Bernanos   **Date : 1926**

L'auteur   Georges Bernanos (1888-1948) est né à Neuilly,
près de Paris. Passionné de lectures dès son plus
jeune âge, il sympathise au sortir de l'adolescence avec les thèses de l'Action française en
faveur de la monarchie.

Il travaille dans les assurances, mais le succès de
Sous le soleil de Satan (1926) va lui permettre de
vivre — difficilement — de sa plume. Il écrit de
nombreux romans dont le plus célèbre reste *Le
Journal d'un curé de campagne* (1936). Dans son
ouvrage polémique, *Les Grands Cimetières sous
la lune* (1938), consacré à la guerre d'Espagne, il
s'élève avec violence contre les crimes commis
au nom de l'Eglise, ce qui entraîne sa rupture
avec l'Action française.

En 1938, il part au Brésil, où il restera sept ans
et dont il reviendra après la guerre.

Un peu laissée de côté par l'institution scolaire,
son œuvre mériterait d'être mieux étudiée.

Œuvres   1926 *Sous le soleil de Satan*, roman.
         1929 *La Joie*, roman.
         1931 *La Grande peur des bien-pensants*, essai.
         1935 *Un crime*, roman.
         1936 *Journal d'un curé de campagne*, roman.
         1938 *Les Grands Cimetières sous la lune*, essai.
         1946 *Monsieur Ouine*, roman.
         1949 (posthume) *Dialogues des carmélites*,
               théâtre.
         1956 (posthume) *Le Crépuscule des vieux*.

Sous le soleil de Satan

Genre   Roman.

Composition Commencé en 1918, *Sous le soleil de Satan* est achevé par Georges Bernanos en 1923. C'est son premier roman. Publié en 1926, il connaît tout de suite un grand succès. Il a été très récemment adapté au cinéma par Pialat, avec Gérard Depardieu et Sandrine Bonnaire dans les rôles principaux.

Thème   Le roman se compose d'un prologue, d'une première et d'une seconde partie.

Prologue : Histoire de Mouchette

Germaine Malorthy, dite « Mouchette », est une jeune fille de seize ans. Elle est devenue la maîtresse d'un marquis. Elle est enceinte. Son père voudrait obtenir réparation, mais il n'y parvient pas. Finalement, après une scène violente, Mouchette tue le marquis. Elle va devenir la maîtresse d'un officier de santé qui refuse de la faire avorter. Il la fait placer dans une maison de santé, dont elle sort au bout d'un mois, après avoir accouché d'un enfant mort.

Première partie : La Tentation du désespoir.

L'abbé Donissan est un personnage rude. Il doute de ses capacités à exercer son ministère. Il est assailli par Satan pendant une nuit. Il résiste. Il rencontre Mouchette. Celle-ci se suicide, mais au moment de mourir, elle semble retrouver la foi. L'abbé Donissan cherche alors à sauver son âme et fait porter son corps sur les marches de l'église. Il se retire cinq ans à la Trappe, puis il est nommé curé de Lumbres.

Seconde partie : Le Saint de Lumbres.

L'abbé Donissan passe son temps en mortifications. Il ne parvient pas à ranimer un petit garçon qui vient de mourir d'une méningite. Mais toujours en lutte contre Satan, il est considéré par beaucoup comme un saint. Il meurt foudroyé par une angine de poitrine en plein confessionnal.

Les deux versions du roman

Peu connu, quand il soumet *Sous le soleil de Satan* à l'éditeur, Georges Bernanos doit obéir aux injonctions de Jacques Maritain, chrétien « bien-pensant » effrayé par les audaces de cette œuvre. La version de 1926 parut donc sous une forme édulcorée et il faudra attendre 1982 pour pouvoir lire *Sous le soleil de Satan* tel que son auteur l'avait écrit.

Sur le détail de cette question, se reporter à *25 grands romans français résumés et expliqués* de Gérard Conio aux éditions Marabout.

Bernanos, catholique et monarchiste, a une vision du monde manichéenne : le monde est marqué par la lutte permanente du Bien et du Mal. S'inspirant de la *Vie du Curé d'Ars*, il brosse le portrait d'un curé de campagne d'une grande qualité spirituelle. L'univers des romans de Bernanos bascule parfois dans le surnaturel. Les valeurs spirituelles défendues par une certaine droite française de l'époque, à travers notamment Léon Bloy, ont largement inspiré Bernanos, mais il a su par son talent dépasser ce cadre étroit.

Extrait

Germaine Malorthy, qu'on appelle aussi Mouchette, a seize ans. Ses parents s'inquiètent de son éducation.

A seize ans, Germaine savait aimer (non point rêver d'amour, qui n'est qu'un jeu de société)... Germaine savait aimer, c'est-à-dire qu'elle nourrissait en elle, comme un beau fruit mûrissant, la curiosité du plaisir et du risque, la confiance intrépide de celles qui jouent toute leur chance en un coup, affrontent un monde inconnu, recommencent à chaque génération l'histoire du vieil univers. Cette petite bourgeoise au teint de lait, au regard dormant, aux mains si douces, tirait l'aiguille en silence, attendant le moment d'oser, et de vivre. Aussi hardie que possible pour imaginer ou désirer, mais organisant toutes choses, son choix fixé, avec un bon sens héroïque. Bel obstacle que l'ignorance, lorsqu'un sang généreux, à chaque battement du cœur, inspire de tout sacrifier à ce qu'on ne connaît pas ! La vieille Malorthy, née laide et riche, n'avait jamais espéré pour elle-même d'autre aventure qu'un mariage convenable, qui n'est affaire que de notaire, vertueuse par état, mais elle n'en gardait pas moins le sentiment très vif de l'équilibre instable de toute vie féminine, comme d'un édifice compliqué, que le moindre déplacement peut rompre.

— Papa, disait-elle au brasseur, il faut de la religion pour notre fille...

Elle eût été bien embarrassée d'en dire plus, sinon qu'elle le sentait bien. Mais Malorthy ne se laissait pas convaincre :

— Qu'a-t-elle besoin d'un curé, pour apprendre en confesse tout ce qu'elle ne doit pas savoir ? Les prêtres faussent la conscience des enfants, c'est connu.

Pour cette raison, il avait défendu qu'elle suivît le cours du caté-chisme, et même « qu'elle fréquentât l'un quelconque de ces bon-dieusards qui mettent dans les meilleurs ménages, disait-il, la ziza-nie ». Il parlait aussi, en termes sibyllins, des vices secrets qui ruinent la santé des demoiselles, et dont elles apprennent au cou-vent la pratique et la théorie. « Les nonnes travaillent les filles en faveur du prêtre » était une de ses maximes. « Elles ruinent d'avance l'autorité du mari », concluait-il en frappant du poing sur la table. Car il n'entendait pas qu'on plaisantât sur le droit conjugal, le seul que certains libérateurs du genre humain veulent absolu.

Georges Bernanos, *Sous le soleil de Satan,* © Plon.

XXᵉ

Céline

Louis Ferdinand Destouches, dit
né en : **1894**
mort en : **1961**

Famille   Céline naît à Courbevoie, dans une famille mo-
deste.

Etudes   Après son certificat d'études, il entre en apprentissage dans une maison de tissus en 1910.

Une   En 1912, il s'engage pour 3 ans dans un régi-
jeunesse   ment de cuirassiers. En 1914, la guerre est dé-
aventureuse clarée. Il est blessé et obtient la médaille militaire. Il est réformé en 1915. En 1916, il se
marie. Il est engagé par la Compagnie Fores-
tière Sangha-Oubangui et part pour le Came-
roun. En 1917, il est rapatrié pour raison de
santé.

Le médecin En 1919, il reprend ses études et obtient le baccalauréat. Il se remarie et a une fille. Il
commence des études de médecine à Rennes,
puis à Paris.
En 1924, il soutient et publie sa thèse de médecine. Il entre au service d'hygiène de la Société
des nations.
De 1925 à 1927, il effectue des missions médica-
les à l'étranger (Etats-Unis, Sénégal, Soudan,
Guinée).
En 1927, il ouvre un cabinet à Clichy. En 1929,
il s'installe à Montmartre et travaille au dispen-
saire de Clichy.
Entre 1932 et 1934, il effectue de nombreux
voyages en Europe.

La guerre   Céline se lie aux milieux de la Collaboration,
et   assiste à des réunions de Darquier de Pellepoix
l'occupation et de Doriot.
              Il se remarie en 1943.
              En 1944, il quitte la France et se rend en Alle-
              magne, à Baden-Baden, à Berlin, à Sigmarin-
              gen.
              En 1945, il est arrêté et incarcéré au Danemark.

Le retour   Condamné, puis amnistié, Céline rentre en
en France   France en 1951 et s'installe à Meudon, où il
              ouvre un cabinet médical.
              Il meurt en 1961.

Œuvres

L'œuvre de Céline, composée de romans largement
inspirés par son expérience personnelle et de pamphlets, est parfois contestée pour les thèses qu'elle soutient. La critique s'accorde cependant pour en reconnaître la profonde originalité, notamment en ce qui
concerne le travail sur la langue.

La société occidentale en pleine décomposition, le
mode de vie américain qui menace de nous submerger,
le communisme, la démographie des Noirs et des Jaunes, le pouvoir juif, sont autant d'idées fixes chez
Céline.

Les critiques ne savent comment traiter son œuvre
qui tranche par le ton cynique, par la langue parfois
argotique, souvent déstructurée, par la dérision et la
révolte qui s'y expriment.

1932   *Voyage au bout de la nuit.*
1936   *Mort à crédit.*
1937   *Bagatelles pour un massacre,* pamphlet.
1939   *L'Ecole des cadavres,* pamphlet.
       Il est condamné en diffamation pour ces deux pam-
       phlets.
1940   *Les Beaux Draps,* pamphlet.

1957 *Guignol's band.*
      Féerie pour une autre fois.
      D'un château l'autre.
1960 *Nord.*

Extrait de *Voyage au bout de la nuit*

Bardamu, le héros, se retrouve en Afrique. Il est frappé par le spectacle du crépuscule.

Les crépuscules dans cet enfer africain se révélaient fameux. On n'y coupait pas. Tragiques chaque fois comme d'énormes assassinats du soleil. Un immense chiqué. Seulement c'était beaucoup d'admiration pour un seul homme. Le ciel pendant une heure paradait tout giclé d'un bout à l'autre d'écarlate en délire, et puis le vert éclatait au milieu des arbres et montait du sol en traînées tremblantes jusqu'aux premières étoiles. Après ça le gris reprenait tout l'horizon et puis le rouge encore, mais alors fatigué le rouge et pas pour longtemps. Ça se terminait ainsi. Toutes les couleurs retombaient en lambeaux, avachies sur la forêt comme des oripeaux après la centième. Chaque jour sur les six heures exactement que ça se passait.
Et la nuit avec tous ses monstres entrait alors dans la danse parmi ses mille et mille bruits de gueules de crapauds.
La forêt n'attend que leur signal pour se mettre à trembler, siffler, mugir de toutes ses profondeurs. Une énorme gare amoureuse et sans lumière, pleine à craquer. Des arbres entiers bouffis de gueuletons vivants, d'érections mutilées, d'horreur. On en finissait par ne plus s'entendre entre nous dans la case. Il me fallait gueuler à mon tour par-dessus la table comme un chat-huant pour que le compagnon me comprît. J'étais servi, moi qui n'aimais pas la campagne.

                Céline, *Voyage au bout de la nuit*, © Editions Gallimard.

XXe

Giono

prénom : **Jean**
né en : **1895**
mort en : **1970**

Famille   Giono est né à Manosque, en Haute-Provence, d'un père cordonnier et d'une mère blanchisseuse.

Etudes   Giono fait ses études au collège de Manosque.

L'anti-   Il entre comme petit employé dans une banque
militariste   locale en 1911.
De 1915 à 1918, il fait la guerre et est gazé au Mont Kemmel.
En 1920, il se marie. Il aura deux filles.
En 1924, il fait ses débuts littéraires. En 1929, il abandonne son travail à la banque pour tenter de vivre de sa plume.
Il reçoit plusieurs prix en 1929-1930.
A partir de 1935, il réunit autour de lui en Provence, dans une ferme abandonnée au Contadour, des amis et disciples antimilitaristes et antifascistes.
En 1939, refusant d'être mobilisé, il est emprisonné au Fort Saint-Nicolas, à Marseille, comme antimilitariste. Il est libéré sur l'intervention de Gide.
En 1944, il est à nouveau emprisonné pour six mois, cette fois comme vichyssois.
Il poursuit son œuvre.
En 1953, il reçoit le grand prix littéraire de Monaco.
En 1954, il est élu à l'Académie Goncourt.
Il meurt à Manosque en 1970.

Œuvres

Dans l'œuvre de Giono, la Seconde Guerre mondiale constitue une nette coupure. Avant la guerre, Giono chante les bienfaits d'une vie proche de la terre et des forces cosmiques, avec beaucoup d'optimisme et de poésie. Mais son propos fut, après la guerre, interprété comme l'apologie de valeurs qui n'étaient pas les siennes, celles du régime de Vichy.

Giono oriente alors son art vers un plus grand dépouillement. La tragédie du destin, contre laquelle l'homme ne peut opposer que sa soif de bonheur, constitue alors la trame de ses romans.

Ses romans ont souvent été adaptés pour le cinéma.

Une trilogie intitulée *Pan* :
1928 *Colline.*
1929 *Un de Baumugnes.*
1930 *Regain.*

1931 *Le Grand troupeau.*
1932 *Jean le Bleu.*
1934 *Le Chant du monde.*
1935 *Que ma joie demeure.*
1936 *Les Vraies richesses.*
1937 *Batailles dans la montagne.*
        Refus d'obéissance.
1938 *Vivre libre.*
1943 *La Femme du boulanger*, pièce de théâtre.
1947 *Noé.*

Les *Chroniques* regroupent les romans suivants :
1947 *Un Roi sans divertissement.*
1950 *Les Ames fortes.*
1951 *Les Grands chemins.*
1952 *Le Moulin de Pologne.*

1951 *Le Hussard sur le toit.*
1957 *Le Bonheur fou.*
1965 *Deux cavaliers de l'orage*, écrit en 1951.
1968 *Ennemonde et autres caractères.*
1970 *L'Iris de Suse.*

L'Après-Guerre

Contrairement à la Première Guerre mondiale, la Seconde n'a pas interrompu la vie littéraire en France. Sartre, Camus continuent de publier sous l'Occupation.

La Résistance a exalté les valeurs de fraternité, de liberté, qu'on retrouve dans la littérature de l'époque. Après la Seconde Guerre mondiale, il n'est plus possible de ne pas prendre parti, attitude que Giono a chèrement payée.

L'existentialisme est le courant philosophique marquant de l'immédiat après-guerre. **Sartre** et **Camus** (qui refuse d'être classé parmi les existentialistes), chacun à sa manière, expriment le même sentiment radical de solitude. L'homme est seul, sans Dieu pour veiller sur lui, obligé de prendre en main sa propre **liberté,** «condamné à être libre» comme l'écrit Sartre. L'existence de l'homme est **absurde,** sans raison et sans cause. Seul un sentiment de fraternité peut éviter de voir en l'autre un obstacle à la liberté.

En poésie, il n'y a plus de courant pour rassembler les **tentatives individuelles.** Après les chants émouvants de la Résistance, comme ceux d'Aragon, les poètes explorent des voies diverses : incantations de **Saint-John Perse** (1887-1975), brièveté fulgurante de René **Char** (1907-1988), chanson populaire de Jacques **Prévert** (1900-1977), variations sur l'objet de Francis **Ponge** (1899-1988), sans oublier les voix d'Aimé **Césaire** (né en 1913) pour la Martinique et de Léopold-Sedar **Senghor** (né en 1905) pour le Sénégal.

Le théâtre connaît aussi des tendances diverses : comédies douces-amères d'**Anouilh** (né en 1910) ou d'**Audiberti** 1899-1965), théâtre de l'absurde de **Ionesco** (né en 1912) ou de **Beckett** (1906-1990).

Pour le roman, entre 1950 et 1960, la crise est déclarée. Le « **Nouveau roman** » arrive, détruisant les conventions romanesques les plus solidement admises : plus de personnages, plus d'intrigue. Nathalie **Sarraute,** Michel **Butor,** Alain **Robbe-Grillet** s'illustrent ainsi. Le « Nouveau roman » semble un mouvement daté historiquement, qui ne passe pas le cap des années 70. Marguerite **Duras** qui participe à ce renouvellement du genre est la seule à toucher un public de plus en plus large.

Phénomène nouveau : l'importance de la **critique littéraire** qui se trouve promue au rang de genre. Georges Poulet, Roland Barthes, Gérard Genette, Jean Rousset, Jean Starobinski, Jean-Pierre Richard, se sont fait un nom dans ce domaine. Mais, à l'exception peut-être de **Barthes,** ils restent bien loin du grand public.

XXᵉ

Malraux

prénom : **André**
né en : **1901**
mort en : **1976**

Famille

Malraux est né à Paris dans une famille bourgeoise, plus ou moins ruinée.

Etudes

Après des études secondaires au lycée Condorcet, Malraux fait des études supérieures aux Langues Orientales.

L'aventurier

De 1923 à 1927, Malraux part avec sa femme Clara pour l'Indochine où il est chargé d'une mission archéologique. Il se trouve mêlé à la naissance de mouvements révolutionnaires en Indochine et en Chine. Il assiste aux événements sanglants de Shanghaï en 1927. Il rompt alors avec le Kuo-Min-Tang et rentre en France.
En 1930, il voyage en Afghanistan et aux Indes. Son père se suicide.
En 1931, il voyage aux Etats-Unis et au Japon.

L'antifasciste

En 1933-1934, il milite contre le fascisme et l'anti-sémitisme.
En 1933, il obtient le prix Goncourt, avec *La Condition humaine*.
En 1936, il combat comme aviateur, pendant la guerre d'Espagne, dans les rangs des républicains. Il est blessé. Il fait des conférences sur l'Espagne et assiste à la retraite des armées républicaines. Il tourne en 1938 le film *L'Espoir* qui est interdit en France jusqu'en 1945.
Après le pacte germano-soviétique, il rompt avec le communisme.
En 1940, Malraux est blessé, fait prisonnier. Il s'évade.

Le gaulliste Malraux entre dans la Résistance. Arrêté par les Allemands, il est libéré par les F.F.I. et devient commandant de la brigade Alsace-Lorraine en 1944-1945. Il rencontre de Gaulle auquel il restera fidèle. Sa famille a été décimée pendant la guerre.

En 1945-1946, il est ministre de l'Information.

De 1958 à 1969, il est secrétaire d'Etat, puis ministre des Affaires culturelles. Il effectue de nombreux voyages à l'étranger à ce titre.

En 1962, il subit un attentat de l'O.A.S.

En 1965, il fait un voyage en Chine.

Après la démission du général de Gaulle, Malraux fait encore des voyages et prononce de nombreux discours.

Il meurt en 1976.

Œuvres

L'œuvre de Malraux se compose de romans et d'essais, notamment d'essais sur l'art.

1926	*La Tentation de l'Occident* essai.
1928	*Les Conquérants.*
1930	*La Voie royale.*
1933	*La Condition humaine.*
1935	*Le Temps du mépris.*
1937	*L'Espoir.*
1943	*Les Noyers de l'Altenburg.*
1947-49	*Psychologie de l'art*, essai.
1951	*Les Voix du silence*, essai.
1952-54	*Le Musée imaginaire de la sculpture mondiale*, essai.
1957-59	*La Métamorphose des Dieux*, essai.

Le Miroir des limbes se présente en plusieurs tomes :

1967	*Antimémoires.*
1971	*Ces Chênes qu'on abat.*
1974	*La Tête d'obsidienne*, essai.
	Lazare.

XXᵉ

GROS PLAN SUR...

La Condition humaine

André Malraux   **Date : 1933**

Genre   Roman.

Composition   *La Condition humaine* est le troisième roman « asiatique » de Malraux, nourri de ses observations personnelles.

Thème   En 1927, les troupes nationalistes de Chang Kaï-Chek avancent sur Shanghaï, détenue par les « généraux du Nord », défenseurs des puissances capitalistes. Mais un soulèvement révolutionnaire se prépare. Les communistes apprennent pourtant que, sitôt la ville prise, Chang Kaï-Chek se retournera contre eux. La direction du parti, voulant ménager Chang Kaï-Chek, interdit à ses militants de s'opposer à lui. Ils doivent finalement se rendre, déposer leurs armes et subir la répression.

Cet épisode de la révolution chinoise est vu à travers quelques personnages marquants, comme Kyo qui accepte de mourir pour ses idées, Tchen le terroriste chinois, Katow, le révolutionnaire russe qui incarne la puissance de la fraternité.

Au-delà des péripéties, des personnages, Malraux séduit par l'idéal révolutionnaire, se demande quel sens peut prendre la vie humaine. Le partage du danger et de l'idéal, la fraternité dans la souffrance, le don de soi sont encore les meilleures réponses à cette question.

La « condition humaine » est envisagée dans ce roman du point de vue social (les luttes révolutionnaires) et dans une perspective métaphysique (le sens que l'homme peut donner à son bref passage sur la planète).

Extrait

Tchen s'apprête à tuer un homme endormi.

Un seul geste, et l'homme serait mort. Le tuer n'était rien : c'était le toucher qui était impossible. Et il fallait frapper avec précision. Le dormeur, couché sur le dos, au milieu du lit à l'européenne, n'était habillé que d'un caleçon court, mais, sous la peau grasse, les côtes n'étaient pas visibles. Tchen devait prendre pour repères les pointes sombres des seins. Il savait combien il est difficile de frapper de haut en bas. Il tenait donc le poignard la lame en l'air, mais le sein gauche était le plus éloigné : à travers le filet de la moustiquaire, il eût dû frapper à longueur de bras, d'un mouvement courbe comme celui du swing. Il changea la position du poignard : la lame horizontale. Toucher ce corps immobile était aussi difficile que frapper un cadavre, peut-être pour les mêmes raisons. Comme appelé par cette idée de cadavre, un râle s'éleva. Tchen ne pouvait plus même reculer, jambes et bras devenus complètement mous. Mais le râle s'ordonna : l'homme ne râlait pas, il ronflait. Il redevint vivant, vulnérable ; et, en même temps, Tchen se sentit bafoué. Le corps glissa d'un léger mouvement vers la droite. Allait-il s'éveiller maintenant ! D'un coup à traverser une planche, Tchen l'arrêta dans un bruit de mousseline déchirée, mêlé à un choc sourd. Sensible jusqu'au bout de la lame, il sentit le corps rebondir vers lui, relancé par le sommier métallique. Il raidit rageusement son bras pour le maintenir, les jambes revenaient ensemble vers la poitrine, comme attachées ; elles se détendirent d'un coup. Il eût fallu frapper de nouveau, mais comment retirer le poignard ? Le corps était toujours sur le côté, instable, et, malgré la convulsion qui venait de le secouer, Tchen avait l'impression de le tenir fixé au lit par son arme courte sur quoi pesait toute sa masse. Dans le grand trou de la moustiquaire, il le voyait fort bien : les paupières s'étaient ouvertes, — avait-il pu s'éveiller ? — les yeux étaient blancs. Le long du poignard le sang commençait à sourdre, noir dans cette fausse lumière. Dans son poids, le corps, prêt à retomber à droite ou à gauche, trouvait encore de la vie. Tchen ne pouvait lâcher le poignard. A travers l'arme, son bras raidi, son épaule douloureuse, un courant d'angoisse s'établissait entre le corps et lui jusqu'au fond de sa poitrine, jusqu'à son cœur convulsif, seule chose qui bougeât dans la pièce.

André Malraux, *La Condition humaine,* © Editions Gallimard.

XXᵉ

Sartre

prénom : **Jean-Paul**
né en : **1905**
mort en : **1980**

Famille	Sartre est né dans une famille bourgeoise à Paris. Son père meurt lorsqu'il a deux ans. Il est élevé par ses grands-parents.
Etudes	Après des études brillantes au lycée Henri-IV, Sartre entre à l'Ecole Normale Supérieure en 1924 avec Paul Nizan et Raymond Aron. En 1929, il est agrégé de philosophie.
Professeur	En 1929, il rencontre Simone de Beauvoir. En 1933-1934, il étudie les philosophes Husserl et Heidegger comme boursier à l'Institut français de Berlin. De 1936 à 1939, il est professeur de lycée au Havre, à Laon, puis à Neuilly. Fait prisonnier en juin 1940, il est libéré en 1941. Il retrouve son poste de professeur. Pendant l'Occupation, il est lié à la Résistance et rencontre Camus. Il écrit dans le journal *Combat*. En 1945, il fonde la revue *Les Temps modernes*. En 1948, il prend position en faveur d'Israël. En 1950, il est l'un des premiers à dénoncer les camps soviétiques avec Merleau-Ponty. En 1952, il se rapproche des communistes et prend position contre la guerre froide. Il se brouille avec Camus. En 1954-55, il voyage en U.R.S.S., à Rome, en Chine. En 1956, il condamne l'intervention soviétique en Hongrie.

En 1957, il dénonce l'usage de la torture en Algérie.

En 1958, il participe à des manifestations anti-gaullistes.

En 1960, il se rend à Cuba, en Yougoslavie, au Brésil.

Ses prises de position dans la guerre d'Algérie lui valent le plasticage de son appartement en 1961, puis en 1962.

En 1964, il refuse le prix Nobel.

En 1966, il fait partie du « tribunal Russell » sur les crimes de guerre américains au Vietnam.

Il participe aux événements de mai 68 et proteste contre la répression du « printemps de Prague ».

En 1971, il fonde avec Maurice Clavel l'agence de presse *Libération*. En 1973, paraît le premier numéro du quotidien.

Mais Sartre est très malade, presque aveugle.

En 1974, il proteste contre les conditions de détention d'Andreas Baader en Allemagne.

Il meurt en 1980.

Œuvres

L'œuvre de Sartre se compose d'ouvrages philosophiques et critiques, de romans, et de pièces de théâtre. Il ne faut pas non plus oublier que Sartre a été un brillant polémiste, un militant qui a écrit de nombreux articles et prononcé de nombreux discours.

L'existentialisme se présente comme une philosophie de la liberté. La vie de l'homme n'est pas l'accomplissement d'un projet qui la précède. L'homme crée son « essence » en existant. Ce qu'il est, son essence, n'est rien d'autre que la somme de ses actes.

Face à cette liberté, l'individu peut être en proie à l'angoisse. Toute l'œuvre de Sartre tourne autour de cette idée que nous sommes *« condamnés à être libres »*.

1937   *Le Mur*, recueil de nouvelles.
1938   *La Nausée*, roman.
1943   *L'Age de raison*, roman, 1er du cycle *Les Chemins de la liberté*.
       Les Mouches, pièce de théâtre.
       L'Etre et le Néant, philosophie.
1945   *Le Sursis*, roman, 2e du cycle *Les Chemins de la liberté*.
       Huis-clos, pièce de théâtre.
1946   *Morts sans sépulture*, pièce de théâtre.
       La P... respectueuse, pièce de théâtre.
       L'Existentialisme est un humanisme, essai.
       Réflexions sur la question juive, essai.
1947   *Baudelaire*, essai critique.
       Qu'est-ce que la littérature?, essai critique.
1948   *Les Mains sales*, pièce de théâtre.
1949   *La Mort dans l'âme*, roman, 3e du cycle *Les Chemins de la liberté*.
1951   *Le Diable et le Bon Dieu*, pièce de théâtre.
1960   *Les Séquestrés d'Altona*, pièce de théâtre.
       Critique de la raison dialectique, essai.
1964   *Que peut la littérature?*, essai critique.
1972   *L'Idiot de la famille*, essai critique sur Flaubert.

XXᵉ

GROS PLAN SUR...

Le Mur

Jean-Paul Sartre   Date : 1939

Genre   Recueil de cinq nouvelles.

Composition *Le Mur*, publié en 1939, rassemble cinq nouvel-les, dont deux inédites, «Erostrate» et «L'Enfance d'un chef». Sartre en avait écrit une sixième «Dépaysement», mais il a renoncé à l'intégrer au recueil.

Thème   Les cinq nouvelles présentent des «héros» dans des situations exceptionnelles qui se dénouent de façon plutôt paradoxale.

«**Le Mur**» (première nouvelle qui donne son nom au recueil) : trois condamnés à mort atten-dent leur exécution par les franquistes pendant la guerre d'Espagne.

«**Intimité**» : la femme d'un impuissant renonce à le quitter pour son amant trop viril.

«**La Chambre**» : à travers le personnage d'Eve qui tente de partager la folie de son mari, Sartre remet en cause les frontières du pathologique.

«**Erostrate**» : le héros, dans un geste absurde et «surréaliste», tire sur la foule et se rend.

«**L'Enfance d'un chef**» : Sartre montre, sur un ton satirique, l'itinéraire d'un enfant de la bour-geoisie, modelé pour devenir chef d'industrie.

«Voici cinq petites déroutes — tragiques ou comiques — de-vant elles, cinq vies.»

Prière d'insérer du *Mur*, rédigé par Sartre.

XXe

GROS PLAN SUR...

Les Séquestrés d'Altona

Jean-Paul Sartre   Date : 1959

Genre   Pièce de théâtre.

Composition *Les Séquestrés d'Altona* ont été écrits pendant la guerre d'Algérie et évoquent l'Allemagne vaincue de la Seconde Guerre mondiale. Cette pièce correspond à la recherche d'une morale collective qui préoccupe Sartre dans ses essais philosophiques de l'époque et notamment dans *La Critique de la raison dialectique.*

Thème   **Acte I :** En 1959, le père Gerlach, riche armateur allemand, sait qu'il va bientôt mourir. Il veut revoir son fils aîné Frantz qui vit séquestré depuis la défaite de l'Allemagne, depuis 1946, sans voir personne d'autre que sa sœur Leni. Johanna, l'épouse du fils cadet Werner, accepte de servir d'intermédiaire.

Acte II : Frantz, vêtu de son uniforme tout déchiré, enregistre sur un magnétophone un plaidoyer pour son pays qu'il croit encore en ruine, et pour lui-même. Jeune homme « pur », il plaide non-coupable. Johanna renonce à sa mission et n'ose pas lui révéler la nouvelle prospérité de l'Allemagne.

Acte III : Johanna ne cède pas aux demandes renouvelées du père et raconte tout à son mari Werner et à Leni.

Acte IV : Johanna retourne auprès de Frantz : il lui demande de le juger. Il explique d'abord qu'il a caché un rabbin polonais et sauvé deux partisans russes. Mais Leni interrompt le « procès » et révèle qu'il n'en est rien, que Frantz s'est inconsciemment réjoui de l'assassinat du rabbin par les S.S. et qu'il a torturé les deux russes. Johanna, écœurée, s'en va après avoir condamné Frantz.

Acte V : Frantz vient trouver son père qui se déclare seul coupable. Ils décident de mourir ensemble dans un accident de voiture. Johanna et Leni écoutent la bande enregistrée par Frantz.

Extrait

Acte V, scène 3
  Leni et Johanna, après la mort de Frantz, écoutent la cassette qu'il a enregistrée.

VOIX DE FRANTZ, *au magnétophone.*

Siècles, voici mon siècle, solitaire et difforme, l'accusé. Mon client s'éventre de ses propres mains; ce que vous prenez pour une lymphe blanche, c'est du sang : pas de globules rouges, l'accusé meurt de faim. Mais je vous dirai le secret de cette perforation multiple : le siècle eût été bon si l'homme n'eût été guetté par son ennemi cruel, immémorial, par l'espèce carnassière qui avait juré sa perte, par la bête sans poil et maligne, par l'homme. Un et un font un, voilà notre mystère. La bête se cachait, nous surprenions son regard, tout à coup, dans les yeux intimes de nos prochains; alors nous frappions : légitime défense préventive. J'ai surpris la bête, j'ai frappé, un homme est tombé, dans ses yeux mourants j'ai vu la bête, toujours vivante, moi. Un et un font un : quel malentendu! De qui, de quoi, ce goût rance et fade dans ma gorge? De l'homme? De la bête? De moi-même? C'est ce goût du siècle. Siècles heureux, vous ignorez nos haines, comment comprendriez-vous l'atroce pouvoir de nos mortelles amours. L'amour, la haine, un et un... Acquittez-nous! Mon client fut le premier à connaître la honte : il sait qu'il est nu. Beaux enfants, vous sortez de nous, nos douleurs vous auront faits. Ce siècle est une femme, il accouche, condamnerez-vous votre mère? Hé? Répondez donc! *(Un temps.)* Le trentième ne répond plus. Peut-être n'y aura-t-il plus de siècles après le nôtre. Peut-être qu'une bombe aura soufflé les lumières. Tout sera mort : les yeux, les juges, le temps. Nuit. O tribunal de la nuit, toi qui fus, qui seras, qui es, j'ai été! J'ai été! Moi, Frantz, von Gerlach, ici, dans cette chambre, j'ai pris le siècle sur mes épaules et j'ai dit : j'en répondrai. En ce jour et pour toujours. Hein quoi?

  Jean-Paul Sartre, *Les Séquestrés d'Altona,* © Editions Gallimard.

XXᵉ

Camus

prénom : **Albert**
né en : **1913**
mort en : **1960**

Famille
Camus est né à Mondovi, en Algérie. Son père est mort en 1914, à la bataille de la Marne.

Etudes
Camus est boursier au lycée d'Alger de 1923 à 1930. Il fait ensuite des études de philosophie, soutient une thèse. Mais la tuberculose qu'il contracte en 1930 l'empêche de poursuivre une carrière dans l'enseignement.

L'Algérie
En 1934, Camus se marie. Mais cette union ne dure pas. Il divorce en 1940.
En 1934, il adhère au parti communiste. Il en est exclu en 1937.
Il fonde successivement plusieurs troupes de théâtre à Alger.
En 1938, il travaille au journal *Alger-Républicain*.

La guerre et la résistance
En 1939, Camus est réformé.
En 1940, il se remarie. Il entre au journal *Paris-Soir*. Il revient à Oran.
En 1942, de retour en France, il s'engage dans la Résistance.
En 1944, il devient rédacteur en chef du journal *Combat*.

La gloire
En 1946, il fait un voyage aux Etats-Unis.
En 1947, il obtient le Prix des ambassadeurs pour *La Peste*.
En 1956, Camus lance un appel pour une trêve en Algérie.
En 1957, il reçoit le prix Nobel de littérature.
Il est tué dans un accident d'automobile en 1960.

Œuvres

L'œuvre de Camus est faite d'essais philosophiques, de nouvelles, de romans et de pièces de théâtre.

L'ambassadeur de Suède, venu le féliciter après l'annonce de son prix Nobel (1957), situa très bien la place de son œuvre : « *Comme le héros cornélien, vous êtes un homme de la Résistance, un homme révolté qui a su donner un sens à l'absurde et soutenir, du fond de l'abîme, la nécessité de l'espoir, même s'il s'agit d'un espoir difficile, en rendant une place à la création, à l'action, à la noblesse humaine dans ce monde insensé.* »

1937	*L'Envers et l'endroit*, essai.
1938	*Noces*, essai proche de la poésie.
	Caligula, théâtre (joué en 1945).
1942	*Le Mythe de Sisyphe*, essai.
	L'Etranger, roman écrit en 1940.
1943	*Le Malentendu*, théâtre (joué en 1944).
1943-44	*Lettres à un ami allemand*, essai.
1947	*La Peste*, roman.
1948	*L'Etat de siège*, théâtre.
1949	*Les Justes*, théâtre.
1951	*L'Homme révolté*, essai.
1954	*L'Eté*, essai.
1956	*La Chute*, roman.
1957	*L'Exil et le royaume*, nouvelles.
	Discours de Suède, pour sa réception au Nobel.

XXᵉ

GROS PLAN SUR...

L'Etranger

Albert Camus

Date : 1942

Genre	Roman.
Composition	Camus avait écrit une première ébauche, *La Mort heureuse,* qui sera publiée après sa mort. *L'Etranger* est achevé en 1940 et publié en 1942.
Thème	Le héros, Meursault — qui est aussi le narrateur —, est un personnage passif. Lorsque sa mère meurt, il semble indifférent. Il refuse l'avancement que son patron lui propose. Il est d'une certaine façon « étranger » au monde qui l'entoure. Mais, par un enchaînement de circonstances absurdes, il devient un assassin : il tue un Arabe qu'il ne connaît même pas. La seconde partie du roman correspond à l'emprisonnement de Meursault. Il est longuement interrogé et ses juges s'acharnent à donner un sens à ce geste absurde. Ils en concluent que le meurtre était prémédité et le condamnent à mort. Meursault finit alors par se révolter et se raccroche à la vie.
Forme	Camus a composé son livre en deux parties antithétiques. Le style de la première est imité des romanciers américains, comme Hemingway ou Steinbeck, et ne fait que décrire des actions et des attitudes, sans les commenter ni les interpréter. Dans la seconde partie, les hommes cherchent en vain à construire des interprétations là où ne règnent que l'absurde et l'absence de sens.

Extrait

*Meursault se retrouve sur la plage, face à l'Arabe, et finale-
ment le tue.*

Dès qu'il m'a vu, il s'est soulevé un peu et a mis la main dans sa
poche. Moi, naturellement, j'ai serré le révolver de Raymond dans
mon veston. Alors de nouveau, il s'est laissé aller en arrière, mais
sans retirer la main de sa poche. J'étais assez loin de lui, à une
dizaine de mètres. Je devinais son regard par instants, entre ses
paupières mi-closes. Mais le plus souvent, son image dansait devant
mes yeux, dans l'air enflammé. Le bruit des vagues était encore plus
paresseux, plus étale qu'à midi. C'était le même soleil, la même
lumière sur le même sable qui se prolongeait ici. Il y avait déjà deux
heures que la journée n'avançait plus, deux heures qu'elle avait jeté
l'ancre dans un océan de métal bouillant. A l'horizon, un petit vapeur
est passé et j'en ai deviné la tache noire au bord de mon regard,
parce que je n'avais pas cessé de regarder l'Arabe.

J'ai pensé que je n'avais qu'un demi-tour à faire et ce serait fini.
Mais toute une plage vibrante de soleil se pressait derrière moi. J'ai
fait quelques pas vers la source. L'Arabe n'a pas bougé. Malgré
tout, il était encore assez loin. Peut-être à cause des ombres sur son
visage, il avait l'air de rire. J'ai attendu. La brûlure du soleil gagnait
mes joues et j'ai senti des gouttes de sueur s'amasser dans mes
sourcils. C'était le même soleil que le jour où j'avais enterré maman
et, comme alors, le front surtout me faisait mal et toutes ses veines
battaient ensemble sous la peau. A cause de cette brûlure que je ne
pouvais plus supporter, j'ai fait un mouvement en avant. Je savais
que c'était stupide, que je ne me débarrasserais pas du soleil en me
déplaçant d'un pas. Mais j'ai fait un pas, un seul pas en avant. Et
cette fois, sans se soulever, l'Arabe a tiré son couteau qu'il m'a
présenté dans le soleil. La lumière a giclé sur l'acier et c'était
comme une longue lame étincelante qui m'atteignait au front. Au
même instant, la sueur amassée dans mes sourcils a coulé d'un
coup sur les paupières et les a recouvertes d'un voile tiède et épais.
Mes yeux étaient aveuglés derrière ce rideau de larmes et de sel. Je
ne sentais plus que les cymbales du soleil sur mon front et, indistinc-
tement, le glaive éclatant jailli du couteau toujours en face de moi.
Cette épée brûlante rongeait mes cils et fouillait mes yeux douloureux. C'est alors que tout a vacillé. La mer a charrié un souffle épais
et ardent. Il m'a semblé que le ciel s'ouvrait sur toute son étendue
pour laisser pleuvoir du feu. Tout mon être s'est tendu et j'ai crispé
ma main sur le revolver. La gâchette a cédé, j'ai touché le ventre poli
de la crosse et c'est là, dans le bruit à la fois sec et assourdissant,
que tout a commencé. J'ai secoué la sueur et le soleil. J'ai compris
que j'avais détruit l'équilibre du jour, le silence exceptionnel d'une
plage où j'avais été heureux. Alors, j'ai tiré encore quatre fois sur un
corps inerte où les balles s'enfonçaient sans qu'il y parût. Et c'était
comme quatre coups brefs que je frappais sur la porte du malheur.

Albert Camus, L'Etranger, © Editions Gallimard.

XXᵉ

GROS PLAN SUR...

La Peste

Albert Camus Date : 1947

Genre Roman.

Composition *La Peste* paraît en 1947. Le roman est largement inspiré de la période de l'Occupation nazie, transposée sur un mode romanesque. Mais il doit être lu «sur plusieurs portées» et correspond aussi à une allégorie de la condition humaine. En ce sens, ce roman s'apparente au conte philosophique.

Thème Une épidémie de peste se répand à Oran, dans les années 40. Le narrateur, on l'apprendra à la fin du livre, est un médecin, le docteur Rieux. Cette épidémie bouleverse la vie à Oran. La ville est mise en quarantaine. Il faut s'organiser : le marché noir s'installe, des prédicateurs appellent à la pénitence. Le docteur Rieux organise des formations sanitaires composées de volontaires. La mort frappe partout. Quand un jeune enfant, Othon, meurt, le Père Paneloux se révolte lui aussi.

Le fléau lentement disparaît avec l'arrivée de l'hiver. La foule en liesse se réjouit, mais Rieux sait que la peste peut toujours revenir et incite à la vigilance.

Forme Le roman se présente presque comme une chronique qui relate les débuts de l'épidémie, sa progression et son déclin. Mais Camus peint ici une sorte d'allégorie : cette peste, c'est la «peste brune» du nazisme, et plus généralement de la guerre. Contre la calamité d'un tel mal, seule la solidarité humaine a un sens. Le roman débouche sur une morale pratique : même face à l'absurde, il faut tâcher de bien faire son devoir d'homme, solidaire des autres hommes.

Extrait

Le docteur Rieux et son ami Tarrou, épuisés par la lutte, prennent un bain de mer salutaire et nagent ensemble.

— Oui, dit Rieux, allons-y.

Un moment après, l'auto s'arrêtait près des grilles du port. La lune s'était levée. Un ciel laiteux projetait partout des ombres pâles. Derrière eux s'étageait la ville et il en venait un souffle chaud et malade qui les poussait vers la mer. Ils montrèrent leurs papiers à un garde qui les examina assez longuement. Ils passèrent et à travers les terrepleins couverts de tonneaux, parmi les senteurs de vin et de poisson, ils prirent la direction de la jetée. Peu avant d'y arriver, l'odeur de l'iode et des algues leur annonça la mer. Puis, ils l'entendirent.

Elle sifflait doucement aux pieds des grands blocs de la jetée et, comme ils les gravissaient, elle leur apparut, épaisse comme du velours, souple et lisse comme une bête. Ils s'installèrent sur les rochers tournés vers le large. Les eaux se gonflaient et redescendaient lentement. Cette respiration calme de la mer faisait naître et disparaître des reflets huileux à la surface des eaux. Devant eux, la nuit était sans limites. Rieux, qui sentait sous ses doigts le visage grêlé des rochers, était plein d'un étrange bonheur. Tourné vers Tarrou, il devina, sur le visage calme et grave de son ami, ce même bonheur qui n'oubliait rien, pas même l'assassinat.

Ils se déshabillèrent. Rieux plongea le premier. Froides d'abord, les eaux lui parurent tièdes quand il remonta. Au bout de quelques brasses, il savait que la mer, ce soir-là, était tiède, de la tiédeur des mers d'automne qui reprennent à la terre la chaleur emmagasinée pendant de longs mois. Il nageait régulièrement. Le battement de ses pieds laissait derrière lui un bouillonnement d'écume, l'eau fuyait le long de ses bras pour se coller à ses jambes. Un lourd clapotement lui apprit que Tarrou avait plongé. Rieux se mit sur le dos et se tint immobile, face au ciel renversé, plein de lune et d'étoiles. Il respira longuement. Puis il perçut de plus en plus distinctement un bruit d'eau battue, étrangement clair dans le silence et la solitude de la nuit. Tarrou se rapprochait, on entendit bientôt sa respiration. Rieux se retourna, se mit au niveau de son ami, et nagea dans le même rythme. Tarrou avançait avec plus de puissance que lui et il dut précipiter son allure. Pendant quelques minutes, ils avancèrent avec la même cadence et la même vigueur solitaires, loin du monde, libérés enfin de la ville et de la peste. Rieux s'arrêta le premier et ils revinrent lentement, sauf à un moment où ils entrèrent dans un courant glacé. Sans rien dire, ils précipitèrent tous deux leur mouvement, fouettés par cette surprise de la mer.

Habillés de nouveau, ils repartirent sans avoir prononcé un mot. Mais ils avaient le même cœur et le souvenir de cette nuit leur était doux. Quand ils aperçurent de loin la sentinelle de la peste, Rieux savait que Tarrou se disait, comme lui, que la maladie venait de les oublier, que cela était bien, et qu'il fallait maintenant recommencer.

Albert Camus, La Peste, © Editions Gallimard.

XXe

Saint-John Perse

**Marie-Alexis
de Saint-Léger Léger, dit**
né en : **1887**
mort en : **1975**

Famille	Originaire de la Guadeloupe.
Etudes	Saint-John Perse fait ses études à Pau, puis à Bordeaux. Il étudie le droit.
Le diplomate	1916-1921 : il est ambassadeur à Pékin. Il traverse le désert de Gobi. A partir de 1925 et jusqu'en 1939, il se consacre à ses tâches diplomatiques. Il devient secrétaire général du ministère des Affaires étrangères et participe aux conférences de Locarno, de Genève, de Munich.
L'exilé	En 1939, il est dénoncé comme «belliciste», révoqué de son poste. Il part à Londres, puis aux Etats-Unis. Le gouvernement de Vichy le déchoit de sa nationalité française et confisque ses biens. On crée pour lui un poste de conseiller littéraire à la bibliothèque du Congrès. Installé à Long Beach, dans le New Jersey, il écrit.
Les hommages	En 1944, il retrouve sa nationalité, il est réintégré dans le service diplomatique comme ambassadeur en disponibilité. Il reste aux Etats-Unis et voyage. En 1949, il obtient le statut de résident permanent aux Etats-Unis. Il reçoit de nombreux prix littéraires, tant en France qu'aux Etats-Unis. En 1958, il se marie à une Américaine. En 1960, il reçoit le prix Nobel de littérature.

En 1972, ses *Œuvres Complètes* paraissent dans la collection de La Pléiade.
Il meurt en 1975.

« *Syntaxe de l'éclair !* »

Exil.

Œuvres

Toute l'œuvre de Saint-John Perse est consacrée à la poésie. Les grandes forces élémentaires, le sens du sacré et de la légende sont les principales composantes de sa poésie, souvent proche d'une prose rythmée, parfois difficile, toujours grandiose.

1911	*Eloges.*
1924	*Anabase.*
1941-44	*Exil.*
	Poème à l'étrangère.
	Pluies.
	Neiges.
1945	*Vents.*
1957	*Amers.*
1960	*Chroniques.*
1963	*Oiseaux.*

Extrait

Extrait du poème VII du recueil Exil, *écrit à Long Beach, aux Etats-Unis, pendant son propre exil.*

...Syntaxe de l'éclair ! ô pur langage de l'exil ! Lointaine est l'autre rive où le message s'illumine :
Deux fronts de femmes sous la cendre, du même pouce visités ; deux ailes de femmes aux persiennes, du même souffle suscitées...
Dormiez-vous cette nuit, sous le grand arbre de phosphore, ô cœur d'orante par le monde, ô mère du proscrit, quand dans les glaces de la chambre fut imprimée sa face ?
Et toi plus prompte que l'éclair, ô toi plus prompte à tressaillir sur l'autre rive de son âme, compagne de sa force et faiblesse de sa force, toi dont le souffle au sien fut à jamais mêlé,

T'assiéras-tu encore sur sa couche déserte, dans le hérissement de ton âme de femme?

L'exil n'est point d'hier! l'exil n'est point d'hier!... Exècre, ô femme, sous ton toit un chant d'oiseau de Barbarie...

Tu n'écouteras point l'orage au loin multiplier la course de nos pas sans que ton cri de femme, dans la nuit, n'assaille encore sur son aire l'aigle équivoque du bonheur!

Saint-John Perse, *Exil,* © Editions Gallimard.

XXᵉ

Prévert

prénom : **Jacques**
né en : **1900**
mort en : **1977**

Famille Prévert est né à Neuilly-sur-Seine. Il a un frère, Pierre.

Etudes Prévert travaille dès l'âge de 15 ans.

Un «titi» En 1915, il travaille dans un bazar, à Paris.
parisien En 1922, il travaille à *L'Argus de la presse.*
Entre 1925 et 1930, il appartient au «Groupe de la rue du Château», comme Desnos et Queneau. Il rencontre André Breton, mais il se méfie de l'intellectualisme.
En 1930, il écrit un pamphlet contre Breton.
En 1932, il fait partie du «Groupe Octobre», groupe de gens de théâtre animés de préoccupations sociales. *L'Affaire est dans le sac,* film réalisé par son frère Pierre, est le premier film qu'il écrit.
En 1933, il fait un voyage en U.R.S.S.
En 1938, il voyage aux Etats-Unis, puis aux Baléares.
En 1948, à la suite d'un grave accident, Prévert s'installe à Saint-Paul-de-Vence, dans le Midi.
En 1955, il revient à Paris.
Il compose chansons et poésies.
Il meurt en 1977.

Œuvres

L'œuvre de Prévert se compose de poèmes, de paroles de chansons, et de scénarios de films.

A une époque où la poésie tend à n'atteindre qu'un public très restreint, il présente le cas unique d'une poésie vraiment populaire. Son recueil *Paroles* s'est par exemple vendu à plus d'un million d'exemplaires.

Il dit des choses simples avec des mots simples d'une manière « apparemment » simple. Cette apparente simplicité résulte évidemment d'un grand art.

1935 Scénario de *Drôle de drame*.
1938 Scénario de *Quai des brumes* et des *Disparus de Saint-Agil*.
1939 Scénario de *Le Jour se lève*.
1942 Scénario des *Visiteurs du soir*.
1944 Scénario des *Enfants du Paradis*.
1946 *Paroles*
       Histoires.
1951 *Spectacle*.
1953 *La Pluie et le beau temps*.
1966 *Fatras*.
1972 *Choses et autres*.
1980 *Soleil de nuit*, recueil posthume.

Poème extrait du recueil intitulé *Paroles*

Le cancre

Il dit non avec la tête
mais il dit oui avec le cœur
il dit oui à ce qu'il aime
il dit non au professeur
il est debout
on le questionne
et tous les problèmes sont posés
soudain le fou rire le prend
et il efface tout
les chiffres et les mots
les dates et les noms
les phrases et les pièges
et malgré les menaces du maître
sous les huées des enfants prodiges
avec des craies de toutes les couleurs
sur le tableau noir du malheur
il dessine le visage du bonheur.

Jacques Prévert, *Paroles,* © Editions Gallimard.

XXe

Ionesco

prénom : **Eugène**
né en : **1912**

Famille	Ionesco est né à Slatina, en Roumanie, d'un père roumain et d'une mère française.
Etudes	De 1913 à 1925, Ionesco est élevé en France. En 1925, il retourne en Roumanie. Il poursuit ses études à Bucarest et obtient une licence de français.
La littérature	En 1936, il se marie.

En 1936, il se marie.
De 1936 à 1938, il est professeur à Bucarest.
En 1938, il obtient une bourse pour préparer une thèse sur la poésie française depuis Baudelaire. Il rentre définitivement en France.
De 1942 à 1944, Ionesco et sa femme vivent à Marseille.
En 1948, il est correcteur dans une maison d'éditions juridiques. Il commence à écrire pour le théâtre.
En 1950, Ionesco se lie à Breton et Bunuel, ainsi qu'aux Roumains Cioran et Eliade. Il est naturalisé français.
En 1970, Ionesco est élu à l'Académie française et tourne dans un film qu'il a écrit, *La Vase*.

Œuvres

Si on excepte quelques recueils de souvenirs ou de réflexions sur le théâtre, l'œuvre de Ionesco est une œuvre de théâtre.

Sous des formes multiples s'y exprime l'angoisse devant le non-sens du monde. Les expressions « théâtre de l'absurde » ou « théâtre de la dérision » lui conviennent donc bien. Comme Figaro, Ionesco s'empresse de rire de ce qui l'entoure de peur d'être obligé d'en pleurer.

1949 *La Cantatrice chauve.*
1950 *La Leçon.*
      Jacques ou la soumission.
1951 *Les Chaises.*
1953 *Victimes du devoir.*
      L'Avenir est dans les œufs.
1954 *Amédée ou comment s'en débarrasser.*
1955 *L'Impromptu de l'Alma.*
1959 *Tueur sans gages.*
1960 *Le Rhinocéros.*
1962 *Le Piéton de l'air.*
      Le Roi se meurt.
      Notes et contre-notes, essai sur le théâtre.
1966 *La Soif et la Faim.*
1967 *Journal en miette,* souvenirs.
1968 *Présent passé, passé présent,* souvenirs.
1970 *Jeux de massacre.*
1972 *Macbett.*

Ionesco s'explique sur son théâtre

Dans l'excellent *Notes et contre-notes* (Gallimard/ Idées), Ionesco s'explique sur sa première pièce, *La Cantatrice chauve* (1949).

En écrivant cette pièce (car cela était devenu une sorte de pièce ou une anti-pièce, c'est-à-dire une vraie parodie de pièce, une comédie de la comédie), j'étais pris d'un véritable malaise, de vertige, de nausées. De temps à autre, j'étais obligé de m'interrompre et, tout en me demandant quel diable me forçait de continuer d'écrire, j'allais m'allonger sur le canapé avec la crainte de le voir sombrer dans le néant; et moi avec. Lorsque j'eus terminé ce travail, j'en fus tout de même, très fier. Je m'imaginai avoir écrit quelque chose comme la *tragédie du langage!*... Quand on la joua je fus presque étonné d'entendre rire les spectateurs qui prirent (et prennent toujours) cela gaiement, considérant que c'était bien une comédie, voire un canular. Quelques-uns ne s'y trompèrent pas (Jean Pouillon entre autres) qui sentirent le malaise. D'autres encore s'aperçurent qu'on se moquait là du théâtre de Bernstein et de ses acteurs : les comédiens de Nicolas Bataille s'en étaient aperçus avant, en jouant la pièce (surtout aux premières représentations) comme un mélodrame.

Plus tard, et analysant cette œuvre, des critiques sérieux et savants l'interprétèrent uniquement comme une critique de la société petite bourgeoise liée à telle ou telle société. Il s'agit surtout, d'une sorte de petite bourgeoisie universelle, le petit bourgeois étant l'homme des idées reçues, des slogans, le conformiste de partout : ce conformisme, bien sûr, *c'est son langage automatique* qui le révèle.

Eugène Ionesco, *Notes et contre-notes,* © Editions Gallimard.

XXe

Beckett

prénom : **Samuel**
né en : **1906**
mort en : **1990**

Famille	Beckett est né à Foxrock, près de Dublin, en Irlande.
Etudes	Il fait ses études au Trinity College, à Dublin.
Irlandais de langue française	De 1928 à 1930, il est lecteur d'anglais à l'Ecole Normale Supérieure à Paris. Il se lie d'amitié avec Joyce.

De 1932 à 1936, il fait des séjours en Angleterre, en France, en Allemagne.

En 1937, il se fixe à Montparnasse.

En 1942, pour échapper à la Gestapo, il se réfugie dans le Vaucluse.

En 1947, il opte pour l'écriture en langue française.

En 1961, il partage avec J.-L. Borges le prix international des Editeurs.

A partir de 1967, il s'intéresse à la mise en scène de ses pièces. Il donne des pièces radiophoniques.

En 1969, il reçoit le prix Nobel de littérature.

A partir de 1975, il fait paraître des textes brefs dans la revue *Minuit*.

Il meurt en 1990.

Œuvres

L'œuvre de Beckett se compose de romans et de pièces de théâtre.

Elle est traversée par l'angoisse devant l'inanité du monde et l'impossibilité des êtres à communiquer.

On a dit de sa pièce, *En attendant Godot,* qu'elle res-
semblait aux *Pensées* de Pascal jouées par des clowns.
La formule est judicieuse, à cette différence près que
Pascal, pour ce qui le concernait personnellement,
avait cessé d'attendre Godot.

1931   *Essai sur Proust,* en anglais.
1934   *More pricks than Kicks,* nouvelles en anglais.
1938   *Murphy,* roman en anglais.
1942   *Watt,* roman en anglais.
1947   Becket traduit *Murphy* en français.
1951   *Molloy,* roman.
1952   *Malone meurt,* roman.
1953   *L'Innommable,* roman.
       En attendant Godot, théâtre.
1957   *Fin de partie,* théâtre.
1958   *Nouvelles et textes pour rien.*
1960   *La Dernière bande,* théâtre.
1961   *Comment c'est,* roman.
1963   *Oh! les beaux jours,* théâtre.

XXᵉ

Yourcenar

**Marguerite de Crayencour,
dite Marguerite Yourcenar**
née en : **1903**
morte en : **1987**

Famille	Née à Bruxelles, Yourcenar perd sa mère quelques jours après sa naissance.
Etudes	Elle reçoit une éducation à l'ancienne mode, donnée par des précepteurs.
La Grèce antique et les Etats-Unis	Elle partage ses premières années entre une propriété de famille au Mont-Noir, dans le Nord, et une résidence dans le Midi de la France. En 1914, elle passe un an en Angleterre. Son père l'encourage dans l'étude des langues anciennes. Il meurt en 1929. A partir de 1929, Marguerite Yourcenar voyage en Italie, en Suisse et en Grèce. En 1937-1938, elle fait un premier séjour aux Etats-Unis. En 1939, elle retourne aux Etats-Unis comme professeur de littérature au Sarah Lawrence College, près de New York. Elle est professeur aux Etats-Unis jusqu'en 1945. A partir de 1950, elle partage son temps entre les voyages, les conférences et l'écriture. En 1968, elle reçoit le prix Femina. En 1980, elle est la première femme à entrer à l'Académie française. Elle meurt en 1987.

Œuvres

L'œuvre de Yourcenar, admiratrice des poètes grecs de l'Antiquité, se compose de quelques poèmes, de romans et de traductions. On la classe parfois parmi les « moralistes ». Son style limpide, mais très travaillé, lui permet de faire revivre le passé, qu'il s'agisse de l'Empire romain, du Moyen Age ou de ses propres ancêtres.

Extrait de *Mémoires d'Hadrien*

L'empereur romain Hadrien songe à son passé et se souvient de sa passion pour la chasse.

Déjà, certaines portions de ma vie ressemblent aux salles dégarnies d'un palais trop vaste, qu'un propriétaire appauvri renonce à occuper tout entier. Je ne chasse plus : s'il n'y avait que moi pour les déranger dans leurs ruminements et leurs jeux, les chevreuils des monts d'Etrurie seraient bien tranquilles. J'ai toujours entretenu avec la Diane des forêts les rapports changeants et passionnés d'un homme avec l'objet aimé : adolescent, la chasse au sanglier m'a offert mes premières chances de rencontre avec le commandement et le danger; je m'y livrais avec fureur; mes excès dans ce genre me firent réprimander par Trajan. La curée dans une clairière d'Espagne a été ma plus ancienne expérience de la mort, du courage, de la pitié pour les créatures, et du plaisir tragique de les voir souffrir. Homme fait, la chasse me délassait de tant de luttes secrètes avec des adversaires tour à tour trop fins ou trop obtus, trop faibles ou trop forts pour moi. Ce juste combat entre l'intelligence humaine et la sagacité des bêtes fauves semblait étrangement propre comparé aux embûches des hommes. Empereur, mes chasses en Toscane m'ont servi à juger du courage ou des ressources des grands fonctionnaires : j'y ai éliminé ou choisi plus d'un homme d'Etat. Plus tard, en Bithynie, en Cappadoce, je fis des grandes battues un prétexte de fête, un triomphe automnal dans les bois d'Asie. Mais le compagnon de mes dernières chasses est mort jeune, et mon goût pour ces plaisirs violents a beaucoup baissé depuis son départ. Même ici, à Tibur, l'ébrouement soudain d'un cerf sous les feuilles suffit pourtant à faire tressaillir en moi un instinct plus ancien que tous les autres, et par la grâce duquel je me sens guépard aussi bien qu'empereur. Qui sait ? Peut-être n'ai-je été si économe de sang humain que parce que j'ai tant versé celui des bêtes fauves, que parfois, secrètement, je préférais aux hommes. Quoi qu'il en soit, l'image des fauves me hante davantage, et j'ai peine à ne pas me laisser aller à d'interminables histoires de chasse qui mettraient à l'épreuve la patience de mes invités du soir.

Marguerite Yourcenar, *Mémoires d'Hadrien,* © Editions Gallimard.

XXᵉ

GROS PLAN SUR...

L'Ecume des jours

Boris Vian   **Date : 1947**

L'auteur   Boris Vian (1920-1959) avait plusieurs cordes à son arc puisqu'il était ingénieur, musicien de jazz — il jouait de la trompette — chanteur et écrivain. Elève du lycée Condorcet, il s'intéresse très tôt au jazz, ce qui ne l'empêche pas d'entrer à Centrale (L'Ecole centrale) dont il sort ingénieur en 1942. Suite à un pari, il écrit alors *J'irai cracher sur vos tombes* (1943) qu'il présente comme traduit de l'américain.

Le succès de scandale obtenu par ce roman et ses prédispositions l'incitent à abandonner son métier d'ingénieur; il fait des traductions, joue de la trompette dans les cabarets de jazz, chante ses chansons, écrit des poèmes, des romans et des œuvres pour le théâtre. Malade, en partie sans doute de la vie frénétique qu'il mène, il meurt à trente-neuf ans d'un problème cardiaque.

Œuvres   1946   *J'irai cracher sur vos tombes*, roman.
1947   *Vercoquin et le plancton*, roman.
1947   *L'Ecume des jours*, roman.
1949   *L'Equarrissage pour tous*, théâtre.
1950   *L'Herbe rouge*, roman.
1953   *L'Arrache-cœur*, roman.
1959   *Les Bâtisseurs d'Empire ou les Schmürz*, théâtre.
1960   (posthume) *Et on tuera tous les affreux*, roman.

L'Ecume des jours

Genre   Roman.

Composition Boris Vian a espéré recevoir le prix de la Pléiade pour *L'Ecume des Jours,* mais celui-ci a été remis à Jean Grosjean, un poète.

Thème   Colin, Chloé, et Nicolas qui leur sert de chauffeur partent en voyages de noces. Ils sont en plein bonheur. Mais ils traversent un pays minier, sinistre, hostile. Puis Chloé ressent les premières atteintes d'une maladie : un nénuphar pousse dans un de ses poumons. Alors Colin lui achète des monceaux de fleurs dont elle respire le parfum pour se soulager. Leur appartement s'assombrit et se rétrécit. Les amis de Colin, Chick et Alise, eux aussi voient leur existence se dégrader. Chick, admirateur de Jean-Sol Partre (alias Jean-Paul Sartre) se ruine en achat de livres et Alise finalement tue l'écrivain. Chick et Colin occupent successivement des emplois étranges qui n'aboutissent à rien. Chloé meurt. Colin est si triste que la petite souris grise qui vivait avec eux se suicide en demandant au chat de la tuer.

Forme   Le roman séduit par son extrême fantaisie. Boris Vian prend les mots au pied de la lettre et crée un univers clos fascinant. L'humour n'est jamais absent, même si finalement *L'Ecume des Jours* est un roman tragique.

« L'histoire est entièrement vraie puisque je l'ai inventée d'un bout à l'autre. »

Avant-propos de *L'Ecume des Jours.*

Extrait

Après la mort de Chloé, Colin n'a plus goût à rien. Sa petite souris domestique préfère se suicider. Ce sont les dernières pages du roman.

— Vraiment, dit le chat, ça ne m'intéresse pas énormément.

— Tu as tort, dit la souris. Je suis encore jeune, et jusqu'au dernier moment, j'étais bien nourrie.

— Mais je suis bien nourri aussi, dit le chat, et je n'ai pas du tout envie de me suicider, alors tu vois pourquoi je trouve ça anormal.

— C'est que tu ne l'as pas vu, dit la souris.

— Qu'est-ce qu'il fait ? demanda le chat.

Il n'avait pas très envie de le savoir. Il faisait chaud et ses poils étaient tous bien élastiques.

— Il est au bord de l'eau, dit la souris, il attend, et quand c'est l'heure, il va sur la planche et s'arrête au milieu. Il voit quelque chose.

— Il ne peut pas voir grand-chose, dit le chat. Un nénuphar, peut-être.

— Oui, dit la souris, il attend qu'il remonte pour le tuer.

— C'est idiot, dit le chat. Ça ne présente aucun intérêt.

— Quand l'heure est passée, continua la souris, il revient sur le bord et il regarde la photo.

— Il ne mange jamais ? demanda le chat.

— Non, dit la souris, et il devient très faible, et je ne peux pas supporter ça. Un de ces jours, il va faire un faux pas en allant sur cette grande planche.

— Qu'est-ce que ça peut te faire ? demanda le chat. Il est malheureux, alors ?

— Il n'est pas malheureux, dit la souris, il a de la peine. C'est ça que je ne peux supporter. Et puis il va tomber dans l'eau, il se penche trop.

— Alors, dit le chat, si c'est comme ça, je veux bien te rendre ce service, mais je ne sais pas pourquoi je dis « si c'est comme ça », parce que je ne comprends pas du tout.

— Tu es bien bon, dit la souris.

— Mets ta tête dans ma gueule, dit le chat, et attends.

— Ça peut durer longtemps ? demanda la souris.

— Le temps que quelqu'un me marche sur la queue, dit le chat ; il me faut un réflexe rapide. Mais je le laisserai dépasser, n'aie pas peur.

La souris écarta les mâchoires du chat et fourra sa tête entre les dents aiguës. Elle la retira presque aussitôt.

— Dis donc, dit-elle, tu as mangé du requin, ce matin ?

— Ecoute, dit le chat, si ça ne te plaît pas, tu peux t'en aller. Moi ce truc-là, ça m'assomme. Tu te débrouilleras toute seule.

Il paraissait fâché.

— Ne te vexe pas, dit la souris.

Elle ferma ses petits yeux noirs et replaça sa tête en position. Le chat laissa reposer avec précaution ses canines acérées sur le cou doux et gris. Les moustaches noires de la souris se mêlaient aux siennes. Il déroula sa queue touffue et la laissa traîner sur le trottoir.

Il venait, en chantant, onze petites filles aveugles de l'orphelinat de Jules l'Apostolique.

Boris Vian, *L'Ecume des jours,* © UGE.

XXᵉ

Le Nouveau roman

« *Nos romans n'ont pour but ni de faire vivre des personnages ni de raconter des histoires.* »

Robbe-Grillet.

Le Nouveau roman n'est pas une école littéraire. Il n'a pas de chef de file, pas de manifeste. On a constaté simplement dans les années 60 l'existence d'un certain nombre d'œuvres, publiées depuis la guerre, qui semblent répondre aux mêmes tendances esthétiques. Les « nouveaux romanciers » se livrent à des **recherches personnelles** pour le renouvellement du genre.

Les mêmes refus

Toutes les tentatives individuelles qu'on regroupe sous le terme de Nouveau roman reposent sur le refus des formes romanesques traditionnelles.
1. Refus de l'intrigue.
2. Refus de la vraisemblance.
3. Refus du « héros » de roman, du personnage même.
4. Refus du conformisme.

Les mêmes influences

Joyce, Proust, Freud, Faulkner, Dostoïevski : voilà les illustres devanciers. Ils s'attachent à décrire l'**inconscient,** le foisonnement indécis du fait psychologique. Ils disloquent l'intrigue, l'interrompent par des digressions, des **ruptures.** Ils ouvrent la brèche dans la technique romanesque traditionnelle.

Le **cinéma** exerce également une importante influence : il développe un type de narration qui n'implique pas la continuité du récit.

Les mêmes thèmes

1. Le **temps** est au cœur de la réflexion que mène le Nouveau roman sur la narration. Les repères chronologiques traditionnels (« une heure plus tard », « le lendemain », etc.) n'ont plus lieu d'être. Les nouveaux romans se situent en marge de cette apparente continuité du temps.

2. Le **jeu sur le narrateur** est un élément qu'on retrouve fréquemment. Pinget, Butor, Sarraute jouent ainsi sur des témoignages contradictoires, sur des variantes représentant la même scène vue par des narrateurs différents.

3. Le **mode descriptif** envahit parfois le roman jusqu'à lui donner l'allure d'un inventaire ou d'un procès-verbal. Le décor devient autonome et ne renvoie plus aux personnages, comme le faisaient les décors des romans de Balzac ou de Zola.

4. Le Nouveau roman **refuse de donner un sens** au monde. La littérature se veut objective au sens fort du terme, c'est-à-dire occupée à décrire les objets sans les interpréter, sans leur donner un sens « profond ».

5. La **théorie** romanesque investit le roman lui-même. Les « nouveaux romanciers » ne laissent pas aux critiques le soin de théoriser leurs œuvres : ils le font eux-mêmes, dans des essais critiques ou dans des digressions au sein même des romans.

Citons les plus connues de ces œuvres théoriques :

Nathalie Sarraute, *L'Ere du soupçon*, 1956.

Jean Ricardou, *Problèmes du Nouveau roman*, 1967, et *Pour une théorie du nouveau roman*, 1971.

Michel Butor, *Essais sur le roman*, 1969.

Alain Robbe-Grillet, *Pour un nouveau roman*, 1963.

Un même éditeur

L'éditeur du Nouveau roman est Jérôme Lindon, responsable des **Editions de Minuit.**

Dans cette maison d'édition se sont retrouvés les auteurs liés au mouvement : Alain Robbe-Grillet, Claude Simon, Michel Butor, Robert Pinget, Nathalie Sarraute, Claude Ollier ou Jean Ricardou.

On peut encore y ajouter Samuel Beckett ou Marguerite Duras, proches par leurs tendances esthétiques, mais en marge du courant.

Nathalie Sarraute (née en 1902)

Le premier livre de Sarraute, *Tropismes* (1939), est passé inaperçu. Elle est devenue célèbre avec *Portrait d'un inconnu* (1949) et l'essai intitulé *L'Ere du soupçon* (1956).

Conversations décousues, personnages indistincts, temps indéterminé, ses romans privilégient l'expression des mouvements cachés à la limite de l'inconscient.

Alain Robbe-Grillet (né en 1922)

Robbe-Grillet s'est fait connaître du public dès ses premiers romans, et notamment *La Jalousie* (1957). Il a collaboré avec Alain Resnais pour le film *L'Année dernière à Marienbad* en 1961.

Il s'attache à décrire la surface des choses. Il se contente de montrer sans analyser. Il est l'auteur d'articles théoriques rassemblés sous le titre de *Pour un nouveau roman* (1963).

Michel Butor (né en 1926)

Le roman le plus connu de Butor est *La Modification* (1957) qui lui a valu le prix Renaudot. Il est l'auteur de plusieurs essais, parus sous le titre de *Répertoire* (I, II, III, IV) entre 1960 et 1974.

Le roman est pour lui « le laboratoire du récit ». Il est particulièrement attentif aux problèmes de structure et de composition.

Claude Simon (né en 1913)

L'œuvre de Claude Simon, couronnée par le prix Nobel de littérature en 1985, est marquée par la révolte contre le conformisme et l'autorité. Son roman le plus connu est sans doute *La Route des Flandres* (1960) où il évoque la décomposition générale qui s'est produite en 1940.

XXᵉ

Duras

prénom : **Marguerite**
née en : **1914**

Famille	Marguerite Duras est née à Gia-Dinh en Indochine, de parents universitaires. Son père meurt quand elle a 4 ans.
Etudes	Duras vit en Indochine jusqu'en 1931. Elle fait ensuite des études à la Sorbonne, de mathématiques, de droit, de sciences politiques.
L'écriture	De 1939 à 1944, elle se consacre à des travaux d'édition et s'engage dans la Résistance. Elle adhère au parti communiste. En 1950, elle est exclue du parti communiste. Elle exerce ses talents dans l'écriture de romans, de pièces de théâtre, ainsi qu'au cinéma. Après une éclipse, Marguerite Duras depuis le début des années 80 publie de nombreux romans.

Œuvres

Marguerite Duras écrit des romans, des pièces de théâtre en plus petit nombre, et des œuvres cinématographiques.

1943 *Les Impudents*, roman.
1944 *La Vie tranquille*, roman.
1950 *Un Barrage contre le Pacifique*, roman.
1952 *Le Marin de Gibraltar*, roman.
1953 *Les Petits chevaux de Tarquinia*, roman.
1955 *Le Square*, roman.

Extrait de *Moderato cantabile*

Anne appartient à la grande bourgeoisie. Elle a une liaison avec un ouvrier qu'elle retrouve dans un café. Un jour où il y a une réception chez elle, elle arrive très en retard, après ses invités.

Sur un plat d'argent à l'achat duquel trois générations ont contribué, le saumon arrive, glacé dans sa forme native. Habillé de noir, ganté de blanc, un homme le porte, tel un enfant de roi, et le présente à chacun dans le silence du dîner commençant. Il est bienséant de ne pas en parler.

De l'extrémité nord du parc, les magnolias versent leur odeur qui va de dune en dune jusqu'à rien. Le vent, ce soir, est du sud. Un homme rôde, boulevard de la Mer. Une femme le sait.

Le saumon passe de l'un à l'autre suivant un rituel que rien ne trouble, sinon la peur cachée de chacun que tant de perfection tout à coup ne se brise ou ne s'entache d'une trop évidente absurdité. Dehors, dans le parc, les magnolias élaborent leur floraison funèbre dans la nuit noire du printemps naissant.

Avec le ressac du vent qui va, vient, se cogne aux obstacles de la ville, et repart, le parfum atteint l'homme et le lâche, alternativement. Des femmes, à la cuisine, achèvent de parfaire la suite, la sueur au front, l'honneur à vif, elles écorchent un canard mort dans son linceul d'oranges. Cependant que rose, mielleux, mais déjà déformé par le temps très court qui vient de se passer, le saumon des eaux libres de l'océan continue sa marche inéluctable vers sa totale disparition et que la crainte d'un manquement quelconque au cérémonial qui accompagne celle-ci se dissipe peu à peu.

Un homme, face à une femme, regarde cette inconnue. Ses seins sont de nouveaux à moitié nus. Elle ajusta hâtivement sa robe. Entre eux se fane une fleur. Dans ses yeux élargis, immodérés, des lueurs de lucidité passent encore, suffisantes pour qu'elle arrive à se servir à son tour du saumon des autres gens.

A la cuisine, on ose enfin le dire, le canard étant prêt, et au chaud, dans le répit qui s'ensuit, qu'elle exagère. Elle arriva ce soir plus tard encore qu'hier, bien après ses invités.

Marguerite Duras, *Moderato cantabile,* © Editions de Minuit, 1958.

XXe

GROS PLAN SUR...

Le Procès-verbal

Jean-Marie Gustave Le Clézio
Date : 1963

L'auteur   Né en 1940, et connu dès son premier roman,
Le Procès-verbal (1963) qui obtient le prix
Théophraste Renaudot, Le Clézio a déjà à son
actif une importante production romanesque.
Sans que l'on puisse vraiment parler de monoto-
nie, ces différentes œuvres sont toutes, à leur
façon, un «procès-verbal» cherchant, pour reprendre une expression de Le Clézio lui-même,
à «exprimer la platitude».

Œuvres   1963   *Le Procès-verbal*, roman.
1965   *La Fièvre*, roman.
1966   *Le Déluge*, roman.
1970   *La Guerre*, roman.
1975   *Voyage de l'autre côté*, roman.
1985   *Le Chercheur d'or*, roman.
1988   *Le Rêve mexicain*, roman.

Le Procès-verbal

Genre   Roman.

Composition *Le Procès-Verbal* est le premier roman de
J.M.G. Le Clézio. Il a obtenu pour celui-ci le
prix Renaudot.

Thème   Le héros du roman s'appelle Adam Pollo. Il vit
seul dans une maison qui domine la mer. Il a
beaucoup lu, beaucoup étudié, mais maintenant,
il observe les choses et exerce son imagination.
Peut-être Adam sort-il d'un asile? A moins qu'il

ne vienne de quitter l'armée? Adam se met à suivre un chien et cherche à s'identifier à lui. Il découvre un rat blanc dans sa maison et le tue. Dans son observation quotidienne, rien ne lui échappe, aucun détail. Il se coupe ainsi progressivement du monde des hommes ordinaires. Puis Adam finit par apostropher les autres hommes dans la rue. On l'interne comme paranoïaque dans un hôpital psychiatrique.

Forme   Le Clézio crée un univers insolite autour d'un héros bien particulier. L'équivoque, l'ambiguïté dominent le récit. Narrateur et héros ne font qu'un, puis se dédoublent, et Le Clézio maintient le doute dans l'esprit de son lecteur.

Extrait

Adam Pollo observe un ouistiti.

Vers la fin de l'après-midi, juste avant la fermeture du Zoo, Adam alla s'asseoir dans la Cafétéria; il choisit une table à l'ombre et commanda une bouteille de coca-cola. A sa gauche, il y avait un olivier, sur lequel on avait trouvé bon d'aménager une sorte de plate-forme en bois et une chaîne; sur la plate-forme, et au bout de la chaîne, il y avait un ouistiti noir et blanc, vivace, visiblement placé là pour amuser les enfants et pour économiser la nourriture des animaux; l'amusement des enfants n'était complet qu'après avoir acheté à une vieille femme édentée, préposée à cet office, quelques bananes ou quelques sacs de pralines, qu'ils offraient ensuite au singe.
Adam se cala dans son fauteuil, alluma une cigarette, but une gorgée à même la bouteille, et attendit. Il attendit sans trop savoir quoi, vaguement installé entre deux couches d'air chaud, et il regarda le singe. Un homme et une femme passèrent lentement le long de la table d'Adam, traînant les pieds, les yeux fixés sur la petite silhouette velue de l'animal:
«C'est joli,» dit l'homme, «les ouistitis».
«Oui mais c'est mauvais, dit la femme; je me souviens que ma grand-mère en avait un autrefois; elle lui donnait toujours les meilleurs choses à manger. Eh bien, tu crois qu'il la remerciait? Pas du tout, il lui mordait l'oreille jusqu'au sang. La sale bête.»
«C'était peut-être une marque d'amitié» dit l'homme.
Adam fut pris brusquement d'une absurde envie de rectifier les choses. Il se tourna vers le couple et expliqua:

« C'est ni joli ni mauvais, » dit-il; « c'est un ouistiti ».

L'homme se mit à rire, mais la femme le regarda comme s'il avait été le plus grand des imbéciles, qu'elle l'avait toujours su, puis haussa les épaules et s'en alla.

Le soleil était bien bas, maintenant; les visiteurs commençaient à se retirer, vidant les espaces entre les cages et les tables du café d'un flot de jambes, de cris, de rires ou de couleurs. Avec le crépuscule qui approchait, les animaux sortaient de leurs tanières artificielles et s'étiraient; on entendait un peu partout des glapissements, les sifflements des perroquets, le grondement des fauves qui réclamaient leur nourriture.

J.M.G. Le Clézio, *Le Procès-verbal,* © Editions Gallimard.

La littérature depuis 1975

1975 : date de la première émission d'*Apostrophes*. Cette émission de télévision hebdomadaire, animée par Bernard Pivot, a beaucoup fait pour la diffusion des œuvres littéraires en France.

Le développement des **nouveaux médias**, télévision, presse, publicité, accentue le phénomène des grosses ventes qu'on appelle les « **best-sellers** ». Il ne s'agit pas toujours d'œuvres médiocres ou faciles : grâce à cette promotion, les romans de Duras ou de Yourcenar touchent aujourd'hui un très large public.

La **grande distribution** (FNAC, supermarchés) permet à tous d'avoir accès aux livres. Le Salon du Livre de Paris, le Salon de la Bande dessinée d'Angoulême, la journée de la lecture (« fureur de lire ») annuelle, et les multiples **manifestations** dans toute la France contribuent largement à la promotion du livre.

L'adaptation de romans, à la **télévision** ou au **cinéma**, permet parfois de faire découvrir des œuvres mal connues, comme *Sous le soleil de Satan* de Bernanos, adapté par Pialat.

De nouveaux éditeurs se lancent chaque année. Les **prix littéraires**, bien que contestés, rythment la vie de l'édition. Les intellectuels, bénéficiant de la tribune qu'est devenue la télévision, ne sont plus coupés du grand public. La notoriété de Bernard-Henri Lévy en est une preuve. Mais certains accèdent à la notoriété sans jamais participer à la parade médiatique, et ce ne sont pas toujours les moindres. Nous pensons, en particulier, à Julien Gracq.

La **poésie** semble exclue de cette promotion. Les éditeurs de poésie sont rares, les poètes publiés aussi, du même coup. On note cependant le succès croissant de quelques manifestations comme le « Marché de la poésie » qui se tient à Paris, place Saint-Sulpice, chaque année depuis près de dix ans.

Le théâtre ne voit pas de grand nom français nouveau apparaître. Les ficelles du **théâtre de boulevard** continuent de faire rire le public. Les **reprises** de Marivaux, de Feydeau, des classiques, assurent plus ou moins le remplissage des salles. On adapte beaucoup des pièces américaines récentes, comme celles de Sam Sheppard. Les jeunes auteurs français, à l'exception de Didier **Van Cauwalaert**, semblent bouder ce mode d'expression.

Par contre, **le roman est roi**. A chaque rentrée littéraire, de nouveaux noms apparaissent. Qui restera ? Parmi les jeunes auteurs à surveiller, on notera (mais le choix est très subjectif...) **Yann Queffelec** *(Les Noces barbares, Le Maître des chimères)*, **Patrick Grainville** *(Le Dernier Viking, Le Paradis des orages)*, **Philippe Djian** *(Bleu comme l'enfer, 37°2 le matin)*, **Pascal Bruckner** *(Lune de fiel, Parias)*, **Didier Decoin** *(L'Enfant de la Mer de Chine, Autopsie d'une étoile)* et peut-être **René Frégny** *(Les Chemins noirs)*, **Jean-Michel Maman** *(L'Affaire Wensley)*, **Violaine Massenet** *(La Désaccordée)*, **Catherine Cusset** *(La Blouse roumaine)* et d'autres...

Bibliographie

1. Le XXᵉ siècle : généralités

1.1. Histoire

Les ouvrages concernant l'histoire récente, et notamment les deux guerres mondiales, sont extrêmement nombreux. Nous ne signalons que quelques-uns de ceux qui traitent de l'histoire des idées.

P. Assouline, *L'Epuration des intellectuels : 1944-1945*, Complexe.

H.R. Lottman, *La Rive gauche : du front populaire à la guerre froide*, Points, Seuil.

H. Noguères, *La Vie quotidienne en France au temps du Front Populaire : 1935-1938*, Livre de Poche.

Z. Sternhell, *Ni droite, ni gauche : l'idéologie fasciste en France*, Complexe.

J. Touchard, *La Gauche en France depuis 1900*, Points Histoire, Seuil.

J. Touchard, *Le Gaullisme : 1940-1969*, Points Histoire, Seuil.

C. Willard, *Socialisme et communisme français*, U-Prisme, Armand Colin.

1.2 Littérature

H. Lemaitre, *L'Aventure littéraire du XXᵉ siècle (1890-1930)*, éditions Pierre Bordas et fils.

H. Lemaitre, *L'Aventure littéraire du XXᵉ siècle (1920-1960)*, éditions Pierre Bordas et fils.

Anthologie de la poésie française du XXᵉ siècle : de Paul Claudel à René Char, Poésie Gallimard.

E. Mounier, *Malraux, Camus, Sartre, Bernanos, l'espoir des désespérés*, Points, Seuil.

G. Picon, *Panorama de la nouvelle littérature française*, Tel, Gallimard.

2. Apollinaire

G. Apollinaire, *Alcools*, Poésie Gallimard.
G. Apollinaire, *Calligrammes*, Poésie Gallimard.
G. Apollinaire, *Le Guetteur mélancolique*, Poésie Gallimard.
G. Apollinaire, *Poèmes à Lou*, Poésie Gallimard.
D. Oster, *Apollinaire*, Poètes d'aujourd'hui, Seghers.
P. Pia, *Apollinaire*, Ecrivains de toujours, Seuil.

3. Claudel

P. Claudel : on trouve presque tout son théâtre dans la collection Folio, chez Gallimard.
P.-A. Lesort, *Claudel*, Ecrivains de toujours, Seuil.

4. Valéry

P. Valéry, *Poésies*, Poésie Gallimard.
P. Valéry, *Monsieur Teste*, L'Imaginaire, Gallimard.
J. Charpier, *Paul Valéry*, Poètes d'aujourd'hui, Seghers.
J. Paulhan, *Paul Valéry ou la littérature considérée comme un faux*, Complexe.

5. Proust

M. Proust, *A la Recherche du temps perdu*, Gallimard (Folio ou Pléiade), Garnier Flammarion et Bouquins, Laffont.
G. Conio, *Lire Proust*, Pierre Bordas et fils, collection Littérature vivante.
C. Mauriac, *Proust*, Ecrivains de toujours, Seuil.
G. Piroue, *Comment lire Proust?*, Petite bibliothèque Payot.
J.-F. Revel, *Sur Proust : remarques sur « A la recherche du temps perdu »*, Les Cahiers rouges, Grasset.
J.-Y. Tadie, *Proust et le roman*, Tel, Gallimard.

6. Gide

Les romans de Gide sont disponibles dans la collection Folio chez Gallimard. Le *Journal* peut être lu en Pléiade.
C. Martin, *Gide*, Ecrivains de toujours, Seuil.
E. Marty, *André Gide*, Qui êtes-vous?, Manufacture.

7. Sartre

L'œuvre de Sartre est disponible dans la collection Folio, chez Gallimard.
J. Colombel, *Sartre*, Livre de poche.
F. Jeanson, *Sartre*, Ecrivains de toujours, Seuil.
S. Lilar, *A propos de Sartre et de l'amour*, Idées, Gallimard.
Une solide biographie par Annie Cohen-Solal chez Gallimard.

8. Camus

L'œuvre de Camus est disponible dans la collection Folio chez Gallimard.
M. Lebesque, *Camus*, Ecrivains de toujours, Seuil.
H.R. Lottman, *Albert Camus*, Points, Seuil.

9. Malraux

Les principales œuvres de Malraux sont disponibles en Folio.
C. Biet, J.-P. Brighelli et J.-L. Rispail, *André Malraux, la création d'un destin*, Découvertes Gallimard.
J. Lacouture, *Malraux: une vie dans le siècle*, Points Histoire, Seuil.
J. Mossuz-Lavau, *André Malraux et le gaullisme*, Fondation des sciences politiques.
J. Mossuz-Lavau, *André Malraux*, Qui êtes-vous?, Manufacture.

10. Aragon

L. Aragon, *Le Crève-cœur*, Poésie Gallimard.
L. Aragon, *La Diane française*, Poésie Seghers.
L. Aragon, *Les Poètes*, Poésie Gallimard.
L. Aragon, *Les Yeux d'Elsa*, Poésie Seghers.
Les romans d'Aragon sont parus dans la collection Folio chez Gallimard.
G. Sadoul, *Aragon*, Poètes d'aujourd'hui, Seghers.

11. Le surréalisme

A. Artaud, *Poésies*, Poésie Gallimard.
A. Breton, *Clair de terre*, Poésie Gallimard.
A. Breton, *Manifestes du surréalisme*, Idées Gallimard.
A. Breton, *Nadja*, Folio, Gallimard.
A. Breton, *Signe ascendant*, Poésie Gallimard.
A. Breton, et Ph. Soupault, *Les Champs magnétiques*, Poésie Gallimard.
P. Eluard, *Capitale de la douleur*, Poésie Gallimard.
P. Eluard, *Poésie ininterrompue*, Poésie Gallimard.
P. Eluard, *La Vie immédiate*, Poésie Gallimard.
M. Jacob, *Le Cornet à dés*, Poésie Gallimard.
J.-L. Bedouin, *La Poésie surréaliste*, Poésie Seghers.
Y. Duplessis, *Le Surréalisme*, Que sais-je?, PUF.
A. Kyrou, *Le Surréalisme au cinéma*, Ramsay poche cinéma.
A. Lewi, *Le Surréalisme*, Pierre Bordas, collection Littérature vivante.
M. Nadeau, *Histoire du surréalisme*, Points, Seuil.

12. Le Nouveau roman

S. Benmussa, *Nathalie Sarraute*, Qui êtes-vous?, Manufacture.
J.-J. Brochier, *Alain Robbe-Grillet*, Qui suis-je?, Manufacture.
M. Butor *La Modification*, Minuit.

L'œuvre de Duras est parue dans la collection Folio, chez Gallimard.

J. Ricardou, *Le Nouveau roman*, Ecrivains de toujours, Seuil.

L'œuvre de Sarraute est parue dans la collection Folio, chez Gallimard.

Pour les textes théoriques des « nouveaux romanciers », se reporter aux pages précédentes.

13. Autres textes

J. Anouilh : on trouve presque tout son théâtre dans la collection Folio chez Gallimard.

G. Beaumont et A. Parinaud, *Colette*, Ecrivains de toujours, Seuil.

S. de Beauvoir, *Les Mandarins*, Folio Gallimard.

L'œuvre de Beckett est parue aux éditions de Minuit.

A. Beguin, *Bernanos*, Ecrivains de toujours, Seuil.

G. Bernanos, *Sous le soleil de Satan*, Points Romans, Seuil.

J. Carrière, *Julien Gracq*, Qui êtes-vous ?, Manufacture.

L.-F. Céline, *Voyage au bout de la nuit*, Folio Gallimard.

R. Char, *Les Matinaux*, Poésie Gallimard.

J. Cocteau : presque toute son œuvre est parue dans le Livre de Poche.

Colette, *Le Blé en herbe*, J'ai lu.

J. Giono : presque toute son œuvre est parue dans la collection Folio chez Gallimard.

J. Giraudoux : presque toute son œuvre est parue dans le Livre de Poche.

E. Ionesco : presque toute son œuvre est parue dans la collection Folio chez Gallimard. A noter ses textes théoriques tous très intéressants.

G. Fequant, *Saint-John Perse*, Qui êtes-vous ?, Manufacture.

A. Jarry, *Tout Ubu*, Folio, Gallimard.

R. Lannes, *Jean Cocteau*, Poètes d'aujourd'hui, Seghers.

H. de Montherlant : presque toute son œuvre est parue dans la collection Folio chez Gallimard.

M. Pagnol : presque toute son œuvre est parue chez Presses-Pocket.

F. Ponge, *Le Parti-pris des choses*, Poésie Gallimard.
J. Prévert, *Fatras*, Folio, Gallimard.
J. Prévert, *Paroles*, Folio, Gallimard.
Saint-John Perse, *Amers*, Poésie Gallimard.
Saint-John Perse, *Eloges*, Poésie Gallimard.
P.-H. Simon, *Mauriac*, Ecrivains de toujours, Seuil.
P. Sipriot, *Montherlant*, Ecrivains de toujours, Seuil.
B. Vian : presque toute son œuvre est parue en 10/18.
A. et O. Virmaux, *Antonin Artaud*, Qui êtes-vous?, Manufacture.

Index

Les chiffres en caractères gras renvoient à la fiche propre à chaque auteur ou à une de ses œuvres.

Table des matières

IMPRESSION : BUSSIÈRE S.A., SAINT-AMAND (CHER). — Nº 3599
D L. DÉCEMBRE 1992/0099/369

ISBN 2-501-01432-4

Imprimé en France